财智达人一百单八将

焦素芳　编著

河南科学技术出版社
·郑州·

图书在版编目（CIP）数据

财智达人一百单八将/焦素芳著. —郑州：河南科学技术出版社，2013. 5
ISBN 978-7-5349-5231-9

Ⅰ. ①财… Ⅱ. ①焦… Ⅲ. ①人物—生平事迹—河南省—现代 Ⅳ. ①K820. 861

中国版本图书馆CIP数据核字(2011)第184180号

出版发行：河南科学技术出版社
地址：郑州市经五路66号　邮编：450002
电话：（0371）65737028　65788613
网址：www.hnstp.cn
总 策 划：孟　磊
策划编辑：顾　苒
责任编辑：张　珂
责任校对：孟明明
封面设计：张　伟
图片摄影：杨东华　王　棣　陈　亮
版式设计：赵玉霞
责任印制：张　巍
印　　刷：郑州瑞祥彩色印务有限公司
经　　销：全国新华书店
幅面尺寸：185 mm × 260 mm　印张：26.75　字数：480 千字
版　　次：2013年6月第1版　2013年6月第1次印刷
定　　价：69.00元

内容简介

何谓达人？

按照字面上的理解，应该就是财富或智慧方面的卓然之人吧。

兵战也好，商战也罢，几乎在每一个历史的关口处，在每一次国运的重大转折处，都活跃着他们的身影。

无论哪个朝代，人们都从未停止过对财富的追逐和向往。又从没有哪个年代，人们对财富的追求，能像今天这样来得如此名正言顺、光明正大。福布斯排行榜年年更新，英国小伙儿胡润捣鼓出来的财富榜转眼也已十多年。达人，这个源于网络的词语，已成为并持续演绎着这个社会最热门的词汇。

达人的江湖里，有和风细雨，有惊涛骇浪。有成功时的春风得意，也有低谷时的人生落寞。有不堪回首的记忆和片段，更有忘不了的故事和感动。

本书遴选了国内108位卓然之人。他们是国内有名的经济学家、学者。他们是奋斗成功的草根，是叛逆不羁的创新者，是最终的行业翘楚。

达人们的创业经历，习惯爱好，做人的智慧，处世的方式，这些看似与做生意毫不相关，但又是影响一个企业走向的因素，都会在这里展示得淋漓尽致。

打开他们的故事，走进他们的内心。开始吧。

天下之兴始于中原

——序《财智达人一百单八将》

■ 时寒冰（《上海证券报》《现代快报》评论主编）

前段时间，我的好友刘光远夫妇回国，我邀请他们到河南做客，陪伴他们走了几个城市。从开封到郑州再到洛阳，他们不住地感慨：中原文化太厚重了，大气磅礴，而又深不可测。对于中原人的淳朴、热情，他们也是连声赞叹：与此前听说的河南人的形象，天壤之别。河南人真中！

其实，我曾经听到很多人发出过类似的感慨。

中国自古有“得中原者得天下”的说法，我认为，它应该源于三个原因：一是中原是中国文化的发源地，得中原者，即有了正统的味道。二是中原的地理位置极其重要。连东接西襟南带北，是东西南北交通的枢纽，也是东西南北经济、文化的交汇点。第三个原因更为重要，但往往被人忽略，即中原自古多忠义之士，他们聪慧、勇敢、博学而又有奉献乃至牺牲精神，因此，“得中原者得天下”更确切的说法，应该是“得中原之士者得天下”。

中原人勤奋好学，吃苦耐劳，忍辱负重，踏实沉稳，宽容大气。从古至今，这种性格并没有太大变化。

在我生长的故乡，虽然现在还很贫穷，但是民风依然淳朴。我有一年回家，由于雨后道路泥泞，车子陷入了泥中。我敲开一个老乡家的门，去借铁锨，老乡知道来意后二话不说，就带着铁锨跟着我，把泥铲开。当我们开车往前走的时候，他告诉我们说，前面还有一段路不大好走，就跟着我们，直到目送我们走出那段泥泞……

这是一个非常温情的画面。以至于送我的司机都感慨：没有想到这里的人这么善良！

为什么讲这些？

翻阅《财智达人一百单八将》，里面100多位鲜活的人物唤起了我的记忆。他们是一个个我曾经熟悉的河南人的代表。他们的企业或许没有世界500强知名，但他们在自己的行业内，已经赢得了尊敬；他们或许只是在一个不起眼的岗位上，但他们同样倾其才华和心血，做出了令人羡慕的成果；他们有的甚至经历过惨痛的失败，但是，他们没有放弃，而是从头再来，重新点燃生命的希望和辉煌……

这就是真正意义上的河南人。

他们身上凝聚着古老文化带来的厚重感和使命感，以勤奋的汗水浇筑成功之路，以慈悲之心关怀社会、奉献社会，传播正义与爱的种子。

是的，我不愿意用精英、成功者这样的表述称呼他们，尽管他们的确具有这样的气质，尽管他们的确有资格获得这种称谓。但我更愿意把他们当作一个个普通人的代表。实际上，在现实生活中，他们也的确保持着卑微、谦逊的个性，以平常心对待财富、事业和生活。

这一点，或许更令人欣慰。因为，天下之兴始于中原，中原文化的厚重和博大，中原人的豪情和侠义，中原人对良知和正义的坚守，诸如此类的品质，不正是一国兴旺强盛的基础吗？

尤其在这个日益浮躁而功利的时代，始于远古的黄河文明及其文化传承，显得越发珍贵。

遗憾的是，现在妖魔化河南人的现象仍然严重，问题在于，这些妖魔化者真正地了解中原吗？又接触了多少真正意义上的中原人？否定了黄河文化源头，这个民族的根又将置于何处呢？

我无意于对这种以偏概全的恶作剧进行反驳，我只想说，但凡对中原人或中原文化有着片面理解的人，其实是非常可悲的。因为，他们错失了接触忠义的中原人和厚重的中原文化的机会。这一点对于我们这个发源于黄河文明的民族而言，实际上意味着某种无法修复的残缺。

天下之兴始于中原，《财智达人一百单八将》中的鲜活的人物，让我们感受到的，正是源自中原的智慧、力量。

中国当下太需要去细心感受繁衍出伟大文明的黄河母亲的气息了，只有找回被忽略已久的这种精神源泉，我们才能从迷失中找到自我，实现人生价值观的回归。而《财智达人一百单八将》，就是一个很好的媒介，它帮助我们认识中原，感受中原人对待财富、事业和生活的真正的价值观，感受真实的中原人的精神世界。

目　录

第一部

名家学者

"我宁可找到一个因果性的解释，也不要一个波斯王位。"

——古希腊哲人

【人物名片】

茅于轼

中国著名经济学家

【达人语录】

“予人快乐，予己快乐。”

不想去战斗，只想讲道理

A 故事

一个被贴上“经济界鲁迅”标签的人，他应该是什么样子的？

不是冷，硬，拒人千里，睚眦必报。他温和，说话不紧不慢，慈祥的老年斑里流淌着从善如流的笑意。如果不是那些特立独行的言论，你很难相信，面前这个邻家爷爷般的老者，就是经济学界的“鲁迅”——茅于轼。

“我倒觉得自己有点像胡适。不想去战斗，只想讲道理。”

○不想去战斗 只想讲道理

茅于轼被称作“经济界的鲁迅”已经很久了。

当然是因为他那些掀起轩然大波的言论。

他质疑“18亿亩耕地红线”，建议取消“经适房”，他反对家电下乡，他提议“为富人减税”……这个一直坚持“为富人说话，为穷人办事”理念的学者，他的每一个言论，几乎都成为重量级的公共话题。

讽刺，甚至谩骂。喧嚣嘈杂里，茅于轼的回答云淡风轻：“我理解那些不懂经济学的人。但我建议人们有时间的时候，应该多读一些书，不仅是经济学方面的，也包括历史的、人文的书籍。"

他坚信自己的言论是符合经济学规则和世界经济演变规律的。"你听听我说的有没有道理，再骂也不迟。"

为什么取消经济适用房？因为它不符合经济学的效率原理。"80万的房子卖50万，原材料没便宜，劳动力没便宜，而是土地便宜了。"这些土地来自于哪里？一种是从农民手里拿到的，一种是国有土地。从农民手里拿到的地，农民却没有得到足够的补偿，结果大量的上访产生。"中国几乎一半的上访是因为土地问题。"第二种拿地的方法是国有土地，国有土地应该是属于每一个人的。但把每一个人都有份的土地只分配给一部分人，这里面没有公平。"价值80万的房子你50万卖了，这没有效率。"没有效率，没有公平，还会滋生大量的腐败和不安全，"所以最好的办法是廉租房。"

对于普遍看好的家电下乡，茅于轼也有自己的见解。"原来你卖东西国家是要收税的，现在不但不收，还免税了，国家收入减少了。"因为有政策鼓励，农民买了家电，他肯定买别的就相应减少了。这对别的行业来说极不公平。家电业消化了多年的库存，老百姓拿到的是积压多年的老产品。在这个过程中，只有家电行业受益了，别的都受到了损害。"倒是发消费券，是符合经济学帕累托改进原理的。"

他觉得自己不是鲁迅，而有点像胡适。"我不想激烈，不想战斗。温和地讲道理，别人会慢慢明白的。"

○一个人文社会一定是绅士社会

茅于轼的博客上，充斥着大量骂人的帖子，他是从来不删的。"我有说真话的自由，你也有反对的自由。"

他出生知识分子之家，伯父是中国桥梁专家茅以升，父亲茅以新是著名的铁路工程师。自由开放，讲究科学的家庭氛围，给了他一种平等自由的西方知识分子气质。"后来被打成右派，也挨过批斗，还有什么不能承受的？"

他只是觉得那些用最粗鲁最下流的语言发骂的人很可怜。"我也偶然看外国的博客和留言，看到的是聪明的，幽默的，有趣的话。即使是不同的意见，也会用讥诮的讽刺代替。那些留言看一天也不会感到寂寞，它给人们快乐，高兴。"

茅于轼一直在思考为什么中国的网民和外国的网民有这么大的区别。中国的传统文化讲究礼义廉耻，讲究仁爱。"我不认为这是个别人的问题，因为人数那么多，它是一个社会问题。如果比较一下世界各国中骂人的网民的比例，也许中国能排第一。这是一个怪胎。"

茅于轼猜想这个怪胎是从"文革"传下来的。"'文革'时不但可以骂人，还可以打人，杀人，活埋人。现在网民骂人就不奇怪了。"

他说起那部让他最受感动的《泰坦尼克号》。"最后存活下来的大多是妇女和儿童。那么多的百万富翁，宁愿被冻死也不上救生船。这样生死关头的绅士，给我印象太深了。"

"一个人的素质不在于文化程度高低，而在于懂不懂得尊重别人，照顾别人。一个人文社会一定是个绅士的社会。"茅于轼觉得，这样的观点，是经得起考验的。

○只有鱼才成群结队，经济学家应该是特立独行的

茅于轼一直坚持的观点，是"为富人说话，为穷人办事"。这也是他广为诟病的一个原因。

他有自己的见解。"经济学家的职责就是要让中国甚至全世界都能产生巨大的财富。" 所有人的

权利都应该被保护，哪怕是富人。一个社会如果经济的动力都没有了，还怎么发展？“以前富人也被打倒，被消灭，但事实证明，那样是行不通的。”

帮富人说话的人很少，因为明着帮富人说话要挨骂。替富人办事的人很多，因为在这过程中肯定会有好处。帮穷人说话的人很多，因为这实在太容易了，几句公道话就足以引起喝彩，但帮穷人做事的很少，因为太麻烦了，最起码没有客观的报酬。

茅于轼不是不懂这个道理。

“我也赞成为穷人说话，他们的权利也需要保护。但为穷人说话的人那么多，多一个少一个不很关键。只是我反对为了讨好舆论，哗众取宠，说的话最终对穷人不利。比如，鼓动穷人反对富人，宣传富人有罪。”

说与做，到底哪个更重要。茅于轼不想再去争论这个。1993年，茅于轼退休后与几位经济学家创办了北京天则经济研究所，成为民间智库的先驱。几年后为了帮助解决中小企业融资的难题，他在山西临县设立了中国唯一一个由私人兴办且吸收存款的小额贷款组织。2001年，年逾70的他在北京通州创办了北京富平保姆学校。这个学校几乎没有门槛，只要是身体健康，无传染病，身份清楚的人都可以来。这个学校为这些乡下来的孩子办三件事：一是培训，帮他们适应都市生活；第二是介绍工作，让他们能100%就业；第三，保护他们的权益，受到什么不公平的待遇了，学校会管。“结果，从这里走出去后，不少保姆的工资由培训前的200元提高到了1000多元。”

茅于轼觉得，为经济利益代言的，不叫经济学家。靠讨好来博取舆论喝彩的，也不是经济学家。“只有鱼才成群结队，经济学家应该是特立独行的。”

○八十回望 最动人的那一个场景

茅于轼新出了一本书，书名是《八十回望》。80年回望里最动人的场景，是什么？

茅于轼的回答是：第一次在苏州见到夫人的时候。

那是1953年的春天，24岁的茅于轼从上班的齐齐哈尔千里迢迢来到苏州相亲。“亲戚给介绍的，我本来没在意，权当旅游了。”

就在约好的巷子口，一个娇小的女子缓步走来。白底蓝色圆点衬衣，含情带笑的眉眼，素雅灵动得就像路边静静绽放的白玉兰。茅于轼一下子呆住了。

万里情牵，就从那一刻开始。以后的几十年，无论是被打成右派，还是被批斗，相依为命的妻子，始终是他最踏实最幸福的源泉。

2008年，因为质疑“18亿亩耕地红线”，茅于轼安静的书房变得沸反盈天。“很多电话找我论战，有些甚至不问青红皂白，劈头盖脸一通乱骂。”夫人心疼他，下一次电话打来的时候，夫人抢先接了。“他是搞研究的，做研究就要百家争鸣，要是大家意见都一致，那就不是研究而是传达文件。社会允许不同的声音，谩骂起不了任何作用。”本来急赤白脸破口大骂的对方，被七旬老妇说得半天无语。放下电话，两人抚掌大笑。

现在的茅于轼，只要在北京，没有什么重要的活动，每天必定跟夫人出去散步。“这是雷打不动的。”从家门口到玉渊潭公园，一个小时，两个80多岁的老人拉着手，边走边聊。那应该是黄昏的林荫道上最动人的一景。

相濡以沫半个多世纪，连苦累都成了财富。“极其完美，跟谁都不换。”总结自己这80年，茅于轼用了这么一句话。

B 茅于轼如是说

他说起记者们经常写起的他的特立独行。“我也一直在想，自己到底有什么特立独行？最近我得出结论。一是走北京飞机场的人行传送道。大部分人都站着被动地等传送道把自己往前送。而我却等不及，要在传送道上往前走。再一点不同是在飞机上吃晚餐。我们3:45上了飞机，要飞3个小时。可是四点多钟乘务员就开饭，把饭分配给了每个人。这时根本不到吃饭的时间。大多数人就乖乖地吃起来了。而我等了一个多钟头才开始吃饭。哈哈。”

采访结束，跟他的助理聊天。助理说在火车站，一个妇女拿着很大的行李，“茅老师都那么大年纪了，还要帮人家去抬行李。”

说到这里，一直侧耳听着我们对话的茅于轼突然开口了，“我不过才80岁吧，帮人抬个行李有啥不可以?”

C 印象派

2009年11月15日，郑州迎来了这个冬天的第二次降温。天寒地冻，滴水成冰。

早上9点半，河南饭店门口一辆白色的车前。拉开车门，茅于轼和善的笑容就和车内的暖气一样，扑面而来。

红色格子围巾，蓝色棉袄，不紧不慢的语调，他是温和的，可亲近的。老年斑里流淌的笑意，甚至让人有种邻家老爷爷般的错觉。

他本来要搭的是下午的航班，因为天气取消，辗转几次，不得已买了晚上9点多的火车票，一路坐着来到郑州，已经是凌晨3点。可早上到了约定的时间，他就赶紧催着去西大学城给学生讲课，“不能让孩子们等我一个人。”

【人物名片】

许小年

著名经济学家，中欧国际工商学院经济学和金融学教授

【达人语录】

“知识分子应该是自由的、批判的、独立的、先行的。”

一个被误读的学者

A 故事

不说话的时候，他严肃，理性，眉宇间稍稍有焦灼甚至忧愤的痕迹出现。

一旦开口，他的话就会语惊四方。

那些一语中的的，不讨巧的，甚至是不合时宜的见解，几乎在每一个特定的时刻，都会招致别人的误读。

可他已经习惯了。他说起王国维先生逝去时，陈寅恪在王先生墓碑上写下的那句话：“唯此独立之精神，自由之思想，历千万祀，与天壤而同久，共三光而永光。”

“我认为自己还是个知识分子。知识分子应该是自由的、批判的、独立的、先行的，这决定了他们注定会被人们误解。”

○冲击：无形之手树立了一个学者的职业观

2009年10月31晚，许小年走出新郑机场。跟照片上的那个人相比，面前的许小年无疑是坦率的。一笑之间，那些严肃的皱纹们如同水面的涟漪，丝丝缕缕地发散开来。

他出生在北京，父母都是高级知识分子。1953年出生的他，几乎赶上了新

中国所有的幸与不幸。上过山下过乡，“记忆最深的是，在乡下，一年只能吃两次肉，全年收入只有五块多钱。”

在被耽误十年之后，他成为“文革”后第一批研究生。1981年研究生毕业，他被分配到国务院技术经济研究中心，做了一名研究员。从1981年1985年，在许小年回忆起来，那是波澜不惊的4年。4年之后，他迎来了生命里最大的改变。

这一年，美国普林斯顿大学同教育部合作，在全国选拔160名学生赴北美高校经济系深造。许小年通过了考试，他在自己32岁的秋天来到了美国。

他要去的城市是加利福尼亚。一下飞机，给他的震撼是满街的汽车。“车太多了。站在穿梭的车的海洋里，我几乎连过马路都不会了。”

这只是冲击的开始。极度繁荣的市场经济，让经历过上山下乡的许小年开始思考为什么。思考之后，他感受到的就不仅仅是冲击，而是震撼。“与经济发达程度的差距相比，更大的差别是东西方价值体系的不一样。”

许小年坦言，在加州读博，以及后来去马萨诸塞州阿姆赫斯特学院任教的时间，对他独立、批判的思维形成至关重要。“从方法论上讲，西方的学者最提倡的是一致性。就是你所说的言论，要有理有据，前后一致，有逻辑支撑，不能自相矛盾。一个唯官，唯上，唯舆论，不敢坚持自己见解的学者，他的观点肯定是变来变去，前后混乱的。”

无形之手让他树立了一个学者的职业观。

○压力：从红筹股到千点论

1997年，在经历了教授、世界银行咨询师的职业变更后，他进入美林证券。也就在这一年，香港出现“红筹股热”。在美林证券做研究的他坚持认为这些红筹公司不值这么多钱，估值太高了，明显有泡沫。这样的言论遭到了来自各方的压力，不仅有美林的高管，还有众多的投资机构。他知道别人希望他写什么，可是在随时可能丢掉工作的情况之下，他的报告还是发了出去。

所幸的是，随之而来的行情验证了他的言论。这样与众不同的坚持，让业界知道了一个叫许小年的经济学人。

然后就到了那个引起股市地震的“千点论”。

那是2001年。许小年已经离开美林，到了中国国际金融有限公司研究部。在这里他一直提倡一个“中国墙”的理念。“所谓中国墙的实质就是研究部门保持独立，作为卖方报告，避免受到业务部门的干扰。”

也许就是因为这个理念，2001年9月，他的《终场拉开序幕——调整中的A股市场》这份报告一问世就引起了轩然大波。“报告已经很谨慎了。我说过，世界各国各地区的股票估值水平实际上不具备可比性。但是你一定要我比的话，按照国际估值标准来衡量中国股市，那就意味着中国股市的价格起码要跌掉一半，当时是在2100多点吧。”

这样的报告不是别人希望看到的。虽然几年后的2005年，上证综指最低跌到了998.23点，又一轮狂热后的2008年，上证指数再次从6124点探到1664点的位置。他预见到了结果，但就像鲁迅先生讲的那个故事，一个大地主的儿子满月了，在满耳的恭维声中，说真话的那个人反倒成了最不受欢迎的人。谁又能说，正确的一定就是圆满的?

许小年不想再提当年。唯一说起的细节，是压力最大时母亲对他说的话：“孩子，你要知道怎么保护你自己。”说到这里，他忽然良久沉默。车窗外的灯光掠过，他沉默的表情里有万千感慨。

2004年，许小年来到中欧国际商学院教书。他可以专心做研究，讲课，写书，跟那些已经是社会精英的同学们，分享自己的经济心得，交换各自的人生理念。事隔5年后的现在，当记者问他，在经济学家、教授、证券经济师、银行顾问和董事总经理等一系列的头衔中，最看重哪个时，他不假思索地选择了教授。

那应该是他最单纯、自由、快乐的时光。

○坚持：许小年的风格

即使有那么多的误读，他独立、批判，直言的个性，依然如故。

一家证券公司邀请他就市场和经济复苏做一些解读。他的开场白是：尊敬的各位来宾，今天非常荣幸有机会在这里跟大家交流，关于中国经济和市场的一些看法。很抱歉，我今天讲的和我们上海证券的主题有一些出入，我讲的可能不太合时宜。我把中国经济目前的情况称为是“倒冬暖”，我们现在都喜欢说“倒春寒”，我感觉是“倒冬暖”，目前短暂的复苏只不过是春天刚刚开始的回暖，寒冷的冬天还在后面。

不做危言耸听。他抛出一个论断，然后开始从经济危机的来龙去脉，金融危机的全球性及它的复苏全球性开始，有理有据，鞭辟入里，丝丝入扣地分析。

2009年的诺贝尔经济学奖揭晓，《南方周末》的记者说网络上有议论，为什么没有中国人？

许小年的回答很尖刻：发这种议论叫做不知天高地厚。“国际上的经济学研究是大师们在做，但我们的许多经济学家在做什么？他们对真正的学术研究没有太大的兴趣，他们的兴趣点一个是获得上头的青睐；另一个是挤进电视台和酒吧，写一些‘心得’‘水煮’的故事，博得大众喝彩，获得商业上的好处。在国际学术界，中国经济学家实际上有一个天然优势——中国30年经济改革的成功，可以做很多实证和理论研究，产生很好的学术成果。但遗憾的是，我们做的研究太少，无论是理论还是实证的，认真的、独立的研究都做得太少。”

他说国进民退与改革背道而驰，他说谁拒绝调整谁最后复苏，他说经济增速必将再次下滑……这样的不合时宜的论断，似乎还有许多。

有人说他是“美国鹦鹉”，有人说他是个敢直言的、有良知的学者。他对此不想回应。一路赞歌的人和一个能让人在骂声里感到真爱的人，谁比谁更爱国？“良知二字总有一种道德谴责的意味。作为一个知识分子，独立、批判，自由，先行，这应该是一种起码的职业操守吧。”

B 许小年如是说

在博鳌亚洲论坛上，当有记者问他：上海2020年打造香港那样的国际金融中心，是会快一点还是慢一点时，他又一次语惊四座：上海永远赶不上香港。

他说国际金融中心不是GDP，不是你的港口、机场，不是你的电脑系统有多发达，不是你的办公大楼有多少。造就国际金融中心的是软实力，是法律体系、是监管体系、是国际化的信用，是和国际操作的接轨，是国际化的人才，是国际化的business process。

"这些东西你数一数上海哪一项有？你数一数，上海哪一项有？所以上海想追上香港作为国际金融中心，是一个美好的梦想。但是，这个美好梦想的实现，首先要改革法律体系，要改革监管体系。要改革所有不适于国际金融操作的这些规章制度等等，也就是要提高上海的软实力。造就金融中心的，不是硬件，是软件。"

这样的话，听起来不好听。有点尖刻，有点尴尬，有点让人疼，但是你不得不承认，他刺到了我们的痛处。

真的是许小年的风格。

C 印象派

许小年很坦率。

走下飞机，同行回郑的汽车上。接过我的名片，他说，"我儿子跟你是同行。呵呵，我知道你们的职业习惯，可家庭生活和一些经历故事，我不想过多地讲了。"

他更多地是在讲他的经济观点。如何终结"官出数字、数字出官"，要监督监管者的表情，国退民进不是一件好事情……他的观点，总让我想起另一位受人尊敬的经济学者吴敬琏。

上车的时候，他让我们几个女士先上。后来我注意到，在出电梯，在一群人走在楼道里的时候，他依然熟稔地这么做。

这样的细节，就像他说话时的笑意，从眉间、眼角、嘴边的皱纹里，丝丝散发，让人温暖无比。

【人物名片】

叶　檀

知名财经评论家、财经专栏作家。《每日经济新闻》主笔、《解放日报》经济评论员，央视财经频道特约评论员

【达人语录】

“我所学的历史和热爱的经济提醒我，以历史视角看待当下经济现象，不过分悲观，也不过分乐观。”

激情与平静的幸福，都是美

A 故事

叶檀是一种树。因为密度大，生长缓慢，而成为紫檀中最珍贵的品种。

叶檀是一个经济评论家。因为痛快、犀利的文风，与《财经》的胡舒立并称为北胡南叶，成为中国财经界“最危险的女人”。

叶檀是一个女人。爱旗袍，红酒，老茶。喜欢成都宽窄巷子的安静悠闲，也留恋武汉汉正街的热闹泼辣。

中秋前的一天晚上，她在自己的博客上写下这样的话：“重回快节奏的工作。晚上回家，树梢月亮，亮得晃眼。想起十几年前在九溪，月夜，流水光影，静山无人，实在是好。激情与平静的幸福，都美。”

⊙关于改变：“与中规中矩的静相比，这样的快，何其有趣。”

2010年8月底，一场细雨给郑州带来清凉的秋意。叶檀来到郑州，为河南的企业家做一场《中国房地产分析》的报告。

小碎花长裙，黑色雪纺外搭。站在讲台上，不疾不徐，3个小时娓娓道来。

那一刻的她，让人想起一棵开满鲜花的树：独立，果敢，却又满树繁花，妖娆无比。

《每日经济新闻》的首席评论员，《南方周末》《新京报》等知名媒体的专栏作家。看书、思考，写作。飞来飞去地讲课，做节目，与业内人士保持持续不断的交流。这样的快节奏，在一般人看来，压力肯定大于快感。

然而她沉醉于这样的状态。只有她自己知道，这样的快，与多年前中规中矩的静相比，又是何等的有趣。

叶檀是杭州人。本科就读于杭州大学历史系。博士毕业于复旦。她自己坦言，大学时读书很杂，专业成绩不太好，对非专业的财经反而兴趣盎然。

毕业后有几年的时间，叶檀曾先后在大学和一所社科院供职。那段日子在叶檀看来，是安静的，悠闲地，然而也是中规中矩，没有自由和快感的。

“每个人为写论文而营营汲汲，至于写作的兴趣和意义，完全放在其次。一年写一两篇论文，全国大概只有10个人看，然后就束之高阁了。”

周围的人比较闲。因为闲，会有更多的时间去八卦议论，去飞短流长。又因为钱少，所以特别在乎职称待遇，会为几十元一级的工资争得头破血流，毫无尊严。“别以为小市民只存在于中下层，什么阶层都有，学者一样会很小市民。”

叶檀迷茫了很久。“我心有猛虎，细嗅蔷薇。”她不确定自己想要的这种风一样放肆的动与静，在哪里。

然后到了随之而来的2001年，财经类媒体在上海兴起，来自最新锐的南方媒体人着手创办《东方早报》。叶檀被这些人身上散发的那种活力和自由气息所感染，开始为报纸撰写财经评论。

2004年，中国第一份专注于公司新闻与理财服务的主流财经日报《每日经济新闻》诞生。受这家报纸的召唤，叶檀又一次砍断了自己的尾巴。

这一次的选择依然是评论部，不一样的是，这一做，就是7年。

○关于勤奋：“职场中没有男女之分，只有专业非专业的差别”

在见到叶檀之前的电话采访中，她的助理谢小姐曾说：“叶老师每天都是天快亮了才睡觉，所以您的采访，只能下午开始。”

早晨从中午开始。这是叶檀一种独特的生活方式。

每天中午起来，浏览下当天的新闻，然后查资料，思考，与业内人士交流，开始写东西。晚饭后接着工作，写稿子，更新博客，一直到深夜。休息一两个小时后，接着开始看书，充电，一直到天亮才睡觉。“已经养成习惯，以至于好多时候，只有听到清晨小鸟的鸣叫，才能入睡。”

这样苦行僧般的生活，叶檀从进入《每日经济新闻》那天起，一直坚持到了现在。

她清楚地记得，《每日财经新闻》的老总，一见面就对她说过的那句话：国外和民国时期那些写评论的人，都是一天至少写一篇，这是一种专业精神，你要想写好，就要保持这种韧性。

雷打不动，每天一篇，要触及社会经济的最敏感处，还要用思考后的语言清晰条理地表达出来。这样的迅捷、勤奋与高产，无疑是种莫大的挑战。

从最开始的“半强迫”，到后来的自觉自愿，以至最后成为一种生活习惯，叶檀一路坚持了下来。“后来甚至发展到一天两篇，加上博客，还有专栏，不写就觉得少了什么。”

叶檀的好友，现在《南方周末》供职的东方愚曾讲起他印象里的叶檀。一群好友喝酒至深夜，回到酒店的叶檀依旧气定神闲、思路清晰地写一篇评论。“然后灯下读书两个小时，实在令人敬佩。”

这个比MEN还果敢的女人。在她看来，职场没有男女之分，只有专业非专业的差别。以比男人还要坚韧的勤奋行走在财经界，只是“试图在历史和现实之间、经济和政治之间找到一条通道。”

她也确实发现，从历史到现实，从经济到政治，其间并无轩轾，常有令人惊讶的相似之处，“或醍醐灌顶，或讶然无语。”

凌晨1点，一个人经过空旷的街道，叶檀有时候也会觉得累，可是那情绪如同良夜若有若无的清风，只要一坐到书桌前，很快就散去了。

“知道自己想干什么，喜欢什么，这才是最重要的。”

读书、思考，用直白、犀利、逻辑严密的经济观点，建立一个交流的公共平台，她确信，这是她爱着的生活。虽然，她偶尔也会为这暗夜里的孤单，短短地伤感那么一小下。

○关于公知：“友好的提醒，感谢。以为我会就此闭嘴，别做梦了。”

如果你是叶檀的MSN好友，你会看到这么一个签名：莫听穿林打叶声，何妨吟啸且徐行。

不听打“叶”声，只说自己想说的真话。叶檀，也因此有了财经界的“侠女”称号。

《铿锵三人行》的一次节目中，叶檀和任志强因为一个观点激烈地吵了起来。那一刻，这个在朋友们眼中好说话到了几乎无原则地步的女人，为了维护自己的观点，面红耳赤，寸步不让，似乎变了一个人。

因为认为高科技转基因应该做，马上会有人为她戴上一顶“卖国贼”的帽子。因为批评地产商，上市公司利益受到牵扯，马上会有人在她的博客上开骂，“骂得一塌糊涂。”

因为大小非的问题，叶檀受到很大压力。“具体不便细说。但我写道：友好的提醒，感谢。以为我会就此闭嘴，别做梦了。”

痛快，尖锐。不疾不徐，却又如芒刺在背。这样的风格，注定是要得罪人的。威胁，利诱都已不稀罕。她是看不得龌龊之事，如鲠在喉，不发不快。“如果我真的对某个经济事件有疑问，是朋友我会隐晦，憋一段时间。但如果超过我的容忍度，对不起，我一定憋不住就会写。性格所致，让我不说不可能。”

这也许就是知识分子兼济天下的情怀吧。有媒体曾经这样评价她：在中国百年女性史中，能够对政治、经济发表言论，以公共知识分子身份广受拥戴的女性很少，但叶檀做到了。

这样的评价叶檀觉得有点拔高了，从小听着外婆诵经声长大的她，只是但求“无愧我心”。只是她学的历史和热爱的经济，提醒她，以历史的视角看待当下的经济现象，不过分悲观，也不过分乐观。

“历史和经济都是我比较感兴趣的。其实做任何学问，当它进入一个逻辑分析轨道的时候，分析方法都不会有太大的区别，只不过工具不同。我使用的是历史工具，包括历史的视角和历史的理论。懂得历史有个好处，人不会轻易摇摆，观察问题时会把问题放置在很长的历史阶段之中，这样能避免极端地看问题，能从历史中找到规律和共通的东西。”

2008年的《南方人物周刊》，叶檀被评选为年度“中国青年领袖”之一。关于她的获奖词是这样的：信奉市场，强调本土；改良为上，尊重利益；历史眼光，经济视角。

而耶鲁大学的金融学教授陈志武对她的评价则是：叶檀对中国问题的观察细致到位，文笔通俗易懂，自然流畅。对正处在快速变迁的中国社会来说，这样的方位视角尤其珍贵。

○关于柔软：“可以坐在家中，发呆，看小院的玉米，听音乐，散想，真幸福。”

8月底的这场演讲完毕，叶檀回到休息室，戴上了自己的藤编小帽。长裙飘洒，依依袅袅，那一刻的她，比任何女人都女人。

熟悉的朋友都知道，她喜欢帽子，柜子里各种各样的帽子就有二三十顶，出门必定会为了选择与衣服相搭的帽子费一番思量。

自己逛街买衣服，有固定的喜欢的小店。正装最喜欢旗袍，所有在正式场合见过她的人都对她的旗袍念念不忘。但因为双腿笔直纤细，她也能将仔裤穿得特别好看。“日常开销除了交通费，买书和衣服都在第二位。”在她的包里，她钟爱的烟，永远是中南海。

在她的家里，她最喜欢的，有那个可以躺、可以卧的西式的大沙发，也有陈列架上那些陶器、老绣片、老服装，还有那把线条简洁流畅的明式官帽椅。“所有的风格都是我自己设计的，我觉得跟我的气质特别契合。”

没事的时候她会在自己的小院子里，为自己泡一杯普洱。旁边是她小小的花园，里面没有玫瑰，只有白萝卜和玉米，原因只是因为，“白萝卜种起来简单，叶子好看，没菜了还可以摘两片，绿色又省钱。”

中秋前的一晚，她在自己的博客上写下一段话：“重回快节奏的工作。晚上回家，树梢月亮，亮得晃眼。想起十几年前在九溪，月夜，流水光影，静山无人。实在是好。激情与平静的幸福，都美。”

这个柔软且感性的女人。也许真的如她所言，生活有很多选择，要判断什么是应该在意的，什么不是。“枝枝杈杈的都可以略去，只坚持你该坚持的。”

B 叶檀如是说

关于何时买房

叶檀：1998年到2010年是黄金时代，那时候不论你是在郑州买房还是在北京买房，不论在什么地段买，你都是伟大的正确先生，只要闭着眼睛买房，都可以发财。

现在虽然限贷导致楼市暂时萎靡，但只要抓住结构性的机会，仍可以成就一个白银时代。

关于房地产泡沫

叶檀：房地产泡沫辨别的标准还是有的。良性泡沫一般上升周期很长，幅度缓慢，有优质的实体经济做支撑。恶性泡沫一般上升周期短，上升幅度非常缓慢。

从上世纪60年代开始到上世纪80年代，美国经济上升的幅度比较缓慢，但一直是一个稳步的上升过程。到了2007年左右，美国政府开始宣扬美国梦的标准：拥有一套自己的住宅，鼓励所有的人贷款买房。货币超发，纸币与贵金属完全脱钩，2007年末的对冲基金爆发终于引爆了次贷危机。

作为投资品的中国房地产市场，我认为现在的泡沫介于良性与恶性之间。但格林斯潘说过一句话，当泡沫崩溃之前，我们不知道泡沫会涨到多高，所以关键还是不要太贪，出手快跑得快，别指望赚到最高的那个点。

关于限购与房产价格

叶檀：北京、上海、深圳的房子，因为限购限贷，房产成交量大幅下挫，但价格没怎么滑落。这是为什么？因为在北京，70%的买房人是全国各地的富人，对他们来说，限贷对他们没用，等限购解除了，他们还是要买，所以房价基本不怎么会掉下来。这样的心态可以推理到所有的一线城市和省会城市。

从政府层面上说，政府也没打算让房地产市场真正大挫。只是采取温和的限购、限贷政策，提高准备金率。政府也知道加息是最有效的手段，但因为加息对地方投融资平台和大型国企太不利了，所以他们不敢这么做。

我觉得，什么时候政府连续五六次加息了，那就是动真格的了，你就赶紧撤吧。

关于房地产底部

叶檀：你憋着抄底，你知道底在哪儿吗？是10%？20%？还是50%？

这个梦我不想惊醒你。作为投资品市场，一旦开始下跌了，它的下跌是没有止境的，不要以为地狱有18层，它有36层，甚至有72层。

你永远不知道底部在哪里。当日本的房地产泡沫开始崩溃，跌到10%的时候，很多人去抄底，但很快发现它跌了20%，然后继续下跌，跌到50%，你觉得跌到50%，这个时候应该去抄底，应该没危险了，结果发现它跌到了70%。

投资品的市场永远是如此，只有等到它真正跌完了之后，你才会知道，啊，原来它要跌到80%，泡沫才彻底挤干净了。事实上，这时候已经不是挤泡沫的过程了，而是挤你的血肉了。

关于结构性的机会

叶檀：回答这个问题，我想先讲一个故事。我有一个朋友，说他要买一栋房子，定金已经付了，第二天紧缩政策出台了。他非常纠结地问我，要不要损失一些定金，把这个房子给退了？

我问他买的是什么样的房子，他说：第一，这个房子地段很好，是在市中心。第二，它跟一个非常好的小学一墙之隔，买的是一个学区房。

然后我问他，你买的这个价格跟周边的房子

比，特别贵吗？他说是均价，也没有特别贵。我就跟他说，你有什么好急的？既然自己想的这么清楚了，你是为孩子的未来投资买这个学区房，有什么好急的？你要知道即便房地产的价格下跌，中国的教育价格一定不会下跌。

所以到现在，调控成这个样子，甚至限购了，他那个房子不光没跌，还涨了。

买住宅地产的人都知道，地段，地段还是地段，现在来说加上交通，交通，还是交通。如果这两点之外还是学区房，当然要赶快下手。

关于全民投资时代

叶檀：投资大门已经开启。如果现在不努力投资理财，老无所依将是件很悲惨的事。

我算了一笔账，如果想保证到了老年衣食无忧，起码需要3 000万。不要说我是在危言耸听。40年前一个人拿三四十元，20年前一个人拿三四百元都算不低的工资，现在一个人三四千元已经是有些城市的中下等工资水平了。

3 000万的资产我们现在想象是很难达到的，但是一旦等到我们的工资像日本人一样一个月拿30万的时候，就一点也不困难了。

C 印象派

她是人们口中的“叶姐”“叶女侠”“叶先生”，甚至有人把她比作财经评论界的“鲁迅”。

但出现在我面前的这个女子，却不是坚硬的、冷漠的。饭桌上，几杯红酒下肚，她笑靥如花，一口小小的糯米牙，很是好看。

她是内心柔软的南方女子。

她说起成都宽窄巷子的安静闲适，也说起武汉汉正街的烟火泼辣。说起厦门暗夜里湿润的海风，还有大连那些让人留恋的古老的欧式小楼。

她为动车事故中幸存的小炜依落泪，也为杨海鹏救妻事件呼吁。在一个做调查的记者身中8刀被杀时，她在悲戚之中写下：为了事实，一些人失去了工作，一些人失去了生命。他们赢得尊严，因他们，所有人收获尊严。

采访结束，我们这一大群人说说笑笑经过酒店的大厅，看到角落里那个一人高的白玉的观音菩萨，她忽然止了脚步，双手合十，恭恭敬敬地深深施礼。

那一刻，四周默然。

【人物名片】

梁小民

中国著名经济学家、国家价格指导委员会委员

【达人语录】

“我非阳春白雪。”

经济学界的“流行歌手”

A 故事

梁小民出现在新郑机场出站口。

没有随从和助手，所有的行李只是肩头的一个黑色挎包。

脚步轻捷，笑容满面。66岁的他，从北京坐了两个小时的飞机赶赴郑州之约。

这就是梁小民。那个用最通俗易懂的方式，为普罗大众讲经济的经济学家。

“我不是高深小众的阳春白雪，如果打个比方，应该算是经济学界的流行歌手吧。”

这是他调侃般的总结。然而很恰当。

○经济学界的“流行歌手”

梁小民是经济学家，却常被业界和喜爱他的读者加上“大众”两个字。与我们惯见的经济学者不同，他的著作不高深，不枯燥。寓言，武侠，历史，甚至毫不起眼的身边小事，都会被他信手拈来，用经济的视点诠释得妙趣横生。

在高山仰止和普罗大众之间，为什么会选择后者？梁小民的回答是：因为这样的道路最适合我。

1994年，商业部的老师梁小民到美国康奈尔大学，做了一名访问学者。在进修的过程中，他发现美国的高端经济学理论用的全是数学。“我数学学得不好，很多数据模型根本看不懂。搞尖端研究这条路肯定行不通。”梁小民第一次开始审视自己未来的方向。他发现搞经济学研究无非三种，一种是尖端理论研究，一种是经济政策决策，还有一种就是实用通俗的经济普及化。“我发现在美国，实用通俗的经济理论普及特别有市场。很多大牌的经济学家，像弗里德曼、萨缪尔森和贝克尔等，都是普及经济理论的大众经济学家。”梁小民看贝克尔的《生活中的经济学》。一个经济事件，老百姓看到的只是新闻和现象，但经过大众经济学家的旁征博引，生动细致的分析，不同的人会获得不同的体会。经济学居然可以这样写！

梁小民想起在国内时，拿经济学理论与圈外人交流，很难引起兴趣和共鸣。国内经济界，现在最缺乏的，就是经济理论的通俗大众化。“我学的是文科，求学时代获得的数学给养远远不够，但是我的哲学、历史、文学、艺术等知识可以帮我解释很多经济学问题。”博闻强记，文笔又好，梁小民豁然开朗：做一个大众经济学家，这不是自己最擅长的吗？

梁小民就这样很快入了行。1995年回国后他写了《美国回来不敢谈经济学》。从那这一年开始，他写了多本普及型大众经济学读物，《经济学是什么》《经济学的开放》《小民说市场》及《经济学原理》（译著）很快在民间一纸风行。他还在《南方周末》和《21世纪经济观察》等媒体开设了《我读》《我看》《我说》《小民说话》等20多家专栏。几十年的积累，如同火山一般，在经济学的通俗领域，他终于找到了最旺盛的突破。

如同音乐界有美声和通俗之分，梁小民觉得自己就像一个流行歌手。“帕瓦罗蒂尽管受人尊重，邓丽君也受人热捧。在小众和大众之间，也许那些受众最多的通俗反而更容易源远流长。”

○“不务正业”的杂家

大众经济学家，最不能缺少的就是广闻博记。梁小民是个爱书之人。在他不大的书房里，最醒目的就是书架上那一万多册图书。“我每年花在买书上的钱是两三万元。别人开门七件事，柴米油盐酱醋茶，对我，开门只有一件事，那就是读书。上学如此、上班如此、退休后也是如此。”

因为书，和可以容纳一个安静书桌的书房，1991年，他放弃了北京大学的职位，调到了北京工商大学。只是因为，北京工商大学在住房之外，多给了他一间书房。“旁人看来直感叹怎么舍得，可我觉得值。”

没人能想到，研究经济的他，却是极爱武侠的。一架飞往西安的飞机上，梁小民聚精会神地读着金庸的《书剑恩仇录》。陈家洛等人与张召重正打得不可开交，这时，只见陈家洛飞身跃起，一剑刺向张召重……他心里刚想大叫一声：这一剑刺得好！突然觉得自己的腿隐隐地疼了一下：糟了，莫非我也中剑了？定睛一看，原来是空姐不小心把茶水洒在他腿上了。

说起当年的那一幕，梁小民哈哈大笑。“邻座一位老先生与我攀谈，对一个经济学教授读武侠颇感意外，他说武侠对经济学有什么启发吗？这一问，还真把我给问住了。后来那一路我一直在思考这个问题，武侠中有没有经济学？”

善于思考的梁小民，真的从武侠中找出了经济学，围绕着岳不群和楚留香为在武林界的成功所投入的各自成本与收益比较开始，写下了《谈武论侠话经济》，一时好评如潮。

梁小民迷上了文学作品中的经济学。从《红楼梦》“探春改革失败”这一段故事，梁小民论证出贾府不过是一个经济单位，爱情也好，斗争也好，都是以经济为基础的。贾府的繁华是以计划经济体制为基础的，贾府的衰落是经济转型失败的结果。读《庚子梨园恨》，他在为一代红伶的沉浮感慨的同时，联想到当前京剧的困境，写出《转型经济中的京剧艺术》；读《白银谷》时，他仔细琢磨晋商灭亡的原因，从中感悟到晋商之败关键是中国传统的人治和封闭，写出了《探求晋商的衰败之迷——解读白银谷》。

按照世俗的眼光，梁小民就像不务正业的“杂家”。看的书很杂，想的问题也很杂。但他由此而独辟蹊径阐述的经济问题，真得让人又惊又喜。

B 梁小民如是说

你所理解的最完美的快乐是什么?

做的事都是自己想做的，而不是别人强迫你的。比如我退休，我也知道返聘了工资会高，但与学术无关的杂事很多，比如开会啊什么的，也挺烦人的。

有没有最后悔的事?

没有。我的做人原则里有个词是低调。有一次我跟易中天去南方讲课，一下课他就被大家伙儿像包围明星一样地包围了。我从旁边悄没声地溜了，心里调侃道：做明星就是不自由。不像我，想去哪儿就去哪儿，想干啥就干啥!

在世或不在世的人中，你最崇拜谁?

吴敬琏。他为人谦和，却有知识分子的正义和良知。他提的很多建议，都是对这个社会的一种大爱。最关键的是，他不爱钱。所以他是中国经济界的良心。

能否评价一下自己?

呵呵，我是大多数好人中的那个吧，尽自己该尽的责任，对社会和家庭该奉献的价值一点不打折扣。但对那些不愿意做的事，我从不强迫自己。

C 印象派

梁小民是山西人。

一方水土一方人。关于山西人的地域性格，梁小民总结了三点。一曰勤劳，所以晋商成了举世闻名的大商帮；二曰平和，安分守己，不喜欢闹事，几乎历代农民起义没有从山西开始的；三曰低调，不露富，不炫耀，人称山西老抠。

从山西小县城的少年，到北京大学的研究生，从美国康奈尔大学的访问学者，到北京工商大学的教授，直至现在最受欢迎的大众经济学家，梁小民的血管里，流的一直是这样的血液。他始终恪守的，是勤奋，平和，低调。除此他又加了一个：倔强。

2003年8月4日，梁小民60岁生日这天，办了退休手续。“一天也没有多待。尽管学校一再挽留，领导也一直在做我的工作。可我还是义无反顾地退了。因为我是个喜欢自由的人，早就想过自己想过的那种生活了。”

现在的梁小民，和老伴儿住在怀柔郊区的一个小院里。没有会议和杂事纷扰，他的生活只剩下了3件事：讲课或讲学，写专栏，看书。“我要到清华、浙大、厦大等5所院校讲课，要给好几家媒体写专栏，还要应邀去全国各地讲座，可以说比在学校时还忙。”

即便如此，读书也是梁小民三三制生活里最重要的部分。因为不喜欢上网，他每天都要看20多份报刊。“每个月最少看10本书，外出的很多时候，就只得在飞机和宾馆里阅读。”

不出门的时候，他几乎所有的时间都是属于书房的。看书或写字累了，从窗子里望出去，可以看到正在摆弄花草的老伴儿。那是他最幸福的时刻。

“我非阳春白雪。最大的希望，就是我讲的经济，让只有小学文化的普通百姓和七八十岁的老人都能看懂。”梁小民说。

【人物名片】

忻　榕

中欧国际工商学院管理学教授《哈佛商业评论》(中文杂志)首任主编

【达人语录】

"过简单的生活，做本色的我。"

倒过来看世界，这个世界非常不同

A 故事

2011年7月16日，中原EMBA联盟成立庆典暨中原经济区发展论坛上，中欧国际工商学院的忻榕博士做了主题为《再谈领导的影响力》的演讲。

她认为领导的影响力来自于职位、专业能力，更来自于他自身的人格魅力。一个好的领导一定也是个情商（EQ）高的人。"EQ决定领导风格，领导风格决定组织氛围，组织氛围影响企业绩效。据估计这个绩效的影响可以达到33%左右。"忻榕说。

○谈领导者：一个好领导一定也是个情商高的人

小卷发、雪纺裙、白色针织外搭、蓝色贝壳项链——忻榕这个国际知名学者身上洋溢的不是大牌的气息，而是自然优雅的小女人味道。

然而她演讲的题目却是刚性十足的领导力话题。什么是领导？它是一个职位，还是一种过程和行为？领导的影响力来自哪里？

忻榕觉得领导就是那些能够改变和影响别人生活或生活方式的人，他可以是一种职位，也可以不是。"比如被称为印度之父的圣雄甘地，他没有担任任何职务，但他在印度乃至全世界的影响力并不比印度的任何一个总统小。"

领导的影响力首先来自于他的职位。一个拥有权力的人，他比别人占据了更多的资源、信息，当然影响力也更大。领导的影响力其次来自于他的专业能力。“一个领导的专业能力越强，他在这个领域的影响力越大，这是毋庸置疑的。”

忻榕觉得，领导的影响力最关键的还是来自于他自己的人格魅力。魅力是个说不清道不明的词儿，它可以是外表、言辞，也可以是一种对梦想执著的坚持和激情。

忻榕在大屏幕上打出圣雄甘地、比尔盖茨和乔布斯、李宁、马云等人的画面，这些人身上无一例外拥有着梦想、激情、勇气、自信等共同的特性。“所以我觉得，真正的领导影响力就来自于这些魅力。”

在忻榕看来，一个好领导一定也是个情商高的人，情商中最重要的两点是同理心和沟通能力。“EQ决定领导风格，领导风格决定组织氛围，组织氛围影响企业绩效。据估计这个绩效的影响可以达到33%左右。”忻榕说。

○谈员工：员工分4类，领导招数各不同

企业员工，在忻榕看来，不外乎4类人：又听话又有才的明星员工、有才却不太好用的明星员工、听话却无才的普通员工、不听话又没才的问题员工。对4类人对症下药，才能发挥这些人的最大潜力。

“一类是态度好，能力强，就是我们平时说的又红又专员工。”对这类员工，忻榕觉得只要做到授权、放权即可。“在他们取得成就时及时给予认可，遇到难题时大力支持，不要过多干涉他，只需给他足够的信任和放权即可。”

当然每个企业里也都有另一类明星员工，“他们很有能力也很有想法，但这种想法未必与企业或老板的价值观契合。”对待这类员工，忻榕觉得领导要选择做一个销售员，把企业理念卖给他，研究并影响他。“或者是让他参与到战略决策中来，对他自己决定的东西，原本态度不好的明星员工也会全力以赴。”

对能力不强但价值观与企业一致的员工，领导者要做一个教练，教他提高能力。而对能力不强态度又不好的第四类员工，忻榕觉得直接指令即可，“不用给他解释为什么。”

○谈人才：中原不缺人才，培养人才有3招

忻榕七八年前来过郑州，这次重回中原，她最大的感受就是震撼。

干净气派的新郑国际机场，在她看来跟世界一流的机场没什么差别。鲜花绿树、整洁宽阔的郑东新区，在她眼里跟浦东大道一样漂亮。“如果有人问我是否愿意在这样一个地方住下来，我的答案是会的。”

对有些专家学者提出的河南是人力资源大省，但不是人才大省的看法，做了多年人才资源管理研究的忻榕并不认可。“中原有深厚的文化底蕴，从来都是人才辈出的地方。怎么会缺人才？”她觉得中原要发挥人才作用，关键是要完善留住人才的机制，学会培养人才。

关于培养人才，忻榕博士给了“3招”。“一是引进人才，即买人才。从上海、北京甚至全球范围内引进最需要的人才。二是借人才，即对外聘用各个行业最尖端的专家学者做顾问。三是培养人才，让外聘的人才替我们传帮带，或用EMBA培训培养出来后续力量。”

“河南发展的速度很快，很令人震撼，人才的培养也要有能与之匹配的互相支撑的体系。”

○谈个人：一个“倒立”的学者

忻榕是《哈佛商业评论》（中文版）的主编，现任中欧国际工商学院管理学教授。马云、冯仑等众

多商界精英都是她的得意门生，她被称作是中国企业家的创业导师。一个连CEO都会向她征求意见的教授，一个讲课温婉而雅的江南女子，一个饱读诗书而感性亲切的60年代学者，你相信她会当众倒立吗？

当然，这个当众倒立并非在郑州，而是发生在阿里巴巴。

忻榕说，十多年前阿里巴巴刚创建时，她受邀去为网站创建团队做指导，直至后来阿里巴巴成为电子商务领域的领头羊，可以说，忻榕亲眼见证了这个企业的发展壮大。

2005年，忻榕怀着十分好奇的心情再次走进阿里巴巴，这次走访让她震撼的是，员工对马云所打造的企业理念和文化氛围的深度认同。

众所周知，在阿里巴巴高管团队全部都有化名，这是马云让他们从金庸武侠小说正面人物中“认领”的。多年以来，很多人已经忘记了自己最初的名字。

忻榕问一个认领了“郭靖”的高管说：你真的成为郭靖了吗？郭靖回答说：真的是，我要像郭靖一样去生活，我妈都叫我郭靖了。

忻榕成功完成了自己下达的采访任务，临走前，她把文章交给一位阿里巴巴高层，希望能得到对方公开发表的认可。然而，对方却提出了一个条件：那就是倒立。

“如果你能倒立，我不用看，马上就签字。”那位阿里巴巴高管说。

忻榕说她很好奇，当即问为什么要倒立？这个时候她注意到阿里巴巴办公区域有很多软垫子，原来这都是为了让员工倒立而设。

那位高管解释说，SARS那年，几个年轻人自我封闭在一间办公室里创建网站，累了大家就倒立，因为倒过来看世界，这个世界非常不同。可以说，阿里巴巴一路发展，无不与“倒过来看世界不同”有关。

此后，倒立成为这个企业的入职培训重要课程。

这种强烈的企业文化认同感，感染了忻榕，本来吃惊犹豫的忻榕当场倒立起来，换取了一篇调研文章的公开发表权。

这个关于“倒立”的故事，和“倒过来看世界不同”的企业理念，忻榕记住了，并带到了不同的课堂上。

B 忻榕如是说

“文化”可以用4句话表达：植根于内心的修养；无须提醒的自觉；以约束为前提的自由；为别人着想的善良。

什么人不适合做执行？小聪明的人，追求完美的人，思考过度的人。小聪明永远在找捷径，不会认真执行。追求完美的人把事越做越复杂，结果是放弃。思考过度的人不关注行动。

员工是公司最重要的资产，高潜力人才更是公司未来发展的关键所在。然而许多公司对高潜力人才的培养往往毫无章法，高潜力人才要么离开，要么被废掉。高潜力人才的培养除了正式的培训课程，还应该包括自主学习和其他培训形式，其中最有效的工具就是轮岗体验。

【人物名片】

李光斗

品牌战略专家、中央电视台品牌顾问

【达人语录】

"专心致志地工作，专心致志地休闲。"

"品牌大师"的故事会

A 故事

他的名字，总是跟品牌策划联系在一起。

小霸王学习机、伊利、蒙牛、古越龙山、民生药业……这些国人记忆里最深刻的品牌广告，都出自他的策划。

他是李光斗。中央电视台的品牌顾问。是被《南风窗》和新浪网评为中国营销进程中最有影响的风云人物之一。

2009年10月17日，应"中原崛起高峰论坛"的邀请，李光斗来到郑州，就营销战略与品牌建设向河南企业家献计。

16日晚的提前见面，李光斗没有说太多次日的演讲。他讲的更多的是那些品牌策划背后的故事，他走过的城市，他喜欢的电影，以及，他所理解的幸福观。

○事件营销的创造者

李光斗来河南已经好多次了。但在品牌策划之外，讲述自己的故事，还是头一次。

他说自己曾是一名"文青"。生在内蒙古呼和浩特的他，80年代考入复旦大学新闻系，曾凭借随笔和杂文赢得了复旦四君子的美誉。“呵呵，当年我写的小诗，狠赚了不少女生的眼泪。”

1988年，李光斗代表复旦大学去新加坡参加亚洲大专辩论赛，最后复旦大学夺冠。作为主辩手的他伶牙俐齿，逻辑清晰，灵活应变的能力给很多人留下了深刻印象。以致后来的几年，校园 “辩论潮”长兴不衰。

但他后来并没有从事新闻或文学，而是跑到广东，当了一名广告策划人。那段被他一笔略去的时光，应该是一个大学生从四处碰壁到逐渐找到位置的摸索期。1992年12月，奥星发射现场，胆大妄为的李光斗策划了一个令世人瞠目的举动：把小霸王、五粮液、万家乐和丹丽洁具每幅近20多米的广告牌，竖在了西昌卫星发射中心澳星2号的火箭发射架上。

虽然李光斗一再强调，他只是提供了一个思路，后来的很多事情都是别人在协调，但这种“把广告做上太空”的创意，就连好为人先的美国也落后了3个月。等到哥伦比亚电影公司也把施瓦辛格主演的新片《Last Action Hero》的广告做到“康尼托加”火箭上面的时候，已是2003年的事了。

李光斗就这样开了一个事件营销的先河。以后的几年，他又策划了轰动京城的“买桥”事件。在北京东三环竖起了首都道路上第一批以著名商标命名的行人过街天桥——“威力桥”和“小霸王桥”。一时之间，这个戴眼镜的瘦小伙儿名声大噪。

○一个会讲故事的人

好故事可以让品牌生魅。李光斗策划的广告之所以能让人印象深刻，“就是因为会赋予品牌一个好故事。”

2004年，古越龙山的老总找到李光斗，邀请他的策划机构为自己策划品牌营销方案。“当时黄酒受地域和习惯的影响，在整个酒水市场版图中，相较白酒、啤酒等‘老大哥’，总销量不及啤酒的十分之一，是名副其实的‘小兄弟。”

李光斗在古越龙山上海公司的办公室内，看到了这样一张照片，是1995年时任国家主席的江泽民视察古越龙山的情景。据古越龙山的工作人员介绍：当时，江泽民品尝过古越龙山后，大为赞赏，欣然说道：“中国黄酒，天下一绝”。不仅江泽民，周恩来、邓小平等中国老一辈领导人也都和黄酒有着不解之缘。

李光斗忽然豁然开朗：黄酒是国粹，是杏花烟雨江南的代表，如何让铁马秋风的北方人也爱上他，就只有从品位高端和故事传说入手。

李光斗想到了当时电视里正热播的《汉武大帝》。“陈宝国是内地实力派演员的代表，拥有成熟男人的气质、成功人士的形象，有魅力，有文化内涵。他主演的《汉武大帝》家喻户晓。汉武帝是一代伟人，功绩名垂史册。 ‘皇帝’‘黄酒’‘尊贵’‘英雄’……就是陈宝国了。”

古越龙山的策划案就这样出来了。江南，一片绿意浩渺的竹林，汉武帝与陈宝国在石桌旁对酌。两人酒间纵论“英雄识美酒，煮酒论英雄”。酒壮豪情，汉武帝遥想起当年自己亲自指挥大汉帝国军队大破匈奴的英雄场面，不由沉浸其中吟道：“数风流人物”，陈宝国举杯作和：“品古越龙山”。

那一年，从央视到地方台，这则意蕴悠远的广告成为黄金时段最热播的广告之一。第二年古越龙山全国销量突破1亿元，在传统的黄酒消费淡季，创造了同比50%的市场增长率。“现在的它已经由绍兴黄酒第一品牌跃变为当之无愧的中国黄酒第一品牌。”

“如同可口可乐靠7X秘方风靡世界，法雷诺凭古罗马皇帝耶路撒冷出征传说成就一代名鞋一样，美丽动听的传说，总会赋予品牌不一样的内涵，让它在所有同类中脱颖而出。”

○最忙碌的"两栖动物"

李光斗此次前来，除了演讲，还带来了自己的新书《品牌拜物教》。这是他的第14本品牌专著。

他曾自嘲是两栖动物，"既有自己的公司，为企业策划品牌。又经常写书，出去讲课。"

做这样的两栖动物，自然免不了要飞来飞去，做"空中飞人"。"呵呵，因为经常坐飞机，有一年我还获得了南航专门颁发的最忠诚顾客奖。"

这样的忙碌，在别人看来疲惫不堪，可他却乐此不疲。他随身的包里，永远有两样东西：笔记本电脑和相机。看到有意思的画面就拍下来，写下来，运用到自己的品牌策划中去。夏天他去江南，拍到两张和尚劳作的照片。"人生有了目标，劳作就会有不同的意义。慧能说：开悟之前，砍柴挑水；开悟之后，砍柴挑水。同样是砍柴挑水，却有了不同的意义。"

他喜欢去不同的城市，感受不一样的风情。杭州是一座冤屈了爱情的城市，因为白娘子的传说。厦门是最适宜大学生恋爱的城市，因为有魅力的厦大校园。而巴黎，给他的印象则是冷艳。因为他在那里看到一出荒诞戏剧。"整个情节是在巴黎的最后一班地铁上，一对陌生的男女，在搭讪，他们越聊越投机，最后发现他俩都是法国人，住在同一个街区，同一幢楼，同样有一个女孩，女孩叫同样的名字，原来他俩是多年的夫妻。"巴黎的冷艳真是无与伦比。

他是品牌专家，可他真的没有一点专家的刻板。他看"超级女声"，在网上预测"快乐女生"和"东方天使"谁会最火。他看最热播的大片。一部《变形金刚》让他看到了美国主旋律电影里贩卖的美国品牌，《贫民富翁》在他看来是经济萧条时代奥斯卡给全球人的童话温暖……精力充沛的他，生活得可谓趣味盎然。

他把这总结为专心致志。"现代人最大的毛病是上班时感觉压力大，真到休假时又因为接不到电话，上不去网而焦躁不安。"曾经他也是如此。有一年他去马尔代夫的一座小岛上度假，要发一封紧急电邮，但因为岛上无法上网而心急火燎。但等他真回到了北京，发现没有这封电邮，公司照样在正常运转。"所以说专心致志地工作，专心致志地休闲，这比什么都重要。"

B 悟之道

关于最完美的幸福，李光斗觉得古人量化幸福的指标很贴切：值太平世，生湖山郡；家道充裕，官长廉敬；娶妻贤淑，生子聪慧。

用今天的话翻译过来就是：生在太平盛世，住山水城市湖景别墅；家庭资产很丰厚，单位领导关系铁；媳妇漂亮又贤惠，儿子读书不操心。

林语堂的标准比较实际：住美国的房子，娶日本的太太，家有中国厨子，外有法国情人。而经济学家的语言则把幸福概括一句简单的话：时间自由，空间自由，经济自由。

李光斗觉得这些理论都有道理，"但说来说去也只是一种体验和感觉吧。"他说起2006年的一次幸福体验。那年他去丽江策划一个广告。丽江古城最繁华的酒吧街上，骑楼脚下是潺潺流水，那是玉龙雪山流化下来的雪水。“这是座以神吹、海睡和艳遇著称的城市。古城就像一个大集市，人来人往，呼朋引类，每个人都显得很亢奋。身在丽江，没有孤独的人。就连我们也邂逅了北京来的一大帮熟人。艳遇自是泡汤了。我们除了神吹，就是洗洗睡了。”

但丽江留给他的还有一件珍贵的礼物，是东巴艺人用世界上唯一还活着的象形文字镌刻而成的祝福文字：山中长满树木，池内清水盈潭。愿世间平息争斗，友善相处，长寿富足。愿女儿织出美锦，愿男儿狩猎有获，愿母亲牧养的牛羊增殖，愿父亲建造的房屋牢固。

“可能有些浪漫唯美，但真的让我很感动。最羡煞人的大幸福，也莫过于此了吧。”

【人物名片】

吴伯凡

哲学硕士、《21世纪商业评论》主编

【达人语录】

“能成事儿的人，是保持目标，不断地在改变方法。不成事的人，是保持方法，不断地改变目标。”

相见吴伯凡

吴伯凡要来了。

这个《21世纪商业评论》的主编，这个以 “不务正业”的《冬吴相对论》电台节目，让无数中国人“坐着打通经济生活任督二脉”的博学可爱老男人，2012年7月2日出现在了郑州。

A 故事

○这样的他：一个操着蹩脚普通话的男人

吴伯凡是谁?

如果按时下流行的标签来贴的话，他是《21世纪商业评论》主编，哲学硕士，是21世纪报业集团“中国最佳企业公民”奖项的主要策划人，还是中央人民广播电台时事观察员和节目主持人。

然而更多的人知道他，则是因为一个叫《冬吴相对论》的电台节目。

学的是偏冷的哲学，解读的却是时下最热门的经济现象。3年多的时间，这个号称“帮你坐着打通经济生活任督二脉”的对话栏目，让这个带着黑方框眼镜、操着一口蹩脚普通话的男人，火得一塌糊涂。

2004年下半年，吴伯凡到21世纪报系参与创办《21世纪商业评论》，邂逅梁冬。当时的梁冬是凤凰卫视风华绝代的“梁某人”，一见吴伯凡，就说起自己在大学时读到的吴伯凡的《孤独的狂欢》。吴问他印象最深的是什么？梁冬说一是他讲的比尔.盖茨的故事，“众多的门”（Gates）如何成为“众多的窗”（Windows）；二是吴伯凡书中的一句话——“真相见都是恨晚的，不恨晚的相见如同不相见”。

相见恨晚的他们聊得甚欢，本是热闹的饭局到了最后，一桌朋友都不说话了，笑着听他们聊。最后，梁冬说了一句：“其实我们可以在凤凰做一档节目，名字就叫‘冬吴会谈’。”

○一个博学可爱的男人

辗转中四年过去，2008年10月这个邀约终于成行。《冬吴相对论》开首就是一段周星驰式的开场白：“两个男人，孕育5年，帮你坐着打通经济生活的任督二脉。”然后是两个普通话极不标准的男人在谈笑风生，说老板的烦恼和70后的尴尬，也说食品安全危机下的《全民重口味》……可谓无事不说。

梁冬语速极快，说学逗唱极活泼，不时发出令人“毛骨悚然”的笑声。吴伯凡语速稍缓，看事老辣，他所读过的书、他宽广的知识面在这时候呈现得淋漓尽致。马克思韦伯、德鲁克、稻盛和夫、长尾理论、二八原则、死亡哲学……这些只有在大学课堂才能明白的经济名人和名词，在他抽丝剥茧的分析中瞬间简单明了。

开播一年，这个看不见人、没有图像的对话栏目火得一塌糊涂。

○这样的思维：《冬吴相对论》，挠中了商业社会的诸多痒点

作为吴伯凡的成名之地，《冬吴相对论》虽然是探求经济与生活内在哲学关系的商业对话脱口秀类节目，但这个集新闻性、趣味性、知识性于一身的栏目，把一个个看似高深的经济或生活现象，以一种独特的方式进行剖析、解读，使普通听众也能够理解，并将这些思想和理论作为工作和生活的参考。

《冬吴相对论》挠中的，恰恰是这个商业社会的诸多痒点，比如关于解读爱的《爱的情操》，关于商业品牌纠纷的《iPad之争》，关于房子与承载生活和灵魂的《现代化的迷失》，甚至关于私奔的讨论……可以说这些都不是什么特别大的事，但却是这个社会的痒点。

吴伯凡明白，《冬吴相对论》不可能是一个家喻户晓的节目，他也不在意人们是通过保时捷的车载音响还是通过10元钱的袖珍收音机听到他和梁冬的声音。

他在意的，是能在立场和语言上找到某些共通的东西，并以适当的方式表达出来。也正因为如此，他的粉丝从企业家、白领到普通出租车司机和打工者都有。“有一年我们甚至收到了来自上海提篮桥监狱的粉丝来信。”

这样的深度和广度，显然是很多传统意义上的经济学者不具备的。河南一些企业的庆典，没有请明星歌星，却把吴伯凡请来，就是想以对话的形式，请河南本土的企业家们参与，就是想开启一种商业哲学的新思维方式。

B 吴伯凡如是说

吴伯凡说“礼”

礼就是一种尊重的艺术，规范的艺术，一种活在当下的艺术。就是把当下的这件事情，视为最重要的，认认真真的，不把它当成一个手段，当成一个通向未来的垫脚石。所以在一个仪式里，你会发现人们都非常庄重。越是那种隆重的仪式，它的节奏就越是缓慢，既连贯又缓慢。

吴伯凡说“笑”

所谓笑，是恐惧突然终止、安全感突然来临而导致的一种心理释放。笑是最容易让人瓦解各种各样的等级、分别，而进入同一个心理频率的方式。

吴伯凡说“爱”

一个正确的爱的动机有可能带来恨的结果，中间的技巧就在于要保持“三个同步”：知识同步、情感同步、目标同步。

吴伯凡说“品牌”

其实品牌就是一种价值承诺，这种承诺不是口头上的承诺。

有一个常识：生活当中，当你遇到特别大的困难的时候，第一想到去跟他借钱的那个人，肯定是你最好的朋友，或者是你最信得过的亲人。这不需要非常严格的逻辑推理，而是一瞬间形成的。在此之前，这个人已经在你的心目当中形成了一种价值承诺，你就会信赖他，而且你求他帮忙不会有什么大的风险，是这样一种承诺。品牌也是如此。

吴伯凡说“幸福”

我觉得我们缺失了一环，就是特别羞于、不屑于表达自己的感受。实际上无形中使得我们的人际关系变得比较干涩，缺少了润滑剂，幸福感也无从得来了，而且往往越亲近的人越羞于表达。

【人物名片】

汪中求

北京汪中求细节管理咨询有限公司董事长

【达人语录】

“细节决定成败。”

精细化男人的精细化生活

A 故事

如果可以把男人比作酒，那么汪中求这样的男人更像红酒。这瓶酒最好的年份是2004。

就在那一年，一夜之间，中国人知道了他和他的《细节决定成败》。

这个做过3年农民，5年教师，两年厅级干部秘书，有过14年企业管理经验，最后蜕变为精细化企业管理专家的男人，用他跌宕多姿到极致的人生经历，把自己酿成一瓶红酒，在2004年1月的这一天，让世人品尝。

2009年8月9日下午，汪中求来到了郑州。家乡，工作，钟爱的佛学，大大咧咧的妻子还有曾让他头疼的两个宝贝女儿，这些有关生活细节的千丝万缕，如同那杯醇厚的红酒，在他平静的叙述里暗香弥漫。

○精细化之渊源

每个人展现给世人的，应该是他生活经历的总和。

汪中求温和，隐忍。眼神锐利而直接，却没有凛冽和咄咄逼人。这样的男人，真的不是烈酒。他的滋味，是要慢慢品的。

他把自己的性格归结于自己的出身。他的家乡，是鄱阳湖边一个叫湖口的偏僻小村庄。“在我心里，我叫它糊口。因为在我16岁之前的记忆里，几乎没吃过饱饭。”

家里人用柴米油盐请来了吴集瑚老师。学校五个年级的所有课程，都由他来教。“老师没那么多时间管我们，大量时间要求我们自学。我自学能力是很好的，所有的作业，所有书上的题目全部做光，语文课本倒背如流。”当时汪中求用的本子是印刷厂废弃的纸张装订成的，别人丢下的铅笔头，他把笔芯抽出来用竹子固定，自己做成活动铅笔。一个出身富裕的孩子是不会有这种仔细的，汪中求觉得，正是这样的艰难环境，造就了自己仔细、坚韧，能够自律的品格。

除了吴老师，汪中求觉得，对自己性格影响很大的还有一位大学的老师。“刘文约老师很严谨。严谨到什么程度？比如我俩在说话，只要用错一个词，他马上会停下来纠正。那天说到首屈一指这个词，我说成了屈指可数。他马上停下来，到书架上找到《左传》，然后给我讲，首屈一指出自《左传》的哪个章节，而屈指可数是出自《山海经》的哪个章节。原意是什么，引申义是什么，差别在哪里……”这样的态度，对汪中求影响很大。“如果说后来我能成为精细化研究方面的专家，这样的经历很关键。”

○精细化之工作

汪中求有过14年的企业管理经验。作为总经理全面管理企业的时候，他最引人注目的，就是颇具特色的精细化风格。

汪中求不主张轻易解聘员工。“因为从成本上讲，你培养一个员工花费大量精力和财力，轻易放弃是极大的浪费。”然而有一次，他还是解聘了一位财务人员。

这是个熟练的财务人员。解聘的原因很简单，因为他的桌子总是很乱，账本摆放不整齐。“如果别的工作倒也罢了，财务是最要求细心和严谨的。”汪中求提醒了他几次，丝毫不奏效。“有一天让他找个数据，他手忙脚乱翻了半天都没找到在哪个账本上。如果他做企划，或者他是搞美工的，他把颜料弄到脸上都没关系。但对财务人员来说，一个粗心大意的人怎么能把账做平？所以我觉得他是不合格的。”

汪中求曾有过4任秘书。他对秘书们的要求是，提前30分钟上班，把电子信箱里的来信处理成word文本，准备好所有文件。一份材料，如果一眼就能看出明显的错误，汪中求会很不客气地打回去，让秘书重新修改。“我的要求是，你可以不聪明，但做事情必须得用心。”因为苛刻，他说好几个秘书都哭过。“我对他们说，‘才人因傲而败，常人因堕而庸’，并不是我汪中求多么重要，而是我们的效率代表了一个企业的效率，所以我们不能拖拖拉拉。”

这样的细节训练，对一个新人的提高是显而易见的。他的几任秘书，后来有被挖到外企做副总的，有到知名大学读EMBA的，“人生提升得都还不错。”

○精细化之太太

汪中求是个讲究细节的人。在他的家里，他的东西摆放得都很有规则，“即使闭着眼睛也能找到。”然而汪中求做企划工作的妻子，却是个大大咧咧的人。“她的一些习惯我很不赞成。比如一说出门必找钥匙、手机和钱包，比如找一件衣服翻箱倒柜都记不得放什么地方。呵呵，每到这时候，我就会表示我的鄙视。我说，老婆你每周花在这上面的时间最少有5到8个小时吧，这是一种多大的人生浪费啊。”

有一次，俩人一起出门乘出租车。下车的时候，负责行李的妻子把手提电脑落在了车上。那里面有汪中求查找的很多资料，甚至有他写了一半的书稿。“看妻子难受的样子，我反倒劝她，资料可以重新找，稿子结构框架还在我脑子里，再写一遍说不定又会出现新思路。但她觉得自己闯了大祸，很长时间才缓过来劲儿。”

在汪中求看来，生活就是一种互补和搭配，家庭就是一个相互妥协的共同体。“虽然有些不太赞同她的地方，但总的来说还可以迁就。因为太太还有很多优点，比如很大度，从不看我的电子邮件，也不看我的手机短信。这样的宽松让人很放松。”

○精细化之女儿

汪中求有两个宝贝女儿。曾经有一段时间，大女儿迷上了一个歌星，想报考声乐院校。“那时候我在北京看她。她穿一个很大头的皮鞋，很厚很圆，36码的鞋看起来起码像42码。裤子是撕得破破烂烂的厚牛仔裤，上面是个白色的小吊带，看起来很别扭。”但女儿觉得自己很酷。

汪中求意识到女儿的审美出了偏差，女儿穿什么他不太在意，但是通过穿，他看到了女儿内心深处的一些想法。“那是一种走反了的所谓时尚。”如果她以后用这种不协调美的观念去看生活、学校、专业、未来，那可怎么办？我当时心里想，要让她受一点比较严格的训练，让她知道什么叫方正，什么叫严谨、固化的东西，不能让她这么不协调。他借来朱光潜译的《美学原理》给女儿看，又建议女儿报考解放军艺术学院。“她很痛快地答应了，因为第一觉得穿军装很威武，第二就是到了军艺还能唱歌。”

4年的军艺生涯，改变了当初那个青涩的小女孩。大学期间，汪中求曾给女儿写过待人接物的36条。女儿大学毕业那年，他给女儿写了一封信，其中有那么几句话：有一条路是必须你自己去走的，那就是人生的弯路。曾国藩有一句话叫：“打断牙齿，和血吞”。这个社会只欠一个给你生存的机会，其他的都不欠你。

实习的时候，汪中求把女儿送到大连的一家酒店，从前台做起。“我就是想让她从最基层的角度锻炼一下，受受别人的气，骂一下，让她受点折磨。我觉得对她来讲，挫折教育比某种学问教育重要得多。”

○精细化之历史与佛学

文科出身的汪中求特别喜欢历史和佛学。每到一个地方，他最喜欢做的，就是研究当地的佛塔。“佛塔有很深的内涵，塔的存在附有很多文化内容。比如它的起源、建筑价值、壁画、雕塑等很多东西值得研究。”

在世人看来，佛法讲究的是宽广，是放下，是大而化之，这与汪中求一直主张的细节是否矛盾？

汪中求的看法是，一点也不矛盾。“因为佛学其实是最严谨、最讲究细节秩序的。比如罗汉的排列，比如我们上香为什么必须烧3炷香，这3炷香代表着什么，都是有说法的。我记得当年西安扶风寺的佛指舍利子被送到台湾展出时，怎么出寺，怎么上船，中间有哪些仪式和流程，都做了非常详细的规定，你能说佛法是不注重细节的吗？”

而对历史，汪中求的看法是：那里面有社会运行的全部规则，有我们可以借鉴的全部价值和经验。“所以我觉得在中国，一个学者要做的最多的，就是‘采油厂’，把那些历史蕴含的中国人的智慧给挖掘出来。”

现在的汪中求，正在写一本《汉文帝的管理》的书。“写好已经雪藏了两年，还在不停打磨。《细节决定成败》是踩到了时代的鼓心上，我希望我的下一部书也能够。”

他用一句话总结了未来的梦想。“如果还能写一本书，死后还能卖20年的书，那就是我人生最大的圆满了。”

B 汪中求如是说

《细节决定成败》给你带来了什么？

名利。因为说假话没意思。如果没有这本书，我还是一个职业经理人，最多做到一个企业的老板。因为这本书，我被吸收进入北京大学精细管理研究中心。可以说我后半生的人生轨迹，都是因为这本书而改变的。

在世不在世的人中，有没有最敬佩的人？

生活中我最佩服我的那两个老师，因为他们影响了我一生性格的形成。历史上我最佩服曾国藩。无论是做臣子、领导，还是朋友、丈夫和父亲；也无论做政治、军事，他都是做得最完美的，这样面面俱到的人，中国历史上还真找不出第二个。

觉得自己最满意和最不满意之处是什么？

最满意的是自己的意志力。小时候我曾练过8年武术，开始练武术就是蹬马步，一蹬就是3个月，在农村茅厕的木板上蹬马步，常常累到极限而摔进茅坑里。零下六七摄氏度的冬天，我练武穿的衣服都能拧下汗水来，而且每每穿着这样的湿衣服倒在水泥地上就睡着了。把马步蹬到极致就是绝招。我的意志力就是那时候养成的。

最不满意的就是自己没有音乐和美术才能，唱歌跑调，连个最简单的素描都画不成。这也跟我小时候的求学经历有关，因为根本不开这样的课啊。呵呵，所以说，如果时光可以倒流，我最希望自己还能拥有的，就是这两种才能。

C 印象派

汪中求实在是个注重细节的人。

8月8日晚上10点，从飞机场出来刚刚坐到车里，他就开始打电话咨询主办人员，明天的具体安排。他说知道了先做什么，后做什么，他才踏实。

他跟我说起自己回老家的时候，一直告诫自己的3个细节：不西装革履，倒茶必喝，上凳即坐。“不可辜负一片心哪！”

这是一个在与他人交往时注重细节的男人。然而在不影响他人的自己的生活里，他也随性的很。“生活并非处处精细化，在不影响别人的时候，我也是很随性的。比如我在广东中山，就天天老头衫，大裤头，拖鞋，跟傻子一样上街散步，感觉很舒服。”

他说在家里自己有个外号叫“总统”。不是因为发号施令。而是家里的剩饭剩菜，最后统统归他。

“细节这个东西，不是所谓的处处是细节，所有事情都要做到。那样人活得也太累了，不现实。”

第二部
商界达人

"教诲是条漫长的道路，榜样是条捷径。"

——塞内加

【人物名片】

陈泽民

三全集团董事长

【达人语录】

“我不是保守，是稳健，是专一。”

“速冻大王”的退休生活

A 故事

陈泽民退休快两个月了。

2009年7月2日，三全食品股份有限公司召开新闻发布会。陈泽民的长子陈南由总经理调整为董事长，次子陈希由副总经理调整为总经理。公司“第二代领导人”走上前台。

从三全董事长位置上退下来的陈泽民，最近在忙些什么？有什么感悟和体验？而那个远离了陈泽民时代的三全集团，又有了怎样的改变？

8月27日，第四届豫商大会召开前一天，陈泽民接受了我的独家专访。

○最忙碌的社会活动家

“退休使我有了更多的时间和精力参与一些社会的、行业的活动和公益事业。”

2009年8月27日，处暑后的第5天。

凉爽的风里已有了秋天的味道，然而午后的太阳，依然热度不减。

刚刚午睡醒来的陈泽民走出自己的办公室。神清气爽，侃侃而谈。这个随和的老人，这个曾开创和引领了速冻行业一个时代的老人，说起自己的退休生活，兴味盎然。

“受豫商大会的邀请，明天一早去做一个河南食品行业的报告。下午就得飞到上海，参加行业里的全国研讨会。”

更忙碌，更繁琐。这样飞来飞去的空中飞人生活，就是陈泽民现在生活的一个缩影。

最热的7月，他是在老家重庆度过的。“中国民营经济发展论坛邀请我回老家看看。重庆今年利好消息不断，从保税港到两江新区，各种优惠政策很吸引人。我回重庆除了跟老朋友们叙叙旧，还有一个目的，就是考察速冻食品相关产业，如果有合适的项目，考虑在重庆投资。”

在此之前，三全食品曾宣布将投资5亿元入川建设西南基地。陈泽民此行，无疑是在打前站。“我现在是新成立的三全集团的董事长，还是三全食品的董事。具体的管理不负责了，但重大的决策还是要参与的。”

作为中国农业产业商会的常务副会长，8月，他到内蒙古、青海、四川等地考察，建立了以三全命名的几所希望小学。“以前在企业里也搞过这样的活动，但切身实地看到边区孩子们的现状，还是在退休后。现在我有了更多的时间和精力，来参与一些社会的、行业的活动和公益事业。”

陈泽民觉得，现在的自己，已经不单单像以前那样，是一个企业的董事长。“已经跳了出来，视野更宽阔了。”要为企业创造良好的外部环境，要为整个行业的健康鼓与呼，要更多地投身公益。“呵呵，如果总结自己最大的改变，就是更像一个社会活动家了。”

○最放心的董事

“我相信两个儿子完全能胜任，他们和公司的200多名职业高管有能力把公司经营得更好。”

说起接力棒的顺利交接，陈泽民很欣慰。

“陈南和陈希在公司都是从基层干起来的，熟悉生产和管理的每一个环节，十几年的磨炼，他们已经很成熟。从总经理到董事长，从副总经理到总经理，这样的跨度并不大。”

陈泽民说起2008年的上市。从1992年开始，三全食品已经在全国占据了大片河山，产品供不应求，银行争相贷款。“我不缺资金，不缺市场，为什么要上市，让别人来限制我们？”这是刚刚从国外归来的儿子建议三全上市时，陈泽民的回答。陈希给父亲上了一课。“他说上市不仅仅是吸纳资金，更多的是扩大知名度，增强对高级人才的吸引力，用现代化的管理办法管理企业。”陈泽民被儿子的话所打动。是的，三全要做百年企业，仅仅依靠家族情感是不够的。“第三代也许对公司还有感情，到了第五代第六代，不用现代化的制度来管理，企业能不能长久都是未知数。”

三全上市前前后后用了十多年时间。“所谓好事多磨，因为不缺资金，对上市的种种变故我倒不是特别着急。”因为这种心态，有人说三全起个大早，赶了个晚集。

“赶个晚集有什么不好？就像你赶早市，去得早了买东西还要多花钱。只要对企业好，能让企业健康发展，只要最终结果不错，我不在乎别人说什么。”

三全比别人上市晚了一年。“但三全是第一家也是唯一一家在国内上市的速冻企业。股民对我的企业更了解，他们既是股东又是消费者。这里面的亲切感不是那些在国外上市的公司能比的。”

对两个儿子，陈泽民很是欣赏和自豪。“他们接受新生事物能力强，又有系统的现代化理论知识，加上公司200多名成熟的职业高管，我相信他们完全有能力把公司做得更好。”

○最稳健的性格

“三全的性格不会因为掌门人的换代而改变。他不冒进，不多元，还将是一如既往地稳健。”

与年轻激进的同行相比，陈泽民的身上，更多地被打上了保守的烙印。

“我不是保守，是稳健，是专一。”陈泽民说起三全的性格，“一个保守的企业会不断创新，不断超越自我吗？” 1990年10月，三全研制出的中国第一颗速冻汤圆开始批量生产，2001年，他推出了三全凌粽子，三全状元水饺，2003年，三全推出了早点早餐食品，2009年，三全又要有新的大动作……“三全的身后，从来不乏追随者和模仿者。”

对待模仿和竞争，陈泽民展现的是一个长者的宽阔胸怀。“我觉得竞争是个好事情。火车站卖服装的商贩很多，但是他们有压力吗？他们已经形成了一个市场，并把整个市场做了起来。水涨船高，经过优胜劣汰，剩下的都是产品质量好、服务水平高的。如果一条街道上只有一家服装店，竞争倒是没有了，但是难以形成气候，生意未必会好。郑州最多的时候有38家速冻食品企业，但现在已经不到10家了。这也是竞争的结果。”

现在的三全，全国产品市场占有率超过27%。作为速冻食品行业唯一的国家企业技术中心和博士后科研工作站，三全提出了“餐桌美食系统供应商”的口号。“我们现在有了400多个品种，但还要开发很多新产品。我们要让各地的名小吃，特色美食腿变长，让区域性的风土食品变成全国性的畅销产品。”

“我不是一个保守者。我只是不冒进，做事专一而已。”对别的公司遍地开花的多元化，陈泽民觉得无需争论。“每个人，每个企业都有更适合自己的发展道路，三全的性格一直是稳健，稳中求快，这一点，到什么时候都不会改变。”

○最贴心的“后勤部长”

“孙子孙女最喜欢吃我做的饭菜，这让我很有成就感。”

陈泽民现在最享受的，就是含饴弄孙的天伦之乐了。

只要不参加社会活动，他必定要在家里为全家人做饭。炒鳝片、粉蒸肉、红烧排骨……拿手好菜，他一说就是一大串。“儿子上班时很累，我就在家给他们做后勤部长。但有时候，菜做了一大桌子，晚上八九点，他们又打电话来，说开会不吃了。我就抱怨，你们怎么不早点说嘛，害我忙活了这么大半天！”

幸好还有最崇拜他的孙子孙女，“他们说爷爷做的饭菜比饭店里还好吃，呵呵，这话让我很有成就感。”

上街的时候，陈泽民就像这个城市里最常见的那种老人。有天他骑着自行车上街，要付看车钱时才发现忘带钱包了。他和看车的老人商量好，先骑着车回了家，一会儿拿着一百元回来了。“我说不用找了，因为你这么信任我。”

他是最好说话的顾客，买菜买水果从不还价，也从不挑拣。“我有过创业经历，知道他们太不容易了。”这样的结果，往往回家就要挨老伴儿的埋怨，“我也不争辩，不吭声就把烂水果倒掉了。”

对于现在的生活，他很享受。“能做自己想做的事，能做以前一直没有时间做的事，挺好。”

B 陈泽民如是说

每个企业要壮大，都有自己的秘密武器，比如诚实、贵人相助、差异化销售渠道等，如果要您来总结，您觉得自己的秘密武器是什么？

认真，专一。呵呵，当然还有产品无可挑剔的质量。

现在的三全已经是做得非常好的企业了，但您觉得，它现在最大的瓶颈在哪里？三全的目标是做什么样的企业？

我对三全的期望是希望它成为一个“百年老店”。

一个企业不在于他规模多大，发展速度多快，而是他的产品质量安全。三鹿规模大不大，蒙牛发展得快不快，但最后的结局大家都看到了。所以不管在什么样的诱惑下，都要按规矩出牌，凭制度和良心做事，这不光是三全，也是整个食品行业最需要关注的瓶颈。

C 印象派

他是陈泽民。一个开创了速冻行业时代的领跑者。

那些惊心动魄的创业故事，已被重复了无数遍。然而那些众人皆知的故事背后，谁又能了解成功背后的必然。

他开着没有挡风玻璃的破面包送货，大雪把他变成了一个圣诞老人；他在无人的东北旷野遭遇劫匪，差点命送他乡；他巧手花几十万元研制出别人上千万元才能买来的设备……他的身上，综合了川人的精明和豫人的坚韧。

即使在成为亿万富豪的现在，他依然那么低调认真。开会从不迟到早退，半夜回复邮件。老伴儿从早市上买回的几十元钱的汗衫和皮鞋，他一样穿得很坦然。“只要舒服就好。”

这个曾开创了食品行业的一个时代的老人，对自己的评价只有一句话：我不过是一个普通人。一个赶上了好机遇的，再普通不过的人。

【人物名片】

茅理翔

宁波方太厨具有限公司董事长

【达人语录】

"从心所欲，不逾矩。"

61岁，亿万富翁开始"创业"

A 故事

2011年，方太厨具的董事长茅理翔70岁。

孔子说：70而从心所欲，不逾矩。意为70岁的人可以达到随心所欲的境地，想怎么做便怎么做，也不会超出规矩。

这样的老话，对茅理翔似乎并不恰当。因为他从来都是个从心所欲，不按常理出牌、思维异于众人的人。

也正因为如此，45岁才开始创业的他，反倒走出了一片旁人无法企及的快意天地。

○广交会上的"捣乱分子"

2009年5月22日，农历小满第二天。

这个难得的初夏的清凉午后，茅理翔在助手搀扶下走出新郑国际机场。4个小时的辗转奔波，68岁的他依然气色不错。白衬衣，红领带，腰杆笔直，看起来精神得很。

作为中国厨电企业第一品牌方太的董事长，这些年他已经逐渐把整个企业交给了儿子。作为退下来的第一代创业者，他完全有理由跟别的亿万富翁一样，含饴弄孙，颐养天年。可是他没有。他选择了写书，演讲，办学校，让更多的人了解他家业长青的现代家族管理思想。

这个从来不按常理的人，其实从一开始，就跟别人不一样。

1986年，因为国家宏观经济调控，茅理翔的无线电厂陷入困境。当时的他意识到光靠给别人加工永远摆脱不了依附性，必须出去寻找新产品。

命运的转机总在偶然之间。有一年他去北京，在一个业务员那里发现别人从日本带回的电子打火枪。聪明的他琢磨了几天，回来就复制出了几乎一模一样的电子打火枪。

上世纪八十年代中国的煤气灶，还依靠火柴点燃，茅理翔填补了市场空白的电子打火枪自然一炮走红。

1989年，他背着产品来到了广交会。因为没有“进馆证”被拒之门外。他在门外转悠，发现他们对老外不怎么盘问。“看着有两个老外走来，我马上Hello了一句迎了上去，老外茫然不解微笑着看着我，我拉着他们一边Hello一边往里走，这样Hello、Hello着，就进去了。”

他弄块塑料布把自己的产品在地上摊开。但过了半个小时，依然无人问津。“我着急了，就拿出两支枪，一支脉冲的，一支喷火的，一边走一边演示，很快把老外都吸引过来了。”

蜂拥而至的人群包围了他的摊位，旁边一家卖钟表的商人不乐意了。“他看到客户都到我的地方来了，生气地说我这样有损中国人的形象。最后保卫罚了我300元，没收了我的点火枪。”

茅理翔不吵也不闹，跑回宾馆又背来一大包电子打火枪，在广交会门口摆起了地摊。他一边演示一遍售卖的方式吸引了很多人的注意。就是在那里，马来西亚的商人跟他签下了第一笔合同。

这个聪明的浙江商人，就以这样奇特而戏剧的方式，让自己和自己的电子打火枪走出了国门。

○父与子的战争

6年的拓展，茅理翔已经把生意做到了全世界，成了名副其实的“点火枪大王”。但就在这时候，市场发生了变化。

大大小小的点火枪厂一夜之间全冒了出来。“原来广交会我独家垄断，后来有几百个摊位都卖点火枪。最后大家打价格战，从1.2美金降到0.3美金一个。我就是从那时候起下决心，舍弃这个技术含量低的点火枪，寻找新项目。”

茅理翔建议儿子回来。上海交大硕士毕业，马上要到美国留学的儿子不愿意。茅理翔说了这么一句话：等你读完博士，也许老爸的企业已经不存在了。所以我们得赶快想办法二次创业。”

儿子提了三个条件：换产品、换产地，换人员。把企业从慈溪搬到市里的经济开发区，重新招聘技术人员，做高品质的抽油烟机。

茅理翔答应了。但到了给产品取名字时，父子俩产生了很大分歧。“我想取名叫‘飞翔’，因为这个牌子取自我和女儿的名字里的各一个字，我用了多年，很有感情的。但儿子不同意，他认为我们是做厨房类的产品，这个名字应该给女性，要比较家常，和厨房贴近，他想了个‘方太’。”

这一场“战争”对峙了很久。最后茅理翔的妻子出来做工作。她说你内心认为儿子讲得对不对？我说对。她说既然讲得对，你就应该放下爸爸的架子。

1996年6月，第一批方太产品推向市场。这个流线型的方太抽油烟机吸引人的，不仅仅是它优异的功能和质量，还有响亮的名字和独具创意的广告。“我们没有请美女，而是用当时香港卫视《方太美食广场》的主持人。方太可以说创造了3个第一：第一次把抽油烟机滴油、不安全、不美观、噪音过大、吸能不强、拆洗不便的6个难题变成了6个优点；第一次不用美女用老太太做品牌代言人，第一次实现了名人职业与品牌百分百融合。”

因为这3个第一，方太案例被写进清华大学教材。高品质的产品在市场刮起了一股方太旋风。1996年在全国250多家抽油烟机企业中方太排名最后，两年后却已跃至全国第二位。现在的方太，因为不断出新的400多项专利，已成为中国厨电市场的第一品牌。

○我享受这样的创业人生

在动员儿子回来的时候，茅理翔曾答应过儿子的一个条件：企业部长级以上的人员，全部聘请高素质的职业经理人，不用一个亲朋好友。他是这样答应的，但真到了实施的时候，才发现很多压力，“甚至是一个痛苦的过程。”

有一年，茅理翔的弟弟下岗后想进方太，而且起码要做个部长。茅理翔很矛盾。“如果进来的话等于违背了我们自己的诺言，怎么面对职业经理人？”

弟弟找母亲求情。母亲一边哭一边骂，说他是不孝子，只顾自己发财，连家人都不要了。茅理翔跟母亲解释，但母亲怎么也听不进去，情急之下，茅理翔扑通一声跪在了母亲面前。“我说弟弟不能进方太，但我保证会给弟弟解决好。”

茅理翔后来帮弟弟做了一个企业。事情虽然过去了，但他一再反思家族企业的弊病。“中国现在的民营企业95%都是家族企业，我发觉一个企业的两兄弟很团结，后来做到一个亿就出问题了。老大结婚了，老婆、小舅子、舅子老婆都到这里来发财；老二也结婚了，好吧，老婆、亲戚你们也来吧，到这里发财。全来了，为了加工资，为了提干部，都会干仗、吵架。最后企业的结果只有分崩离析，所以老话说富不过三代，其实是有道理的。”

2002年，在儿子接管企业后的第五年，茅理翔逐渐淡出了方太集团。不像许多退休后开始尽享天伦之乐的企业家，茅理翔又开始忙碌起来。

他开始了对家族企业的研究。在他收藏了几千本书的大书房里，他每天坚持用放大镜看书。写东西时，就在纸上写着很大的黑体字，反复修改。七年的时间，他出版了5本书，做了400多场演讲，开办了全国唯一一所家业长青培训学校。它的学员，全部是来自广东、江苏、浙江等6省的30名家族企业“少帅”。茅理翔讲给他们的，是方太在家族企业的经营与传承中积累的现代家族企业的管理思想，是他所领悟的世界知名的家族企业的经验教训。

茅理翔把这喻为自己的第三次人生创业。“10年点火枪生涯，我卖的是产品；10年运营方太，我缔造的是品牌；而这第三次的创业，我是在传播自己的精神。”

2011年，他70岁。但却在几年前早已达到“从心所欲，不逾矩”的境界。他最大的愿望，就是希望自己所提出的中国特色现代家族管理理念，能对中国的第二代甚至第三代、四代的家族企业管理者有所帮助。“他们如果能因此避免一些悲剧，让家业长青，那就是我最大的满足了。”

B

茅理翔如是说

他说自己的偶像是《钢铁是怎样炼成的》作者奥斯特洛夫斯基。少年时患了腿病，8个月不能下床的时候，是这本书伴着他度过了最难熬的岁月。

或许就是这种坚强的潜移默化，他闲不下来，几乎每个细胞里都充满了创业的理念。“但我不觉得劳累，我享受这样的创业人生。”

C 印象派

从外表上看，瘦小的茅理翔跟走在南方大街上的普通老者没什么分别。

但他却有着别人都没有的传奇人生。10年会计、10年销售、10年点火枪大王、10年方太董事长。花甲之年已成为亿万富翁的他，却在儿子接管企业5年后，开始了自己讲学著书的退休生活。

40年商海沉浮，他最感动的是家人始终如一的不离不弃。第一次危机，太太放弃了副厂长的职位来帮他。第二次危机，刚结婚3天的女儿取消新婚旅行，办塑料加工厂来资助他。第三次危机，是儿子放弃了去美国读博，跟他一起打拼出来了方太的一片河山。所以他说自己是个幸福的人，是家人成全了他从心所欲的一个个梦想。

【人物名片】

石聚彬

好想你枣业股份有限公司董事长

【达人语录】

“健者福禄，财富永存，一生一世，爱己惠人。这是我，也是好想你始终恪守的箴言。”

红枣传奇

A 故事

仨核桃俩枣，能折腾出多大动静？

石聚彬说：我要把它做成一个上市品牌企业。

一般人说这话肯定会被讥为痴人说梦，但此话由红枣行业的“武林盟主”石聚彬嘴里说出来，就有了可信的成分。

好想你枣业股份有限公司上市两年后的现在，回头看看这个把一颗小小红枣做成中国红枣领导品牌的石聚彬，他25年来每一次的“胆大包天”，都那么耐人寻味。

○发“牢骚”：大家好才是真的好

2013年5月20日，是好想你枣业股份有限公司上市满两年的日子。

时光退回到两年前的5月20日，好想你上市那一天。

微博上流传着这么一个段子：“史上最红IPO好想你→名字：好想你→代码：002582爱我不爱→上市时间：2011年5月20日，520我爱你。”

从一只普通的红枣到史上最红的IPO，绝不是偶然。

2009年9月9日，好想你枣业股份有限公司完成改制后的第三天，全国枣制品行业安全发展论坛。在来自全国的专家学者和全省枣制品行业的企业家当中，作为承办方掌门人的石聚彬格外引人注目。纹丝不乱的头发齐齐向后梳去，白衬衣，大红领带，透着一股泼辣辣的乡野的喜气。

轮到他发言，他一口地道的新郑土话开了腔：“枣制品行业已经走了10年的牛市，现在红枣收购价格已经翻了一番，我一直在想牛市还能走多久？咋着才能走得更长远？”说起行业里的恶性竞争，他声调不由自主高了许多。几年前去核枣是畅销产品，大家一窝蜂上马，竞相削价，结果以前供不应求，畅销到新加坡的去核枣，现在利润低得可怜，只剩下一些小企业在生产。“市场是需要大家伙儿一同去维护的。你一吨卖3 000元，他一吨卖2 000元，恶性降价的结果是拿低劣的产品去悫人，悫人的企业和品牌大家也都看到了，无论多大，倒下就是一会儿的事。”

有朋友曾对石聚彬说，红枣现在卖得有点贵了。石聚彬算了一笔账。“抽烟喝酒是最危害健康的，一包烟多少钱，一瓶酒多少钱，一斤红枣多少钱？更别说你抽好烟，喝好酒了。抽烟喝酒有年龄限制，有地点限制，红枣却是任何人、任何时间、地点都可以吃的。跟烟酒的价格相比，对健康有百利而无一害的红枣太便宜了。”

行业需要维护，大家好才是真的好。石聚彬不光有直率的牢骚，这么多年来，企业每年利润的10%，雷打不动要投入企业新产品的研发和扩大再生产上。“除此之外，我们的生产车间全部对外开放，每一个环节的安全卫生，都可以让顾客验证。”他举了个例子，“这就像谈朋友，你不能光听媒婆说，还要亲自去见见面，说说话，了解了解，看看是不是真的像媒婆说的那么好。”

○说胆大：胆大才有机会，胆大才不怕事

石聚彬的小名叫彬妞。“小时候父母娇惯我，怕不好养，就取了个女孩的名字。”

可就是这个当女孩养的石聚彬，长大后却成了一个能想敢干，一点不怕事的人。

25岁，他一个人去深圳卖枣，赚了两万元，成了当地有名的万元户。两年后，他带着村里乡亲的十几吨枣又到了深圳，却赔了5万元。1993年，他却又从头再来，成立了奥星实业有限公司。

2005年，因为产品极度热销，有人模仿石聚彬的好想你商标，打出了真的好想你品牌。“不光产品包装跟我们几乎一模一样，专卖店也紧挨着我们。”企业要做大，就不能对这种混乱置若罔闻。基于这种思路，石聚彬成立了法务部和知识产权部，负责整个公司的专利、商标和著作权管理。“奥星与那家企业的商标之争持续了好几年，后来通过行政、司法等措施，最终成功撤销了被抢注的商标和外观专利。”

2007年，他的加盟店已经开遍全国，却有人在香港和台湾抢注了自己的“好想你”商标。别人劝他算了，反正那么远，也不耽误你做生意。他不干，“怕啥？理在咱这一方！”他委托台湾的律师事务所帮自己和对方交涉，半年之后，台湾的厂家与奥星签订一份协议，“抢注的5件商标撤销，他们成了奥星在当地的总代理。”

要做一个口碑良好的品牌，就得在品牌维护上下工夫，对此石聚彬费了不少脑子。“我们的专卖店统一装修风格，统一编号，每家都有我的签名授权，只卖好想你一种品牌的产品。除此之外，还从人员管理等很多细节上做了区别。”

现在的好想你专卖店，在全国已开到了1 000家。“10月1日，我们的香港专卖店就要开门迎客。”

○论聪明：整天在脑子里转悠，红枣也会72变了

熟悉石聚彬的人，把他的成功归结为两个关键词：胆大，脑瓜灵活。

受南方人炖红枣加人参的启发，石聚彬开发出了鸡心人参枣。有一年他去欧洲考察，看到外国人吃

早餐，把麦片加到牛奶里。他忽然想：红枣那么有营养，为啥不能做成枣片加到牛奶里？

回来后他就着手研制枣片。产品出来后拿给专家看，专家先泼了盆凉水："这不就是果丹皮嘛，都吃了好多年了，没啥稀奇！"

石聚彬没被专家的话吓到。他想：果丹皮是不稀奇，我怎么样能让枣片一看就跟果丹皮不一样？

那天他在家看电视，看到新闻里说，天安门广场上口香糖泛滥。他忽然灵机一动：既然口香糖这么受欢迎，我何不把枣片就做成口香糖的模样！

内包装有了，如果外包装更具视觉冲击力，就能在一瞬间打动消费者。他想到了香烟盒。"香烟是男性喜欢的，枣片是女性和小孩喜欢的。如果男孩送给女孩一盒，女孩看到以为是烟盒，觉得奇怪，打开一看是口香糖，一尝又发现不是，这样的新奇感，应该很有口碑传播性。"

事实验证了石聚彬的论断。枣片很快成了风靡一时的休闲食品。"最厉害的时候，很多人找领导批条子，排队要批枣片。为啥？批发价500元一箱，到机场卖到1 500元还供不应求，这么好卖，当然受热捧了。"

从东方口香糖枣片，到有东方咖啡之称的枣粉，再到红枣饮料和红枣酒，石聚彬卖枣，从来跟别人不一样。可他并不觉得是因为自己聪明。"不过是天天在脑子里转悠，把任何细节都和红枣联想到了一块儿，红枣就会72变了。"

现在的好想你产品已经发展到16个系列，200多个品种。"今年我们投资600万在全国首家引进了气流粉碎技术，把红枣粉碎成全天然的添加剂，可以加入面包、馒头、饼干等你能想象的任何食品里头。到那时候，红枣就不再仅仅是休闲食品，而是作为餐桌食品，和老百姓天天见了。"

○谈将来：把仨核桃俩枣的事业做大

供大于求的年代，石聚彬却有种甜蜜的忧愁。"像我们的枣博士和枣吧，处于限量供应状态，只能实行配给制。"

从2007年开始，好想你在河北沧州、陕西大荔及新疆的阿克苏、若羌等地陆续建立了分公司生产基地。"新疆的800万亩枣林在绝对无污染的南疆，全部是工业化、标准化生产。这不仅缓解了枣源紧张的问题，枣的大小、肥料和药害标准也得到了统一。石聚彬说起南疆的枣树基地，很兴奋。"我们规定只能使用少量生物农药。为了给枣足够的'营养'，骨粉、豆粉、鱼粉会以同样比例调和、发酵45天，用600倍水稀释后灌溉到田里。这样生产出来的大枣，你说营养价值会小吗？"

论坛开始前的9月6日，是好想你股份有限公司挂牌的日子。运行了16年奥星公司就此完成了股份制改造。石聚彬下一步的目标是实现企业的上市。"现在中国还没有一家枣业公司的上市企业。在实现了规范化、制度化和规模化之后，好想你要升级为透明化社会化的企业，争取早日上市。"

为此好想你已经与券商和中介机构进行了几次磋商。"相关资料已经报到证监会，如果没有意外的话，估计明年下半年可以上市。"

两年后的5月20日，深圳证券交易所。在一片灰、蓝、黑的"西装丛林"中，身着一身枣红色西服的石聚彬，敲响了开盘的钟声。

又是两年过去。生于枣乡、长于枣乡的石聚彬还在围着红枣打转，他所有的梦想和计划，都跟红枣有关：

建一座中国红枣学院，对大枣的历史和文化进行深度挖掘；

成立好想你养生俱乐部，定期举办好想你养生大课堂；

筹建国家级的红枣检测中心，对灰枣、鸡心枣、金丝枣等各个品种和不同地域的枣进行分析检测……

而现在正在做的，他说有两件大事：一个是持续引领中国红枣品牌，另一个是打造红枣全产业链。

为了打造红枣全产业链，好想你2012年开始投建中国红枣城。在这个总投资23亿元的红枣城里，既有年交易100万吨红枣及枣制品的交易市场、国家级红枣技术研发中心、木本粮博览中心、红枣学院，还有枣博园、万果园和植物园，以及商贸物流组团、生产加工组团、生态旅游组团和新型社区组团。“红枣城建成后，每年红枣交易量能达100万吨，红枣制品会达到30万吨，在带动2万人就业的同时实现区域内枣农收入增加。”

让每一个中国人都吃上好红枣，石聚彬说这是自己的另一个梦。这梦听来有些大，但对一个敢想敢干的人来说，只要努力，所有的梦，都不会遥不可及吧？

B 印象派

八月剥枣，十月获稻。

对石聚彬而言，这不仅仅是《诗经》里的话。也是他40多年的人生体验。

他说起童年挨饿时，是枣救了他的命。他说起现在，“光好想你这个企业养活的就有1万多人。”

黄昏，石聚彬坐在枣园的凉棚下跟我们聊天。不时有走过的人跟他打招呼，“都是乡里乡亲，熟得很。”

他在这里生活了40多年，这块土地上的人，枣和庄稼，早就是他血液里不可更改的部分。

烦心的时候，他会去附近的机场。看着天南海北的顾客拿着好想你的产品登机，或者到枣园走一走，闻着空气中枣儿香甜的气息，“心就踏实了，浑身的劲儿就又回来了。”

说这话的时候，石聚彬剥着檐下串成长串的新出土的花生吃。那举止神情，朴实得一点也不像个身家过亿的大企业家。

这时候你只能感叹：血液里的东西，真的是无法改变的。

【人物名片】

宋丰强

丰乐园企业机构董事长

【达人语录】

“信誉是我们最大的本钱。”

一个善念引出的“绿色庄园”

A 故事

他是如此的“胆大”之人。全国第一个温泉水疗馆热带雨林，海浪浴场马拉湾，中原第一个自然景观丰乐葵园，火车旅馆……这太多的第一个，都出自他的手下。敏锐、胆大，看准了就干，是他行事的一贯风格。

他却又是如此的“胆小”。内敛的他从不参加任何的财富评选，经商16年，从没有任何一笔逾期的贷款。百度搜索引擎上，关于丰乐企业机构的宣传比比皆是，而关于他个人的信息则寥寥无几。

他说自己的偶像是李嘉诚。50年来，与之同辈的经营者大半凋零，唯有他的企业日日绵延壮大。“问及常青之道，李嘉诚的回答是：我经常反思自己，我有什么心愿？我有宏伟的梦想，但我懂不懂什么是有节制的热情？”

游刃在胆大与胆小之间，挥洒那份有节制的热情。成功如宋丰强，他的身上，最打动人的，恰恰是这一点。

○一个善念引发的绿色庄园

这两个月，宋丰强一直在忙着丰乐农庄升级改造的事。2009年4月10日，农庄刚刚通过国家4A级景区初评。现在的他，正在等待来自国家旅游局的最终评定。

看准就做，做事的过程中却不急不躁，一步步稳扎稳打。从1993年做食品贸易开始，到后来形成自己丰乐系的产业链，16年间，这种行事风格他几乎一直没变。

1995年，宋丰强在老家宋砦开了家丰乐园大酒店。靠着新奇的菜品和独创的服务，郑州人很快记住了丰乐园的名字。东山羊、文昌鸡、和乐蟹、山珍菌，这些当年吸引顾客排队品尝的特色菜品，至今说起来，很多人仍津津乐道。

就在这经营丰乐园的过程里，宋丰强发现了国内酒店与国外酒店的差异。“国内的酒店都是比星级，国外的却是比健康，不绿不时尚。我想搞绿色环保酒店，但如果没有绿色原材料基地，岂不是一句空话？”

宋丰强想到自己酒店的那些女工。中专毕业刚上班时年轻漂亮，但过了几年已经不适合在前台工作。“我们大会小会上讲让员工有一种家的归宿感，到了30多岁，就把他们当成包袱推出去不管，这也太冷血了。”

他决定借鉴国外的经验，搞一个实用与观光相结合的绿色生态庄园。“那些30多岁的女工，无论在卫生还是服务意识上，肯定要比农村的大嫂强好多倍。这样她们可以一直干到55岁退休，没有下岗之忧，对公司来说也成了一种资源，可谓双赢。”

2002年5月，丰乐农庄开门纳客。在这个4 300余亩的大园子里，有现代高新设施农业示范区，有特色水产养殖基地，也有花卉果树良种繁育基地。值得一提的是后来引进的向日葵主题公园。“千亩葵园里的向日葵，全部从日本和美国引进，不仅可以鲜食，做鲜切花，更是一种漂亮的自然景观。”因为错茬生产，游人从5月到10月，都可以看到盛开的葵花。

漂亮的自然景观，加上有趣的游乐设施，丰乐农庄很快吸引了大批的郑州市民。“一到节假日，光烤全羊每天都要卖到300多只。”

丰乐农庄后来又增建了高档次的桃花日式会馆、高尔夫球练习场、篮球场等康体设施。它利用废弃的火车，开了全国第一家火车旅馆。“去年我们兴建了大型会议中心。全年所有的双休日，现在几乎已经全部定出去了。”

○发现热带雨林

宋丰强是个内敛的人，话不多，却有一种很敏锐的市场洞察力。

2001年，他去美国考察，在著名的微软公司，他第一次见识到了水疗的魅力。“我发现微软那些压力很大的高管们，无论招待客人还是自己休闲，最喜欢去的地方就是水疗馆。我尝试了一下，感觉特别放松，就有了把这种好东西引到国内的念头。”

要么不做，要做就做到最好。宋丰强回来后的第一件事就是到省地震局查资料，咨询专家。在充分论证之后，采出了51℃的地下温泉水。他请来世界十大建筑师之一的奥斯卡先生，请来中国台湾地区和日本的知名建筑师，为自己设计水疗馆。他的引进，不是完全的拷贝，更有自己的创意在里面。天花板上世界地图状的浩瀚星空，仿真热带植物掩映的岩洞，运用声光电技术造就的来自亚马逊河上的风声，水声，鸟声，让人如置身真正的热带雨林。他甚至把中国最古老的中药浴引进了水疗。“一个个岩洞里的水各不相同，美白的、康体的、预防治疗皮肤病的，应有尽有，可以说把水疗的魅力发挥到了极致。”

热带雨林开工在2003年非典正凶的时候。一位媒体界的老前辈来看他，见到正忙着装修的工人，很是惊诧：“现在你还敢这么投入，真是太大胆了！”宋丰强笑了：“不要紧，天塌不下来，非典迟早会过去的。”

事实验证了他这句话。这一年的8月1日，热带雨林水疗馆开业。被压抑了半年的市场一下子出现了井喷，在全国尚属首创的热带雨林更是日日爆满。

被吸引的，不只是郑州的男女老少，更有来自全国的同行。“北到哈尔滨，南到上海、广州，全国的同行都来取经，甚至全国性的旅游现场会后来也在我们这里召开。”

善于创造第一的宋丰强并没有因此满足，喜欢创新的他后来一直在引入新鲜的东西。他根据红楼梦里的那句“白玉为床金做马”，用河南的南阳玉做了热疗的玉石床。根据一个巴西门童的童年故事引入了温泉鱼疗。那个在水疗馆当门童的巴西小伙说，他小时候经常去玛瑙斯河里游泳，有一种野生小鱼成群结队来啃人的皮肤，可以清除掉人身上的死皮，麻麻痒痒的感觉非常快乐。

总能给客人意外的惊喜，这也许就是热带雨林长盛不衰的最大秘诀。“开业6年多了，后来虽然有很多同行跟进，但热带雨林生意一直不错。”

○谨慎的激情掌门人

2001年的那次考察，除了温泉水疗，宋丰强同时看中的，还有一个室外的海浪浴场马拉湾。“马拉湾在全世界只有4个，分布在中国台湾地区、日本、德国和南非。可惜我当时资金有限，不可能把两个项目都拿下来。”

丰乐农庄和热带雨林的成功经营，让宋丰强又拾起了这个搁置几年的梦。他知道，亲水是人类的天性，在缺水的内陆省份河南，室外的海浪浴场有更大的市场。

利用黄河岸边河务局修理堤防挖下的废弃大坑，经过一年多的筹备，2007年7月19日，投资1.2亿元的马拉湾海浪浴场正式营业。10万平方米来自黄河深层地下水的马拉湾，有高达3米的人造大海啸，让你体现最惊险有趣的刺激；有长约300米的环形漂流河，让你感受漂流的快乐；有死海矿物泥，让你感受泥塑身、美容护肤的乐趣。当你在洁白的沙滩上享受阳光和海风的时候，你会恍然自己是在巴厘岛上度过一个浪漫的假期。

2007年和2008年的夏天，在缺水的郑州，最火爆的流行语，莫过于马拉湾的那句“你玩水？水玩你！”的广告词，最时尚的休闲项目，莫过于请朋友去马拉湾戏水了。宋丰强和他不经意间又创造了一个全国第一的马拉湾，就这样再一次震惊了全国同行。

最成功的商人，也许就是这样，他不只发现人们的现实需要，满足人们的现实需求，他更多的是在发现人们潜在的需要，满足人们的潜在需求，从而引领整个市场。

现在的宋丰强，已经是3大产业，10多家分公司的掌门人。2008年虽然受经济危机影响，丰乐园企业机构的营业额和纳税额反而逆市飘红，不降反升30%，人员不裁反增21%。也是在这一年，丰乐园企业机构成为国家级农业产业化龙头企业。

但此刻的他，仍是那样的内敛。“我不会去参加任何有关财富的评比，也不会盲目搞多元化。我只想围绕着农业的3个链条，把丰乐园做强做大，成为双汇、三全那样的上市公司。”

B 宋丰强如是说

你所理解的最完美的快乐是什么？

事业心与成就感的满足。这也是虽然做企业这么累，但我能一直走到现在的原因。

有没有最后悔的事？

没有。走远路的人，每一步都要扎实。脚步扎实，哪里还会后悔？

你最宝贵的财产是什么？

信誉。我们是民营企业，没有任何的靠山和资本，信誉是我们最大的本钱。这也是我16年来说得最多的一句话。

你如何评价自己？

我常跟员工们说，你要有第三只眼，能从你看到的这个产品或项目中，看到别人看不到的东西。低调、务实，胆大、敏锐，就是这些吧。

C 印象派

跟院里气派的酒店相比，这座三层的简易小楼，显得有些寒酸。

宋丰强的办公室就在这座小楼上。

三楼那个陈设简单的大房间，就是宋丰强的办公室。办公桌后，是一副手书的大字：以诚为本，以信立身。

这个曾经把正林瓜子、大大泡泡糖、维维豆奶、徐福记糖果、康师傅方便面等耳熟能详的品牌第一个引入河南的商人，16年来，说得最多的一句话是：“我们是民营企业，没有任何的靠山和资本，信誉是我们最大的本钱。”

每年春季和秋季，他都会派出大巴盛邀请全村60岁以上的老人到农庄做客，痛快游农庄、尽兴品美食。

他说自己是宋砦的孩子。他一直记得7岁的时候，作为家中老大的他到离村一里外的地方担水，因为力气小打不成水。“我在井台上蹲着，是村里的那些大爷、大娘、叔叔、婶婶、大哥、大嫂们，他们帮我汲一桶水上来，分成两半桶放到我肩上，让我担着回家。”

没有夸夸其谈，也没有豪言壮语。他的目光始终是以农业为主题的系列化产业链条，始终只在河南本土，这也许就是那一桶水的恩情背后，他回报桑梓的最好表白。

【人物名片】

李长杰

金龙精密铜管集团股份有限公司董事长、总裁、党委书记

【达人语录】

“大喊大叫的企业家，最终是很麻烦的。”

缄默的“铜管大王”

A 故事

李长杰笑着从自己的办公室走出来，跟我们握手。

如果走到大街上，也许没人想到这个瘦小、温和的长者，就是金龙集团的掌门。15年的时间，一个濒临倒闭的集体小厂，在他的手下成为全球精密铜管业的霸主。

可他不说当年的那些事，不说自己。他一直在说金龙的现在。在墨西哥新厂的产品马上下线，在锂电和矿业的多元化，在香港的上市正在紧张筹划……

那些被别人看来是传奇，是神话，完全可以自豪骄傲一把的过去，他已不想提及。“都是故事，过去的事，都过去了。”

○8月的喜事

李长杰最近很开心。

因为就在2009年8月的第一天，金龙集团的四辊旋轧和装备及关键技术，作为河南省重大科技项目通过了专家组的项目验收。

对这个颇具专业色彩的项目，李长杰打了一个通俗的比喻，“这是世界铜

管业的第三次革命。”

始于2005年的这个项目，最初是与德国和意大利人联合开发。但后来因为技术不成熟，失败多次后德国和意大利先后退出。“这个技术可以说是世界铜管加工史上，由中国专家独立自主研发的重大科技项目。”

利用这个新技术可以达到什么效果？李长杰给了几个数字。“普通的三辊轧机一条生产线产能是3万吨，但用这个四辊选轧能达到6万吨，而且在轧管晶粒细化、尺寸精密和表面无氧化方面更优秀。”

在李长杰看来，一个企业要具备竞争力，必须拥有别人都没有的核心技术。“再小的企业，一旦掌握核心技术，也可能成为市场的宠儿；再大的企业，一旦丧失自主创新能力，必然会被市场抛弃。”

这真的是经验之语。因为就在几年前，刚刚走出困境的金龙，因为专利，与世界铜管加工业的鼻祖，有过一场长达4年的纠葛。

○那一场跨国商战

那是2004年12月。金龙发往美国的5 000吨产品刚刚离开天津口岸，芬兰的奥托昆普公司就发来律师函，声称金龙出口美国市场的铜管侵犯了他们在美国市场的专利，不仅要扣押这批产品，还要索赔5000万元的侵权标的。

芬兰的奥托昆普在行业内素有鼻祖之称。金龙1991年付出巨额专利费从这家公司引进两条铜管生产线。但从1998年开始，金龙就凭着自己独创的内螺纹钢管、外翅片铜管等新技术，在国内外迅速占领市场。这引起了奥托昆普公司的不满。

5 000吨产品被扣，天文数字般的索赔，这对刚刚走出困境的金龙来说，无异于灭顶之灾。历经风浪的李长杰，这时就像落子千钧的围棋高手，表现出特有的镇静和睿智。他与美国最大的铜管加工企业Wolverine公司取得联系。金龙提出，让Wolverine公司作为金龙在北美市场的独家代理商，金龙贴牌为Wolverine公司供货，但美国Wolverine公司要接受金龙的产品报价。

Wolverine公司大喜过望，金龙产品一流的质量，优厚的利润空间，简直是一道送上门来的“圣诞大餐”。双方一拍即合，签订了4年供货13万吨的供货合同。Wolverine公司承诺：只要货离开天津港，即付清货款。

吃了“定心丸”的金龙开始坐下来和芬兰奥托昆普谈判。最终双方达成协议：金龙支付给芬兰奥托700万美元的专利使用费，芬兰奥托让出其在北美和欧洲的市场，不再找金龙的麻烦。

李长杰算了一笔账，美国Wolverine公司给出的优厚价格，实际上是700万美元的专利使用费损失，全部由美国厂商买了单。金龙则顺利登陆北美、欧洲市场，达到了“多赢”的绝妙结局。

更具戏剧性的一幕是，一年之后，芬兰奥托昆普公司因为经营不善，彻底退出世界铜管市场。而芬兰铜管研发中心的专家，不久也被金龙收于麾下。

○李长杰的秘密武器

将一个企业由死变活，李长杰靠的是自主创新，但将一个小企业做成行业内的巨擘，他手里还有一个秘密武器，那就是诚信。

金龙的老员工说起1994年的那个春节。濒于破产的企业盼来了600万贷款，李长杰请员工们吃了顿饺子，剩下的就全买成原材料组织生产。60天的还款期马上到了，是拖延还是还款？李长杰做出了一个谁都想不到的举动：卖掉原材料，拿出家里的钱，加上工人的集资款，一天不差还了贷款。

见惯了各种“老赖”的银行领导被感动了，不久批给金龙2 000万元的贷款。他的理由很简单：一个困难中仍讲诚信的企业，我看好它。

2008年冬天，金龙华南市场行的第三站，李长杰要去拜访志高空调的老总。那天早上6点多他就起来了。但在珠海前往佛山的高速路上，车祸造成了大堵塞。李长杰当机立断，步行一个多小时，搭乘路边的摩的，终于在约定时间赶到了志高总部。

一个年近花甲的老人，一个行业内第一的大企业老板，这样不寻常的举动，让志高空调董事长心生敬意。两个企业2009年的战略合作计划很顺利洽谈成功。

“其实这并非什么秘密武器。不过是最简单的为人之道，为商之道。就看你想不想坚持。”

○最好说话与最不好说话的人

金龙集团文化传媒办公室的岳振廷主任讲了两个故事，这两个故事里的李长杰，是看起来迥然矛盾的两个人。

1999年初，李长杰来到四川长虹电器，当时国内的电器公司使用的铜管都还是进口材料，但对方被他如数家珍般的技术理论与产品优良测试结果所折服，答应试一试。但在试用前，长虹的领导还是有些不放心：“试用你们的材料，如果造成损失怎么办？”对自己产品胸有成竹的李长杰当场说道：“如果造成损失，无论大小，我们全部赔偿。”

试用结果，金龙铜管与进口材料质量没有两样，长虹终于答应用金龙的产品。但在谈价格时，长虹高层说：“进口铜管每吨5万多元，给你每吨43 000元吧。”本以为压的价低一些，金龙肯定会讨价。没想到李长杰说：“我们的价格你们说了算！”从此，金龙与长虹电器结成了牢固的供货关系。

2002年金龙收购日本无锡毛细管公司。当时该公司因为经营不善，已亏损上千万元。最后的一次谈判在8月13日。日本公司说，我们的孩子已经不行了，送给李先生吧。李长杰说：“四百万成交。”日本公司提出再加20万元，理由是为了把企业给金龙，他们坐飞机跑了很多趟，费用太高了。李长杰说：“昨天可以，明天可以，但今天不可以！”日本人两眼茫然：“为什么？”李长杰一字一句地说：“因为今天是8月13日，1937年中国淞沪抗战的纪念日。”

一个是最爽快的老板，一个是最不好说话的人。这看似矛盾的两个细节其实都在反映一个变化。那就是14年的发展，金龙已经把自己从一个无名小卒变成了一个有绝对话语权的领导者。

○老板的价值就是让员工幸福

现在的李长杰，已经是一个年产160亿元大企业的老板，然而他却说，自己不是真正的老板，“在金龙，每个不同岗位上的员工都是自己的老板。我的职责，就是为他们创造幸福。”

这听起来似乎虚言的话，在金龙的员工身上却是实实在在的一桩桩，一件件。都说天下没有免费的午餐，但在金龙，员工的午餐是免费的。新乡最气派的金龙花园，就是金龙集团的家属院。按照不同的年限，员工买房有买房补助，买车有几万元的汽车补贴。从2007年开始，每月的最后一个星期五，李长杰都会把当月生日的员工召集起来，举办隆重的生日宴会。

有一年春节前夕企业发苹果，李长杰在厂区路上看到一位员工把苹果放在了石阶上，他打开箱口发现几个苹果有烂点，赶紧让员工把苹果退回去换了一箱新的。一些人不解，认为不就是有烂点的苹果吗，能值多少钱？用得着这么兴师动众？李长杰说：“苹果有烂点是小事，可当他拿回家后，老婆看到有烂点，也许会认为他在单位没本事，免不了冷言冷语；如果父母看到这个烂点，也许会认为自己的孩子在金龙受欺负。”

尊重产生的价值无法估量。现在的金龙，因为已经在全国拥有十多家子公司，占有世界铜管行业1/6 的市场份额，成为名副其实的龙头老大。它在墨西哥的分厂经过一年的筹备，10月份即可投产生产。它围绕着核心产业开始的锂电和矿产等二三产业，正在紧张运行。而它在香港筹划上市的H股，也正在有条不紊地推进。

对于金龙的最终目标，李长杰的回答很简单：财富从来不是我们的最终目标，金龙要做的，是一个让外国人羡慕，让中国人骄傲的企业。

B 李长杰如是说

他现在理解的最完美的快乐，就是和经济界的老朋友聊天。他说起自己最喜欢的作家刘震云，说起他的那本《一句顶一万句》，感慨万千。“那种对小人物与孤独感的描摹，写得真好。”

喜欢思考、学习，喜欢写东西的他，给自己起的笔名叫理丁。“一个善于思考和学习的人，才能看清自己，防范风险，筹划未来。”

C 印象派

见到李长杰，颇费了一番周折。

因为他不讲自己的故事。更多的细节，我们是到了车间和办公室，从员工那里打听到的。

这个经历了太多风浪的老人，把那些精彩的故事埋在了心里。而对现在和未来的打算，他透漏的细节也不多。“大喊大叫的企业家，最终是很麻烦的。在结果没有出来之前，我喜欢埋头做事。”

【人物名片】

张铁山
金星啤酒集团董事长

【达人语录】

“人只有咬断自己的尾巴才能站起来。如果还抱着幻想砸自己的牌子，只有死路一条！”

不一样的张铁山

A 故事

张铁山坐在我的对面，神采飞扬评论着昨晚奥运会的那场排球赛。

虽然看比赛到深夜，但早上6点，他照样早早起来了。上午7点到9点，只要在郑州，必定要去工厂巡视，这是他20多年雷打不动的习惯。

这真是一个与众不同的男人。不懂啤酒，却接下一个亏损的啤酒厂；别人并购扩张，他却“独资建厂，自我复制”。他用20年的时间，凭借着独辟蹊径的第三条道路，走完了世界啤酒巨头100年才能走完的路。

“假如周遭的人都劝你不要做某件事，甚至嘲笑你根本不该去想，就可以把这件事当做可能成功的指标。事实上，这世界从不曾有哪个人是只靠从众而成功的。”这是投资大师罗杰斯说给女儿的一番话。同样的话放在张铁山身上，也许刚刚好。

○只有咬断自己的尾巴才能站起来

有人说，这个世界，只有离经叛道的人才会成功。

1985年，30岁的张铁山承包了亏损多年的村办啤酒厂，这就是金星啤酒集团的前身。在此之前，他还从没有接触过这一行。

但他是个喜欢思考和观察的人，还天生有一股敢冲敢闯的拼劲。他只有一个念头："要造就造大船，要开车就上高速，在小鸡蛋壳里是发不出大蛋糕的。"

他用了一个多月的时间在厂里转悠，跟工人和销售人员聊天，他发现，让企业负载累累的有人的因素，但最关键的，是质量没上去。

如同张瑞敏砸掉不合格冰箱一样，他也做了一个离经叛道的决定：把仓库里不合格的100吨啤酒全部倒掉。许多人都觉得他疯了：啤酒虽然不合格，但降价处理还能卖。100吨啤酒就是十几万元。对欠了一屁股债的企业来说可是一大笔钱。即使不卖，分给员工做福利不好吗？

张铁山当着工人的面倒掉了第一瓶酒，他噙着泪说："人只有咬断自己的尾巴才能站起来。如果还抱着幻想砸自己的牌子，只有死路一条！"

置之死地而后生。张铁山用一种近乎残忍的方式，把质量种在员工心里，"零缺陷"的产品质量意识和高效的人才引进机制让金星稳步成长。1986年，走出倒闭阴影的金星年产量从2 000吨增长到一万吨，1993年以8万吨位居河南第一，1998年突破28万吨，挺进全国十强。金星就这样以每年几个台阶的速度跨越式奔跑。

2007年，以生产百威啤酒而扬名世界的美国AB公司派出技术专家，按照百威啤酒240道生产工艺对金星啤酒进行全方位检测后啧啧称赞："Jinxing Beer，very good！"金星也做了一次试验：他们把世界顶级的某品牌啤酒倒进贴有金星啤酒商标的瓶子里，而将金星啤酒装进对方啤酒瓶中，请上百位啤酒爱好者品尝评价，大多数消费者评价是：国外品牌啤酒瓶中的酒最好喝。

说起这些，张铁山略带感叹："名牌是什么？就是企业对消费者的一种质量承诺。这样说来，中国名牌实际上是金星背上的一个'金十字架'。尽管金光闪闪，但没有持续不断的努力，迟早会被消费者打入地狱。"

○夜市上的三个啤酒瓶

电视剧《大染坊》风靡市井的时候，金星的员工都觉得，自己的老板像极了那个敏锐又沉稳的陈六子。

这样的敏锐体现在1998年的贵州扩张上。1998年，即将大开国门进入WTO的中国，啤酒市场竞争几乎到了白热化状态。百威、嘉士伯、SAB等洋品牌纷纷进入，青岛、华润等啤酒巨头也开始大举并购。张铁山预感到，规模化、集团化的垄断竞争，对中国所有的啤酒企业都是一场劫。"金星要想生存，就必须走出去，抢搭上这班船。"

衡量了自己的实力，他把目光放到了相对平静的西南。1998年夏天，张铁山带着两个助手来到贵州。

在安顺市最繁华的夜市上，整整一个晚上，只出现了三个空啤酒瓶，其中两个就来自他们。两个助手气馁了："来这没有喝啤酒习惯的地方做啤酒，岂不是自找死路？"

张铁山却下决心要在这里建厂，他给部下的理由有3点：在经济发达的东部地区同啤酒3大巨鳄竞争，金星还嫩一点。现在的西部，就像几年前的深圳，是国家大开发的前夜，到那里能享受更多的优惠政策。最后一点，也是最关键的一点，贵州省一年啤酒的产量才10万吨，人均消费不到全国的十分之一，利润空间远远大于河南，这就是商机！

事实证明张铁山的战略是对的。金星在贵州的工厂当年建成，当年就实现了赢利。贵州分厂如今成为金星布局西南市场的关键棋子。金星贵州公司也成为当地效益和口碑双佳企业，贵州姑娘都以嫁给金星员工为荣耀。

○从草根到明星：没有传奇故事的金星

“独资建厂、自我复制、小步快跑”，这就是金星不同他人的模式。20年间，金星从一个年产2 000吨啤酒的小厂蜕变成拥有16家分公司，年产量150万吨的大型集团公司，跻身青岛、华润和燕京之后的中国啤酒行业四强。这种独特的运作个性引起了世界顶级财经杂志《福布斯》的关注。2006年，素有“世界经济晴雨表”之称的《福布斯》以《挑战啤酒大腕》为题指出：金星啤酒的运作个性和实践证明，即便没有雄厚资金的支持，出身草根的地方性品牌也可以拥有全国版图，而且始终保持盈利。

盛名之下的张铁山，却开始要求部下要有归零的心态了。他和部下谈论自己刚看的奥运男排比赛：“男排平时在东南亚看起来水平好像也不错，但一旦和世界一流球队交锋就败下来了。这说明啥？人不能低水平循环，不能自己跟自己比，要走出去，看世界一流的动态。”

一次，一个记者采访张铁山，第一句话就是：“金星现在功成名就了……”张铁山马上打断他：“没有，我们现在才第四名，就跟奥运会上的运动员一样，连领奖台还没站上去呢。”

“金星没什么传奇的故事，也不想用传奇来神话自己。金星只是稳健地走好每一步，在平淡中验证自己的功力。”张铁山说。

B 张铁山如是说

很多人都说您是个敏行讷言的人，是这样的么？

也许是吧。人嘛，夸夸其谈太多了，做的可能也就少了。

金星能走到今天，您觉得有哪几个关键词？

最主要是得专心。做企业要有大方向感和大事业心，生意做大了面临很多投资诱惑，不能这也干，那也干，否则啥也干不好。23年来，我们抓质量、引人才、更新技术，都是围绕啤酒这个主题。

您曾说过已经为金星失眠20年了，如何看待压力？

以前有部电影《铁人王进喜》，里面有句话：人无压力轻飘飘，井没压力不出油。我觉得压力不是啥坏事，起码可以让人保持警觉敏锐。

现在都在说企业过冬，金星准备好了么？

过冬的是那些过分依赖银行贷款的企业，金星一直是稳健地扩张，资金链很好，所以不存在过冬的问题，我们反倒还要过夏呢，哈哈。

上游原材料不都涨价了么？

是的，但我们通过技术改造已经消化了很多因素。比如我们把传统的过滤改为压滤机，平均每吨粮食能多出0.3吨麦汁。煤涨价了，我们就改烧稻壳和秸秆，便宜好用，灰还可以卖钱，这样一年能节约几百万呢。还有别的措施，可以说我们已经做好了应对准备。

如果从头来过,您还会选择做啤酒么?

人生是很少有时间回头的，我不是喜欢左顾右盼的人。做啤酒跟打仗一样，这个问题还真没考虑过。如果假设从头再来，呵呵，我估计还是做啤酒吧。

C 印象派

在与张铁山的对话中，我一直有种强烈的感觉：我的面前有两个张铁山。

一个是商海中的张铁山。他对啤酒业的战略前瞻，他跟国际啤酒巨头的最新合作，他在全国的纵横捭阖。这时候的他，敏锐、稳健却又不失霸气。

另一个却是生活里简单朴素的张铁山。他说起自己喜欢的排球女将，说起自己喜欢的石头，妙语如珠，滔滔不绝。“每年12月枯水期，都要去黄河滩捡石头。早上5点多就到那儿，拿着水桶带着撬杠，一干就是一天，不觉得累也不觉得饿。”

他常常在夜深的时候，跟心爱的石头对话。他从不同环境下的石头身上看出了不同的韵味。“硬的部分留了下来，软的部分被冲刷掉了，然后经过几十年几百年岁月的打磨形成现在的图案，大自然的鬼斧神工给予它们太多的生命信息。烦恼的时候，一个人静静地看着这些奇石，一切都会烟消云散。”

在他看来，造酒与做人有相通的哲学，那就是需要朴素，他喜欢吃面条，午饭常常是一碟花生米、一碗捞面条，最多再加杯老白干就打发了。他喜欢每天早早地从家步行到厂房，在晨光中围绕整个厂子转一圈，然后开始一天的工作。

26年的时间，对一个企业来说并不漫长，但对保持一贯姿态的张铁山来说，这无疑是一段最具光彩的时光。就像他当初接下一副烂摊子一样，他在不断变化着他的企业，玩出了一个又一个动静。

【人物名片】

侯世安

郑州鸿盛商贸有限公司、河南万客来实业有限公司董事长

【达人语录】

"做自己喜欢的事，并且努力把它做好。"

化"禁区"为宝地

A 故事

老侯最近很忙。

建了3年多的中原百姓采博城已进入攻坚阶段。内部装修，招商洽谈，各方面关系的协调……这千头万绪的桩桩件件，都需要他一一理顺。

这个名字里有个安字，却经历了太多风雨的男人，在自己70岁的春天，依然意气风发。

"我只是一个和谐的老人。对我来说，做自己喜欢的事，用心做事，这比什么都重要。"

○"禁区"上长出来的百姓采博城

2009年7月14日，郑州入暑的第一天。

郑州南三环中原百姓采博城工地。开着空调仍有些闷热的现场办公室里，侯世安正在和一个客商交谈，身边的电话此起彼伏响起。透过窗户望出去，宛若现代化商贸城般的批发市场，正在内部装修的工人们忙得不亦乐乎。

如同一场即将完美收关的战役，两年多的努力，在最后的时刻，老侯没理由不绷紧自己的神经。

说起这块黄冈寺的土地，老侯滔滔不绝。因为挨着火葬场，这块世人眼里的“禁地”，多少年来一直是旧货市场和煤场。“几百亩的土地一直在沉睡，没一个房地产商敢开发。你吃着饭，说不定大烟囱里的东西就飘到锅里了，哈哈！谁都知道，禁地嘛。”但侯世安却从中看到了商机。“这里贴近市区，7条大路畅通无阻，公交车、小轿车、大货车都可以开进来，这是做物流园区的最佳场地啊。”

做了20多年批发生意的侯世安知道，市里面虽然也有批发市场，但因为场地的限制，特别是大货车无法入市，早就问题重重。随着城市框架的拉大，批发市场外移早就成为卖方和买方的共同意愿。在这样的情况下，如果能顺势而为，做一个中原最大的升级版批发市场，肯定会大受欢迎。

说干就干的侯世安，就在这片谁都不敢想的土地上开始自己的梦想。从2006年夏天开始，他就长在了工地上。所有的时间和精力，都耗在这里。两年多过去，他的梦想正在一步步成真。全国首家一次成型大跨度钢结构拔地而起，玻璃幕墙映着蓝天白云，111部电梯，135亩的超大停车场，这一切，就像现代化的大型商贸城。你无法把它跟惯见的大棚批发市场联系在一起。

做任何事，不能只考虑自己的利益，更得考虑符合社会的利益。这是侯世安的做事准则。“我不敢说违反规律办事就一定不能成功，但如果你做的事不符合百姓利益，多多少少一定会付出代价，而这代价就是一种浪费。”中原百姓采博城不仅把一方土地的价值激活了，它对当地的就业及整个郑州南部经济增长的带动，都是无法估量的。“过几年你再来看看黄冈寺，肯定跟现在大不一样。”

○刀尖上滚过来的日子

意气风发的老侯，其实并不一帆风顺。用他的话来讲，“有好几年的时间，几乎都是从刀尖上滚过来的。”

他是做白酒生意起家的。十几年的时间，他不仅积累了不菲的身价，也在业界树立了赫赫名声。以至于当时的白酒业流传3句话：得中原者得天下，得二七者得中原，得侯世安者得二七。

就是在这走南闯北的过程中，他看到了中原副食品批发市场的弊端。“当时郑州有12个副食品批发市场，但总特点是3个字：小，低，散。”侯世安意识到，应该在中原建立一个大的批发市场，只有这样，中部的地域优势和主导地位才不会被石家庄的南三条和武汉的汉正街取代。

1996年，在素有郑州南大门之称的京广南路，侯世安的万客来食品城开始动工。两年后的6月20日万客来开业。“当时招商很顺利。因为我做了那么多年的生意，结下了一大批朋友，老侯一挥手，兄弟们都愿意捧场。”虽然后来启动的时候，出现一些竞争问题，但用了4个月的时间，把华中食品城的商户整体迁移了一半，又慢慢集中了几个小市场的商户，他还是完成了从马路市场到石棉瓦大棚，再到有规模和素质的批发市场的大集中。经过一年的市场培育，1999年底的万客来已慢慢步入良性轨道。

谁都没想到，就在这时候，晴天来了个大霹雳。2000年8月，侯世安锒铛入狱。说起那场牢狱之灾，侯世安觉得可笑。“各项手续都有，但在中国就是这样，你做事，就有人在背后捣鸡毛。”

他在里面把自己做的事过滤了一遍，最后坦然了：“我没有伤害过社会，没有做过对不起朋友的事，所以我坚信自己一定会出来的。”

这期间他曾被判无罪，他去自己的市场，看到一片狼藉的市场，商户跑了一半，泥泞的马路中间卧了头牛，坚强的他掉了泪。

反反复复。一直到2005年夏天，一切才尘埃落定。说起那段日子，他只有一句话：都是从刀尖上滚过来的。

○好好做事比什么都重要

侯世安又回到了万客来食品城。重新活过来的他，整修了市场设施和秩序，他向商户承诺：每月21元租金3年不变。他在收费通知上写了3句话："看到这发自肺腑的3句话，可多商户都掉了泪。"

万客来和它的主人一起复苏了。2008年的经济危机之年，万客来收费出现了一个奇迹。"原本4个窗口都很闲的银行，在我们贴出通知的第二天下午，增加到10个窗口还忙不过来。等着交钱的商户队伍排到的三环路口，银行一直忙到凌晨。银行行长直感叹：简直是不可思议！"

这不可思议的背后，是一个市场的繁荣。作为河南乃至中原副食品市场的龙头产业，万客来的影响力已经辐射到周边五省，甚至新疆、内蒙古等地。进入万客来的商户，也得到迅速发展。"哈哈，业界流传一句话，万客来的老板来的时候骑着三轮车、面包车，现在都开着奔驰、宝马。"

侯世安是个闲不住的人。看着万客来一步步复苏的同时，他也在琢磨另一件大事。黄冈市就在2006年进入了他的视野。他要做的，是一件没有先例的大事，他把这当作他的第三次创业。

500多亩的土地上，30万平方米的钢架建筑，气派的玻璃幕墙。皮鞋、箱包、茶叶等6大区域，10大业态，把小商品的方方面面囊括其中。111部电梯，100辆配送电瓶车，135亩的停车场，可以说绝无仅有。"不光是这些，我们是全国唯一'保姆式'经营模式市场，与温州商会的战略合作协议，带来的是带来的8 000个老板，30 000个就业岗位，1.3亿消费人群，600亿年成交额。"

侯世安在采博城大门口建了水景花园和3公里长的水系环绕。喷泉流瀑的水景花园里，杨柳拂面，睡莲点点。"前两天花园里飞来3只黑天鹅，可能是喜欢我们这里的环境，再也不飞走了。"

说起花园里的那3只吉祥鸟，侯世安很是欢喜。对以往的那些事，他已不想再提，"现在就想做自己喜欢的事，并努力把它做好。"

B 侯世安如是说

你所理解的最完美的快乐是什么？

做自己想做的一件事，历经千辛万苦把它做好。那一刻，是最快乐的。

有没有最害怕的事情？

没有。我做事有个支撑点，就是不危害社会利益，符合大多数人利益。你不害别人，做什么事都不会害怕。

在世或不在世的人中，有没有最佩服的人？

我佩服的人，古人有，现代人也有。平民百姓有，达官贵人也有。但我想我还是最优秀的。

如何评价自己？

我心底善，就是一个和谐的老人吧。

C 印象派

他曾是酒业叱咤风云的人物。几十年闯荡江湖，他救过贵州的两家酒厂。为了揭露假酒，他自己给媒体写下《我的一封公开信》。

他的名字叫世安，可是那曾经的5年，满是血淋淋的回忆。他说最难的日子，不是在外面流浪。而是母亲的去世。这个6个月就没了父亲，靠母亲一手拉扯大的孝子说起老母亲，半天哽咽。“出事的时候，家里人都瞒着老母亲，说我出差了。2004年，我在北京，家里发来短信说老母亲病重。我跟爱人说，你回家给娘做点稀饭，甩个鸡蛋，娘喝了就好了。”妻子回去了18天，回来说老母亲没事了。“母子连心，其实我心里清楚得很，我知道娘走了。”侯世安10天没下楼，吃不下饭，睡不着觉，“每天写项目规划，画图纸，还有两瓶可乐，靠着它们我才活下来了。”

这个坚忍不拔、胸中有大梦想的老人，对自己的评价却只是一个和谐的人。花园里飞来的黑天鹅让他很是欢喜。“我结交了很多朋友，朋友们喜欢我，连天鹅也喜欢我。”

【人物名片】

罗林芳

英协（河南）企业集团董事长

【达人语录】

“对我而言，地产和戏曲就是我的两条腿，没了哪一条，都觉得可痛苦。”

一个地产商人的艺术生活

他是个房地产商人，建的别墅堪称郑州豪宅的代表，但他却酷爱最乡土的戏曲。他分内的活儿是盖房子、卖房子，却因为热心河南戏曲文化的传播，被人戏称为“编外的文化厅长”。他就是英协（河南）企业集团的董事长罗林芳。

A 故事

○梆子一敲，弦子一拉，多年前的感觉立马回来了

罗林芳的老家在河南许昌的椹涧乡，那里是有名的戏曲之乡。罗林芳到现在还记得，小时候跟父亲走几十里路去看戏，回来的路上，父亲背着他，走着走着自己就睡着了。

8岁那年，罗林芳最喜欢去邻居大哥张狗留家，听他拉板胡。“他比我大20多岁，没什么文化，眼睛也不好，但他拉的板胡可好听。”那时候的罗林芳并不懂得荡气回肠、催人泪下这些词，只觉得这音乐很吸引自己。“好像牵着我的腿，走也走不开。”

板胡拉得时间长了，需要用烧化了的黄香滴到上面保养。每到这时候，罗林芳就跑回家里，偷偷掰一块黄香给张大哥。“那时候黄香可金贵，要是让家

里大人知道了，肯定会挨揍的。”

多少年后，在深圳做大了生意的罗林芳回到河南，朋友问他最想去哪里玩？他说喝酒吃饭都不要了，郑州现在不是有戏曲茶楼吗，就听戏去。“多少年没听到乡音了。那天梆子一敲，弦子一拉，多少年前的感觉立马回来了。”罗林芳说。

1996年，罗林芳老家过大集，罗林芳请了几个河南的名角。演出轰动了十里八村，甚至周边的禹州等县市。“老乡们开着三轮、骑着摩托，扶老携幼，来了好几万人。台下站满了，很多人就爬上墙头甚至树上，那场面真是太震撼了。”罗林芳站在台子下，远远看着黑压压的乡亲，虽然看不见台上的演出，可他心里开心极了。

○千万别叫我“编外文化厅长”，我只是想让戏迷听场好戏

2002年，罗林芳要筹建英协剧院。“当时的人都觉得我疯了，公司里的人10个就有9个不同意。”罗林芳坦言自己当时顶着很大的压力。“我说你们自己看看，现在在郑州，除了中州剧院，戏迷们还能到哪里看戏听戏？我建这个剧院，就是想为那些普通的戏迷提供一个看好戏的地方。”罗林芳动了感情：“如果我这个还算有点能力的老戏迷不去做这事，那么谁来做？！”他最后说：“别小看这乡土的戏剧，它照样能为咱们英协树立品牌。好与不好，都别急着发表意见，等几年后再看结果。

他力排众议建成了英协剧院。800个可以电动伸缩移动的观众坐椅，犹如维也纳金色大厅欧式格调的豪华包厢，加上可以升降旋转的舞台，让英协剧院刚一问世就打动了郑州人的眼睛。

那年夏天，罗林芳请来豫剧须生、唐派艺术掌门人贾廷聚，在英协广场为工地的农民工表演传统剧目《寇准背靴》。忽然天降大雨，坐在地上看戏的工人们准备四散离去，罗林芳把这些农民工请进了刚刚装修好的剧院。一双双沾满泥水的庄稼汉的脚把光洁的地板弄得一塌糊涂，但罗林芳毫不介意。贾廷聚大师唱完走到台下就握住了罗林芳的手：“老罗，我见识过各种各样的老板，但像您这样从骨子里爱戏剧，尊重普通戏迷的，我是头一次见！”

几年的时间，罗林芳组织艺术家们把河南戏曲送到了深圳、北京、云南、海南、新疆等十几个省市，演出100多场。所到之处，熟悉的乡音乡情唤起的都是巨大感动。

每到一处，罗林芳就坐在最旁边的观众席或乐池里，跟观众一起听戏。当地政府要他上台讲话，他每次都拒绝了。人家过意不去，最后给他个追光灯，他下台就对自己的工作人员发了脾气。“我是来听戏的，不是来表演的。你们最该把灯光给台上的演员，还有台下那些痴迷的观众。”

2007年，英协剧院组织河南的名角大腕们去慰问在新疆的河南人。演出团队中，有3个很有名的老演员，当年因为各种原因，20多年没有同台演出。他们也曾发过誓：“绝不同台，即使同台也不同场演出。”但在罗林芳的感召下，3个人前嫌尽释，走到了一起。《倒霉大叔的婚事》，这出消失20多年的好剧终于又跟观众见了面。

因为这件事，罗林芳在圈里获得“编外文化厅长”的美誉。对此罗林芳很不安：“可千万别这么说，我只是想把那些失传或者优秀的剧种剧目都挖出来，给戏迷更多的好戏，别的啥也不想图。”

已故河南坠子大师赵峥老师说：“我一直觉得自己是精神贵族，没佩服过什么人，但罗林芳是一个儒商，可钦，可敬。”

○别人只卖房子　我卖的是房子加文化

这么多年，为了建英协剧院，罗林芳投入几千万元。每年慰问河南人及每周的英协剧院戏曲栏目的录播都

是一笔不小的开支。中青年演员的研讨会、拜师会也都是他牵头。对此范军深有体会："罗总为河南戏剧界做的事，圈里人没有不竖大拇指的。"

商人是追逐利益的，这样反其道而行的做法自然引来了人们的议论。有人说他傻，有人说他是个不合格的商人，但罗林芳有自己的见解。

他说别的房地产商人做广告，一年也是几千万元。"我有那个钱还不如做点有意义的。现在早就过了单纯卖房子的年代，还得卖文化和品牌。建业房地产搞足球俱乐部，看起来是在烧钱，可它创造的经济效益，谁又能忽视？我就是想让河南人一说戏曲就想到英协，一提英协就想到咱们河南的传统艺术。"罗林芳说，"事实上我们也做到了。"

英协的房产，从1998年的英协花园到第二期的"园中苑"以至后来的"艺术家"、"鼎峰"及"英协广场"和"别墅之王"，卖得都相当好。特别是第三期的"艺术家"，"省内一半以上的知名戏剧大师都住在我们这个小区。"罗林芳说。

因为嗓子的原因，罗林芳从没上台唱过戏，"但我常在心里哼哼，是个最忠实的戏迷。"说起自己最钟爱的戏曲，生旦净丑，念白腔调，罗林芳头头是道。他最喜欢的几出戏是《清风亭上》《程婴救孤》和《血溅乌纱》。他觉得那里面的大忠大义、大是大非，里面的人情世故、悲欢冷暖，足够人回味一辈子。

"对我而言，地产和戏曲就是我的两条腿，没了哪一条，我都觉得可痛苦。"罗林芳说。

B 印象派

罗林芳很低调。虽然在河南地产界也是风云人物。但神龙见首不见尾，在报纸电视上，他的曝光率极少。

见到他，是因为2008年9月在郑州举行的第十届亚洲艺术节这个渊源。他刚从一场大病中恢复过来，手还有些活动不便。但说起自己喜欢的戏剧，面前的他马上声如洪钟，妙语如珠，笑声朗朗里宛若换了个人一般。

他说现在早就过了单纯卖房子的年代，还得卖文化和品牌。他说没有艺术的城市是苍白的。"假如维也纳没有了交响乐，巴黎没有了卢浮宫，悉尼没有了歌剧院，厦门没有了鼓浪屿的琴声……它们还能像现在这样打动世界吗？"

我的人在此岸，我的心在彼岸。在物欲的此岸和理想的彼岸之间，这个热爱艺术、热爱家乡的商人，因为艺术的浸润，因为对家乡文化的眷恋，商业生涯更加斑斓。

【人物名片】

皇甫立志

大商新玛特郑州地区集团总裁

【达人语录】

“在我的职业生涯中，我一直坚持的原则就是做好事，做好人，当你做到这些，任何时候，你的内心都坦荡，状态都是自然的。”

皇甫立志“非常道”

A 故事

他有一个70年代常见的上进的名字，却又有一个非常少见的复姓。

他外表淳厚平稳，却总能在硬邦邦的商战中快速麻利地出牌。

他以无法忽视的商业建树成为中原商界的少帅，但他最大的梦想不过是如果退休，就一个人背着小包，去世界最美的100个地方。

他是皇甫立志。

2008年岁末，忙碌的皇甫立志终于坐在了我们面前。盘点，展望。聊他曾经的金博大，聊他现在掌舵的大商。曾经的风烟滚滚，在他平静地叙述下，都变得举重若轻，风轻云淡。

○非常入行：机缘巧合进商业

2008年，对皇甫立志来说，是太过忙碌的一年。这一年，大商在中原布下了新的棋子，还收购了高档品牌店正弘与宏宝。他把这一切归为机缘巧合，“机会来临的时候，我往往会顺势而为。”

这句话，用来解释他11年前的下海，也许刚好合适。

1997年，轰动全国的中原商战的硝烟还未散尽。位于二七广场的金博大楼无人来租，河南省建设银行因此鼓励职工“下海”。“下海”在当时虽是个很流行的词，但对于刚端“铁饭碗”不久的皇甫来说，这无疑是一种冒险。“不过当时我二十多岁，年轻人有一股冲劲，说干就干了。”

皇甫立志和5个志同道合的伙伴经过紧张的筹备，这一年，金博大开业了。一万多平方米的空间，令人称道的硬件设施，刚刚面世的金博大给人的第一印象是富丽堂皇，气宇轩昂。

然而这个备受省会人关注的“商业尤物”，由于自营使大量的库存积压，资金流动成了大难题。以至于从开业起，就在以每月100多万的速度亏损。

有一天，省会的一家媒体上登了一则消息，说金博大尽管富丽堂皇，但顾客寥寥，记者从1楼走到4楼，没见一个人交款。皇甫立志一直记得那天，他看到那则消息后的刺痛。“当天我们就开了中层会，将这篇报道复印给大家看。我说我们是民营资本，没有靠山和后路。我们必须自我改变。”皇甫立志甚至发了狠话：如果不改，金博大就是下一个亚细亚五彩购物中心。

金博大在悄无声息中变脸了。它向社会公布：所有的商品均按一到四折处理，并进行价格公证。这样的新鲜事自然引起了媒体和顾客的好奇，一时媒体争相报道，商场日日顾客盈门。价格公证之后的清仓举动，让金博大甩掉了包袱，初步建立了自己的价格体系，至今被认为是金博大最经典的案例之一。

○非常策划：把别人认为的劣势变成优势

清仓甩掉包袱之后。皇甫立志和董事会商议之后大胆决定，把企业原来的经销、代销经营模式转变成现在的租赁制。

“当时全国很多商场都在搞联营。在董事会上论证的时候，有人觉得租赁制如果管理不好，会很快出现业绩、形象倒退的现象。我的看法是，不管采取哪种经营模式，只要是与你的经营环境相匹配，就可以成功，联营也不见得都成功，全国也有很多失败的例子。”

按照皇甫立志的理解，租赁制有很多优点，比如可以让利于厂商，可以让供应商在单位时间内业绩良好的情况下获得最大的收益，尤其是给供应商结款的时候，会更加灵活，联营制一般都是月结，而租赁制可以做到周结甚至是日结，这样可以减轻供应商的资金压力。另外，租赁制是可以“旱涝保收”的，对内来讲，可以让商场的收益相对来讲比较稳定，对外来讲，则是一种“放水养鱼”。

金博大的租赁制经营很快显示出与众不同的核心竞争力。资金盘活了，压力减轻了，一个个品牌进来了，顾客逐渐增多了。因为统一卖场形象、统一物价质量、统一营销、统一收银、统一现场管理，普通顾客根本看不出商场是在租赁经营。皇甫立志就这样把别人认为是劣势的东西变成了自己的优势。1998年，国家贸易市场局局长黄海在来金博大视察的时候，面对金博大超强的人气和业绩感叹：没想到金博大能把租赁制做得这么成功。

○非常胸怀：为对手送上自己的祝福

2001年，金博大的日子已经相当好过了。对许多郑州居民来讲，周末去金博大购物已经越来越成为一种时尚和习惯。

就在这一年，北京华联要来郑州开店的消息传遍了街头巷尾。所有的人都在猜测，郑州的商家会采取什么对策？仅仅只有一墙之隔的金博大，又该采取什么对策？

一场波诡云居的暗战突然又在中原拉开。各大商场争相搞活动，你买100送50，我买50送40，你打折，我就折上再送，一时间花样翻新，烽烟滚滚。

谁都没想到，就在这时候，金博大在省会所有的媒体上打出了一个广告：祝贺北京华联郑州店开业。没有自我打折的噱头，没有华丽的词语，只有简简单单的一句话，只有这么真真切切的祝福。但皇甫立志和他执掌的金博大的大气和坦荡跃然纸上。

“在北京华联要开店的时候，我曾经和北京华联的总经理李和平在一起谈，都很坦然，我们达成了一个共识，就是要错位经营，双方都要巩固这个商圈。”皇甫立志说。

北京华联开业之前，几乎所有的业界人士都认为，一墙之隔的金博大会受冲击最大。然而金博大在这场短兵相接的较量中，不仅没有受到挫伤，客流反而呈几何倍数增长。

2002年，金博大风头正劲，皇甫立志就在这时候将超市的60%股份转让给了上海联华，双方共同组建了世纪联华。面对众人的质疑，皇甫立志给出的解释是：我们要搭快车，搭快车就不能吃独食。

“一个企业在状态最好的时候，应该从后续的发展来看，应该考虑长远。超市和百货不同，超市的灵魂在于连锁，在于企业的统一采购能力，金博大不是上市公司，统一采购的话，当时不可能达到。上海联华作为马上要在香港上市的超市大鳄，会迅速地进行连锁扩张，如果合作的话，金博大超市的复制能力、投资风险、赢利能力都会大幅度地增强，企业也就能走得更远。”

这个世界就是这样。很多时候，成全别人的时候，其实也就是在成全自己。因为这两次看似吃亏的举动，金博大不仅在二七商圈站稳了脚跟，还很快实现了品牌的三级跳。

○非常梦想：如果退休，我想去地球最美的100个地方

2006年春天，大商以4.21亿元天价使金博大易主，皇甫立志的职业身份发生了戏剧性的转换。对扑朔迷离的商业格局，局外人都是片面的猜测，只有置身其中的他才能明晓自己的情感潮落，并慢慢从变通之道中找到平衡之途。

面对一个付出过自己太多心血的企业，所有的不舍都很正常。“抛开感情的因素，我的目的和出发点是，只要是对外界、对社会、对企业有帮助的，不是为自己谋取利益的，你就可以告诉自己，勇敢地去做。在我的职业生涯当中，我所一直坚持的原则就是做好事，做好人，当你做到这些时，任何时候，你的内心都是坦荡的，状态都是自然的。”

皇甫立志又开始为他的新使命忙碌了，招商谈判成了他最重要的一项工作。每天满世界地飞，忙的时候，只睡两三个小时，甚至连续工作36个小时的情况也有过。“一点一点地谈条件，说服对方，一件一件地解决沟通过程中的难题，从见面到最后谈成这件事情，可能要十几次几十次去拜访，中间还可能会有很多变故发生。”

大商新玛特的变化一天天凸现起来，“时尚”“精品”等成为金博大变身大商新玛特后的新表情。众多国际一线品牌强势入驻，业绩随之被大幅度拉升，一个大众时尚百货完成了向精品时尚百货的华丽转身。

随后的时间，仿佛狂风巨浪一样，皇甫立志掌舵的大商一招快似一招。2008年10月大商新玛特国贸店开业，然后是收购高端品牌店正弘百货，之后是收购许昌宏保，他落棋的速度和准确，让所有的人都感到震惊。2009年，这个男人的目标是：建立一批生活广场，让每个不同层次的人都能在大商方便地买到自己需要的东西。

这个永远在忙碌的男人，其实有一个很朴素的愿望：能去世界上最美的100个地方。他一直保存着一张照片，那是他在大理的洱海边拍下的。蓝水晶一样的天和海，海边是一只低着头吃草的小毛驴。在那里皇甫立志觉得自己的心都是可以放在路上的。“过最平常的日子，看最美丽的风景，那是我渴望的生活。”

B 皇甫立志如是说

“一个企业在状态最好的时候，应该从后续的发展来看，应该考虑长远。超市和百货不同，超市的灵魂在于连锁，在于企业的统一采购能力，金博大不是上市公司，统一采购的话，当时不可能达到。上海联华作为马上要在香港上市的超市大鳄，会迅速地进行连锁扩张，如果合作的话，金博大超市的复制能力、投资风险、赢利能力都会大幅度地增强，企业也就能走得更远。”

C 印象派

关于他的名字，皇甫立志记得中学老师曾送给自己的一句话：无志之人常立志，有志之人立长志，这句话成了他人生的一个座右铭。

“有时候回到家里，我突然想起自己还有一件事情没有做，我会把自己家里的电脑打开，马上去做，这件事情绝对不能拖到明天。每个人心中都有一个懒字在牵制自己的行动，无非是你有没有足够的克制能力。当我想偷懒的时候，我就会拼命的鞭策自己。”

【人物名片】

杨　楠

河南建业俱乐部原总经理

【达人语录】

“管理者之外，我还是一个球迷和女人。”

当美女恋上足球

A 故事

2010年的女人节，杨楠是在日本度过的。

不是度假旅游，而是为了3月9日的亚冠比赛。这一次，建业要在日本客场迎战大阪钢巴队。

当一个女人爱上足球，她的生活，注定跟别人不一样了。

也会有柔肠百结，儿女情长。但当目睹了赛场的激烈对抗、风云变幻、跌宕起伏，经历了努力打拼后的成功与失败，她的字典中，注定会多了冷静、理智、宽广和一份对命运敬畏的平和。

这就是现在的杨楠。

○亚冠首秀的失落

2010年3月5日下午，杨楠坐飞机到了北京。短暂停留之后，就转机日本。在那里，有一场激烈的比赛即将拉开帷幕。

对建业的第二次亚冠比赛，杨楠说得很少。无论面对怎样的对手，变幻莫测的赛场，不到最后一秒，任何人都无法下出定论。这一点，在足坛摸爬了10个年头的杨楠比谁都明白。所以，对建业的这场比赛，她能说的只是，“我们会好好打。”

十几天前的亚冠首秀，建业主场对新加坡队。杨楠穿了一件亮绿色的小上衣，陪同足管中心副主任林晓华、联赛部主任马成全在看台上观看比赛。22次射门，3次打中门柱。激烈的厮杀中，看台上的杨楠紧张得几次直起了身子。

当伊朗籍主裁判吹响终场哨的时候，航海体育场内出现了刹那的安静。球场上那块赛前才更换的大屏幕上，是硕大的0：0。它从比赛开始的前一晚就出现在那里，虽然建业队始终如一地攻势如潮，但整整90分钟，上面的数字未曾有任何改变。

失落在那一刻也降到了杨楠的脸上，她从看台上匆匆离去。坦率如她，不会说什么违心的话，面对记者的镜头，她说了自己感受：“虽然结果让人遗憾，但我们看到全队在第一次参加这么重要比赛的情况下，都有积极取胜的信心，表现出了建业的精神。尽管新赛季艰难起步，但我相信通过亚冠首场的表现，所有人都应该看到希望，建业会逐渐丰富自己的经验，变得更加强大。”

这一次的日本之行，杨楠的任务有两个：一是为大阪的留学生球迷带去球迷服，另一个就是为自己的队员们鼓劲儿。虽然并不知道吉凶如何。但她能保证的一点是，“队员们会放下包袱，让中原球迷看到建业男儿的英雄本色。”

○楠姐的尊重

在杨楠看来，足球是这样一项让人着迷的运动。奔跑，打拼。狂喜，失落。热泪长流，仰天长叹，一切都那么真性情。“10年跟足球打交道，让我生命的层次感更丰富了。”

她记得刚成为俱乐部总经理的时候。那是2001年，她26岁。她记得那天一位要好的朋友听到消息，送了她一套正版《壮志雄心》VCD，说的也是一个足球俱乐部女老总管理球队的酸甜苦辣。还有建业董事局的主席胡葆森发给她的一个短信：喷泉的高度永远超不过它的源头。杨楠很感动，“我知道这是大家在给我信心呢。”

虽然对足球了解得不如圈内人士那么专业，可杨楠制定了自己的一套思路。那就是亲和、尊重。

她是教练眼中的楠姐。一场比赛下来，如果赢了她会说“打得好”，如果不尽如人意她会说，“拼得好”，一字之差，那里面包含的鼓励和宽容由此可见一斑。

她给自己规定了两个禁区：赛前的队员客车和球员休息室。中国很多球队有一个不成文的规矩，如果赛前有女人上了球队的车，比赛肯定会输。迷信终归迷信，杨楠却也入乡随俗，做俱乐部老总这么多年来从不跟球队去赛场。还有球员们的更衣室，因为球员们有打完比赛喜欢在休息室里脱个精光的习惯。杨楠就把那里当做了教练管辖的范围，从不插手。“既然在足球圈混，有些东西是必须面对的。我不想让队员们不自信。”

虽然有两个禁地，但这并不妨碍她和球员们打成一片。北外毕业的她，一口漂亮的外语跟外援交流起来很是融洽。2003年她曾跟随球队到海南集训，因为有事要回郑州几天。在离开球队前的晚上，她召集全体队员开会：“你们出了门就不仅代表着建业队，也代表着河南人的形象，所以你们必须要有一个好的精神面貌。”

7天后，杨楠再次回到海南，从机场到基地时遇到春训办的一名官员，这名官员对杨楠大赞河南建业队的表现。杨楠很感动，回到基地当晚召集所有队员开会，会上第一句话就是：“你们是我的骄傲。”

○奥利萨德贝的故事

足球俱乐部的工作不外乎球队管理和俱乐部经营开发两大块，其中球队管理又是重中之重。对球队的管理，杨楠更多的是交给教练组完成。她要做的，是选择一个沟通顺畅、能为俱乐部和队伍负责的教练团队。于是在她的拍板下，贾秀全来了，唐尧东来了，而事实也证明，建业队的成绩，也正是在这些教练的指导下，得到了突飞猛进的提升。

在球员的引进上，杨楠也有自己的思路。她一手拍板引进了奥利萨德贝和内托、奥比等外援。当时争议最大的是奥利萨德贝。作为被大连万达弃用的外援，奥利萨德贝身体有伤病，在年龄上也不占优势。很多人觉得，如果花重金引进奥利萨德贝，不会对建业队的战斗力有所提升。杨楠有自己的看法：奥利萨德贝是前波兰国脚，技术毋庸置疑。虽有伤病，但已经治愈。年龄上虽然不占绝对优势，但爆发力还是有的。

力排众议的结果，是奥利萨德贝在赛场上的一路过关斩将。直到这时候，众人才对杨楠的慧眼识珠心服口服。

2005年，杨楠有一年的时间不在俱乐部。2006年建业冲超成功，杨楠又被董事局任命为俱乐部总经理。在做客一家网站的时候，有球迷质疑：桃子熟了，现在你来摘桃子了？杨楠的回答是：我不是来摘桃子的，我只想让建业足球这棵大树更加枝繁叶茂，结出更多的果实。

拼搏、进取，坦然面对命运交给的一切。杨楠后来觉得，自己能坦然面对网上的质疑甚至谩骂，这是足球教给自己的。

○杨楠的幸福

别人都说杨楠是个美女老总，但她对自己的定位是：管理者之外，我还是一个球迷和女人。

足协杯第一场比赛上，下半场江苏舜天队有一名队员被红牌罚下场，杨楠手足舞蹈地鼓起掌来。当熟识的记者后来提到这个细节时，她就像一个害羞的女生，脸一下子红了来，她说："其实我是为裁判的判罚鼓掌，那个球就是他们的队员犯规了嘛。"

她最喜欢的球星是阿根廷的巴蒂斯图塔，一头金色长发的他在赛场上飞奔，怒吼，或者开心得仰天长啸，杨楠都会深深地迷醉。她觉得"从形象、个性到球技、球风，战神都完美还原了足球运动的特质。"

杨楠的爱人虽然上着朝九晚五的行政班，但足球也是他众多感兴趣的运动中的一个。那年当他知道迟尚斌当上了建业队的主教练后，作为粉丝的他高兴得不得了，晚上回到家，跟杨楠很正式地谈了一次话，他说："你到俱乐部这么久了，我是不是一次也没有麻烦过你？"杨楠心里很不安，不知道老公想干什么，他说："现在我有一件事要你帮忙，你答不答应？"杨楠心里更没底了，说："你先说什么事。"他说："你一定要带我去见见迟尚斌，然后要他一个签名。"听了这话，杨楠笑了。"我觉得他这个要求还算合理吧，就让他请迟尚斌吃了顿饭。"

在杨楠看来，和爱人在更多的时候朋友的感觉大于夫妻的感觉，总是有很多新鲜的话题可以共鸣，也总是能够充当对方的听众。"他总是会让着我，而且我们俩和我的公公婆婆都认为他让着我是理所应当的。他比较开朗，也很有幽默感，跟他在一起的时候，他会让我感觉到自己其实是女人，呵呵。我享受跟他在一起的那份轻松，他也好像很享受我的一些'无理取闹'。"

如果一个女人的心是个格子，里面可以盛放不同的感情，那么儿子就是杨楠心里最柔软的那方格子。孩子1岁的时候，杨楠就到了俱乐部工作。"从那时候起，我和儿子在一起的时光没有和员工在一起的时间多。所以，我跟儿子的故事不多，但是心很近。我生日的时候，他会记得给我亲手做贺卡。”杨楠记得孩子3岁生日那天，她正在三水观看建业队的首场比赛，赛场上接到了儿子“兴师问罪”的电话，在跟儿子耐心地解释之后，懂事的儿子跟她达成协议：第二天在广州买件生日礼物带回去。

“我平时没有时间辅导儿子功课，可是他永远都是年级的前几名。”杨楠说，儿子的好成绩和丈夫跟他交流的留言簿一样，是她在这个世界上感觉最幸福的东西。

B 杨楠如是说

作为中国足坛任职时间最长、影响力最大的女老总，如果打个比方，足球对您意味着什么？

像一杯不加糖的“拿铁”，虽然带有淡淡的苦涩，但提神且略带回甘。

今年的女人节肯定要在日本度过了，除了球赛，还有别的计划吗？比如去当地的美景之地旅游？泡温泉？或者逛街买东西犒劳自己？

我出差在外的时候很少去观光游览，我认为不管在哪里都需要有充沛的精力去工作，所以除了工作之外更多的时间我都是在房间里休息。只有出去度假的时候才可能心无杂念地好好享受大自然的精妙。

在这个崇尚财富的时代，成功的企业领袖是很多人的偶像，那么您的偶像是谁？为什么？

叶莺，因为她的饱读诗书，中西方文化的精髓在她的身上完美结合。也因为她在事业上的每一个角色都很成功。

您觉得人生最完美的快乐是什么？最遗憾和最害怕的是什么？

最完美的快乐是跟家人一起度过的每一分钟；最遗憾的是今天的建业实力还不够强，还不能每次都交出让球迷满意的答卷；最害怕的是孤独。

除了足球，平时最大的爱好是什么？

应该是慵懒地在家里的沙发里，一杯果汁、一首好歌、一部好片……

女性和男性身上的哪一种品质是最让你欣赏的？

率真柔情的女性最动人。而男性，敢作为、敢担当、胸襟坦荡是最有魅力的。因为我认为男人就应该是这样。

倘若人生可以重新来过，您觉得如果不做足球俱乐部经理，最想做的职业是什么？

记者、外交官。

【人物名片】

叶启恩

郑州太古可口可乐饮料有限公司原董事总经理

【达人语录】

“慈善不是简单的施与受，而是取长补短的相互帮助，是一个举手之劳的习惯。”

塞蒙的“可乐”世界

A 故事

“你好，我是塞蒙。”郑州太古可乐的总经理叶启恩这样自我介绍。

他穿休闲毛衣，球鞋。旁边高大的书架上，有他从世界知名球队收集来的色彩鲜艳的足球。还有几个他辛苦拼装成的变形金刚。

他健谈，不紧不慢的语速，表情生动。当他说起自己为艾滋病村的孩子们表演魔术，模仿孩子们讶异的表情时，那一刻，他的神情也像极了一个烂漫的孩子。

这个在国际顶尖企业浸淫了30多年的叶启恩，真的跟我们以往接触到的老板们没有一点相似之处。

○平等：你好，塞先生

在郑州太古可乐，从公司高管到普通的清洁阿姨，对总经理叶启恩的称呼都是塞蒙。

这样的称呼始于4年前，他刚来到郑州的时候。

“一开始还闹了个小笑话。”塞蒙说起刚来时的一次聚会。当时有许多企业老板和政府人员在场，大家都某总某总的寒暄着。轮到叶启恩了，他一边递过自己的名片一边自我介绍：我是Saimen。对方就握着他的手很热情地说，“你好，塞总。”

叶启恩坦承不喜欢别人称自己叶总。土生土长在香港的他，曾在世界排名第一的广告公司奥美广告担任策略总监，也在世界第一大烟草公司做过品牌经理，还在世界第一的饮料公司可口可乐任品牌发展和渠道市场策略总监。这些国际顶尖企业，教给他的除了先进严谨的管理理念，最重要的就是对人的尊重。

“人都是平等的。我也不过是个打工仔而已，为什么不能让别人直呼其名？”所以2006年叶启恩来到郑州的时候，面对自己的员工，他说了一句话：现在塞蒙要带着大家从中超打入英超。

他改变了原来的管理办法。“比如一个员工如果工作没有达标，我首先会想是不是我的系统出了问题，是不是员工和这个岗位不匹配，是应该根据员工的自身特质进行培训，还是换一个合适的岗位？而不是简单粗暴地处罚了事。”

叶启恩以自己的低姿态传达给员工3个理念：积极地做，对自己负责；友善互待，对同事负责；愉快地活，对家人负责。“管理不是管制，而是以一种开放的心态给人空间和时间，让员工有归属感和满足感，这样的企业才有长久的爆发力。”

如人饮水，冷暖自知。员工们回报叶启恩的，是在不记名投票中，对公司近乎95%的满意度，是郑州太古可乐连续3年翻番的傲人业绩。“4年前我们在全国30多个可口可乐工厂排名12，现在是第7名。”

在伙伴们也在跑步前行的情况下，一年超越一个公司，这样飞速前进的姿态，的确诱人。

○严谨：醒目的故事

平等宽容地对待每一个员工，并不意味着制度的缺失。

“现代化的企业，最不缺的就是制度和流程。在该严谨的时候，自然会一丝不苟。”叶启恩指着自己身上的毛衣，“这就像有重要活动的时候，我自然会换下休闲装，马上西装革履一样。

叶启恩是醒目这个饮料的创始人。“作为可口可乐旗下的中国品牌饮料，这个饮料的名字必须既有美国特色，更要突出中国本土口味。”叶启恩说那真是一段魂牵梦绕的时光。“单单是起名字，就想了不下一千个。”有一天，仿佛是醍醐灌顶，叶启恩突然想到醒目两个字。“香港人形容孩子聪明伶俐的时候，都会说：你看这个孩子多醒目！这个色彩鲜艳的果味汽水，市场主要针对群体就是青少年，用醒目再合适不过了！”

名字出来了，但报到总部，却出现了另外的意见。“因为醒目这两个字在南方的意思是聪明伶俐，但在北方，却是显眼的意思。”从外观上看，这个果味汽水有葡萄紫、苹果绿、柠檬黄，色彩很显眼，用醒目俩字也很符合。但会不会因此出现歧义？谨慎的叶启恩觉得还是该市场论证一下。他用几个月的时间做了上千次不同对象的问卷调查，最后得出结论：虽然醒目二字南北方的意义不同，但都是褒义词，不会出现负面的广告效应。

充分沟通后，叶启恩说服了自己的美国老板。“醒目的英文标志是SMART。中国品牌改变派生出一个英文名字，这还是第一次。”

中国品牌绝不仅仅是一些老字号，还应该有年轻的锐不可当的新面孔。市场验证了叶启恩的思路，醒目从诞生的那天起就一路攻城略地，成为中国市场上最受欢迎的果味汽水。

○尊重：慈善不是简单的施受

2009年年底的一天，郑州太古可口可乐被中国饮料业协会授予了“企业社会责任奖”，用以表彰这个企业在环保和慈善方面的贡献。全国上千家饮料企业，入围的也不过12家。这是叶启恩最开心的时刻。“因为我的企业帮到了别人，这比提高了多少个利润点还让我骄傲。”

能帮到别人，别人高兴，自己也就很开心，这也是叶启恩做慈善30多年最切身的感受。他一直记得小时候，每到过年的时候，父亲都要给老家的乡亲们寄大桶的花生油。“用金属桶盛着，外面用毛巾包好，上面再缝一小块白布写上地址。”他曾好奇地问父亲为什么不直接把地址写在毛巾上，父亲的回答是：老乡们把布拆下来，干净的毛巾还能接着用。

耳濡目染的东西是最能影响一个人的。叶启恩从初中的时候，就开始每个礼拜上街做义工，帮福利院的孩子们筹款。大学毕业上班那年，他打电话到香港盲人辅导协会，提出帮孩子们念书。“每个月辅导协会寄书来，我抽出几个小时的时间，打开录音机，开始念书。一本读完了，就把磁带和书寄回去，他们会再寄第二本。”这样的习惯叶启恩坚持了10年。他觉得自己获得的远比付出的要多。“我到现在还记得《禁忌与图腾》这本书，很难读。如果不是给盲人孩子们念书，也许很多书我根本不会去买，也没时间去读。”

2006年，叶启恩去探望艾滋病孤儿。那天他新学了用扑克牌表演魔术，孩子们看着他花样百出的表演，不时发出阵阵惊呼。看着孩子们讶异万分的表情，叶启恩说：“要不要塞蒙哥哥帮你们解密？”孩子们都笑了，“塞蒙哥哥，其实这个我们都会。”他一下子愣住了。“孩子们没有在我表演得兴味盎然的时候打断我，我没想到小小的他们这么懂得尊重。”

这给了叶启恩很大的启示。“下次有员工跟我说事情的时候，即使我了解，我也会听他们说完，因为这是对别人的尊重和宽容。”

慈善不是简单的施与受，而是取长补短的相互帮助。叶启恩并不觉得慈善是多么伟大高尚、值得大书特书的事情。“不过是举手之劳。我们和那些孤寡的老人孩子聊天、打球，给他们送去东西，他们同时不也给了我们更多的快乐和启示？”

○爱：那一场26年的浪漫

叶启恩的办公室里，有一副妻子Kitty的照片。“那是26年前我在浅水湾帮她照的，已经陪着我辗转了好几个城市的几个办公室。”

他和妻子出生在同一座城市，上的是同一所幼儿园，又在同一所中学毕业。青梅竹马这个词，仿佛就是他们的全部写照。

现在的他和妻子，虽然在两个不同的城市上班。但每个周末，他们都会抽出时间见面。“Kitty在广州，是一家知名外资广告公司的总经理，平时很忙。所以周末一般都是我坐飞机去广州，给她做点甜点，做些好菜。前几天她出差到上海，我就去上海跟她过了一个浪漫的周末。”结婚26年，他们一直没打算要孩子。“我们就像彼此的孩子嘛，很开心的。”

他的生活里，有许多老板们缺少的东西。比如浪漫，比如多彩。他最自豪的，是把郑州太古可乐调理得风生水起之后，还能拥有那么多的爱好。打高尔夫，学魔术，跟邓亚萍的教练学打乒乓球，受省内几所院校的邀请做兼职教授，甚至，他还学会了中医穴位按摩，把适合妻子养生保健的项目整理成册，起名《Kitty练功秘籍》。

那些焦灼万分，生命里只剩下工作的老板们，在工作里收获到的快乐，也许也很多。“但我的快乐，一定比他们的要丰富。”

叶启恩觉得，这才是自己“可乐”世界最大的精彩之处。

B 叶启恩如是说

他不喜欢用慈善这个字眼，因为那里面高高在上的一些东西让他不舒服。去大学或企业讲课的时候，他会带个募捐箱。把筹来的钱以这些人的名义捐给红十字会，然后把写着这些企业名字的发票寄给那些捐赠的人。“不过是举手之劳，希望这种帮人的习惯能影响到更多的人。”

如果生命是葡萄，那么需要给予足够多的时间和空间，才能变成甘醇的美酒。叶启恩感激自己的老板给了自己这么多的空间。“让我可以从容实施自己的管理理念。爱自己，爱家人，爱他人。我的可乐世界，也才这样多姿多彩。”

C 印象派

在利润至上，职场人都快变成工作机器的商业社会，叶启恩很特别。

每一个员工都对他直呼其名。从没说过英语的清洁阿姨，学会的第一个单词是塞蒙。她可以在走廊上遇见老板的时候，跟这个微笑的塞蒙打招呼，如同自己的家人或邻居。

将近两个半小时的聊天中，他说得最多的是尊重、平等和爱。这些甚至会延伸到办公室的一株植物上。他在滴水观音的盆栽下放了可以旋转的托盘，只为了“让每个叶片都可以得到同等的阳光。”

第三部
行业翘楚

"士之所以能立天下之事者，以其有志而已。"
——朱熹《通鉴室记》

【人物名片】

陈勇斌

郑州领秀（梦舒雅）服饰有限公司总经理

【达人语录】

“狼来了我们不能逃跑，不能颓废，必须练好内功，与狼共舞。”

为女人下半身的美丽打拼

A 故事

2008年6月12日，中国（郑州）纺织品服装博览会在郑州会展中心开幕。展会的高峰论坛上，一个男人说了这样一段话：“周少雄先生的‘七匹狼’专卖店用一年时间就在郑州开了27家。这种速度、这种力度，值得我们反省。狼来了我们不能逃跑，不能颓废，必须练好内功，提高能力与狼共舞。”

而关于他自己的品牌，他这样说，“欧美的上流女性社会流传着一句话：当你找不到合适的服装时，就穿夏奈尔。在时装界，几乎每个大品牌都有自己与众不同的DNA。梦舒雅的品牌DNA就是下半身的时尚，是行走中的美丽。”

这个男人就是陈勇斌。一个用17年时间让女人下半身越来越时尚，让郑州女裤成为中国女裤风向标的男人。

○一条大桥伸缩缝的故事

陈勇斌是郑州领秀（梦舒雅）服饰有限公司的总经理。

但在21岁以前，他的工作跟女裤一点也不沾边。他是郑州铁路局大桥局的一名工程师。在当时同事的眼里，毕业于长沙铁道学院的陈勇斌，不过是个面色微黑，个子不高，腼腆讷言，喜欢坐在办公室看书的小伙子而已。

1994年，郑州四桥一路建设进入攻坚期。新通桥到大石桥这一段，陈勇斌参与设计。对桥梁来说，除了基桩、路面，伸缩缝也是个不容忽视的环节。有一次陈勇斌到工地检查，正对河南饭店的那个伸缩缝发现了问题。他要求施工人员把水泥钻掉重新浇注。施工头说：“不就一条伸缩缝吗，宽点窄点怕啥，路又不会塌！”陈勇斌说：“做什么事，要么不做，要么就做好。一个蚂蚁窝都能让大堤溃决，你咋就敢断言一条伸缩缝不会影响大桥的质量！”

施工头和民工们抱着膀子在一边动也不动。倔强的陈勇斌拿起风钻就开始自己钻起来。刺耳的钻机声里，陈勇斌的身上很快落满尘土。施工头看着埋头干活的陈勇斌，回头对民工们喊：“还愣着干啥？返工！”

那一年，四桥一路验收。全桥55条伸缩缝，陈勇斌负责的那几条，是综合指标最好的。

18年后，身价过亿的陈勇斌每次开车经过那里，还是会心生感慨。专心认真，对人对己负责。这样的座右铭，一直伴着他走到了现在。

○从工程师到小裁缝

正在热映的美国电影《功夫熊猫》里，有个出身面条世家的熊猫阿宝，爸爸对他说的最多的一句话就是：阿宝，你的血液里流的都是汤汁。

类似的对白，放在陈勇斌的身上也合适。不同的是，他的血液里流的是针头线脑。这话听起来有些夸张。但陈勇斌的奶奶和父母都是做服装的，可谓真正的服装“世家”。陈勇斌童年最深的印象，是有一年大年三十，父母为了不耽误别人穿新衣，一夜之间赶制出10多件棉大衣。在当时只有两台缝纫机的简陋条件下，这简直就是奇迹。

1993年，陈勇斌的父母带着6个人，从老家西平来到郑州。他们租了间房子，招了20多个工人，十几台机器就开工了。父亲陈耀领与母亲李秀珍各取名字中的一个字，给这个小作坊起了个很气派的名字：领秀服饰有限公司。这就是后来的郑州领秀服饰有限公司的前身。

那是1992年邓小平南方谈话一年之后，大环境下的市场需求像一块巨大的海绵，把所有方兴未艾的事物消化其中。领秀的加工量虽然不大，可那时服装从业者也少。即使没什么设计，热销什么他们就做什么，但服装根本不愁卖。

陈勇斌被这种现象惊呆了。父母一天的利润，就是自己一个月的工资。这还是其次，关键是那种热腾腾的创业的气息，很诱惑他。

他在单位并不紧张，月薪1000元。现在他是工程师，如果没有什么意外，10年到20年，他可以混个高级工程师，职务级别弄个正科就不错了，副处都很难。这几乎是一条可以预见的道路。他想，我是否要这样走一辈子？

他在鱼和熊掌的困惑里摇摆了两年。1995年的夏天，他终于把辞职报告放到了领导的案头。

陈勇斌从一个工程师变成了一个小裁缝。那段时间，父母主要掌管生产，而采购、设计、销售则由他“一肩挑”。夏天的烈日下，蹬着三轮车，挥汗如雨把货送到批发点，这是他刚入行时最经典的形象。

耶稣说：“你们要走窄门。因为引到灭亡，那门是宽的，路是大的，去的人也多。引到永生，那门是窄的，路是小的，找着的人也少。”2006年的春天，陈勇斌看到《兄弟》扉页上的这段话，心有戚戚。从一条宽广大路出发的人常常走投无路，而从一条羊肠小道出发的人却能够走到遥远的天边。

他庆幸自己1995年夏天的选择。

他选择了窄门。

○不算太坏的背叛

决定一个人成败的，不是年龄，不是经历，而是心智。

陈勇斌入行时是24岁。两年后，全省服装加工厂增加了几十家，湖南、浙江、四川的服装商户都涌入河南，竞争大有白热化之势。

陈勇斌意识到，别看现在活得还不错，如果不独辟蹊径，最终的结果就是温水里慢慢死亡的青蛙。他要去南方，看看那里的市场。

陈勇斌背着旅行包，像个“独行侠”一样出发了。每次上火车时，他的包里都有一份报纸，没有座位的时候，他会用报纸在地上给自己铺一个座位。几个月就这样在颠簸中度过，1997年的陈勇斌瘦了20多斤。

就是在这次考察里，他对女裤市场萌生了很多看法。他隐约看到，品牌女裤有巨大的市场空间，不必再和其他服装一起混着卖，在广州和香港，专卖是最常见的方式。“专卖连锁将在中国大行其道，10～20年没有问题。”

陈勇斌的动作明显加快了。他注册了香港梦舒雅服饰有限公司。他在银基商贸城开了第一家专卖店。虽然只是9平方米的小店，可他照样请了纺织工学院的学生为自己做CI设计。

他在北京建立了自己的营销中心，建立了中国第一座大型女裤物流配送中心，建了网络形象店，签约形象代言人……陈勇斌太多的第一次，让河南服装界眼花缭乱。

做企业就是这样，也许你比别人早了仅仅一步。但就是这一步让其他对手面临着一个两难的选择：不超越，等于承认差距，而超越，则是一件难事。

2004年，陈勇斌的领秀已经成为亚洲最大的专业女裤生产基地，梦舒雅也被评为中国著名商标。也就在这时候，一直被陈勇斌视为左膀右臂的营销总监突然带着一群人另立门户。营销队伍一下子支离破碎，陈勇斌遇到了入行以来最大的危机。

那些天，陈勇斌一直在反思自己：是我给予的饼没有他心里的那个饼大吗？是没有给他足够的信任吗？既然都不是，为什么还要离开？

夜晚读任正非的书，陈勇斌忽然豁然开朗：这只是人性。男人和男人是不同的，有些人是天生适合辅佐领袖的，比如周恩来和诸葛亮。有些人是天生想做老大的，就像从华为出走的李一男，从柳传志手下叛逃的孙宏斌。他们的血液里满是英雄梦，你怎么阻止这样的人离开？

人才固然重要，但比人才更重要的是机制。有了完善的企业机制，企业就不会再受哪一个人的制约。陈勇斌一阵释然，能悟出这些道理，这样的背叛，起码还不算太坏。

○一条裤子的两条腿

一个企业家心中的格局有多大，企业就能走多远。

2005年，陈勇斌聘原七匹狼的营销总监王新东加盟领秀，从品牌、产品、企划、网络、文化、团队等6个方面，力助整个产业升级。这年3月，梦舒雅出现在中国（北京）国际服饰博览会会场。作为河南省第一个参加的企业，梦舒雅第一次踏上这个舞台就赢得无数赞叹，名声大振。

陈勇斌在北京营销中心的基础上，又增加了上海企划工作室和广州设计研发中心。在带来时尚资讯和先进人才的同时，又进一步整合了最优秀的前沿优势资源。

2008年，梦舒雅在全国的专卖店已经达到1 500家，年产1 500万条的亚洲最大女裤生产基地也将建成。现在，在梦舒雅舒适的5S专卖店里，由老工艺师半个多世纪制版经验与国际一流版型师时尚感悟碰撞下产生的几百种版型的裤子挂在那里，什么职业、什么身材、什么样的性格、什么样的场合背景下的你该穿什么裤子，导购小姐都能迅速给出最美丽时尚的答案。

“欧美的上流女性社会流传着一句话：当你找不到合适的服装时，就穿夏奈尔。在时装界，纪梵希是‘优雅’的代名词，阿玛尼是‘精致城市生活’，ZARA是‘买得起的快速时装’……几乎每个大品牌都有自己与众不同的DNA。梦舒雅的品牌DNA就是下半身的时尚，是行走中的美丽。”陈勇斌说：“肯德基、麦当劳、可口可乐……他们就是最好的例子。一个企业也许可以活几代，但一个品牌足以让企业活上几百年。”

“我从不觉得做一条女裤是简单的事情。虽然在发挥空间上比上装少了，但能够让人在版型和质量上下工夫，做得更精，更细。”陈勇斌说，“工业化的本质是迅速复制，现代时尚消费的特征是个性化需求。在二者之间寻求一个适合消费者心理需求的平衡点，是梦舒雅这条裤子的两条腿。”

○领秀的江湖梦

陈勇斌家有个很大的露台，可是在做客新浪网的时候，他说：“我已经8年没有看过小区的夕阳了。”

陈勇斌的作息时间表里，晚上八点之后的时间才是属于家里人的。在这之前，他属于公司和工厂。他喜欢一个人到工厂里，跟最普通的员工聊天。他需要听到最真实的声音，而这些，也许是他在老板室里听不到的。

陈勇斌很羡慕那些钓着鱼就把企业做好的老板。“也许我天生就不是大老板吧。如果你自己是个吊儿郎当的老板，又如何要求你的下属勤奋，专心？”

他相信一句话，小胜凭智，大胜靠德。汶川地震后，梦舒雅第一时间捐出百万元款物，还组织梦舒雅救援队到灾区。企划总监要大张旗鼓地宣传，他按住了。他说：“这只是一种姿态。一种让自己好受一点的姿态。那些压死的孩子，让我受不了。除此之外，我还能怎么帮他们？”

如此善感的陈勇斌，其实就是个儒商。他那么喜欢诗词。王国维、苏轼的诗，几百句的宋词，他背得滚瓜烂熟。

他喜欢看电影。在他的书房里，收藏了几千张碟子。他百看不厌的是金基德的《冬去春来》。里面的很多禅理，让他想起李白的那几句话：夫天地者，万物之逆旅。光阴者，百代之过客。陈勇斌说：“我喜欢那种沉静的意境。”

他最仰慕的是美国的华纳公司和中国的华谊兄弟。“裤子只是一个过程。领秀的江湖里，决不应该只有裤子。”

那以后会去拍电影吗？陈勇斌点起一支烟，说：“任正非说惶者生存。做公司永远有数不尽的危机，永远面临倒下去的临界点。但他要在孤独中做世界一流企业，这是让生命充实激越起来的根本途径，他说他禁不起这种诱惑，”陈勇斌笑笑：“其实，我也禁不起这种诱惑。”

B 陈勇斌如是说

一件事：2005年，我们开在东北的专卖店死了一大批。我这时候才意识到，即使是优秀的产品，在不同的市场状态、消费文化、消费习惯，甚至不同气候下，也会有不同的命运。开专卖店就像种树，要种一棵活一棵，才能形成森林的气势。再开终端店的时候，我们更多地考虑了这些因素。

一本书：《基度山伯爵》。这是我从大学到现在经常翻的一本书。一个复仇与报恩的故事，却让人看见了最复杂的人性。

一个目标：美国的LEE牌和LEVI’S 。那是世界裤业的标杆，也是我的目标。跟他们相比，梦舒雅还要有很远的路要走。

C 悟之道

不管做什么，总比别人快一步。

做企业就是这样，也许你只比别人早了一步。但就是这一步让其他对手面临着一个两难的选择：不超越，等于承认差距，而超越，则是一件难事。

就在郑州服装业刚刚起步的上世纪90年代，陈勇斌率先走上专业化之路，扛起了郑州女裤的大旗。而就在别人意识到专业化是必由之路的时候，他又开始打造梦舒雅的品牌美誉度。当整个中国的目光开始投注在郑州服装的时候，他又在寻思“领秀的江湖里，决不应该仅仅只有裤子”。

这就是陈勇斌的节奏。在他的领域里，他总比别人快一步，而别人眼中的他，总是一个刚刚转身而去的背影。

【人物名片】

冯琪雅

聆海建筑装饰工程有限公司总裁

【达人语录】

“把自己和他人放在平等的平台上，无论是地位高的还是地位低的，既不俯瞰也不仰视，这就是尊重。”

惊艳海上花，淡雅女儿心

A 故事

13岁那年的中午，冯琪雅躲在自己的小屋里看《玉蛟龙》，被父亲发现。一向疼她的父亲第一次打了她。父亲说：“我不是怕你影响学习，是怕武侠小说让你生出江湖的心。”

因为这平生唯一的这顿打，她半年时间没跟父亲说话。

23年后，当年那个青春倔强的女孩已成为一个优雅成熟的企业家。她不仅有了自己的家装、建材和广告公司，还把风生水起的生意做到了上海，做到了意大利，把企业做到了上市的辅导阶段。那颗江湖的女儿心，没有被打回去，反而越走越远。

○惊艳海上花

“打造一份惊艳的事业，过一种淡雅的生活。”

冯琪雅是聆海建筑装饰工程有限公司总裁。

人如其名。一身黑衣，栗色的小卷发。34岁的她，举手投足间是一种恰到好处的熨帖和优雅。

在进入装饰行业之前，冯琪雅已经做了5年的广告公司，不温不火的生意让她萌生退意。彼时，郑州飞速发展的地产业，让她瞄上了装修市场。

当时的装修市场，还是马路游击队时代，根本没有什么装修流派和风格。在北京大学读过经济学硕士的冯琪雅意识到，在别人还没有品牌的时候树立自己的品牌，这是一个绝好的机会。

她选择了海派家装。因为她喜欢上海。她觉得上海是一座独有魅力的城市，它活力、时尚，又优雅、精致。它独有的海派文化和历史底蕴，在上海的老建筑中得到最充分的诠释。上海人那种“在螺蛳壳里做道场”的精致和细腻让人叹为观止。

2001年，冯琪雅把上海家装第一品牌荣欣引入中原，她给自己的公司起了个可爱的名字：美巢&荣欣。

冯琪雅要用海派文化征服中原消费者。她知道设计人才是家装业的灵魂，在设计师的引进上，她制定了近乎苛刻的门槛：进入美巢，必须毕业于室内装潢设计专业，要有两年以上的从业经验。进来后从实习设计师、设计师、高级设计师，到主任级设计师，一步步来。“那时候同行都觉得没必要，但我就是想把最好最前沿的东西给郑州的消费者看。”

市场以快速增长的业绩回馈了她超前的做法，细腻精致、简约温馨的海派家居文化开始在郑州遍地生花。2003年，美巢投入千万元在郑州市的黄金大道——花园路设立了6 000平方米的海派家装实展中心，如此惊艳的大手笔让同行直呼“了不起”。2005年春天，美巢拿到一个“全装修“大单。这个涉及115套房屋，总造价1 300多万元的大单，对省内家装界来说，不亚于一场“地震”。

美巢活了下来。这朵来自江南的海上花，在身居内陆的河南不仅没有水土不服，反而活得风生水起，摇曳多姿。

○在狼烟四起中坚持

“我是个隐形人。你看不见我的盔甲，我一直在。”

美巢公司的展厅里，有一个黑色的沙发。这是有一年在苏州考察时，冯琪雅买给自己的。“是台湾点石的，纯黑的颜色，漂亮的垫子，第一眼就觉得很魅。”冯琪雅看了看标签，很贵。试着坐了一下，很软很软，舒服极了，因为那里面全是羽毛。她犹豫再三，还是买了。

没多久，公司成立聆海高端工作室，冯琪雅让人把沙发从家里搬到了展厅。员工们觉得这样的沙发放在展厅，实在是太奢侈了。冯琪雅不以为然，还是那句话：“最好的东西，就是要给顾客的。”

曾经有两年的时间，装修界吃回扣成风。美巢一部分设计师受此影响，要集体跳槽。某家公司的设计师甚至因为吃顾客4万元回扣遭到殴打，一时恶评如潮。

冯琪雅觉得很痛苦，这就是这个行业的前途吗？一个受不到尊重的行业，即使挣再多的钱又有什么用？

那段时间她哭过，也想过离开。但看着投入了自己全部心血的公司，她还是坚持了下来。

她依然杜绝设计师拿回扣，依然坚持为顾客创造最大的价值。在狼烟四起的2005年，冯琪雅的美巢，实在算得上一个另类。

2005年9月，在大连召开的“全国住宅装饰装修行业大会”上，美巢一口气囊括4类8项大奖，美巢也成了“全国住宅装饰装修行业3A级信用等级企业”。第2年，上海浦信实业有限公司在上海成立。成长于河南本土的美巢，就这样以超常规的速度成为家装业的知名品牌。

家装业这几年一直在洗牌，很多公司昙花一现般消失了。“事实证明美巢的坚持是对的。把最好的东西给顾客，这样的公司怎么可能垮掉？这样公司出来的设计师，怎么可能不受人尊重？”

○尊重就是最好的管理

“曾经很密切共事的人，只要心里没有愧疚，便也渐渐地放下了。所以，尤其不愿意愧对任何人。”

企业的管理，其实就是人的管理。在美巢，冯琪雅管理员工最重要的方式就是尊重。

在美巢公司的楼梯口，有一个醒目的牌子，上面是冯琪雅的博客和Email地址。任何一个人都可以通过网络，更快地和她沟通。

有一次，总部派一个设计师到下面的地市公司上班。设计师给她发了一封Email，说了自己的困惑。冯琪雅诚恳地回了信，她说：“美巢总店的主任设计师大半都在地市历练过，他们能够沉稳的提升，和在地市公司的沉淀分不开。这个浮躁的年代，多少人做着急功近利的梦，但往往是越浮躁越沦落。也许人生就是这样，心沉下去结果就浮上来了。”

这个设计师去了洛阳的分公司。两年后做了一系列优秀设计的他在全国家装比赛中获了大奖。

在冯琪雅的博客里，有对员工的鼓励和赞美，有给犯错误员工的建议与忠告，她在公司建了图书馆，她让设计人员去国内甚至国外观摩学习，她鼓励中高层员工去大学读EMBA……她把知识作为最大的福利给了员工。

尊重就是最好的管理。尊重和知识双重作用下的美巢，表现出一个企业罕见的爆发力。现在的美巢，已经是一个集家装、工装、建材和工厂为一体的全国知名企业。“2007年中国建筑装饰行业”调研中，河南美巢在高端客户中的影响力和美誉度，都排在了第一位。

“大到一个国家，小到一个企业，要和谐首先就要有尊重。”冯琪雅说，“把自己和他人放在平等的平台上，无论是地位高的还是地位低的，既不俯瞰也不仰视，这就是尊重。”

○一直压榨自己的女子

“读书可以让人冷静。人一旦平静下来，很多事情就可以想清楚了。”

外表秀美的冯琪雅，其实亦是个侠气纵生的江湖女子。

她特别喜欢辛弃疾的词。到现在她还记得少女时代跟着父亲晨跑时，父亲背《青玉案》时的神态。

“我是在喜欢了李清照、李白、苏东坡之后，喜欢上辛弃疾的。”在冯琪雅的感觉里，辛词有浪漫情怀，亦有现实思想，有金戈铁马，亦有婉约柔情，有生活情趣，亦热情豪放。“13岁的时候我看《玉蛟龙》入迷，2000年李安把它拍成了《卧虎藏龙》，我仍是特别喜欢。我喜欢辛词和武侠，也许是那种倔强自由、侠骨柔情暗合了我的心态。”

这样侠骨柔情的女子，在现实的此岸和理想的彼岸之间，她的痛苦，也许要比别人更厉害吧?

“我曾有过两次情绪的低潮，激烈的程度就像飓风，突然什么都不想做了。我把当时的生意交给副手，我走了。没有想会少赚多少钱，因为钱并不是我的追求。我去北大读了两年书。”

2007年夏天，她睡了一个月地板，考上了CEIBS（中欧国际商学院）。这是中国政府和欧盟委员会共同创办的一所国际化商学院，也是亚洲唯一一所进入全球百强的世界级商学院。吴敬琏和许小年等大经济学家就是冯琪雅的老师。

“在那些高山仰止的大师面前，你会觉得自己很渺小。那些年少轻狂，那些没有归属感的浮躁一下子无影无踪。”一个人在社会中应该扮演什么样的角色，能做些什么样的事情，起到多大的作用，未来是什么样子？冯琪雅说：“我是在CEIBAS才对企业和我个人都有了明确而坚定的目标。”

绝大多数企业总会在突兀间被历史刷新，只有知识能够延长事业的生命周期。“每一次考试，都是对自我潜能的压榨和提升。”冯琪雅笑称：“我一直在压榨自己。就是想做一份50年都不会厌倦的事业。围绕家居产业，把国际上的一些好东西、好理念都拿过来，希望能影响国内的家居行业。”

B 冯琪雅如是说

理想：此岸是现实生活，彼岸是理想家园。宗教里，上帝也在彼岸。

我的人在此岸，我的心在彼岸，我把那些高远的理想、那些与自己能力和角色不相匹配的向往放在了彼岸，我知道，它们与我的上帝同在。

胜利：一场战役胜利了，我们要迅速地掀过这一页。胜利只是波涛，只有不断的胜利才能成就惊涛骇浪，有了惊涛骇浪，才能称之为海。

希望：我希望所有美巢人，都有着高贵的灵魂，用平静的表情和平静的心，去创造和面对不断的胜利。

C 悟之道

有些都市白领阶层，他们对家居有较高的追求，又不想花太多钱。没问题，只要你对家有想法，就是美巢期待的服务对象，而且一定会让你满意。花一百万装修的客户和花几万装修的客户，在美巢都享受着同样的服务。无论是地位高的还是地位低的，把每一个客户都放在一个同样的平台上，既不俯瞰也不仰视，这是美巢对客户的尊重，也使美巢赢得了客户的尊重。

【人物名片】

邱新航
河南四季胖哥集团董事长

【达人语录】

"凡做事，先做人，人诚信，厚载物。"

大玩家邱新航

A 故事

他是水产、速冻业的巨子，与思念、三全一道占据中国速冻业的半壁河山；

他是救助几百名失学孩子的企业家；

他是走遍黄河的环保自愿者；

他是诗人，在他的生态园里，长长的诗词碑林成为独特的一景；

他是2008年奥运火炬手，河南的企业家中，和他同样当选的还有建业集团的老总胡葆森。

有人说，真正能够将企业做大做强的企业家一定是超级大玩家。这个拥有企业家、诗人、社会公益人士等多重身份的人，就是河南四季胖哥集团的董事长邱新航。一个块头大、事业大、心胸也大的"大玩家"。

○一条大鱼引发的拐点

邱新航外号胖哥。人如其名，块头大，说话高腔亮嗓，笑起来周围的空气似乎都在抖动。

20多年前，他只是国棉三厂一个普通的钳工。因为家境贫困，经常到离家不远的西流湖逮鱼摸虾，为老婆孩子改善生活。

命运的拐点是因为一条大鱼。

1984年4月的一天，他在西流湖摸到了一条13斤重的大鱼。那时候没有冰箱，这么大的鱼自己家吃不完，他把鱼拿到市场上，卖了10块钱。

这让邱新航惊喜不已：在厂里辛辛苦苦干一个月才拿38块5，一条鱼竟可以换四分之一的工资，这样的买卖划算！

邱新航开始了“渔夫”生涯。白天在工厂忙碌，晚上骑着自行车到黄河边捕鱼捉虾，第二天一大早到市场把这些鱼虾卖出去。就像滚雪球般，他手里的资金在一点点增加。

1986年，邱新航停薪留职。他和妻子用攒下的3 000元钱在中原集贸市场租下了一间小小的门面。门头上写了5个醒目的大字：四季鲜鱼行。“那天我特别激动。”邱新航说：“虽然只是间小门面，可在我和妻子眼里，那就是我们的大生意。”

○人情练达皆商机

古人云：人情练达皆文章。其实做生意也是如此，人情世故里就充满了商机。

当时在西郊，有两家很有名的饭店：嵩山饭店和白鸽宾馆，每天都需要大量的水产海鲜。白鸽宾馆当时的采购叫韩安庆，父亲早逝，母亲熬寡拉扯大了他，周围的人都知道他是个大孝子。但这个人很倔强，在市场买鱼只要一家姓岳的。那年冬至，白鸽宾馆召开全国钢铁会议，细心的邱新航想到小韩可能来不及给母亲送饺子，就让妻子包好给韩的老母亲送去了。采购员忙到晚上才突然想起是冬至，赶紧打电话回家，老母亲说已经吃过胖哥送来的饺子了。采购员大为感动，下班后赶到邱新航店里，握住他的手久久不放：“兄弟，谢谢了！有情后补，你放心吧！”

1988年夏天，嵩山饭店厨师考级，需要一条火头鱼。这种鱼因为肉质硬，平时并不好卖。说来也巧，那天的市场里，只有邱新航家进了这种鱼。同行劝邱新航好好宰他们一下。“反正他们平时也不进你的鱼，好好敲一笔！”

采购员转来转去最后停在胖哥的摊位前：“你这鱼咋卖？”邱新航说：“师傅，厨师好比我们的衣食父母，你们今天考级要用这种鱼，这鱼我送给你们，算我一份心意吧。”饭店的人说：“那不行，你说多少钱吧？”邱新航也很坚决：“这鱼送你们可以，掏钱我今天不卖了！”

僵持了半天，嵩山饭店的人终于拿走了鱼。没过几天，饭店的人打电话让送100斤鱼。从那天起，邱新航成了这家饭店独家水产供应商，这样的合作关系一直持续到现在。

凡做事，先做人。人诚信，厚载物。这是邱新航坚守的信条。有人说：这个世界不是有权人的世界，不是有钱人的世界，而是有心人的世界。邱新航就是个有心人，他用本真打动了别人，在人情练达里找到商机，这种做人的智慧让他做成了大事。

○商人与企业家的不同

现在胖哥集团已堪称水产、速冻业的巨子，水产、速冻、牛羊肉食品生产、经销和店堂为一体的完整产业链也已形成。可是他一直反对别人宣传他的企业，他说：“一个人把企业做得再大，却不承担社会责任，充其量只能算是个商人。”

2002年，他在报纸上看到叶县的一对兄弟，同时考上大学，却因家境贫寒无法同时上学。哥让弟，弟让哥，最后为难得抱头大哭。邱新航潸然泪下，他想起自己小时候因为三块五毛钱的学费面临辍学，好心的班主任跟学校反映，免了自己的学费才有书念。看到他们就像看到了当年的自己，他不能袖手旁观。

那天晚上，邱新航开着车赶到叶县，连夜把钱送到了兄弟俩手里。“那时候别的孩子已经都报到了。我再晚几天，他们说不定连学都没得上了。一辈子的大事，我不能耽误他们。”

2003年，受联合国教科文组织的委托，邱新航赞助发起“黄河颂万里行”考察活动。59天的时间，他和成员们一路艰难跋涉，行程17 636公里，终于在黄河源头、中游和入海处立下了“情系黄河”的碑文。他说：“以前我在黄河里捕鱼，河里的鱼虾可真多，但现在一些地方已经污染得很厉害了。黄河给了我人生的第一桶金，我就是为它做再多也不算多。”

2004年四季同达生态园开业，所有的庆典提案都被邱新航否决了。谁都没想到，他用节省下来的钱资助了115个贫困学生，并承诺资助这些学生读完大学。“企业家和商人的区别在哪里？就是能不能在行业里有所承担，有没有社会责任心。”邱新航说：“致富了不回报社会，充其量只是一个见利忘义的投机商人。富而思贫、富而思进、富而思国，这才是真正的企业家。”

○圆融之果

邱新航办公室的墙上，有一副范曾先生送的字：圆融之果。

邱新航是个喜欢中国传统文化的人。四季生态园里，葡萄和丝瓜覆满的绿色长廊下，有条长长的碑林，那上面是他和很多文化名人的诗词。池塘边有图文并茂的《24孝碑》。每天早上锻炼完毕，对着湖水沉醉地背《道德经》《古文观止》，那是他最幸福的时刻。

2007年春天，炎黄二帝像在黄河边落成，范曾先生因在像前作赋来到郑州。邱新航邀范曾先生来四季生态园做客，11岁的小儿子席间一时兴起向范曾先生背诵《炎黄赋》：莽莽天宇，八万里云驰飙作；恢恢地轮，五千年治乱兴亡。邙砀脊脉，逶迤远连昆岗；河洛清波，浩荡奔注海瀛……那充沛淋漓的情绪和表情像极了邱新航。范曾先生拍掌感叹：真是有其父必有其子啊！

范曾先生后来和邱新航的小儿子成了很好的朋友。他送给自己的忘年交一幅画，上书：真诚小友，天下诵读第一人。

范曾先生也送给邱新航一幅字：圆融之果。“先生说这里面有两层意思。一是我做的东西像汤圆、麻团什么的都是圆的。二来是觉得我做人和善才有了今天这种局面。”邱新航哈哈大笑，“我知道人家是在夸我。那是多圆满的人生境界啊，谁敢说自己已经达到了？圆满，融洽，那也是我一直在追求的目标呢！”

B 邱新航如是说

每个企业在发展壮大的时候几乎都遇到资金链的问题，您是如何处理的？

我一直记得老父亲告诫我的那句话：“有100块钱，只做90块钱的事。”我也记得康百万庄园里的那块牌匾：留余。这是我这么多年来做事的态度：稳扎稳打，不求最大。这样就避免了摊子太大资金链断裂的危险。

作为企业家当选火炬手，您有什么感想？

我和体育的关系，应该缘于少年时候的足球

梦。小时候我又瘦又小，根本没有上场的份。家里穷，也买不起足球，我经常跟一个叫李诤的小伙伴，在院里踢一个没有胆的破足球。

1995年我组建了四季少儿足球队。后来培养出了不少队员，像杜威、郜林等都是从我们这儿出去的。通知我当选为奥运火炬手那天，我正在山东开会，真是又意外又开心，这比我挣100万还开心！

据说当初您摸鱼捞虾是为了给瘦弱的妻子补身体，是这样吗？

是的，我是个传统观念很强的人。孔子倡仁，孟子倡义，一个对家庭不忠不义的人也不会是个好的社会人。从创业到现在，到哪里我都会带着妻子。

C 悟之道

生意不管大小，要想做好必须勤奋、有心。就像我在集贸市场，当时鱼行兼批发零售，人手少，生意好，别的鱼行送货上门都规定了数量，少了不送。但我不同，只要饭店要鱼，哪怕是一条两条，也马上送到，当着大厨的面收拾干干净净。因为服务态度好，加上从来不在秤上做手脚，我才赢得了很多回头客。

2004年我去东北拜访客户，看到就餐的酒店位于市郊，前面是酒店，后面是无公害菜园。人们就在小桥流水，鲜花绿树下吃饭。我马上意识到，这是个新的商机。人说处处留心皆学问，留心了才能发现新东西，才不会让做大了的企业故步自封。

【人物名片】

刘群立

郑州福晶园幸福食品有限公司总经理

【达人语录】

“世长势短莫以势处世，人多仁少须择仁取人。”

一个乡村孩子的蛋糕传奇

A 故事

16岁的时候，他是来郑州打工的小学徒；10多年后，他已经是15家蛋糕店的老板，在他邙山脚下的工厂里，每天都有大量西点和蛋糕制品流入郑州的各个家庭与酒店。

这个1977年出生，原名李栓住的从土房走出来的农村娃儿，在繁华都市中营造浪漫的蛋糕情缘。一个小学徒到大老板的故事，无论从哪个角度看，都更像一个传奇。

○16岁的小学徒：蛋糕代表了另一种生活

命运是一系列的机缘巧合。

1994年5月，跟着小姨从驻马店老家来郑州打工的刘群立，也许根本没想到，有一天，他会成为这个城市里的一个大老板。

可是他遇到了蛋糕。

那是家台湾人开的蛋糕店。刘群立在里面做杂工。店里规定七点上班，但勤快的刘群立往往6点多就来了，早早把店里打扫得干干净净。别人都以为他是老板的亲戚，只有他自己知道不是，他是太喜欢这种环境了。刚上初中的时候学英语，跟着老师大声念“cake”，他只知道那是一种比馒头好吃但离自己很遥远的东西。后来看电影，看到那上面喝着咖啡吃着蛋糕的都市人，他特别羡慕，觉得那是一种很上层的生活。现在竟然可以日日跟蛋糕做伴，他觉得很开心。

蛋糕师做蛋糕的时候，他主动在旁边打下手。其实也没有人教他，但他看着看着就学会了。他一直在偷偷地学，可他没想到，老板也一直在偷偷地观察勤快的他。突然有一天，老板让他动手做个蛋糕给自己吃。他满头大汗地忙活了半天，终于把花团锦簇的蛋糕捧到老板面前。老板尝了一口，点头称赞：“嗯，有天分。”

刘群立终于成了一个蛋糕师，他依旧是店里最勤奋的员工。每天早上老板上班，看见架子上那么多新鲜的蛋糕，总会赞许地问一句：“晚上又加班了吧？来，吃点东西再接着干。”刘群立就腼腆地笑笑。在心里，他早就把老板当成了自己的长辈。他从没有跟老板提过工资，但他的工资是所有员工里最高的。每年过年回家，老板还总要给他一个红包。

刘群立在这家店里做了6年，从一个懵懂少年变成了青年。“在那里我从身体到技术都成了一个大人。张伯伯对我很好，也教我很多做人的道理，我到现在还感激他。”

○生命里的贵人：没有他们就没有今天的我

1999年，刘群立去广州学习。培训结束，刘群立去深圳玩。深圳的高楼大厦，漂亮的街道和汽车一下子打动了他，他突然有了目标：我要自己开店，也做个大老板。

2000年的秋天，刘群立用借来的9万多元钱在任砦北街开了第一家店。让他没想到的是，开业头3个月，生意并不好。这让热情高涨的刘群立备受打击。他去找开蛋糕店的同学，同样的店，人家却门庭若市。他仔细观察发现，同学的店里，主打的都是些小面包，形状可爱，卖得也便宜。刘群立马上想到自己的店：蛋糕大，虽然口感也不错，但消费者一看价格，可能就不买了。悟性很好的刘群立回来后马上转变了思路。他推出了一系列的小蛋糕，看着好看，吃着好吃。新产品推出时，还举行试吃和促销，一下子吸引了附近的居民。

2005年，稳扎稳打的刘群立已经开了4家自营店。有天他听说黄河路上一家的蛋糕店转让。这家店在黄河路和经七路交叉口，几步之遥就是服装市场，人流量相当大，附近小区也有五六个，是个绝佳的经营场所。

刘群立派弟弟去谈，弟弟回来后说：“人家要转让金18万，有好几家在争，以咱们的实力，我看悬。”他接着说：“这个高老板是台湾的，听人说老婆得了癌症，可能是因为这个才转让的吧。”

刘群立忽然有些同情，一个68岁的老人，独自在大陆做生意，现在遭遇这种事，肯定很孤单。他对弟弟说：“走，不管咋样，咱去看看吧。”

刘群立买了鲜花和水果去看了高老板的妻子。几天后，他突然接到了高老板的电话，邀他去家里面谈。

一番倾心交谈，俩人成了忘年交。高老板对刘群立说：“这个店别人出15万我也不卖了，我10万块钱给你。”

刘群立吃惊地站了起来：“高伯伯，这怎么行？您的设备也值七八万吧，再加上装修，15万不算多的。”高老板把自己从国外带来的一些很珍贵的烘焙书递给他：“这不是多少钱的问题，我看好你的人品，希望你把店做好，延续下去。多少年后我来这里，希望还可以看到这里是蛋糕店。”

回想起3年前的那一幕，刘群立仍很感动：“那个店对我后来的发展推进很大。生意稳定的时候我又去找过他，但已经联系不到了。他叫高五江，是个开朗、思路很清晰的老人。他和张伯伯一样，都是我生命里的贵人，没有他们就没有今天的我。”

○生意对手：天下的钱是挣不完的，何必要树敌？

刘群立开店的时候，蛋糕行业竞争已相当厉害。几步之内，甚至隔壁或对门开面包店的比比皆是，有实力的品牌连锁店也已经有好多家。但这么多年来，福晶园一直活得不错，发展得也相当快。

“这主要是因为我们注重新产品的研发。”刘群立说，“还有一点，我从不搞恶性竞争。福晶园的员工不允许对客人说别家产品的长短。做好自己就行了，和气生财，树敌只会两败俱伤。”

福晶园几乎一个礼拜都要推出一个新品。酥皮提子、营养面包、过年的烘焙礼等都是他先生产的，后来很多店跟着模仿。刘群立说：“就像营养面包，我用纯牛奶加鸡蛋和黄油，不加一点水，做出来的面包不发黏，吃起来即使不夹馅口感也特别好。”

公司化的企业，很多事情都要经过复杂的程序，但在福晶园，也许今天看准了一个产品。明天就会论证培训，后天就已经上架了。“把复杂的事情简单化，很多事就好办了。”刘群立说。

福晶园有家店开业，对面的面包店派了卧底来到福晶园。刘群立考虑了很久，主动和对方的老板沟通。他说：“老哥，都说远亲不如近邻。咱俩家对门，我是这么想的：每个店的定位都不一样，都有相对稳定的消费群，你不会抢走我的顾客，我也不会抢走你的顾客。天下的生意是做不完的，就像思念和三全，门对门不也都活得很好么？和睦双赢，你追我赶才都发展得快，你说是不？”

对方被刘群立的坦诚打动，感慨地说：“老弟，你这么年轻就有这样的心胸，老哥佩服啊！”

○经营目标：做巴黎贝甜那样的老店

2007年刚过完春节，刘群立从报纸上得知烘焙业要实施QS质量认证。他马上意识到，要让企业从小作坊到规模化，这是个时机。

他用了几个月的时间，把郑州近郊的土地看了个遍，最后确定把厂安在思念果岭附近。“厂子就在邙山脚下，依山傍水，环境很好，门口有一条宽阔的江山路，一听就很吉祥。”

2007年最热的那几个月，刘群立成了真正的大忙人。申报QS认证、厂子装修、产品研发都在同步进行。7月28日，福晶园有限公司拿到了质量认证书，号码是25号，做了十几年蛋糕、月饼生意的广州大酒店号码是26号。

8月，刘群立的工厂开始投产。那一年的月饼销售旺季，他刚巧没有错过。“做生意就是要赶时机。如果一味地等，也许黄花菜也凉了。”

2008年5月，刘群立去韩国考察。虽然在此之前他就见识过广州、深圳等地的蛋糕企业，但真到了韩国，他还是吃了一惊。

巴黎贝甜是一家有30年历史，在全国开了1 780家店的烘焙企业。精致的茶点，漂亮得让人爱不释手的蛋糕，不同的面包要配不同的饮品。员工工作的细致度和认真度，让刘群立第一次感觉：蛋糕不仅仅是蛋糕，它也是一种生活和休闲方式。

就像第一次在深圳那样，30岁的刘群立，在那个夏天又有了新目标。“我要做个巴黎贝甜那样的企业，让蛋糕也成为郑州人的一种休闲方式。”

B 刘群立如是说

刘群立在这个城市里已经生活了14年，可他的笑容，依然像刚来时一样透明。

几个小时的交谈，他更多的是在说生命里的那些“贵人”。给他书看的老奶奶，教他做人的张伯伯，让他的生意跨上一个新台阶的高老板……他一再说：“没有那么多好人的帮助，我走不到今天。”

这样一个懂得感恩的人。他把在云南看到的一副对联做了自己的座右铭：世长势短莫以势处世，人多仁少须择仁取人。

C 印象派

在见到刘群立之前，我还一直在想：一个没有靠山，没有经济背景，连初中都没有毕业的小学徒，究竟靠怎样的人生智慧，在一个陌生的城市里站稳了脚跟？

但在长谈中，我突然明白，勤勉、感恩、谦虚、低调，有良好的悟性和对机遇的敏锐把握，这是所有做大生意人的良好品质。拥有了这样品质的刘群立，如果现在还是个小学徒，那才奇怪呢！

【人物名片】

蒋小阳

东阳九龙木雕有限公司总经理

【达人语录】

“没有人喜欢苦难，但苦难可以让我们体会到人间真情，看到更多宝贵的东西。”

刻出来的财富人生

A 故事

他的人生，似乎一开始就跟别人不同。

10岁丧母，13岁摔坏一只脚，17岁拄着拐杖去打工，19岁没了父亲。他20岁前的每一天，几乎都泡在苦难里。

20岁，他成了台商厂里最年轻的车间主任，24岁，他在广西有了自己的木雕加工点。8年后，他有了自己的企业，在他郑汴路的工厂里，每天都迎来天南海北的客人，他的作品更成了日本和港台商人的最爱。

这个经历了苦难，又在苦难里开出花朵的人就是蒋小阳。一个从木雕之乡来到河南，用手中的刀认认真真刻出财富的浙江商人。

○昏迷一礼拜捡了条命

蒋小阳今年32岁，胖胖的，爱笑。当他向你走来的时候，能看出来，左脚有点不太得劲。

也许就是这只脚，让蒋小阳选择了今天的生活。“如果我的脚好好的，可能我就不会安静地坐在那儿，耐心琢磨木雕了。”蒋小阳笑笑：“也许老天就是想让我吃这手艺饭。”

蒋小阳的老家在杭州，10岁那年，母亲去世。古话说："做官的爹，不如讨饭的娘。"这并不是说做父亲的不好，而是没了细心的母亲，家里一下子乱套了。

蒋小阳是家里最小的孩子，也是最调皮的。十来岁的孩子，最喜欢打架斗气。有天在山坡上放牛，他跟小伙伴起了争执，那人拿砍刀去砍他，躲闪之际，蒋小阳滚到坡下，摔坏了一只脚。

"那时候腿疼死了，可是不敢跟父亲说，怕挨打。"蒋小阳回忆说。"外表没什么创伤，我以为没什么大事，根本不知道里面已经骨折了。"

他偷偷忍了3个月。每天早上照样去放牛，砍了木材走50里山路去卖。终于有一天，在送木材的路上，蒋小阳一头倒在地上。

骨髓炎引发的白血病让蒋小阳烧到了46℃，医院下了病危通知。蒋小阳的父亲找到在杭州上班的本家大哥，大哥对医院说："你们只管救吧，活了算他命大，死了就给你们做医疗实验。"

蒋小阳的四周放满了降温的冰块，他昏迷了一个礼拜。醒来的时候，他第一眼看见的就是父亲熬得通红的眼睛。才几天的时间，父亲的头发竟全白了。

○拄着拐杖去打工

蒋小阳捡回了一条命，可他的腿却永远跟别人不一样了。父亲背着他走了几十里山路，到当地最有名的木雕师傅那里："让孩子学个手艺吧，将来我不在了，他起码能自己养活自己。"

17岁的蒋小阳成了一个木雕学徒。沉默寡言的他，是所有学徒里最刻苦的，一天忙下来，吃饭时胳膊疼得连碗也端不起来了。他也是最有悟性的。"当时学徒跟师傅打下手，刻木雕需要几百把各种各样的刀子，需要换刀的时候，师傅一个眼神，根本不用说，我就麻利地递了过去。"也许因为他的机灵，师傅把所有的绝技毫无保留地教给了他。

1993年，蒋小阳拄着拐杖去了广州，在一家台湾人办的木雕厂打工。面对别人异样的眼光，他知道，要让别人看得起自己，必须用作品说话。

广州的夏天，热得蒸笼一般。工友们散步、溜冰、看电影，蒋小阳一个人待在屋里，用废旧木料一遍遍地练习。仔细琢磨，哪种图案用哪种刀法最好。3个月后，他的奖金成了全厂最高的。别人用两个小时才能做好的活，他一个小时就做出来了，还做得最好。他做的活儿，不光当地客户喜欢，中国台湾地区和日本的客人也慕名而来。为了得到他做的东西，客户就在木料上盖章，指定非他做的不要。

尼采说，在强毅而能负载的精神里面，存在着尊严，在傲立的尊严之中，存在着意志力。这个17岁的少年，用超越他人的意志力换来了尊严。他甩掉了拐杖，还用自己的作品让大家明白，一个腿脚有毛病的人，也可以走得很快，很远。

○非典赔掉了第一桶金

20岁，蒋小阳成了台商厂里的车间主任。2000年，一个福建老板邀他加盟，开出了每月5000元的高薪。也是在这时候，蒋小阳的朋友从广西打来电话："这儿木雕加工点特别挣钱，赶紧来吧。"

蒋小阳很犹豫，打电话跟在老家的女友商量。女友毕竟是上过大学的，只说了几句话："去广西再苦是自己当老板，去福建工资再高是给人打工，你想永远打工还是自己做老板？"

蒋小阳当然想自己做老板。他去了广西，自立门户，开了家木雕加工店。没多久女友也来了。每天早上6点起床，一直忙到凌晨两三点。他做模，爱人负责打磨。随着业务扩大，他们又从老家带了几十个人。这样干了两年，他挣到了人生第一桶金。

2003年，听说河南发展很快，蒋小阳来到了河南。他们来的时候是2月28日，等找好地方，把厂和店开起来的时候，非典也来了。

那几个月，他每天一大早就骑车出去拉业务，饿了啃口干馍，渴了跑到工地上喝口自来水，一天下来，浑身散了架一样。爱人看他这样，心疼得直哭。每月的房租、生活费、工人工资还要按时支付，几个月的时间，在广西挣来的几十万元赔得一干二净。

蒋小阳心灰意冷，问妻子怎么办？妻子安慰他："咱再坚持一年，大不了回老家。你有手艺，总有咱们吃的饭。"

蒋小阳忽然一阵眼热心酸：有这样通情达理的妻子，自己还怕什么？死过一回的人，无论将来如何，都是赚了。

○义气换来第一笔生意

蒋小阳又跟往常一样，东奔西跑去找客户了。有天他听说孟州大酒店装修，赶到那里时是上午11点，老总说在开会，让等一会儿。蒋小阳一直等到下午6点多，老总下楼，看见他还等在那里，有些意外："怎么还没走啊？我这会儿得出去办点事，你明天上午来吧。"

蒋小阳开着破面包车走到黄河桥，突然下起了暴雨。雨打着车窗，几乎看不清前面的路。他把车停在路边。雨幕下的黄河苍凉浩渺，哗哗的雨声里，他突然觉得这世界只剩下了他自己。

第二天一大早，蒋小阳赶到酒店。看到他带来的样品，酒店老总笑了："东西不错，是你自己做的？"蒋小阳说："是。如果您喜欢，我送给您吧。"老总直摇头："这怎么行？还没说好用不用你们的产品呢？"蒋小阳也笑了："没事，不管生意能不能谈成，就当交个朋友吧。"

当天晚上，蒋小阳还没回到郑州，电话就打到了他的厂里："这样执著又义气的老板，我们信得过。孟州酒店所有的活儿，都让小蒋做了。"

这是非典后蒋小阳得到的第一笔大生意。因为利润薄，活儿又做得最好，那个老总后来又给蒋小阳介绍了好几次生意，包括焦作开来大酒店的装修。

蒋小阳用两年时间收回了全部投资，生意也在一年年扩大。今年因为通胀，很多行业生意并不太好，但他上半年的利润，也超过了去年一年的总和。

蒋小阳对自己却不满意。他最佩服的人是木雕大师黄小明。"去年故宫整修，大殿里的柱子和乾隆皇帝宝座的修复，均出自黄小明大师之手。那是东阳人的骄傲。"蒋小阳现在有企业要忙，但他还是要抽出时间来雕刻东西，他甚至花了几万块钱去大学进修。"也许我一辈子也达不到大师那样的水平，但我想多学点东西，带出一批好徒弟。"

B 蒋小阳如是说

在行业里，有人说你是最义气又最不好说话的老板，能解释下吗？

我知道这种说法。最难的时候，我宁可自己一天吃一顿饭，也要按时给员工开工资。生活上我对员工很好，平时有福利，年终有红包。我的财富都是他们给我创造的，我觉得不能亏待他们。

在工作中和质量上，我要求特别严。刚开始员工把东西做坏了，就偷偷烧掉。我想着给员工留面子，但后来浪费越来越严重，我干脆制定了一整套奖惩措施。我曾当着客户的面把做坏了的东西砸掉，还给他们讲台湾人的工厂，上班时不能抽烟，不能说话，安静得只听见刻刀的刷刷声。东西验收都是拿尺子比着，差一毫米都不行。我就用这样的标准要求我的员工。现在产品质量上去了，客户满意了，也带来了更多客源。

最幸福和遗憾的事是什么？

当年为了给我看病，家里除了房子，能卖的都卖光了。哥哥也没法上学了，父亲天天背着我找大夫。我是在自己也做了父亲之后才理解父亲的。他是个好父亲，没过过一天好日子，现在条件好了，他却走了。这是我一辈子的遗憾。

爱人的家境、长相和学识都比我好一百倍，但她跟了我，不管什么时候都不离不弃。有这样通情达理的妻子，我觉得真的是很幸福。

C 印象派

蒋小阳很憨厚的样子，但他是员工眼里最义气，又是最不好说话的老板。

最难的时候，他宁可自己一天吃一顿饭，也要按时给员工开工资。平时有福利，年终有红包。他说他的财富都是工人给创造的，他不能亏待他们。

过硬的产品质量让他可以对客户说："如果不满意，价格你可以看着给。"

他说非典最严重的时候，茶根缘的老板为了帮他，经常给他找活儿干。特别是西湖明珠的张建明大哥，作为同乡，不光给他介绍生意还教他做生意的道理。还有孟州酒店的老板，还有那些装饰公司的朋友们…… 蒋小阳说："可以说没有他们帮忙我走不到今天。没有人喜欢苦难，但苦难可以让我们体会到人间真情，看到更多宝贵的东西。"

【人物名片】

卢义峰

河南中植汽车销售有限公司总经理

【达人语录】

"面子不过是层虚荣的遮羞布，扯破摔地下踩几脚，啥事都好办了。"

把面子踩在脚下

A 故事

在郑州开车10年以上的人，大概都会记得一个叫黑子的汽修店老板吧？

这个16岁开始在饭店里打杂的洗碗工，20出头，就成了日进斗金的汽修店小老板。30岁，他从百万富翁回归一无所有。6年后，从头再来的他，已经凭借奇瑞汽车城和5家门店成为奇瑞在中国最大的经销商。

从年少轻狂到蜕去浮躁日渐沉稳，他最大的感慨就是："一个人要成功，除了勤奋和坚持，最主要的就是要放下面子。爱面子的人顾忌太多，畏畏缩缩，往往离自己想要的东西很远。面子不过是层虚荣的遮羞布，扯破摔地下踩几脚，啥事都好办了。"

○教会徒弟，饿死师傅

黑子大名卢义峰，是河南中植汽车销售有限公司的总经理。圈里的人更习惯叫他"黑子哥"。

黑子的老家在河南信阳。也许是靠近南方，沾染了南方人的灵秀，16岁出来打工的黑子，又瘦又小，可干活很卖力。"即使是擦桌子，我也要擦得最干净。"卢义峰回忆说："老板很喜欢我，不到3个月就让我帮厨了。"

1989年，来饭店吃饭的一个汽修厂老板把黑子带到了自己的汽修厂，17岁的他成了一名汽车修理工。

小小的黑子勤快懂事，更有眼色。在师傅旁边打下手，别的徒弟都只是站一边看，黑子总会及时给师傅递上毛巾和茶水。这个世界就是这样，能博得别人喜欢的人总会比他人多些机会。没多久，黑子就开始上手修车了。

那年夏天，黑子的大多时光都是在车下度过的。别人午休的时候，他就一个人爬到车底下，摆弄车的零部件。“要说不苦是假的。满手满脸油污从车底下爬出来的时候，人都快晕了。”

一年后，他已经成了汽修厂最出色的师傅，汽车发动机他闭着眼睛都能装好，大小毛病到他手下几乎药到病除。“那时候修车的人一进厂就问黑子在不在，别人修了以后车主不放心还一定要我看看。以至于一些老师傅感叹：教会徒弟，饿死师傅。这个黑子了不得啊！”

○挨打后成了日进斗金的小老板

1992年夏天的一个中午，老坟岗的一个小青年来修车。一进门就吵吵：“黑子在哪儿，赶紧先给我修！”正在忙的黑子看他一眼：“总得有个先来后到吧？小青年眼一瞪：“你就得先给我修！”正是年少轻狂的时候，几句言语不合，俩人打在了一起。

“中午厂里没人，我穿的又是拖鞋，吃了亏。”现在回想当时的情形，卢义峰觉得很好笑：“可当时我简直气疯了，冲进宿舍拿了把三棱瓜刀就去找人算账了。”老师傅看他不对劲，趁他换鞋的时候偷偷把刀扔掉，跑到派出所报警。

等老师傅和派出所的人赶到时，黑子已经被打在了地上。黑子在床上躺了一个月，他觉得真丢人，只想报仇，然后回老家。

经常找他修车的老乡胖哥跟他一起去找那小青年，但每一次都扑了空。“后来才知道胖哥早就给人通过气了，他怕我出事，一直在磨我的性子。”卢义峰说：“他一直在劝我。他说面子算啥，你把它从脸上拽下来摔地下跺几脚，啥事过不去呀？。”

黑子冷静下来仔细想想：自己回家干啥？家里只有拖拉机，回去手艺就丢了。不就是挨顿打么？罢了罢了！

1992年10月8日，“黑子洗化油器”在郑州市城南路上开张。上午10点，来了一个开桑塔纳的司机。这第一个客户后来成了黑子的合伙人。

因为在圈里的名气，黑子的生意非常好。头一个月他挣了6 000元，第2个月他从老家带来17个伙计。到1993年，他的小店每天能修车200多辆。“最好的时候，要修的车从熊耳河一直排到了紫荆山路上。”

○年少轻狂的百万富翁重新一无所有

黑子就这样成了年轻的百万富翁。“什么叫年少轻狂？那时候膨胀得厉害，一门心思光想做大生意。”

1995年，卢义峰去了广东和上海。他做过贸易，做过服装。“当时与香港一家企业合资，不仅做服装批发，还投资建厂。我在裕达国贸租了漂亮的写字楼。反正有的是钱，花呗。”

一个人盲目自大的时候，自然无法看清周围的一切。因为没有一点风险防范意识，卢义峰把快速积累的财富赔了个一干二净。2002年，惨败而归的黑子回到郑州。

从穷人到富人，再回到一无所有，经历打击的黑子一下子成熟了。他把自己关在家里半个月，他一直在想胖哥说的那句话：面子算啥，你把它从脸上拽下来摔地下跺几脚，啥事过不去呀。他忽然意识到：当初他之所以能成功，是因为他抛弃了面子。现在他输得一塌糊涂，也是因为面子。他爱面子，爱虚荣，要做大生意，放弃了自己最喜欢最擅长的东西，不失败才怪呢！

他把手里剩下的钱租了个加油站，勤勤恳恳从头开始。也许真的是有做生意的天赋，也许是老天在眷顾他，两年后的卢义峰，又第2次完成了资本积累。

他再没了上次的冲动。他一直在想：我喜欢什么？我擅长什么？我又能做好什么？苦思冥想中他突然意识到，自己最迷恋最擅长的还是汽车。兴奋的他拍案而起：就这么定了！

○要做那头跑得最快的羚羊

2004年4月，奇瑞最大的4S专卖店在中原路上高调开业。因为卖的是国产品牌，卢义峰给自己的公司起名中植。

“那时候我也可以卖别克、通用的车。也许面子好看，听起来也气派。但《21世纪经济报道》的一篇文章启发了我：自主品牌与合资模式哪种更适合中国？中国汽车的消费多为私人消费，私人消费会集中在小排量,低价格的中低端车型。自主品牌走的正是这条路线，所以我就卖奇瑞了。”

刚开业的2004年，是中植最困难的一年。“开业的时候有40多名员工，半年后，跑的只剩十几个了。但我这人有个毛病，很倔。可以说你打不哭我，但能把我感动哭。”

卢义峰带着仅有的10多个员工开始了“移动式营销”。在马路上发传单，到下面县市做展销、给顾客讲省油省钱的道理。“后来我们还搞‘定制式营销’，从新A5‘家庭派’到东方之子‘司家款’，消费者可以根据个人喜好选择不同配置。这一系列大胆尝试，对销售是一种很大的突破。”

从来天道都酬勤。2005年，中植东方之子的汽车销售是全国第一名，2006年中植销售额达到两个亿，2007年因杀入出租车行业取得新突破。现在的中植，已经是一个包括汽车城和5家门店在内的大型汽车销售有限公司。

卢义峰却仍忧心忡忡。“非洲大草原上，有狮子也有羚羊，只有那些跑得最快的羚羊才能最后生存下来。如果说那些国外的品牌是狮子，自主品牌是羚羊的话。我必须做那只跑得最快，甚至跑过狮子的羚羊。我不在意做得多大，我只在意能做多久。”

B 卢义峰如是说

很多人的观念里，大都觉得国产车不如合资车，当初为什么要卖奇瑞？

我是个传统的人。当时觉得自己是中国人，干啥要让老外挣我的钱。呵呵，那时也是小农思想在作怪吧。

在有能力的现在，为什么还都是自主品牌？

我是个在穷和奢里来回了几次的人。我并不觉得奢侈品就没用，宝马当然有宝马的气派。但我早就拒绝面子和虚荣了。其实回归到最本真，QQ和宝

马都不过是代步工具。而且我相信，最简约的才最长久。

企业最难的是人的管理，你如何管理团队？

更多的是自己做，要求他们换位思考。举个例子吧，2007年我们入围出租车业务。很多人觉得出租车司机斤斤计较，不好打交道。有天一个司机因为维修的事坚持要见我，我跟司机聊了很长时间。我说：“我当时开店全是一个叫胖哥的出租车司机帮我，可以说我对出租车司机一直都有感恩之心。现在我们企业有弊端，服务不及时，这全是我的错。你放心吧，我一定给你处理满意，以后这种事再不会发生了。”这个司机最后感动地握着我的手说：“哥，我理解你了，谁都不容易啊。”

我对我的员工说，如果你花了几万几十万买一辆车，遇到问题得不到及时解决，你会不会抱怨？所以一切要以顾客的满意为准，为顾客多省一分钱，多省一分钟时间。这是咱们能活100年的基准。

你怎样评价这个行业？

看国外，哪一个家庭不是两辆甚至3辆车？中国汽车市场的培养才刚开始，我觉得也就启动了三分之一吧。

【人物名片】

王　健

河南超凡装饰有限公司总裁

【达人语录】

“泽以长流乃称远，山因直上而成高。”

五味杂陈“超凡”酒

A 故事

2008年9月7日，闷热多日的郑州下起了霏霏秋雨。裕达国贸7楼，“超凡装饰13周年成果展”现场，王健站在熙熙攘攘的人群中间，微笑，举杯。13年的时光，一路走来，沟沟坎坎，悲喜交织。就像一饮而尽的那杯酒，其中的五味俱陈，也许只有他自己才能体会。

○幸运：从来时势造英雄

熟悉王健的人都知道，他是个敏锐、有主见，却又特别注重亲情的人，这样的性格成全了他，也让他深受其苦。

在老家周口鹿邑八里长庄里，王健是一个相当有名气的人。提起王健，大家会说“他从小就跟别人不一样”。这个从小就跟人不一样的孩子，在刚上小学的时候，到县城里看到油条、麻花想吃，又买不起，就想了个点子——在县城里买了拿回乡下卖。在当时，一根油条才2分钱，他只能从中赚几厘钱，但积少成多，这个“勤劳的搬运工”就这样用异于常人的头脑和执行力成为同龄人中最富有的学生。

王健的经商头脑由此可见一斑。

1995年，省物资厅的中层干部王健下海做生意了。“几乎所有的人都觉得我疯了，”王健回忆说，“当时已经做到了处级，开着单位配的捷达车，待遇也不错。老领导甚至拍着我的肩膀说：你不要头脑发热，扑通一声跳下去，你会淹死的。”

有主见的王健就在这一片反对声里跳下了海。更令人惊讶的是，他选择了自己一点都不懂的装饰行业。“当时其他行业基本都成熟了，只有家装还是一盘散沙。说实话，刚入行几乎一窍不通，连阴角、阳角、木线什么的都不懂，但我懂管理。”王健得意地笑笑，“我请来最好的设计师、最棒的工程师和最熟练的工人，有了他们，生意很快就进入了正轨。”

从来时势造英雄。当时方兴未艾的房地产业带动了家装行业的飞速发展。“当时是马路游击队时代。我要做的就是跟他们不一样。我要做品牌家装，这里面有困难，但我觉得，有困难的地方才有更大的商机。”

事实证明，王健的判断是对的。市场从来都欢迎新鲜的，有巨大竞争力的东西。王健的公司很快在郑州异军突起。“那时候10万元的工程，你拿九万八我都不给你做。为什么？因为有很多人排着队呢。”回忆起那段“黄金“年代，王健总结到：“关键是那时候基本上没什么竞争对手，所以我们才可以这么牛。”

○苦恼：当亲情成了绊脚石

1997年，王健已经挣到了人生的第一个100万。太容易得来的成功，让一向沉稳的王健也冒进起来。他把自己的装饰生意委托给一个亲戚，跟几个朋友承包了沙口路的一家建材市场。

也许上帝就是这样，太容易给你的东西，他会很快就收回去。因为经营理念和思路的不同，王健的建材生意并没有做下去，他不光把自己投进去的100多万元赔得一干二净，超凡家装的生意也一落千丈。

“那是我最痛苦的一段日子。”王健回忆说：“建材市场不光让我赔光了家装公司辛辛苦苦挣来的积蓄，浪费了我4年的时间，还让我跟几个朋友的友谊不复存在。”王健后来选择了退出：“我后来总结，跟朋友做合伙人，必须选那些经营理念和价值观一致的，否则到头来肯定啥也弄不成。”

除了建材市场，王健最痛苦的，还是因为家族而一落千丈的超凡家装。“在最开始的时候，亲戚朋友为了帮我，有的拿5 000，有的出几万，好不容易注册了这个公司。”王健说：“但后来，家族式管理已经成了企业发展的绊脚石，你想出台一个什么意见，你想处分一个人，都会牵涉到很多亲戚。很多时候往往以争执开始，以不了了之结束。古话说，亲不亲，财帛分。即使是最近的亲戚，每个人其实都有自己的小算盘，每次开董事会都难以拿出统一意见。”

最让王健难受的，是被亲人不理解、指责。他夜夜失眠，大把大把地吃安眠药都没用。最万念俱灰的夜晚，躺在床上翻来覆去的王健甚至想到了死亡。“我吃过安眠药，也吃过玻璃瓶，有一次，我给父母留下了仅有的一万元钱，老人不知道，其实我都有安排后事的意思了。”

王健找到自己最好的朋友，在朋友那里住了几天。“其实啥道理我都明白，我只是去散散心，分散分散自己的注意力。”很多事情就是这样，你远离了一个旋涡，才更可以看清楚很多事情。王健就在这思索中冷静下来，“别人开导我是一方面，关键还是得我自己拿主意。我知道只有自己能救自己。”

王健回来后开了一个会，请亲戚们退出了企业。“公司的债务我一个人还。他们的本金退还，还承诺一年之内给每个家20万元。”王健说。

制度和机制很快发挥了有效作用，剔除了亲情牵绊的超凡迅速回到了正轨。“我提拔了一些有能力的副手，公司营业额很快从改制前的20万上升到100多万。”王健说：“结果不到一年我就把钱都还给了他们。后来他们在外面做生意赔了本又回到我的公司里，不同的是他们现在都是普通员工。我们的关系也非常好。"

○率性：别人都做的事 我再做就没啥意思了

王健是个有主见的人，他做事情，往往跟别人不一样。按照他的说法："别人都做的事，我再做就没啥意思了。"

在家装市场还是一盘散沙的时候，他就想到利用世界冠军邓亚萍的名人效应，开了"河南邓亚萍装饰公司"。在家装公司都还是街头巷尾的小门面时，他又以惊人的气魄，在郑州核心商业区百货大楼创建了当时超大规模的家装博览园。总面积3 000平方米的家装博览园里，除了丰富的装饰材料，还增设了橱柜、家具、门窗套等研发生产基地和8大职能区域，让每个参观者无不感叹。

他的思路，似乎总与别人不同。他第一次提出"零利润""超国标"的装修概念。他提拔中层的标准，除了有才，还得是个孝子。"在我这儿，有德有才，破格重用。有德潜才，培养使用。有才无德，绝对不用。无德无才，就不用说了。"王健说。

评选10大孝子，超凡已经进行了12届。在超凡装饰公司，专门有一面墙详细写着孝子标准，正对着评选标准的那面墙下，是一尊方正的大鼎。"泽以长流乃称远，山因直上而成高。"王健说："有人说，这个孝子活动跟做企业有啥关系？我说，一个连父母都不尊重的人，他怎么可能对别人发自内心的尊重？我就是想让人们知道，超凡的每一个员工，都有好人品、有责任心、勇于承担，我们的企业是有人品、讲诚信的。"他说起去年的那次评选活动："我是个注重亲情的人，当我给父母洗脚的时候，说实话，我一下子也是热泪盈眶。"

也许正是这不按常规招数出牌，超凡才比别人收获了更多。2007年，超凡装饰做了几件让业界刮目相看的事：一是单套家装工程突破千万，全国罕见；二是走出国门，在不知不觉中将装饰工程做到了遥远的安哥拉；三是获得中原装饰行业的最高奖"中州杯"奖；四是成为"全国装饰百强企业"……

2008年，超凡在全行业内率先打出文化营销牌，举办了首届"老人、儿童爱心节"，免费为儿童、老人装修，仅此一项，就为超凡带来了千万元的大单，在2008年近乎惨烈的竞争中胜出。"我们还举办了超凡杯全国少年儿童才艺大赛。以后他们看到奖杯，肯定还能记起超凡家装。"王健笑笑："我想的是10年，20年之后，或许他们就会成为我们最忠实的客户。做百年老店，就要从现在开始培养我们的潜在客户。"

B 王健如是说

不管做不做企业，王健觉得快乐活着比什么都重要。

王健现在开的车，是被他昵称为"小跑"的银色奔驰跑车。"我这个人喜欢跟别人不一样，我觉得跑车更潇洒、个性，跑起来非常有快感。"

王健很喜欢球类运动。他在公司装了乒乓球台，工作累了就跟公司的年轻人比试一番。"不过我水平可臭，"他哈哈大笑，"比赛时赢得不多。”

他的后备箱里，经常放着篮球，走到哪个校园，看见有年轻人在打球，他把车停到路边，抱着球就加入了。王健的球友有20出头的大学生，甚至还有十来岁的小朋友，跟这些陌生的年轻人在一起，他感觉很放松，很快乐。“耍个小赖也没啥，”王健开玩笑，“反正也没人认识我。”

C 悟之道

再干几年，王健就准备退休了。他目前正在物色接班人。“好的接班人要有几个条件：首先是人品好。这表现在孝敬父母，对公司忠诚，对客户诚信。其次是能力强，包括专业能力和社会能力，是在行业内得到大家认可的。”王健给超凡制定了详细的规划：“我要把超凡打造成百年老店，就不能让子女进企业，让自己的家属当接班人。我目前正在研修中小企业上市的课题，打算用3～5年时间实现超凡上市。等超凡上市，我就会把公司交给我的接班人，我只领取养老金。等他做了几十年，再交给别人。”

退休后的王健又会做些什么？“退休后也许我会自己做金融，因为这几年的实践已经验证了我在那方面的敏锐，”他总结道：“我做了13年企业，到达过巅峰也跌入过低谷。不管退休后做什么，有一点我可以肯定，跟现在打拼中的喜悦和烦恼相比，我更向往退休后的那种淡定、简单和快乐。”

【人物名片】

张　开

香港君行装饰设计工程（河南）有限公司董事长

【达人语录】

“借人平升还满升。你不斤斤计较，你不让别人吃亏，生意才能做大，才能走得更远。”

借人平升还满升

A 故事

6岁父亲去世，7岁母亲改嫁，与爷爷相依为命到15岁。17岁那年，没了爷爷的张开来郑州打工。一系列的磨难后，这个出身贫寒的穷小子，终于完成了从青蛙到王子的嬗变。现在，35岁的他不仅有一家发展势头很好的装饰公司，还拥有了自己的德克士西餐厅和迪欧咖啡店……

都说人生如戏。但在张开看来，自己这35年的经历，竟是比戏剧还要戏剧。

○穷则变：穷人的孩子有眼色，早当家

张开的家在豫北的内黄县。6岁那年，张开的父亲去世了，第2年，母亲带着弟弟改了嫁。这个一贫如洗的家里只剩下了张开和爷爷相依为命。家庭的变故，让他过早尝到了人生的辛酸，8岁那年，他就学会了牵着牛耕地。

“爷爷大我60岁，是个残疾人。”张开说，因为爷爷身体越来越弱，自己当时又瘦又小，只好将家中的几亩地转给邻居耕种，邻居每年给他们一些粮食，条件是每当农忙时，张开要去帮忙干活。

有一年秋天，他和邻居的孩子小皮被安排剥玉米。10岁的孩子，剥了一会

儿撕得手疼，就溜出去玩。邻居发现教训了他俩一顿，“不干活,不准吃饭”。那天，张开一天没有吃饭。晚上，小皮从家里偷出一个馒头，悄悄塞给了张开。

这件事，让童年的张开明白了一个简单的道理：想要吃饭，必须靠自己的双手。

15岁那年，爷爷去世了。张开只好辍学回家，学木匠手艺。1990年过完春节，村里的人来郑州打工，17岁的他跟着来到了郑州。

他在西郊一家沙发厂做了工人。当时的沙发厂跟南方一家装饰公司有业务来往。“老板也想涉足这个行业，就派了3个学过木工活的员工去学，我有幸被选上了。”张开说。

那家装饰公司当时在装修田园酒店，张开和另外两个学徒来到工地搬材料，当时规定每天要搬50张木工板，搬到13楼。“一搬到地儿，其他俩人就去一边歇着了。我知道自己是来学手艺的，就跟正在干活的师傅套近乎，给他们递根烟，我说师傅您歇歇，要不让我试试，替您一下？”正想歇会儿的师傅就放下手里的活儿，在一旁抽着烟，不时指点张开几句。这样做了几次，有天经理看见了，看看他做的活儿很是意外：“小张可以么！以后别当搬运工了，就跟着我们干吧。”

张开开始学手艺了，而同时来的两个人，则还在工地上搬材料。回想起那一段，张开总结出一个道理：人得学会自己找机会。坐等机会上门，机率太渺茫了。

○变则通：19岁的孩子成了项目经理

1991年的秋天，装饰公司接下了商丘豫东宾馆的装修，张开跟着到了商丘。那时候不存在电脑制图，设计师都是在墙上或纸上画图预算，等活儿做完了，图纸就报废丢到一边了。张开把这些废纸捡起来，晚上在宿舍里琢磨，自己比着描画。“我初二的时候学过几何，图纸还是能看懂的。”依靠这样的偷师，张开很快熟悉了施工队的所有流程和业务。

半年后，公司又接下商丘刑警队会议室的装修，忙不过来的老板让张开带人去。张开怕自己胜任不了。“装修的师傅都是南方人，咱是河南人。说实话，那时候南方人对河南人还是有点排外的。就拿吃饭来说吧，他们吃的是米饭，我说中午吃馒头人家就会笑，觉得我太傻了。”干活的老师傅都比张开大，一个18岁的小孩领队，张开觉得“太不合适了。”但老板很信任他，说：“张开你只管领着他们去干，谁捣蛋你给我说！”

张开硬着头皮上阵了。他很虚心，对老师傅很客气。老师傅们觉得这小孩人不错，也觉得他小小年纪能被老板委以重任，前途不可限量，都没为难他。“那年交工很顺利，工程质量也比较好。后来老板又让我带队装修了荥阳宾馆等几个工程。”张开也在这一次次的锻炼里逐步成熟。“那时候还没有项目经理这一说，”张开笑着说：“但现在看来，我19岁就已经干着项目经理的活儿了，哈哈。”

○开小差：最难的时候，连吃饭的钱都没了

1992年过完春节，张开回到沙发厂。“当时沙发生意好得厉害，厂里根本顾不上做。我对厂长说，那我以沙发厂的名义自己干吧。”

征得厂长的同意后，张开从老家带过来4个人，开始找生意了。

他住在姑奶家，姑奶的儿子在工商局上班，认识不少人。他给张开介绍了自己在铁路局上班的朋友。张开说：“叔，这是我第一笔生意，工费我不要，你自己买材料，只要管住我们几个人吃饭就可以了。”

一个月后装修结束，那人过意不去，又给张开介绍了几家。“我挣的第一笔钱是1 800元，我用这个

钱买了电锤。”说起这辈子挣的第一笔钱，张开记得清清楚楚。

半年后张开接到了一笔大单，给商丘大众汽车展销中心装修。“有2 000多平方米，可以说这个生意让我淘到了第一桶金。”张开说“都说头三脚难踢。有了这头几笔生意，我买了工具，很快接了不少活儿。”

以后的3年，张开以平均半年一个大工程的进度陆续接了不少活。1995年，22岁的张开在老家花3万元盖了一幢气派的两层小楼，一时在十里八村传为佳话。

1995年后，因为经济大环境的影响，装修活儿不太好接了。张开看到服装生意正火，头脑一热，改行做裤子了。

“当时我跟一个江苏裁缝在火车站附近合伙卖裤子，后面加工，前面卖。那时候流行查理王板裤，我们也跟着加工。但我们没有经营服装的经验，一个颜色选不对就积压一大批。那些有实力的大户可以很快调转方向，但我们没这个经济实力，竞争不过人家，结果赔得一塌糊涂。”

后来张开批发过相机，代理过净水器，卖过烧鸡，开过摩的，甚至误入过传销，折腾到最后，张开甚至连吃饭的钱都没了。

张开有积电话磁卡的习惯，有钱时整套整套买了很多。这时候没钱吃饭了，他就在身上揣一些，见到朋友就丢给人家一张，“你给我50块钱算了。”朋友不以为意，就给他几十块钱。多少年后张开跟朋友说起当年的事，朋友都惊讶不已。“你咋不明说啊，要知道你都到那种地步，怎么也得给你几千块钱吃饭吧！”

○从头再来：应聘当天，面对老板直言只干一年

那是张开最痛苦的一段日子。他不知道自己该去哪里，该做什么。他想我出身贫寒，难道我的孩子也要贫穷一辈子吗?

他想起许多年前上语文课时读到的陈胜、吴光起义时的口号：“王侯将相，宁有种乎?”小时候他就很佩服这句话，因为他觉得这句话激起了许多燕雀的鸿鹄之志，使他们由最底层的奴隶摇身一变成了王公贵族。他又想起爷爷经常说的那句话：“袖里藏金,不如手艺在身。”他想好吧，哪里跌倒哪里爬，我就从自己最在行的装修做起，从头再来。他在心里发誓：我虽不是富人的后代，但是我要当我们这个家族里富人的祖先。

1999年冬天，张开应聘到了华东装饰公司。应聘时老板问他能做什么，他说：“我什么都能做。”老板问他要多少钱工资，他说一千元钱足够。

老板有点不相信，给了他建业广场的一个工程让他去谈判。这对做了多年工程的张开来说是小菜一碟。上班的第一天，他拿着做好的预算很顺利地谈好了项目，让老板惊讶不已。

他说了自己的经历。然后对老板说：“我离开市场几年，现在就是想熟悉环境。我只在这里干一年，但你放心，这一年我会兢兢业业地为公司服务的。”他最后诚恳地说：“您觉得能用我就用，不能用我不会怪您。”

他的坦率反倒让老板疑虑顿消。年底，张开跟老板告别，老板拿出两千元执意给他。他说：“这一年你给公司带来了不少业务。我一直没有告诉你，项目经理的工资不是一千，而是三千。”张开笑着推辞了：“其实我跟那些项目经理都打过交道，我知道这个市场价。但我们一开始说好的，不能变。”

老板握着他的手大为感动，他说：“兄弟，你这个人将来肯定比我有出息。”

○重操旧业：9年青蛙变王子

2001年，张开用朋友公司的资质开始接下大批工程。两年的积累后，他成立了自己的装饰公司。酷爱毛泽东诗词的他从那首《清平乐》中确定了公司的名字——君行。“东方欲晓，莫道君行早，踏遍青山人未老，风景这边独好。”张开说：“我就是想用君子行为，君王度量，行遍天下。”

张开把这种理念实践到了每一个具体的工程中。“顾客最怕啥，不外乎两点，一是偷工减料，另一个就是追加预算。”在君行，选材上都直接由厂家供应，减少中间环节。而一旦预算确定，施工工程中就绝不追加预算，哪怕亏了公司都得承担。除了这两点，君行还保证顾客在不在都一样，像水管、插座这样的小细节，君行都替你想到。

君行就用这样的气度和细致服务打动了消费者。短短几年间，君行接下的大工程，如大连双盛园海鲜大酒店（四星级）、郑州市小肥羊连锁店、世纪联华超市、联通通讯营业厅、芭娜娜夜总会等，可谓数不胜数。最好的时候，君行一个月要开十几个工地，项目经理不够用了，作为董事长的他只好亲自上阵。

2005年，君行在天下城装修了100多套房子。“有一个客户，装修到一半时，想让我们帮他装修花园。我说公司的宗旨是绝不增加预算，要不这样，你自己买砖，我帮你装修，也不另加工时费，你看行不？”客户大为感动。后来这个顾客和张开成了很好的朋友，张开的生意也因此拓展到了西餐和咖啡行业。

张开一直记得小时候，做饭时面没了，他去邻居家借面。借的时候是一平碗，还的时候爷爷把碗里的面压了又压，最后满得都冒了尖儿。张开很纳闷，爷爷说：借人平升还满升，这样做人才能长远。

当年的穷小子已经从青蛙变成了身价千万的王子，但张开一直还记得爷爷那句话。“借人平升还满升。你不斤斤计较，你不让别人吃亏，生意才能做大，才能走得更远。”张开说。

B 张开如是说

您公司的名字很特别，有什么说法么？

张开：以前喜欢读毛泽东诗词，其中《清平乐·会昌》中有这么几句：东方欲晓，莫道君行早，踏遍青山人未老，风景这边独好。因为喜欢这词的意境，就拿来用作公司的名字了。就是想做行业内的先行者，以自己的努力“踏遍青山”，创造“风景这边独好”的意境。

你说自己最信奉的一句话是：借人平升还满升，在企业运作中这也是你的经营信条吗？

张开：是的。我觉得每个行业都是相通的，只要做到顾客进门开开心心，走时还是开开心心，企业就成功了。我经常给公司的员工灌输这样一个观念：老板赚不赚钱，公司赚不赚钱，利润的高低不是你们考虑的事，你们考虑的是品质和服务。让顾客开开心心地走，尽管公司会付出更多的利益，但客户满意了，会为自己树立好的口碑，甚至会带来更多潜在的客户。从这个角度讲，公司其实是在“赚钱”。

C
悟之道

马云曾说过一句话：搞经营的人分为3类，第一类是生意人，也就是唯利是图的人；第二类是商人，是有所为有所不为；第三类是企业家，有责任感使命感。

张开很认同这样的说法。他认为自己目前只是商人，还称不上是大企业家，但他要朝着这个方向努力。

很多人都说商人是“奸商”，张开说如果真做了奸商，他心里会很不踏实，良心有愧。在做企业的过程中，他对自己的要求就是：为人诚，做事正，并且坚持做下去，不能只凭嘴说。

【人物名片】

卢钦旺

河南省大众汽车服务有限公司董事长

【达人语录】

“信人才能人信。做生意，对每个企业来说，诚信都是最重要的，大气才能办大事。”

鱼与熊掌可以兼得

A 故事

卢钦旺经历丰富。工农商学兵政，几乎各行都干过。50多年，换了那么多种职业，走过那么多地方，他唯一没有改变的，就是对二胡的喜爱。

○11岁的孩子自己做了把二胡

卢钦旺已经不记得从几岁起就开始喜欢二胡了。但他知道，是一把小小的二胡改变了自己命运的轨迹，一直推着他走到了现在。

卢钦旺的家在郑州东南郊的南十里铺。“那时候农村没什么娱乐活动，谁家办红白喜事了，就请台戏。唢呐一吹，二胡一拉，村里的大人小孩就围过来了。”11岁那年，他迷上了二胡。“那时候家里哪有钱买，我就想着自己做一把。”邻居家的院子里有一棵粗壮的梨树，卢钦旺偷偷爬过墙砍了一根树枝。在做木匠的爷爷的帮助下，他捣鼓了半个月，终于做成了一把二胡。“样子丑死了，但还好能拉出曲调。”

卢钦旺终于有了自己的第一把二胡。每天黄昏的小院里，年少的卢钦旺坐在大树下，照着自己的音乐课本一首首拉着，如痴如醉。

1975年，郑州成立郊区文工团，初中毕业的卢钦旺因为拉二胡的特长考上了。那一年的时间，文工团里晚上演出，白天排练。教他的景全生和王延萍是当时郑州最出色的二胡老师，在他俩的指点下，卢钦旺的二胡水平提高得很快。他学得很刻苦，一个音符，一个调门，都要一遍遍地琢磨、练习。手磨出了茧子，最后食指和中指勒出了深深的印痕，“最宽的都能塞进个麦粒。”卢钦旺说。

○当兵上战场　边陲月亮下拉的那首曲子

1976年的冬天，还是因为会拉二胡，卢钦旺被特招入伍。1979年西南边陲战争爆发，作为文艺兵的卢钦旺也上了战场。临走的前一夜，他把心爱的二胡塞进了自己的行李包里。“我们是从安阳上的火车，到了郑州站，我隔着车窗看着老家，想着自己都不一定能活着回来了。”

车开到广西停了下来，卢钦旺所在的部队驻扎在边界的一个小学校里。战争很惨烈。但战争的间隙，年轻的战士们还是会在一起娱乐。“那时候我就成了明星。战友们盘腿坐在地上，我坐在中间，给战友们拉着《铁道游击队》《赛马》《黄河颂》《二泉映月》……一首一首，欢快悲哀的都有。拉到热烈处，战友们打着拍子，都忘了想家了。”

异乡的明月静静撒在这些战士身上，以至于几十年后卢钦旺还无法忘记。“能活着回来太不容易了，”卢钦旺说：“当我背着二胡回到老家的时候，我觉得自己这条命都是捡回来的。”

○下海做企业　汽车和二胡兼得

1980年，退伍回到郑州的卢钦旺在乡亲们的推举下，成了村里的党支部书记，这一做就是13年。头脑灵活的他带着全村人办企业，修铁路。都说车轮一转，黄金万贯，南十里铺很快成了郑州郊区数得着的小康村。

1993年春天，受邓小平南行讲话的感染，卢钦旺扑通一声下了海。从一间小门面，一万元的投资做起，卢钦旺用15年的时间，把自己的河南省大众汽车服务公司做到了全国数一数二的大型汽车服务企业。

卢钦旺有一个“大众大”论坛，每年都要邀请厂家和经销商联谊，有人说他傻：“把厂家和下游经销商请到一起，人家把你甩到一边怎么办？”卢钦旺笑笑：“厂家不傻，我也不傻。厂家会分清实力和利益关系。我把他们请到一起，一是为了双赢，另一个就是为了多结交朋友。”

论坛结束会有场大汇演，每到这时候，卢钦旺都要表演自己最拿手的二胡。二胡让他结交到更多的朋友，也让他的生意越做越大。现在的河南大众汽车服务公司，是德国博世、上海法雷奥等40多家国内外知名汽配厂家的代理商，在全国拥有9家分公司和近20家加盟店，年产值近亿元。

B 悟之道

河南大众大最为人所称道的，就是他们每年10月组织的“大众大”论坛。那时，厂商、经销商会聚一堂，纵论天下汽配大业。对此，有人曾嘲笑大众大的董事长卢钦旺：你下边的企业都和厂家接触上了，你干什么啊？卢钦旺说，信人才能人信。做生意，对每个企业来说，诚信都是最重要的，大气才能办大事。

凭借着这种对信用的坚持，卢钦旺现在已经在郑州、洛阳、焦作、上海开办了5家直营分公司，现有近20家加盟店，成为全国规模最大的大众车系汽配经销企业。

【人物名片】

冯俊敏

河南银丰投资担保有限公司总经理

【达人语录】

"如履薄冰，战战兢兢。不管做哪一行，有这样的心态，才能走得更远。

利人利己典当情

A 故事

8岁的时候，他的母亲得了重病。这场病耗光了家里所有的钱，最后父亲把床和衣柜都卖给了邻居。在亲戚的帮助下，父亲从信用社贷回了200元钱。就是这200元救命钱，让母亲又活了过来。

25年后，他在亲戚朋友的一片反对声中开了家典当行。他最朴素的想法就是帮助那些曾跟自己一样为钱所困的人们，在利人利己中实现双赢。12年的坚持，他不仅将3家典当行做的风生水起，还有了自己的投资担保公司。

这个人，就是郑州银丰典当行的"大掌柜"冯俊敏。

○初入行：销售"状元"一脚踏入典当行

18岁那年，读完高中的冯俊敏进入当地一家耐火材料厂做推销员。推销员卖的是嘴皮子，冯俊敏却恰恰不善言辞。但他能吃苦，各种产品的性能优势背得滚瓜烂熟。他还特别有韧性。别人被拒绝一次就打了退堂鼓，可他照样两次三次地去，一遍一遍磕磕巴巴地给人介绍产品的优势。李佩甫曾在《羊的门》中写了一个人，一见领导就脸红，一脸红说话就磕巴，一磕巴就显得特别紧张真诚，结果反倒打动了领导，成功升职。冯俊敏的经历跟这个人惊人地相似。

因为这样的锲而不舍，也可能是命运的眷顾，冯俊敏很快成了厂里的销售状元。有一年，因为销售业绩太突出，厂里奖励了他一辆捷达车。“那时候整个县城也没几辆，这在当时可真是太轰动了。”冯俊敏说。

冯俊敏在耐火材料厂做了15年的销售状元，接触了大量的中小企业主，也为自己积累了原始资本。1992年邓小平南方谈话之后，下海成了最时髦的事情。冯俊敏周围的朋友都开始做生意，开煤矿、做耐火材料、弄水泥厂，几乎都是在利用老家的优势，靠山吃山。爱动脑筋的冯俊敏却想干点别的了。

他想起自己接触的那些大小客户，为了贷来款扩大经营，几乎用尽了各种手段。他想，如果我用自己的钱帮助那些真正为钱所困的人们，就在利人利己中实现双赢。这样的好事，何乐而不为？

冯俊敏用了3年多的时间研究这个行当。在咨询了相关的法规后，胆大的他一脚踏入了典当行。

亲戚朋友都觉得他脑子有毛病了。放着好好的钱啥生意不能做，为什么去做那个？“黑心，盘剥，你这是想做黄世仁啊！”父亲指着他的鼻子骂他。他请朋友来典当行帮忙，朋友一口就回绝了。“我家几代红苗，可不想去那里坏自己名声。”

那是冯俊敏最尴尬的一段时光。“在很多社交场合，朋友把我介绍给别人的时候，也只说我是个做金融的大老板。我都不好意思掏出名片来。”

○陷困境：接二连三遇骗局，“大掌柜”重又回头做销售

那是1996年。消失了几十年的典当行重又出现在郑州街头，自然引起社会各界的议论纷纷。“我的第一家店在大石桥。当时电视台在门口拦住匆匆而过的行人随机采访，问10个人，几乎有8个人都说不了解。”冯俊敏无奈地摇摇头，“当时我面对的就是那样的大环境。”

都说万事开头难。但冯俊敏的难更要比别人难上千倍。“一方面是社会的误解，另一方面是政策的限制，还有专业技术人员的缺乏，可以说一开始就多了几道拦路虎。”

当时的典当行受中国人民银行监管。“不允许做广告，很多业务不允许涉足，业务开展得很难，几天能有一单就高兴得不得了了。”

这样的门庭冷落里，有一天忽然有人来典当金镯子了。“经过化验，测了比重，掂在手里也沉甸甸的，我们就给了他5 000元钱。”冯俊敏回忆道：“第2天又来了一个人，拿了一模一样的一个金镯子，我当时有种奇怪的感觉，但也没深想，就又给他5 000元钱。”

过了约定的期限，客人没有来。冯俊敏忽然有了不祥的预感。又过了一段时间，他把已经成为死当的金镯子拿给行家看。行家一看就下了结论：“假的。金镯子都是有接口的，这个完完整整，里面肯定有猫腻。”冯俊敏不信，锯开一只，立马傻眼了：外面一层薄薄的金箔，里面的则全部是银。

以后的日子，冯俊敏的银丰典当行收到过手续不全的汽车，被人做了手脚的房产抵押。这一连串的骗局让他又愤懑又无奈。他想自己从没想过坑害别人，为什么别人会这样骗他？难道这个行当在世人眼里就是如此不堪吗？

冯俊敏又回去做销售了，典当行的生意还在惨淡经营。“不回去也没办法，要不连工资和房租都付不起了。”然而在他的内心深处，那个利人利己的典当之梦，一直没有淡去。

○大转折：一跪惊醒梦中人

2001年春节前的一天，银丰典当行来了一位客人。手里拿着20万电力债券，心急火燎地要贷钱去北京。

客户的母亲在北京治病，现在要转院了，手里却没了钱。他到银行去贷款，银行说年前已经停止放贷。他缠着人家磨了半天，银行的人最后说："你去大石桥吧，那里有家典当行，也许能帮你。"

"我们仔细核审了债券，签字后把18万元递给了他。"冯俊敏看着客户把钱仔细收好，走出柜台正准备和客户握手告别，谁也没料到，客户突然扑通一声跪在了他的面前。"他握着我的手，嘴哆嗦着，一再说'没想到，真没想到，在你们这里拿到了救命钱'……那一会儿，我想起童年的经历，忽然也感慨不已。"

这一跪，让震惊了的冯俊敏坚定了决心。不管多难，不管别人怎么看，也要把这行坚持下去。

他又回到了典当行。为了开拓业务，他领着人去批发市场，给中小企业主讲典当融资的便利。他跟银行搞好关系，让银行把自己不做的客户介绍到自己这里来。他还去广州、上海取经，请上海的专家来培训。每星期有两个晚上，他必定要跟员工一起，听地矿厅的老师讲课。对于老客户质押的东西，他尽量放大客户需要。"比如第一次我贷给他30万，第2次我就可以放大到35万。"冯俊敏说："其实来典当的人也有一个圈，他在你这里典当次数多了，往往会介绍朋友来。可以说这样朋友带朋友的业务，占了我们总业务量的40%。"

○抱着如履薄冰的心态，方能走得更远

2002年，一个客户拿着一张50万的银行承兑汇票，转遍了郑州的典当行，无人敢贷给他款。客人生气地对冯俊敏说："我50万的汇票贷你们30万块钱急用，给你们钱赚你们都不敢，真是可笑。"

客人气哼哼地走了。冯俊敏忽然意识到，这是一个商机。做别人都不会做的事，这样你才能把别人甩开。

他把银行退休的几位老职工返聘过来，由这些经验丰富的老职工操作汇票业务。"现在银行承兑汇票和商业承兑汇票的质押业务成了我们的主流业务，在郑州那么多的典当行中，有这个业务的，只有我们一家。"

现在的冯俊敏，已经有了3家典当行和一家投资担保公司。"想急用的有典当行，不急用，又想成本低的可以找我们的投资担保公司。可以说我们把各类客户都揽了过来，把一个原本缺了一半的圆画圆了。"

12年的时间，银丰已经成了行业的领头羊。每年它在商务厅领的当票数量，占到了全省的一半。郑州的典当业经过3轮的清理，已经从最鼎盛时的50多家锐减到14家。3轮的清理中，银丰都是第一个被验收合格的。银丰的大掌柜冯俊敏因此也有了典当业"常青树"的美称。

冯俊敏对这个称呼却一直不认可。"典当业是类金融的行业。这个行业最关键的是要有风险防范意识。美国的雷曼兄弟做了100多年，曾经那么风光无限，说倒就倒了。我怎么敢说自己是常青树？"

"我一直记得孔子说的那句话：如履薄冰，战战兢兢。"冯俊敏总结道："不管做哪一行，有这样的心态，也许才能走得更远。"

B 印象派

冯俊敏今年45岁。一身深蓝色的西服，洁白的衬衣。当他微笑着跟你握手的时候，那种亲和和恰到好处的低调甚至会让你觉得，他就是某家银行的高级职员。

然而他确确实实是典当行的老板。从贫寒出身的少年到一家大型耐火材料厂的销售状元，到现在典当行的大掌柜，冯俊敏的人生选择，有他自己生活经历的渊源在里面。

冯俊敏的老家在新密的朝化镇。20世纪60年代，荒坡土岗的朝化是有名的穷乡僻壤。冯俊敏家因为兄弟姊妹多，日子过得更是紧巴。8岁那年，母亲得了重病。为了给母亲治病，父亲卖了家里的粮食，最难的时候，甚至连床和箱子都典给了邻居。"都说一分钱难倒英雄汉。我到现在还能记得父亲蹲在地上，抱着头发愁的样子。"冯俊敏说。

在亲戚的担保下，父亲从信用社贷回了200元钱。"那时候的200元可是一个大数字。因为这笔钱，妈妈去医院做了手术，最后治好了病。"

这是一个少年对金钱最深刻的印象。也正是这样的印象，才成就了多年后冯俊敏的"典当梦"。

【人物名片】

赵进京

河南省房地产商会秘书长

【达人语录】

“一个能自和的人肯定是个能控制自己，让自己跟自己和谐的人。这样的人才能照顾别人的利益，顺其自然得到自己的利益。”

不护短的商会秘书长

A 故事

2008年10月的这几天，河南省房地产商会秘书长赵进京有点忙。23日政府公布房地产救市一系列措施之后，他的电话就再也没断过。

这是继2007年6月30日，他代表商会向政府有关部门提出降息免税救房市之后，再次成为风口浪尖上的人物。不同的是，上一次，几乎是一面倒的责骂和质疑；这一次，是预言成真后的求证。

对此赵进京很坦然。从政府机关到传媒，到现在的地产商会掌门人，这么多年来，喜欢创新的他几乎一直是处在风口浪尖上。责骂也好，赞扬也罢，对他来说，早已是习以为常。

○爱上了《参考消息》的8岁小学生

赵进京的老家在洛阳。自古洛阳出才子，南阳多名士。赵进京不敢妄称才子，他对自己的评价是：“从小能折腾，不爱吃别人嚼过的馍。”

很小的时候，赵进京就喜欢把家里的闹钟和收音机拆开，想看看里面到底有什么神奇的东西。拆开了却怎么也装不上，结果挨了一顿打。但他凡事都爱问个为什么的天性却没有因此改变。

8岁那年，他去父亲的机关玩，第一次看到了《参考消息》，一下子就迷上了。“其实现在想想，很多国际大事也看不懂，但我就是喜欢看。”赵进京回忆说：“日本在哪儿，美国发生了什么事，哪个国家打仗了等等，我看得津津有味。”赵进京和父亲关系很好，一直以来就像无话不谈的朋友。对赵进京的这个当时看起来很荒诞的举动，父亲很支持，他专门给儿子订了一份《参考消息》，晚上父子俩躺在一个床上，边看边聊天。

12岁，赵进京的父亲被打成了右派。作为家中老大的他担起了照顾弟弟妹妹的责任。父母不在家的时候，他给弟弟妹妹做饭，甚至自己学着修门窗，结果手被拉出了长长的口子，这道疤到现在还清晰可见。

都说3岁看老。这话听起来有点偏颇，但一个人从小的秉性无疑会在他今后的做人做事中体现。如同赵进京，他喜欢创新和勇于承担的天性，在他后来的为人处世中，几乎一直没有改变。

○电视台最风光的新闻部主任

大学毕业那年，赵进京进入洛阳电视台。他喜欢创新，不循规蹈矩的个性在这里得到了最充分的显现。因为笔头快，思路新，他做的新闻很快引起了关注，成了洛阳电视台最年轻的新闻部主任。1992年他发起成立了“全国城市电视台新闻协作网”，他倡议“开门办新闻”成立的市电视台新闻联播节目，作为首创一出世就轰动了全国。最风光的时候，当时的市委书记下乡收麦都带着他。

赵进京是个只想多做事，无暇顾忌太多旁门左道的人，但中国有句古话：木秀于林风必摧之。因为种种原因，赵进京还是离开了洛阳电视台。1995年在河南电视台时任台长姚嘉的邀请下，赵进京来到河南电视台，做河南有线新闻部主任。

他创办的“新闻60分”成了省会老少咸宜的节目；他作为制片人的“有线播报”被誉为最耐看的新闻有线节目；他在1997年采访的《总理查访粮油店》获得中国好新闻一等奖，编入大学新闻系教科书。在河南有线这个崭新的平台上，喜欢创新的赵进京如鱼得水。

2001年，河南有线电视台合并。赵进京被安排得还不错。他想自己采访过40多位党和国家领导人，做过省市两级电视台的新闻部主任，已经拿到了高级职称，在现在这个位置上，几乎可以舒服地养老了。但赵进京忽然觉得倦了。“没有新意，没有挑战性的生活，就如同打牌，一直赢一直赢，都有点瞌睡了。”赵进京忽然萌生出一个想法：在40岁之前，我是不是应该换种活法？

○平地起高楼的潜行者

有两三年的时间，赵进京在一个朋友的房地产公司做副总。他喜欢房地产，喜欢看着一个个破破烂烂的地方变成一幢幢崭新的高楼，那种魔术般的惊喜和成就感让他沉醉。

有很多时候，他要替董事长去开会，就在这过程中，赵进京发现了这个行业的困惑。他发现这个行业的董事长们，大多是关起门来个人奋斗，很少行业交流。有时候碰到宏观把控或危机公关，身价过亿的老板们的表现竟然是茫然无措。

他想起自己，曾有过政府机关的短暂经历，做过媒体人，又熟悉房地产行业的每一道程序，如果自己创造一个平台，整合协调各类资源，来提高房地产商们的宏观把控和抗风险能力，岂不是大受欢迎？

说干就干。赵进京在跟河南省工商联的领导们沟通后，开始筹建河南省房地产商会。周围的朋友都觉得不解：“你也不是缺钱，更不是缺名，吃苦受累要那空头衔干啥？”他做房地产公司的朋友甚至说：“你别走了，我把董事长的位置让给你行不行？”赵进京笑着推辞了。他知道即使别人给他100万，

1 000万，那也是一个公司的平台。而他想创造的，是一个更大、更适合自己的平台。

2005冬天，那是赵进京记忆里最冷的一个冬天。他一趟趟地跑相关部门审批手续。他钉子一样地站在省民政厅事务管理局门口，等着人家上班。最后人家都被磨烦了，他还是不急不躁，一遍遍说着成立商会的理由。

正月初八，一切手续都批下来了。赵进京让工作人员去饭店吃点好的，他把自己关在办公室，整整坐了一下午。“一个月来净是给人说好话，赔笑脸。现在终于尘埃落定了，我只想静静地坐一会儿，啥也不想，啥也不说。”

○不护短的商会会长

2005年1月29日，河南省住宅产业商会成立。郑州新长城酒店门口，外地牌照的汽车扎成了堆。对河南省房地产行业终于出现的“娘家”，河南的主流开发商们表现出几乎一致的支持。

2005年春天，针对房产展会举办单位多，展会频繁，商户钱没少花，效果却没达到的情况，赵进京经过深思熟虑，写下了一份公告。2月25日，省会主流媒体以整版套红登出了商会告社会各界关于举办2005年春季“河南房产博览会”的公告。

有人评价这个公告就像《阿房宫赋》中“覆压三百余里，直走咸阳”一样，是大手笔、大气势。公告一出，98家企业会员单位，齐声响应，一时应者云集。

2005年4月，河南省住宅产业商会举办了首届春季河南房产博览会，以“零利润”运作模式，率先代表行业对房展会市场进行规范，并在规模、参展项目品类等方面创下了多项“河南房展会之最”。会后，商会及时将没有用完的38万余元展位费一一退还给参展企业。国内一些媒体称河南这次房博会可理直气壮地写入2005年中国地产年鉴。

赵进京要做一个有为的商会，他的定位是私心要小、路子要正、能力要大，对商户要真诚。他帮商户办实事，但对行业里某些商户的错误行为，作为掌门人的他绝不护短。2006年3月，在河南省消费者协会的委托下，商会在省人民大会堂接受消费者100多起投诉。当天商会就以函件和电话等方式和企业沟通，督促企业解决问题。对拒不接受整改的67家企业，通过省会主流媒体公开曝光。“我知道有人骂我，可是我必须这么做。”赵进京说，“只要商会能起到防火墙和活血化瘀的作用，只要整个行业能健康理性地发展，挨骂也值得。”

○我不是长袖善舞之人

2008年6月30日，赵进京以房地产商会的名义起草了一份报告，针对房地产行业的严峻形势已经影响到方方面面，他呼吁政府救市，建议在必要的时候减免相关税费。消息一出，一片哗然，赵进京瞬间淹没在众人的如潮骂声里。“那段时间不管上网还是看报纸，我都能看见别人对我的非议。可是我觉得，房地产业是一个国家的支柱产业。就像一艘在大海中遇到了飓风的大船，如果它倒了，我们这些船上的人们都无法独善其身。”

因提出救市论而挨骂的赵进京对于政府一连串的救市措施，现在反倒有些担心了。“不是怕政策变，是怕连续出政策导致房市太热。对房地产市场来说，不冷不热健康理性才是最好的状态。”

现在的房地产商会，已经有会员260家。在开发量前100名的房地产企业中，商会会员占到6成以上。很多会员企业董事长出国，都会留下赵进京的电话，作为“遇到紧急情况时的援助电话。”

有人因此夸赞赵进京是个长袖善舞的人。赵进京却说：“是经历和经验成全了我。商会能走到现在，并非我个人长袖善舞，会苏秦之术，而是大家努力与市场发展选择的结果。”

他最佩服的是开创了大清帝国的努尔哈赤。一般人都说天时地利人和，努尔哈赤却提出人生四和，即天和、地和、人和、自和。“一个能自和的人肯定是个能控制自己，让自己跟自己和谐的人。这样的人才能考虑别人的利益，照顾别人的利益，顺其自然得到自己的利益。”赵进京总结道：“能达到这个境界的人，才真正是长袖善舞之人。”

B 赵进京如是说

我不喜欢打麻将。因为我不希望别人的钱跑到我兜里，那样他会不高兴，我也不开心。

我最喜欢的动物是鸭子。你看它在水面上那么安稳、平静。可是你仔细观察，在水下，它的脚在不停地划动，从没有停止努力。

C 悟之道

都说当官得有“奴”气，做人要有“骨”气，经商须有“和气”，而我是最缺乏的是“奴”气，所以选了现在的职业，每天做一个具体做事又能体现出自己价值的人，很开心。

【人物名片】

付 敏

大名科贸有限公司总经理、河南省电动车商会副会长兼秘书长

【达人语录】

"本本分分做生意的人，老天总会给你一条路走。"

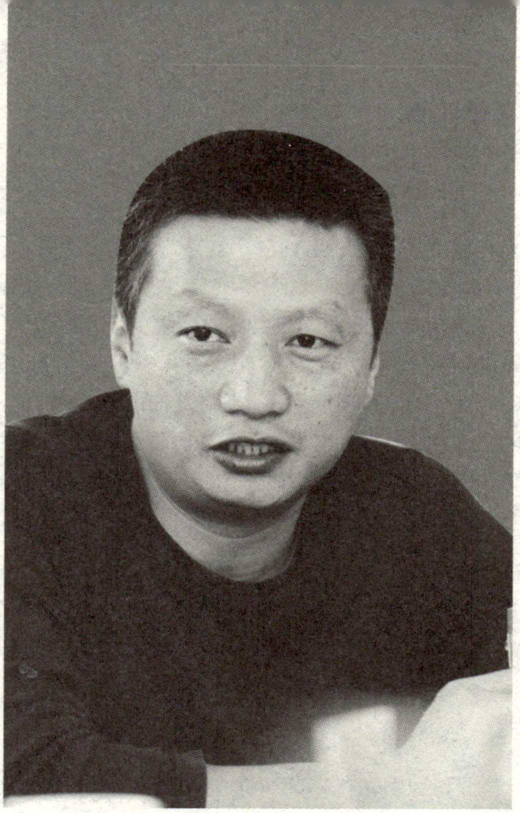

像卖汽车一样卖自行车

A 故事

走在人群中，付敏无疑是个稳健、内敛的中年男子。

就是这样一个内敛的人，前几天在自己的Trek专卖店里，以6.8万元的价格卖掉了一辆自行车。

用卖汽车的价格来卖自行车，听起来有点疯狂。但这疯狂的举动就恰恰出自中庸随和的付敏。

30岁开始创业，创业就走高端，几年时间把阿米尼自行车、电动车的专卖连锁店开到200多家；又在众人的一片诧异里引进世界顶级自行车运动品牌Trek，用卖汽车的价格来卖自行车。这个喜欢微笑的男子，他做生意的棋子，似乎总落在别人的预料之外。

○30岁的创业者

2000年的时候，在深中华自行车股份有限公司做了多年销售的付敏来到郑州，成了这家公司的河南区总经理。这年的年底，公司改制，鼓励各区用MBO的方式买断股份。付敏的家人都在珠海，从创业环境和心理上讲，他都是想回去的。但西安区域经理很通俗的一句话打动了他："给人打工再高级也是个打

工仔，你如果想开奔驰就得自己做生意。”就是这句话，让原本犹豫不决的付敏留在了郑州。东拼西凑买断股份后，30岁的付敏有了自己的大名科贸有限公司，开始做起了老板。

当时的总公司，因为转为ST股，产品供应严重不足。付敏做了多年区域经理，知道虽然公司生产势头不太好，但公司的阿米尼自行车在市场上质量、口碑都不错，现有的销售网络还都在。付敏制定了让利不让市场的策略，从兄弟公司调来大量产品，利润给兄弟公司，自己先把生意吆喝起来。

那时付敏的办公室在货栈街一个很破的二层楼上，来应聘的员工看看办公室简陋的情况，有些犹豫。付敏笑了，他说：“毛主席在延安的时候在窑洞里住了13年，他的窑洞肯定比不上蒋介石气派的总统府，但最后蒋介石不还是败在了毛泽东手里？你别看办公室破，可我很有底气。为啥？你去看看我的专卖店，哪一家不比别人气派？”

最开始7个人的团队，付敏仍旧配了一名店面形象策划师。好钢用在刀刃上，他把钱全部用在了最合适的地方。而对简陋的办公环境，他倒不在乎别人怎么看。

○天佑老实人

付敏买断的公司股份里面，有300万元是应收款。很长一段时间，他一直奔波在要账的路上。有一次他们去驻马店一家快要破产的商业大厦要账，一摞摞账本堆满了桑塔纳轿车的后备箱。对了一星期的帐，经对方确认，起诉立案。等一系列手续完结，法院强制执行的时候，却遇到了阻挠。“我们到的时候，门口已经坐了很多退休的老职工，他们也已经很长时间没领到工资了。”付敏回忆说，“看着那些老职工花白的头发，还有他们无奈的神情，我突然有些心酸。”看反复交涉无果，付敏叹了口气，转身离开了。50万的欠款就此成了死账。

2001年4月，一个欠两万多元货款的女经销商来到店里。“当时她说看看欠条，我们给了她，也没在意。谁知道她去了一趟卫生间，出来后就不承认了。”付敏说：“当时我那个气呀！你说她一个女同志，我总不能跟着她到卫生间吧？出了这样的事，打她一顿？还是起诉她？”这样平白受欺，付敏气愤难耐。可是欠条没了，证人除了自己的店员再没有别人，这样口说无凭的事纠缠到最后又能怎样？他前思后想，终于还是自认倒霉了。

付敏心灰意冷。他甚至想让朋友接了自己的店，抽身离去。业界的一个老前辈听说了这件事，借给他8万元。他说：“我看好你的阿米尼，我做你的经销商。”随后的几年，这个前辈又陆续帮他几次，还给他提出一些好的经营建议。

这雪中送炭的情谊让付敏感动不已，他想，福祸相依，得与失之间的转变谁又能说得清？只是那句老话没错，天佑老实人。本本分分做生意的人，老天总会给你一条路走。

○电动车销售冠军

付敏开始发力了。他从宁夏、长沙和江苏的分公司调来大量的车子，在卖场和批发市场做广告，给阿米尼赋予年轻、时尚、运动的品位内涵。他用直营、连锁加盟和代理分销等多种形式快速占领市场，短短7年，从当初开业时的不到40家发展到全省180多家。

付敏把自己最佩服的麦当劳的连锁经验拷贝了过来。大名的特许经销商，只要准备好资金，公司会从铺面选址、店面装修、产品陈列、经营管理、员工培训等各个方面全程帮助。“阿米尼的专卖店要开一家活一家。公司要有利润，经销商更要赚钱。我的宗旨就是和经销商一起赚钱，一起壮大。”

在大名科贸，一年利润100万的经销商比比皆是。大名科贸也从2001年的亏损16万，两年间就实现了赢利。

2004年4月，京广路阿米尼专卖店，原本作为配角的电动车一天卖了12辆。这给付敏很大的震动，他想：电动车时代来了。

他把资金的重头放在了电动车上，引进了阿米尼、速派奇和爱玛等不同等级的电动车。他强化终端销售优势，利用服务和网络两条腿快速占领市场。2003年大名科贸电动车的销售量是2 000辆，第2年的年底，他们的销售量就超过了一万辆，现在的大名，在郑州的销售量已经稳居第一。

○贩卖一种健康的生活方式

2006年，付敏去德国旅游。在一家自行车专卖店闲逛，看到上面的价格，他惊呆了。“当时我还以为自己看错了，仔细换算了几遍，没错，就是折合人民币几万元钱。”一辆自行车的价格甚至超过了汽车，这让他惊叹：原来自行车也可以这么卖！

他转遍了周围的自行车市场，发现一个规律：在德国，中低端产品进大卖场，高端产品进专卖店。他想起自己国内的专卖店，虽然电动车卖得不错，可是市场的低门槛决定了这个市场的良莠不齐，安全性争议也成为制约它发展的瓶颈。他忽然一激灵：我何不也开家这样的店，作为代替电动车的下一步棋？

在众人的质疑声里，付敏的Trek专卖店开业了。Trek是小布什的最爱，也是自行车环法冠军赛的指定车子。作为世界顶级运动自行车品牌，付敏对Trek很有信心，但他也做好了亏损几个月的准备。

令他没想到的是，仅仅一个星期，就有顾客光临了。那是一个鹤壁的客户，他看好了一辆2.38万元的车子，随口问付敏：“这个车子如果在汽车里是什么级别？”付敏说：“基本相当于奔驰320的级别吧。”客户笑了：“我的车子就是奔驰320，好了，这辆自行车我要了！”除了车子，客户临走的时候还买了专业的头盔手套等，总共消费了三万两千多元。

有了好开头，以后的生意自然就顺顺当当了。前几天，付敏店里最贵的一款车子卖掉了，这给他很大的信心：“10万多的车子，看起来也能进郑州市场了。”

B 付敏如是说

“现在国外最倡导的就是4+2的生活方式，方便的汽车加休闲运动的自行车，这才是最健康的生活方式。”付敏的梦想是做中国最好的自行车经销商。“不仅要卖最好的自行车，还要卖最有品位的健康生活方式。”

【人物名片】

张 帆

河南大地装饰有限公司董事长

【达人语录】

"让更多爱家，爱生活的人享受大地家装。"

家装梦工厂缔造师

1989年，20岁的开封小伙儿张帆考上了郑州轻工业学院。令他郁闷的是，录取的专业不是他最喜欢的绘画，而是工业设计。

因为这样的阴差阳错，7年后，省会多了家名为大地的装饰公司。12年后，稳健前行的大地装饰，已成为同行业中不可小觑的一方诸侯。

A 故事

○人生设计：阴差阳错的设计师

按照最初的人生设计，张帆是想成为陈逸飞那样的成功画家。"做装饰公司，真的是阴差阳错。"

受做教师的父亲影响，张帆很小就喜欢画画。5岁的时候，家里的墙上就贴满了他画的画。上高中时，在当地画画很有名的他被请到少年宫教学生画画。1989年张帆参加高考，被郑州轻工业学院录取。到学校报到才发现，录取的专业不是自己原来报的绘画专业。张帆很郁闷：上学很不甘心，退学又太可惜，怎么办？

那是张帆最矛盾的一年。"第一学期可以说是混过来的。"张帆回忆道。班主任老师找他谈话。老师说："虽然你很喜欢绘画，但这个世界能成为陈逸飞的又有几个？"老师语重心长地说："设计专业就业的路很宽。既来之则安之，将来你会庆幸现在的选择的。”

张帆的心慢慢安定下来，精力开始集中到专业上。多年绘画沉淀的灵性和悟性让他的设计作品很快崭露头角。他的设计方案经常被老师当作范例跟低年级同学点评，也开始为外面的企业所采纳。“大学二年级我开始为4家企业做设计，也已经开始领工资，不花父母一分钱了。”回想起自食其力的大学生活，张帆很是自豪。

○惊人之举：没跟任何人商量，刚来的大学生下海了

1992年，张帆毕业分配到省经贸委。很舒适的工作，上了班也没什么事，就是打打杂。下了班，张帆反倒忙碌起来。“从大学开始的兼职一直没有断，那时候我手里已经有十几家设计公司的资源。他们在排着队等我的方案，我只有晚上熬夜加班做设计。”

张帆一直在挣扎。虽然在外人眼里他的工作舒适又体面，可这样晨昏颠倒的生活在他看起来不仅不正常，也是在浪费生命。没跟任何人商量，张帆辞职了。他在金水路租了两间小小的门面，拉了3个同学，成立了自己的设计师事务所。

张帆的设计师事务所，就是为一些工装企业设计方案，然后去招标会上代表企业投标。这样做了两年，看着自己的设计屡屡中标，已经熟悉一系列流程的张帆忽然有了一个大胆的想法：我为什么不能自己做？

1996年7月，张帆注册了大地装饰有限公司。那是20世纪的90年代，商品住宅市场刚刚苏醒，家庭装饰正成为一个洋派的词语风靡中原。如同狄更斯在《双城记》卷首所写的那样：这是最好的时期，也是最坏的时期；是最智慧的时代，也是最愚蠢的时代……强大的需求像一块巨大的海绵，令大大小小的装饰公司都滋润无比。而市场一开始的混沌和纷乱，又让拥有技术的大地装饰很容易在同行中脱颖而出。张帆承认自己是赶上了好时候：“因为与众不同的设计和良好口碑，大地从一开始单子就很饱满，上千万的工程每年也能接下几宗。”天时，地利，加上这么多年积累的人脉资源，大地装饰在短短几年的时间，就完成了一个品牌发展的三级跳。

○改弦易张：最红火的时候改做了家装

生意最红火的2000年，张帆却想改做家装了。虽然他比谁都明白，做工装利润丰厚。他觉得，在越来越激烈的竞争中，工装已经演变成一种纯粹的投机行为。只要把前期关系处理好，把该应酬的人应酬舒服了，即使你的设计方案不出众，也可能拿下想要的工程。这样的做法显然跟张帆的生活理念相悖，他觉得如果自己这样生存，“简直就要疯了。”

他注意到已经很热的房地产业，作为它最直接的下游链条，家庭装饰正成为不容忽视的消费热点迅速升温。张帆想：是转型的时候了。

他拿出1 000万元注册了新的大地装饰有限公司，开始转战家装市场。按照张帆的理解，如果工装是投机行为，那么家装就是纯粹的市场行为。你的设计、服务、质量就像一个产品，完全要靠市场的检验和顾客的认可，否则就无法生存。“产品完美说起来很虚，其实关键一个词就是诚信。”张帆说，“不偷工减料，客户在不在都一样，他想到没想到的细节你都替他想到，有了这样的口碑，生意怎会打不开？”

灵感激发的创作方式来源于个人全方面的生活积累，就如同一个尚未结婚生子的人不能对父母感同身受。所以，做设计既需要读破万卷书，也要踏遍万里路。

2006年，在考察了国外先进的家装企业后，张帆把集成家装引进了河南。“省钱、省力，把客户从

烦琐的家装中解放出来”，一时成为当年行业最热门的词汇。2007年11月，张帆在东建材创建了中国中西部最大“家装梦工厂”。15 000平方米的空间，8个不同风情的样板间和60多个品牌的上千种材料。梦工厂一隅的咖啡馆里，喝着热茶或咖啡的客户正与自己的设计师轻松交流。

不仅仅是这些。这个设计师出身的男人还不惜重金从广州、上海等地网罗了一大批顶尖设计人才，成立了“大地空间设计师楼”。“设计是装饰公司的龙头，我把它放在了心脏的地位。”张帆说：“空间设计师楼主要为高端客户量身打造，它所创造的利润，现在几乎已经占到了公司业务的一半。”

B 张帆如是说

张帆的大地装饰已经稳健快速地走了12年。然而在内心深处，他一直最爱的，还是绘画。“只有绘画能让我安静下来。”

在黄河边，他有自己的画室。一个礼拜有两天的时间，他会在那里度过。今年10月下旬，张帆去了敦煌。他一下子爱上了那个安静悠闲的小城。他在那里待了两个星期，一遍遍地徜徉在莫高窟的一个个洞窟里，看着那些艳异到令人无语的壁画。

他去了4次月牙泉。他记得那天黄昏，自己一个人坐在高高的沙丘上，看着天上的月亮和地下的月牙泉水相映成趣。四周静悄悄的，听得见风吹沙子的簌簌声。儿子的电话就在这时候来了。那天的通话延续了很久，听着儿子、女儿还有妻子一个接一个牵挂的问候，张帆觉得自己幸福极了。

说起将来，张帆的梦想不是上市，不是要做中国的装修大王，更不是杀伐决断的雄才大略。“我只想让更多爱家、爱生活、追求完美的人享受到大地的服务。”

C 悟之道

熟悉张帆的朋友都觉得他不是一个纯粹的商人。很多时候他的做法，根本不像一个精明的商人。他曾和媒体一起举办了家装课堂，给消费者讲理性家装和省钱之道。他率先在行业内推出预知家软件，消费者面对电脑，跟随鼠标穿梭在设计好的每一个房间的任何地方，居家之梦呼之欲出。。

内敛、稳重，不事张扬中流露的恰到好处的气势，也许是这家老牌家装公司能够十几年稳健前行的真实原因。

【人物名片】

王明欲

河南黄牛庄股份有限公司董事长

【达人语录】

“只要菜好，只要经营有方，哪里都能活出好饭店，也许我就跟老家的疙疤草一样，生命力顽强，撒到哪儿都能活。”

“牛人”牛事

A 故事

见到王明欲，都是在两次短暂的饭局上。只见他风卷残云，一会儿工夫，面前的食物被消灭得干干净净。他说：“所有的食物对我来说都是美食，我吃饭从不挑剔。”

也许没人会想到，这个吃饭从不挑剔的人，就是黄牛庄饭店的掌门人。也没有人会想到，这个有着自己的酒店和实业公司，一手打造了黄牛“王国”的人，7年前还是一个在郑州都市村庄租房的闯荡者。

○都市村庄里的“黄牛村”“生意做遍不如卖饭”

2001年，30岁的王明欲一路闯荡来到了郑州。在这个向往已久的城市里，他左奔右突，却一无所获。

那时候王明欲租住在郑州都市村庄的一间小屋里，中午的时候，经常到附近的一家兰州拉面馆去吃饭。在跟饭店老板聊天中，他发现都市村庄的房租比较低，周围小饭馆的生意都还不错。王明欲想起家乡的一句土话：生意做遍不如卖饭。他想自己闯荡这么多年，做别的生意都不成，为何不开个饭店呢？无论繁荣衰败，无论有钱没钱，人活着，就总得吃饭。只要有特色，就不愁生意不好。

王明欲转遍了附近大大小小的饭馆，考查每一家的特色。人无我有，人有我精。他念叨着这句话，忽然想到了老家的黄牛。南阳黄牛生长在八百里伏牛山及白河流域，吃的是天然牧草，喝的是山间纯水，肉质纯正鲜嫩，是真正的无公害食品。而且南阳人自古就擅吃牛肉，千百年来早已形成一整套丰富的牛饮食文化。他想如果我把家乡的黄牛宴搬上省会的餐桌，说不定还真能闯出一番名堂呢！

主意已定，说干就干。王明欲与朋友合伙租下两间门面房，一番简单装修之后，以南阳黄牛为主打菜系的黄牛村开业了。

虽然不是大饭店，位置也在相对偏僻的都市村庄。但酒香不怕巷子深，黄牛村独特的风味还是吸引了大批的食客，生意从一开始就火了起来。

○一双巧手，把简陋大仓库变成“豪华”大饭店

没多久，郑州市进行城市改造，黄牛村正好位于拆迁范围之内。原来的黄牛村不得不搬迁到别处。在跟朋友商量后，王明欲退出原来的饭店，注册了自己的黄牛庄商标。2002年，在另一个朋友的邀请下，他来到新乡开了新店。

新店是一个废弃的大仓库，宽敞、高大。但对当时资金紧张的王明欲来说，这样的地方，光装修就得耗费不少钱。他一个人待在大仓库里，皱着眉苦思冥想：这么大这么高的地方，怎么装修才能又省钱又好看？

有一天，王明欲看到了送鸡蛋人用的蛋托。他灵机一动，忽然有了主意。他买来蛋托，一张张铺开固定在天花板上，然后喷上金粉。站在下面看，一个个图案排列有序，金碧辉煌，效果出奇的好。

王明欲用最少的钱把一个简陋的大仓库变成了豪华气派的大饭店。以至于同行进来都要问：你天花板上装的什么材料啊？那么好看！

黄牛庄如期开业了。独特的黄牛菜系很快打动了新乡人的胃口。“最厉害的时候，有的顾客甚至为抢桌子打起了架。”王明欲笑道，“生意就火到了那个地步。”

○不被看好的地方活出了黄牛庄

2003年，王明欲带着积累的资金又回到郑州。他盘下经三路的一家饭店，把自己的黄牛庄扎在了这里。这个地方，在他来之前，几乎是开一家死一家。但王明欲不信这个邪，他只信一点：只要菜好，只要经营有方，哪里都能活出好饭店。

王明欲在黄牛庄的正门上镶嵌了一个气势非凡的牛头模型。门脸装修得既别致又古雅，在豪华饭店林立的经三路上，王明欲的黄牛庄可谓不卑不亢，特点鲜明。

为了打动省会人的胃口，他要求自己高薪聘请的那些来自南阳的烹牛高手们下足工夫。材料从牛肉、牛头、牛板肠到牛鼻梁、牛窝骨、牛键、牛尾，40多个部位，一网打尽。除了传统烹制手法，王明欲还让厨师们不断创新，用名贵中药材和辅料做菜。通过浸、煨、焖、炖、蒸、烧等工艺，使黄牛系列食品不仅色鲜肉嫩、汤味醇正，还具有补血生津、滋阴壮阳等保健功效。有了这些独一无二的特色，黄牛庄开业没多久就好评如潮，食客盈门。

“在黄牛庄，最受欢迎的也许就是鸿运牛头这个菜了。”王明欲说，“名字讨彩，味道出众，很多外地人专门开着车来品尝。我们一年卖掉几千个牛头，就这样还经常脱销。”

开店的困难，大大小小的麻烦，在王明欲看来都是稀松平常的事，都能扛过去。“也许我就跟老家

的疙疤草一样，生命力顽强，撒到哪儿都能活。"王明欲说。

○跟老乡在一起，就像取暖的企鹅

因为是南阳人的饭店，黄牛庄里经常会有南阳籍的客人光顾。南阳处在离省会最远的地方，祖祖辈辈的教训是"一拶没有四指近，远亲不如近邻"，在外边一说是南阳人，便亲上三分。王明欲是个很注重乡情的人，在他的饭店里遇见老乡，他都会攀谈敬酒，留下联系方式。这样久了，他忽然萌生出一个想法：这么多在郑州的南阳人，平时都是单线联系，如果出一本反映南阳人在郑州生活的书，让大家更方便联络，岂不是很好？

2005年，王明欲和老乡们出版了这本名为《情系南阳》的书。书里不仅详尽介绍了南阳的历史文化，资源旅游，还编写了在郑州的南阳人的通讯录。也是在编书的过程中大家发现，在这些南阳商人内部有许多资源，但由于平时往来较少，很多资源被白白浪费掉了。

2007年1月，在众多南阳籍人士的努力下，豫宛商会在郑州成立。老乡们一致推举热心肠的王明欲出任了商会秘书长。

商会的作用，不光是联谊、维权，还有资金、信息的互补。豫宛商会有一个投融资服务部，联合投资担保公司，对商会里有资金需要的商户优先放款。王明欲说："我们的一个常务副会长，承办了创业大讲堂，邀请一些经济专家和名人给大家讲座，如俞敏洪和马云等，就非常受会员欢迎。现在商会正在筹划成立法律工作委员会，聘请更多专业的律师，为会员做更多的事。"对商会的未来，王明欲最大的梦想，就是把南阳商人打造成一个品牌。同一个面孔，同一个声音，让人说起南阳商人，就能想到憨厚、实在、能干、团结等标志性的符号。

每隔一段时间，王明欲总会跟老乡聚在一起，喝喝酒，说说话。那是他最放松最开心的时候。"在南极，暴风雪来临的时候，企鹅们总会聚在一起取暖。商会的作用也是如此。"王明欲说，"能跟得劲的老乡在一起说话喝酒，那是情感的慰藉，更是一种莫大的快乐。"

○一辈子专心做"牛事"

现在的王明欲，既是两家黄牛庄饭店的老总，还有着自己的果实文化传播有限公司。在他的计划中，2009年是黄牛庄的加盟年，他准备在全国的各个地级市，统一管理，统一配料，统一品牌支撑，发展多家加盟店。

为了拓展经营空间，王明欲要在家乡建一个黄牛养殖基地，实行订单式农业，从繁育、养殖、到进入市场，各个环节严格把关，来保证南阳黄牛系列美食正宗原料的供应。他还要建立一个黄牛真空食品厂，"不只是简单的牛肉，从牛板肠、牛鼻梁、牛窝骨到牛键、牛筋、牛尾，可以说打开来，就是一个丰盛齐全的黄牛宴。"

今年的3月，第七届全国农运会，河南黄牛庄现代农业有限公司成功签约成为第七届全国农运会特别支持单位。在此后的5月，作为河南唯一一家黄牛全产业链企业做客央视的时候，王明欲面对镜头，又说起了他的那些"黄牛梦"。"我是从农村出来的，就喜欢做跟农业关联的产业。"王明欲说，"我的梦想是做中国的黄牛大王，别的行当我根本不感兴趣。"

诺贝尔文学奖获得者伯尔说：他的品格就是他的方法。每一个奋斗成功的草根，都自有与众不同的地方。比如顽强的勇气，比如朴素的智慧，还有或善良或大气的人格魅力。

幸运的是，对王明欲来说，这样的品质，他一样也不少。

B 印象派

王明欲实在是个很奇怪的人。

他聪明，倔强。小时候，一个早上可以背完一本书，经商时能把最少的钱发挥最大的作用。他说起小时候，跟伙伴去地里遛红薯，偷西瓜。跑在最后的他被生产队长在屁股上踢了几脚，他发狠道："如果我将来能管住你，看我治不死你！"说起童年的趣事，他哈哈大笑。

他很健谈。一个晚上的时间，他一直在说老家的黄牛。从气候、产地、营养各个方面细细分析，赞不绝口。他说起熟悉的乡人乡情和乡音乡俗，滔滔不绝。

可是你一旦问起他个人的奋斗故事，问起他企业的辉煌经历，他又索然无味，无话可说。这个不爱炫耀自己的男人，一旦说起自己，就像变了一个人。

为什么会有这样的反差？他笑答："南阳人就是如此，憨厚实在，不喜欢吹。"

【人物名片】

王　瑞

河南八马茶业旗舰店总经理

【达人语录】

"只要你善于坚持，善于等待。很多时候，慢，其实就是快。"

快女孩的慢生活

A 故事

王瑞实在是个奇怪的女子。

她开朗活泼，快人快语，却在慢生活的茶行浸淫了6年之久。

她有着现代都市女孩的外表，可名片上最醒目的却是"心造极，韵自成"这样的老话。

她曾两次惹得顾客摔杯子发脾气，生意却越做越红火。

短短6年，当初为人打工的女孩不仅有了自己的两家店面，还成为铁观音传人八马茶叶在河南的总配送商。

这一切，都是因为什么？

○18岁的小姑娘迷上了茶道

王瑞是八马茶叶河南旗舰店的总经理。黑衣，卷发。当她向你走来的时候，长长的裤腿伴着高跟鞋的脆响，翻飞出一地韵味。

如同一杯茶，只有历经沸水的浸泡、翻腾和沉淀，才会拥有最好的味道。24岁的王瑞，已经在光阴的历练里，从当初那个对茶一窍不通的小女孩，变成了如今说起任何一种茶叶都能娓娓道来的茶博士。

2002年夏天，还有半年就要大学毕业的王瑞被同学拉去一家茶行应聘。本来是跟着玩的，可一进茶行，王瑞就喜欢上了那里。安静、幽雅、古色古香，这跟她以前接触的环境没有一点相似。她在店里转来转去，忽然看见标价1 000元一斤的铁观音。“当时在老家知道的最好的茶叶也不过是10元一袋的茉莉花茶。”王瑞很好奇，“这么贵的茶，到底好在哪里？”

王瑞填了表格，跟同学回到了学校。下午，茶行打来了电话，她和另外一个同学被录取了。仿佛是阴差阳错之间，连王瑞自己都没想到，自己竟决定了一生的职业。

18岁的小姑娘王瑞开始在店里上班了。茶艺师手把手地教她茶道的手法、步骤，辨别茶的外观、汤色和味道。那种仪式感很强的茶道让她觉得很新鲜。“那里的环境、客人，让我觉得特别安定，以前的浮躁和急躁，在一遍遍缓慢的冲泡中不知不觉就没了。”

王瑞的家在外地，星期天休息的时候，她还是跑到店里来，看茶叶方面的书，跟老店员请教茶叶的辨别方法。几个月过去，她这方面的悟性和天赋很快显露出来。“店里经常会举行斗茶比赛。有一次店里买了几种新茶叶，让我们几个报出茶叶的价位。”王瑞通过看、嗅、品三道程序，揣摩了一会儿，报出了茶叶的大致产地和进货价。进货员惊讶地瞪圆了眼睛：“王瑞啊，你真神了！”

○在没有喝茶习惯的城市开茶馆

2004年9月，茶行老板派王瑞去濮阳开拓新店。王瑞百般不乐意。因为她的生活圈子在这里，她的男朋友也在郑州，“当时我们正处在热恋之中，我真的不想去那里。哪怕给我再高的职位。”

老板的几句话打动了她：“我看好你在这方面的悟性和天赋，你就试试吧，真弄不好我也不会怪你。”

面对这样的信任，王瑞还能说什么？她带着两个女孩来到濮阳，开始筹备开店的事。找店面、装修、办理各种手续。“那么陌生的一个城市，连路都不知道，每次出去办事都要问路，有时候难为得直哭。”

2004年9月18日，新店如期开业。当天晚上，王瑞躲到卫生间，跟男朋友打电话。“一直哭一直说，直到手机没电。”

但王瑞没想到，让她哭的事情还多着呢。当时的濮阳，几乎没有去茶馆喝茶的风气。“有一天好不容易进来几个人，我们正为他们表演茶道。突然进来一个人，一进门就对那几个人喊道‘喝什么茶啊，装洋蛋，走，喝酒去！”王瑞感叹道：“当时我们面对的就是那样的市场氛围。”

王瑞让本地的朋友带着自己去拜访附近油田的办公室主任。她和两个店员在大街上发放免费的品茶卡。为了吸引普通顾客，她把茶叶分成几元钱一两的小袋。“我就是想培养这个城市喝茶的习惯。只要有了第一次的体验，肯定会有下一次的。”

终于有一天，王瑞接到了一个电话：“是天福茗茶吗？想带几个朋友去你们那里喝茶，能不能说下地址？”王瑞握着话筒，激动得话都说不出来了。

○一次有关尊严的冲突和对话

依靠这样的韧性和经营，来喝茶的人开始慢慢增多，茶行的生意也渐渐好起来了。

一天晚上，茶行里来了一个客人。看面前为他表演茶道的服务员长得丰满，就开始说些轻佻下流的话。服务员脸气得红红的，想说什么又不敢说。站在柜台后收银的王瑞忍不住说：“哥，我们都还是小姑娘呢。虽然只是服务员，可是也有自尊哪。”男人生气地说：“你们老板教过你没有，顾客就是上帝。对顾客就得尊重。”王瑞不卑不亢地说：“老板教过我们要尊重顾客，但要尊重的是有素养的顾客，对那些没素养的，不用理会。”男人恼羞成怒，“啪”的一声将杯子摔碎在地，指着王瑞的鼻子喝道：“你信不信，今天你不道歉，我弄死你！”

王瑞的眼泪刷地涌了出来。旁边的顾客拉住那个男人：“算了算了，你别生气！”又转回头对王瑞说道：“小姑娘，你也给这个哥道个歉！”

王瑞跑到更衣室，眼泪哗哗地淌。她觉得真委屈啊，可是作为主管她不出去道歉，这事怎么了结？

王瑞擦干眼泪走了出来。她走到那个顾客跟前，一字一句地说：“先生，今天是我不对，我向你道歉。但我也想说一句，人和人之间的尊重是相互的，哪怕她只是一个服务员。”男人的脸突然变得很尴尬，他张了张嘴，想说什么，却没说出来。

○快女孩的慢生活

因为管理出色，2006年王瑞已经成为天福茗茶在河南区域的督导，负责几家店面的管理和培训。这年中秋节后的一天晚上，王瑞和男朋友到附近的一家茶室喝茶，忽然邂逅了八马茶叶的总老板王文礼。“那天晚上下着雨，八马茶叶的醇香和掌门人出众的气色和气质都给我留下了很深的印象。”

王瑞浸淫茶行多年，她早就知道，中国最好的铁观音出自安溪，是乾隆年间一个叫王仕让的人在自己的书房旁发现培育出来的。但她没有想到，自己能见到铁观音发现者的第13代传人，并和他执掌的中国最有名的八马铁观音结缘。

王瑞想自己创业了。她和爱人辞了各自的工作，开始筹备八马茶叶河南店。他们把店址选在了濮阳。因为在王瑞心里，那里有她太多的故事和顾客。她在新店制定了一个制度：来茶行的顾客不能打麻将、打扑克，也不能吃东西，喝酒。

2008年6月12日，在八马茶叶总部的委托下，王瑞在郑州开了八马河南旗舰店，同时负责八马茶叶在河南所有加盟商的培训和物流配送。在她的新店里，她依然近乎固执地坚持了濮阳店的店规。

因为周围还没有成熟的商业氛围，新店一开始生意并不好。每到这时候，王瑞就和爱人互相打气。他们知道，之所以辞掉高薪的工作来做茶叶，就是想把它做成后半辈子的事业，而事业，就不可能一朝一夕形成。

在王瑞的店里，只要顾客进门，不管你买60元一斤的茶叶还是600元甚至更贵的茶叶，享受的都是一样的茶艺师服务。王瑞也因此留住了一批真正爱茶的顾客。“茶行也是以茶会友的地方。以前有顾客来了，看见没座位了宁愿在门口等，也不愿跟别人合坐到一张桌子上来。我就招呼他们一起坐。现在，不过半年时间就发生了很大变化，很多人因此成了很好的茶友。”

王瑞知道自己要做的就是坚持和等待。想当年在濮阳，那么艰难的环境下她都打开市场。她近乎苛刻的规定没有让生意败落，反而吸引了一大批真正爱茶的人。每天晚上，即使她的茶行门口没有停车位了，别人把车停到老远的地方走路也要进她的店去消费。现在在省会，她相信自己只要一如既往地保证消费者喝到物有所值的好茶，依然可以让生意红火。

她最喜欢的是“中国巴菲特”段永平名片上的那句话：Fast is slow。所以她在自己的名片上也写下了一句话：心造极，韵自成。她相信，如果你的心达到了某一个高度，某一个层次，很多事情自然而然也就可以达到了。“只要你善于坚持，善于等待。很多时候，慢，其实就是快。”

B 王瑞如是说

1.“从没有哪一种植物可以像茶这么神奇，这么美妙。看似简单的树叶，可越往里走，你越觉得它博大精深。它使人齿颊留香，修身养性。它使俗人变雅致，又使雅人升华。”

2.“开门七件事，柴米油盐酱醋茶。我最大的愿望是郑州也像成都、苏州一样，泡茶馆成为一种习惯。如果有一天，周围的朋友去茶馆喝茶跟去饭店吃饭喝酒一样自然，那是我最开心的事。”

C 悟之道

王瑞的每个店都有一个固定的制度：来茶行的顾客不能打麻将、打扑克，也不能吃东西，喝酒。

在麻将、赌博甚至龌龊不轨也无法避免的现在，王瑞的八马茶行，显得那样与众不同。有一天，一个喝了酒的老顾客来到茶馆。可能觉得没有尽兴，张口就要再喝酒。服务员说对不起先生，我们这里不允许喝酒。“那我打牌可以吧，你给我拿副扑克。”“对不起，先生，不可以。”“那我下跳棋。”“对不起，也不可以。”

顾客勃然大怒，“啪”的一声把杯子掷到地下：“这也不行，那也不让，我带朋友来你这儿干什么？！”

服务员呆了。幸好顾客的朋友解了围：“茶馆就是喝茶的，咱静下心来喝喝茶，说说话，这样的环境我喜欢。”

王瑞后来听说了这件事，对服务员说：“你做得对。我就是想给那些真正喜欢喝茶的顾客一个可以安安静静喝到好茶的地方。”

【人物名片】

汪昌镇

深圳雅庭装饰有限公司总裁

【达人语录】

“成功有秘诀的话，也不过是围绕专一的创新，就要不停地胡思乱想，跟神经病一样。”

家装“教父”的奇思妙想

A 故事

在中国的家装界，汪昌镇应该是个绕不过去的人物。

“全国家装看广东，广东家装看深圳”的20世纪90年代，他创立了深圳第一家正规家装企业雅庭，他制定的家装报价模本、经营服务模式后来成为整个行业依据。他成功启动连锁经营模式，把50多家自营店从珠江流域、长江流域，一直开到黄河流域。他邀请香港设计师之父高文安设计银基王朝样板间，大手笔令业内叹为观止。而现在，他又要与世界500强的家装巨头合作，为家装企业引入一种新模式。

因为这太多的第一次，他被业界誉为“中国家装教父”。没有人知道，他的脑子里还有多少奇思妙想，也没有人能猜到，他下一步的大举动是什么。而这个自称老汪的男人，却把领跑业界的15年，都当作了笑谈。“成功有秘诀的话，也不过是围绕专一的创新。而创新，就要不停地胡思乱想，跟神经病一样。”

○赌气下海的年轻人

汪昌镇是湖北武汉人。“天上九头鸟，地上湖北佬。”九省通衢之地的繁华和便利，造就了湖北人的精明能干。这样的品质在汪昌镇身上显露得淋漓尽致，即使是在他还未下海之前。

1986年，28岁的湖北省经贸委的干部汪昌镇被派到了深圳。当时三角债盛行，他们的任务是替湖北省化工厅收债。“当时我主要负责贵州的货款，有100多万。规定如果货款收回，有1%的奖金。”

汪昌镇来到贵州的那家化工厂。到企业的仓库一看，里面空荡荡的，一点货也没了。他知道钱不好要，原本最坏的打算是把货退回去的。可现在连货也没了，怎么办？找老总还是找业务员？他左思右想，最后拿着合同、发货单直接去了财务部。财务科长是一位30多岁的大姐，敷衍了几句，没听他说完就急急忙忙出了门。“她在前面飞快地骑着车，我在后面跟着跑。一直跟了几条街，看她停到一家医院门口，我才恍然大悟，知道人家家里有病人了。”汪昌镇跑到附近的商店，买了几百元的礼品，当他走进病房的时候，正在喂女儿吃药的财务科长一下子愣住了。

感动之后的对话，就显得那么顺理成章了。特别是汪昌镇表示有千分之五的点可以返回时，财务科长当即表示，回去就着手办这个事。

一周后，货款打回了公司账上。但当汪昌镇去领那1%的奖金时，单位突然变卦了。“90年代初的10万元，几乎就是一个天文数字，我理解单位领导的顾虑。但当时我特别生气，虽然局长都过来做我的工作，我还是很坚决地辞职了。”

○松坪山的第一桶金

汪昌镇就这样从人人羡慕的国家干部变成了个体户。他在香港亲戚家住了一段时间，开始做旧货，却赔个一塌糊涂。1992年，深圳市的房地产开发逐渐升温，汪昌镇比较深港两地的市场，突然意识到，一盘散沙的家装市场，正是进入的好时机。

汪昌镇带着仅有的5万元钱杀入这个市场，他做的第一个项目是松坪山。松坪山小区是深圳市政府集中建设的第一个微利住宅小区，也是当时深圳最大的小区。“有2800多套房子，当时很多搞装修的包工头都去揽活。依我的个性，要做就要做大。但自己一没经验，二没资金，要跟那些包工头竞争，谈何容易？”汪昌镇注意到松坪山小区有两排门面房，一番策划之后，他突然有了主意。

他找到松坪山物业管理处，以港商的身份要求租下全部的30多间门面，附加条件是小区的房子全归他装修。“房租一年我给你10万，同时交10万元装修管理押金，如果装修质量不好，你扣我3%的管理费。”物业公司看来了实力雄厚的香港大老板，又有这么优厚的条件，焉有不同意的道理？

汪昌镇在报纸上打出广告，开始在全国招聘项目经理。“广告一打出，呼啦啦从上海、广州来了40多个项目经理，争着要干我们的活儿。最后录取了9个，每个项目经理收取3万元的质保金。”汪昌镇又主动约洽了一批材料商入驻商铺，每家一年收2万元的租金。靠着这样的大整合，管理处、项目经理、材料商都实现了盈利，而汪昌镇也在这样的共赢里打开了自己的局面。

“虽然手里没钱，可我靠聪明才智拿下了松坪山，这个小区让我做了3年。”说起人生的第一桶金，汪昌镇哈哈大笑：“‘缴纳质保金，统一管理’的模式也成为以后正规家装公司的雏形。”

○广告大战中的胜出者

松坪山的成功让汪昌镇坚定了对家装行业的信心。深圳是个新兴的城市，每天都有那么多的房子在建，家装的市场可以说很大。但从香港市场的发展来看，那种“拎着桶大街上揽活”的游击队模式肯定要被淘汰，最后真正活下来的，只有那些正规的专业家装公司。

汪昌镇去政府部门申请成立装饰公司，但1996年的深圳还没有专门针对家装公司的资质审核标准，拿不到专业家装公司营业执照的汪昌镇只好打擦边球，注册了“雅庭室内美化设计公司”，这也是深圳第一家专门从事家庭装修的正规公司。

1998年，如火如荼的深圳家装市场忽然出了件大事。一个包工头跟业主发生争执，失手打死了业主。深圳建设局开始批准成立专业的正规家装公司。“第一批批准的有10家。里面却没有雅庭，因为当时我出差了，正好错过。我写了一封信给建设局的领导，我说如果装饰公司里没有雅庭，就像入WTO里没有中国一样，这是无法想象的。”这年年底，雅庭营业执照上的名字变为了深圳雅庭装饰集团。

借助专业市场，雅庭的营业额连年翻番，几乎每年都有上千万的营业额，分店数量也在短短两年间增长到10家。雅庭模式引来了同行们的纷纷效仿，仿佛一夜之间，大大小小的家装公司遍布深圳。

市场的激烈竞争让家装行业广告也进入白热化状态。以前深圳家装行业的媒体广告，还都是小豆腐块。到了2000年，家装行业广告已经花样百出。今天这家报纸评出10佳，明天那家报纸选出20强，许多弱势家装公司采取联盟形式抢占市场份额。汪昌镇敏锐地感觉到：在市场即将步入大变革时期，雅庭如果不采取对策，就会失去原有的规模优势。

汪昌镇率先在《深圳商报》上登出了整版的家装广告：百家不如一佳，雅庭自有10家。这一举动如同落入湖面的炸弹，让雅庭在乱纷纷的市场里脱颖而出。随后，为了避免长期广告大战的不良后果，汪昌镇又从深圳的1 000多家装饰公司中联合最强势的居众、嘉音和满堂红，共同组建了“深圳家装四小龙”的强势联合体。“中国装饰协会当时的会长张恩树专门来给我们颁奖，一时间成为行业佳话。”

○郑州大手笔

汪昌镇的思维，永远跟别人不同。2001年，在混战中胜出的雅庭跳出深圳拓展全国市场，成为第一个走出深圳的家装企业。从这一年开始，不到3年的时间，雅庭以平均每一个半月一家分公司的速度在全国布点。“雅庭不光是快，还要稳，每到一个地方，都要做成当地响当当的品牌。”

雅庭的稳来自它强劲的内力。它有最高端的设计团队，还有最先进的设备。从德国引进的价值280万专用的家装工具，比如说金属探索仪，往墙上一放，水管线路，清楚得很。在其他装修公司依靠手工油漆的情况下，雅庭引进了打磨机。“手工油漆的弊端在于，油漆工的熟练程度，甚至心情好坏都可以影响到漆面的平整。我们的打磨机就像电熨斗一样，在墙上一烫绝对很平。”

雅庭有著名的3本书：价格白皮书、服务红皮书和环保绿皮书。价格白皮书里所有的项目，价格的组成，都有一个详细的拆散，让用户一目了然。绿皮书和红皮书里则把材料标准和服务项目列得清清楚楚。“大家都说奔驰车贵，但如果奔驰车在高速公路上跑不过夏利，满街坏的都是奔驰车，这个品牌肯定要倒。雅庭也一样，如果它的产品不好，它不可能领跑行业15年。”

2008年3月，雅庭郑州店开业。这一年，汪昌镇做了3件大事。一件是他在郑州国贸中心拿下了600套的精装修。“国贸的房子有2000多套，雅庭第一期拿到的有600套，第2期是410套。”另外一件，是他花100万元请来香港设计师之父高文安为雅庭在银基王朝设计了两个样板间。“样板间完工没多久，就被两个客户买走了。”汪昌镇很自豪，“这个世界，真正物有所值的产品永远不缺市场。”最后一件，也是最重要的一件，今年的10月，他已经跟一家世界500强的家装巨头达成合作意向，10亿欧元的资本即将注入雅庭。

B 汪昌镇如是说

1.每一个企业每一个人能力都是有限的，我没本事卖筷子，那我可以把牙签做得非常好，我把全中国的牙签做了依然可以成为亿万富翁。

2.我不会受多元化的东西诱惑，比如“做房地产赚钱”“做地板赚钱”，我都不会被诱惑。我就只能做这么一点事情。

C 悟之道

在凤凰卫视的“鲁豫有约”中，汪昌镇曾被问到成功的秘诀。他的回答是：“雅庭能走到今天不是因为幸运，而是一直在做自己最专业的事。只在自己最喜欢的行当里左思右想，专注，新招频出，将产品做到极致。”

【人物名片】

周运友

知青村大酒店有限公司董事长

【达人语录】

“我不羡慕那些依靠非法手段赚大钱的老板。你赚钱多，但昙花一现。我赚钱少，但活得长久。”

知青村与他的良心菜

A 故事

开饭店什么最重要?

在大多数人看来，最重要的莫过于位置了。麦当劳的理论里，甚至已经把位置上升到关乎生死的地步。但凡事皆有例外，郑州一个名为知青村的酒店，却把自己的店面与众不同全开在了小院里。既不是门面，也不在马路边，生意依然红红火火。现在，它不仅有自己的5家直营店，还把32家加盟店的旗帜插到了北京、上海和杭州等地。

奥秘何在？掌门人周运友的回答是：因为我一直卖的都是良心菜。

○能屈能伸大丈夫 引来品牌“饺子宴”

周运友是知青村大酒店有限公司的董事长。洁净的白发，和善的笑容，一口带着豫南乡音的朴实的河南话。天命之年的他，看起来不像威仪的董事长，倒更像一个亲切温和的邻家长辈。

1982年，在驻马店市做餐饮生意的周运友在报纸上看到一则消息：来自陕西的知名品牌西安饺子宴在与河南某家餐馆的合作中被骗100万。周云友早就知道西安饺子宴把中国传统的饺子做到了极致，在全国乃至日本、西欧的一些国家都开了连锁店。他一直想加盟却因人家门槛太高没有机会。现在看到这个消息，他意识到自己的机会来了。

周运友背着干粮去了西安。没想到西安饺子宴的经理一听说是河南人，直接就把他堵到了门外。周运友盯住采购，每天一大早，人家去买菜，他就跟到市场，帮着掂菜打杂。一个星期后，周运友已经进到后厨，开始帮饭店刷盘子洗碗打扫卫生。这样干了几天，受到感动的厨师长说话了："我很想帮你，但我们店里的人都恨死河南人了。我们总共这么多的家底，让你们河南人一下子吃光了。"他说，"我们老总脾气倔得很，根本不可能跟你合作，你回去吧。"

周运友说："首先是河南人对不起咱们陕西人，但哪里都有好人和坏人，我就是代表河南人中的那些好人来表达歉意和诚意来了，"他给厨师长递上一支烟："你让我见见老总好不好，成与不成是我的造化，总不能白来一趟吧？"

周运友终于见到了饭店的老总。老总第一句话就是："河南人特坏，我们不想再跟河南人合作了。"周运友说："我特别理解您，虽然我没这种经历，但我也恨这样坑蒙拐骗的人。河南人把你打倒了，现在你重新在河南站起来，这并不是什么坏事。我就是代表河南人中的好人来邀请您的，您总不能拒绝诚意吧？"

这番对话的时候，是周运友到西安的第12天，带的干馍已经吃光。晚上他花6元钱喝了一碗大肠汤，躺在饭店屋檐下怎么也睡不着。他想："如果明天等不来结果，我该怎么办？"

第二天上午，饭店老总把他叫了进去："我们开了理事会，决定跟你合作，你准备出多少钱？"盼了这么久的事突然又了结果，周运友喜出望外："你们怎么说我就怎么做！"

1984年，西安饺子宴的鲜亮招牌出现在驻马店市的街头。"早上一开门就有顾客，中午或晚上饭点的时候，排的队能到马路对面。生意一下子起来了。"

○打好绿色牌 知青村火了

西安饺子宴的经历让周运友知道了品牌的重要性。几年后合约到期，西安饺子宴和周运友友好分手。也就在这时候，周运友开始琢磨：为啥人家的品牌能这么好，为啥我就不能创个属于自己的品牌?

苦思冥想中，他忽然想起小时候母亲做的饭菜。"焦黄的玉米饼子，香香的沫糊，还有老娘发的豆芽，没有味精，也没有添加剂，但滋味好得一直到现在也忘不了。"他想，如果我的饭店里只卖这些绿色健康、原汁原味的菜，肯定会火的。

饭菜定位有了，但该起个什么样的名字？他想起自己的经历：上过学、当过民兵连长，跟天南海北的知青们结下过很深厚的友谊。作为那个年代的特殊产物，知青这个名字有整整一代人的情感在里面。有共同的群体、情感和语言，自然就有共同的消费群体。而且那个思想淳朴的年代，根本没有什么味精、添加剂、色素和香料，人们吃的都是无公害的原生态饭菜。他眼睛一亮：好，就叫知青村了!

1994年，驻马店市的解放路上，出现了一家名为知青村地锅城的饭店。店里的豆芽是自己发的，酒是自家酿的，辣椒酱是自家石磨磨的，鸡鸭鱼肉、蔬菜和杂粮面都来自自己的生产基地。它的口号是追求绿色天然、使用天然作料、保证原汁原味。这在味精和添加剂流行的20世纪90年代显得那样与众不同，知青村很快在餐饮界脱颖而出。

2002年，第四届中华名吃评选会在汕头举行。一万多个品种参选的大会上，知青村的小吃成了最受热捧的明星。名为"老鳖靠河沿"的焦黄的玉米饼子一端上来就被抢个净光，沫糊做了几锅都供不应求。以至于当时的中华餐饮协会会长张春尧咬着玉米饼子感叹：啥叫中华名吃？别人都会做，但你做得最好吃，这就是中华名吃！"

○非典和禽流感来了，知青村在郑州站稳了

2003年4月，周运友带着知青村来到郑州，开了自己的第2家店。开张没多久，非典来了。风声鹤唳中，撑不住的饭店倒下了一大片。知青村一开始情况也不好，但周运友有自己的对策。

“按我的理解，非典是一种恐慌心理，饭店要做的就是在饭菜质量和卫生上下足功夫。只要走进饭店的客人，服务员都会递给一张洁白的餐巾纸，请客人检查我们的卫生。桌子、椅子，窗台、墙面，只要发现一处有灰的地方，饭店都要免费请客人吃饭。因为这个规定，座椅板凳都被服务员们擦得露出来了木头的本色。我们还开放了自己的后厨，允许客人参观，做菜的环境如何，是不是真正的生熟分离，用的是不是真正无公害的菜品和作料。”

2004年春天，一场突如其来的禽流感席卷了整个中国。当时规定涉及疫情的鸡全部杀掉，“我对基地农户说，这一万只鸡子全部算我的。我当时的想法很简单，就是赔钱也要保住知青村的好声誉。”农户特别感动，以至于后来无论市场如何变化，都保证优先供应知青村大酒店。

依靠这一列政策，加上它绿色健康的饭菜，知青村很快在郑州站稳了脚跟。“开业的时候我们的服务员比客人多，几个月后，饭店里就有顾客等着翻台了。第2年，知青村在郑州开了自己的第三家店。”

○宽厚与坚持，一辈子只做良心菜

就在顺利扩张的过程中，周运友遇到了入行以来最大的困惑。

知青村最具代表性的饭菜就是粗粮细作的杂面窝窝头。其中所需的板栗面来自信阳某个县。“那里是许世友和邓颖超的老家，还是出口日本的生产基地。出于这几方面的考虑，我们把板栗面的生产基地定在了那里。”

周运友打去6万元，没想到运回来的却不是纯正的板栗面，“里面掺了红薯面，外观上看不出区别，但蒸熟后一吃差别就出来了。更令人意外的是，他们运到日本的板栗面也是假的，日本方面当即中止了合同，第二年，信阳的板栗面就没人要了。”

生产基地的人后悔莫及，找到周运友赔礼道歉。原本特别生气的周运友还是原谅了他们。他说：“人人都不傻，你骗人家一次，就把以后的路都断了。我中止合同是不想欺骗消费者。现在你们也吃了大亏，我再打过去5万元，相信你们不会再搬起石头砸自己脚了。”

这件事之后，周运友把原料基地改为了公司加农户的方式，“每家每户都有自己的编号，基地统一收上来之后，符合要求的收下，不符合的退回。最大限度保持了原材料的货真价实。”

现在的知青村，已经有了5家自营店和32家加盟店。虽然每年要求加盟的至少40多家，但知青村最多选择的只有五六家。“不是给我钱我不要，而是我收你的钱，就一定得让你做好。”周运友选择合作伙伴的条件第一个就是人品，“不是志同道合的人，给我再多的钱我也不要。”

B 周运友如是说

1.开酒店，位置重要，人脉重要，服务重要，良心菜更重要。

2.我不羡慕那些依靠非法手段赚大钱的老板。你赚钱多，但昙花一现。我赚钱少，但活得长久。谁笑到最后谁才是最终的胜出者。

C 悟之道

周运友一直记得严介和的那句话：做企业要学会做加法和乘法，更要学会做减法和除法。他要把知青村做成全聚德那样的百年老店，所以他觉得自己就必须忍住大把赚钱的诱惑，一辈子只做良心菜。

【人物名片】

赵佩杰

河南乐华美居建材有限公司总经理

【达人语录】

"这个世界，坐等机会太渺茫了，人得学会找机会，自己成全自己。男人应该有咬断自己尾巴的勇气，只要努力，到哪儿都能活。"

"无"中生"有"的建材老板

A 故事

在熟悉的朋友眼里，乐华美居建材的董事长赵佩杰就是个"无中生有"的男人。

从最初顺风顺水的北京某国企辞职，到毛遂自荐成为箭牌的河南总代理；从力排众议在乱马纷纷的建材市场建立第一家单一品牌建材专卖店，到现在经管着7家直营店和26家箭牌加盟店，这个创造了多个行业第一的男人，似乎一直在"无中生有"。

把强加于自己的一切都归为零，把已得心应手的东西也归为零，这样"无中生有"的勇气，也许只属于赵佩杰。

○6年闯出一片天，说放弃就放弃了

现在回想起来，赵佩杰总结自己下海的最大原因就是赌气。但在别人看来，放弃在北京就轻驾熟的工作，来郑州创业，即使是赌气，也需要很大的勇气。

1990年，大学毕业的赵佩杰被分到了北京的一家水暖企业。厂里把他从学校招来本来是想培养一个财务科长的，但赵佩杰不喜欢财务工作的谨小慎

微，一成不变。他觉得一个男人就应该走南闯北，见识不同的人和事。他主动要求去做了销售，负责河南湖北和东北的业务。

赵佩杰是南阳人，南阳人的吃苦耐劳、精明能干很快让在他同行中脱颖而出。1993年，河南洛阳吉利油田盖家属楼。当时的高层建筑还很少，但吉利油田一下子就盖了几十栋。为了这个大生意，赵佩杰在吉利住了两个多月，找路子，托关系，一遍一遍跟负责人联络感情，终于拿下了这个工程。“那时候我们厂全年的回款不过100多万，我这一单生意就拉来了100万，可以说轰动了整个行业。”

在接手这个项目之前，厂里曾答应如果生意成了奖励他一套房子，但到最后兑现的时候，却变成了两家对门的“团结户”。在当年的北京，能有套这样的房子已经很不错了，但赵佩杰有种上当受骗的感觉，“一气之下，我从北京回到了郑州。”

朋友们都觉得赵佩杰傻，6年才在京城闯出一片天，现在说放弃就放弃，实在太可惜了。赵佩杰却觉得，男人应该有咬断自己尾巴的勇气，只要努力，到哪儿都能活。

○自己找机会 四节柜台变成70平方米门面房

27岁的赵佩杰回到了郑州，他在当时最火的郑州西建材市场转了半个月，最后决定自己单干。

当时郑州的东建材市场还没有开业，人气正旺的西建材根本找不到摊位。赵佩杰只好在朋友店里最偏僻的一个角落租了四节柜台。他对妻子说：“别看这地盘小，只要好好做，小地方我也能做成大生意。”

为了省钱，他们进货都是让过路车捎来。“半夜两点多，一接到电话我们就赶过去。100多箱货，一箱30公斤，我和爱人一个人负责装车，一个人负责送货，每次都要忙到天亮。”

每天他们都要蹬着三轮给客户送货，不管客户远近，也不管客户要的是几千元还是几块钱的东西。“一次妻子去给客户送浴帘杆，路上不小心蹭着一辆汽车，车主死活不让走，急得爱人蹲在路边哭着给我打电话。”

1997年，东建材市场建成。一个卖石材的老板想搬到那里，赵佩杰得知消息后第一时间赶过去。老板说：“你想要给你好了，不过转让费四万五。”赵佩杰东拼西凑赶紧把钱交了。3天后，很多商户来找石材老板，有人甚至把价格抬到了7万。但因为赵佩杰下手最早，这处位置极佳的门面还是归了他。

仿佛变魔术一般，赵佩杰在一年内，把四节柜台变成了70平方米的门面房。那段经历让赵佩杰觉得，这个世界上，坐等机会上门的事太渺茫了，人得学会找机会，自己成全自己。

○毛遂自荐，成为箭牌河南总代理

有了自己的门店，赵佩杰的生意拓展得很快。没多久，箭牌陶瓷走进了他的视野。

当时箭牌的名气还不大，一个在箭牌陶瓷做销售的朋友找到赵佩杰，让他帮忙代销。热心肠的赵佩杰爽快地答应了。代销的过程中他发现，这个产品不光釉面好、外观漂亮，还特别经久耐用。“卖出去的产品返修率特别低。而且我了解到箭牌出厂的时候要做6次冲水试验，如果不达标，产品宁可砸掉也不允许出厂。就冲这一点，我感觉它肯定能做大。”

箭牌主抓材料的杨总每年都要到河南巩义考察耐火材料。得知这一消息，赵佩杰让朋友引见自己见到了杨总。当时全国陶瓷企业在外地都是驻仓模式，公司投入大，业务员出去跑得很少，回款情况也不好。赵佩杰向杨总提出建议：你交给我来做，市场我替你开拓，几个月后你看效果，行不行？

赵佩杰就这样成了箭牌的河南总代理。他依靠几年前积累下来的现成的销售网络，用大联盟的方式，统一价格、统一促销，使得箭牌在河南的销售两个月就翻了一番。随后的几年，赵佩杰的生意跟箭牌一起在快速进步，"最好的时候，都卖到了脱销。"

其他陶瓷企业看到这种情况，纷纷模仿，传统的驻仓模式一夜消失。"呵呵，一不留神，没想到又领先了别人一步。"

○与非法分销商的较量

2001年，郑州的陶瓷市场进入"战国时代"。市场上以次充好、坑蒙顾客的事屡屡发生。"三五元和30元的软管，顾客从外观上根本看不出来什么区别。"那年秋天，有一个商户把质量低劣的产品卖给了顾客。说来凑巧，就在顾客装修好房子出去旅游的时候，马桶软管爆裂，新装修的房子、家具及家电都泡在了水里。最后顾客把商家告上法庭，索赔10万元，一时间闹得沸沸扬扬。

这件事让赵佩杰意识到，只有给顾客真正物有所值的产品，生意才能做得长久。他开了河南第一家陶瓷专一品牌专卖店。在他的店里，大到马桶，小到龙头，甚至各种辅材配料，无一不是箭牌的产品。他承诺顾客，5年内出现任何毛病，产品无条件退换。

投入这么大的财力和精力，同行们都不看好。但事实很快证明了赵佩杰的选择。改为单一品牌后的箭牌专卖店不仅营业额没有下降，还吸引了很多顾客两次、三次的回头消费。"有天一位在绿云小区居住的阿姨来我们店买东西，她说几年前买我们的产品一直到现在还用得好好的，现在儿子结婚装修房子，直接就又来我们店了。"

郑州总店的成功，使赵佩杰有了净化分销商专卖店的信心。也就是在这过程中，赵佩杰遇到了入行以来最大的困难。有一个地市的分销商，不仅坚决不同意改为单一品牌，还威胁赵佩杰："你耽误我挣钱，小心我砸你家的门儿！"赵佩杰的倔强脾气也来了："遵守这个规定，你挣多少钱我都不会眼气。但如果你破坏箭牌的声誉，对不起，我还就取消定了！打架打官司，你想怎么弄，我都会奉陪到底！"

用了这样的铁腕，河南的箭牌加盟店很快正规起来。各地的分销商们也在逐渐站稳脚跟实现双赢的过程中，理解了赵佩杰。

现在的赵佩杰，经管着7家直营店和26家箭牌加盟店。他还引进了全球最大的卫浴休闲品牌阿波罗。不受利益诱惑，永远把最好、最物有所值的东西给顾客，这是他理解的商人最起码的责任。

"一个有责任的人，是受大家尊敬的人。一个有责任的企业是可以存活几十年甚至上百年的企业。我希望我的乐华美居也是如此。"赵佩杰说。

B 赵佩杰如是说

曾经有一段时间，郑州的建材市场上，流行一种彩色的玻璃盆。"真的很漂亮，也很时尚。但对这种技术不成熟的东西，我不会跟风。"

赵佩杰觉得，昙花一现的东西，流行得快，消失得也快。自己要卖的不光是一种产品，还有责任。

【人物名片】

孙 艳

河南前沿形象设计空间总经理

【达人语录】

“夫妻只有在同一高度和层次上才可以看到共同的风景，分享共同的美丽。一个不爱自己的女人，男人也不会喜欢的。”

形象设计师“四面”

A 故事

孙艳是个地地道道的东北女人。修身长腿，走路风风火火，说话快人快语，那种泼辣辣的鲜活喜气的气息很是吸引人。

从普通的工厂女工到房地产公司的总经理，从开酒店的女老板到中国形象设计师协会唯一授权的河南形象设计师基地的掌门人，孙艳的经历可谓跌宕多姿。人生的每一个阶段，这个爱美的女人，都是人群里最耀眼的一个。

“这个世界，只有懒女人，没有丑女人。我就是想让更多来到我这里的人变得更美，更懂得自己。在我看来，美就是女人一生的事业。”

○第一面：好学的修理女工

孙艳是大连人。渤海之滨秀丽的景色和清爽的海风造就了孙艳爽朗的性格和爱美的天性。“当时老家最流行的一句话是：宁要苞米面肚子，也要光光鲜鲜。”孙艳记得，四五岁的时候，因为羡慕同院姐姐漂亮的卷发，她回到家里，把筷子在煤炉上烧热，自己动手烫头发。看着烫好的头发，她对着镜子左顾右盼，心里美滋滋的。看妈妈快下班了，孙艳赶紧用水把头发弄直。吃饭的时候，爸爸看着黑黑的筷子头问妈妈：“怎么筷子都是黑的啊，你炸东西了？”妈妈也很纳闷。一旁吃饭的孙艳不敢抬头，心里却在一直偷着乐。

1979年，为了支援河南建设，孙艳的爸爸带着全家人来到了郑州。3年后，高中毕业的孙艳在中原电器厂上了班。对当时的女孩子来说，站柜台做营业员是一份让多少人羡慕的好工作。孙艳因为人长得大方漂亮，被分到了柜台，可是好学的她却不想去。她想学修理电器，她觉得能把一个出了毛病的电器修理好，就跟医生一样神奇，那种成就感是在前面卖东西怎么也无法相比的。孙艳跟着师傅开始学手艺了，她给师傅打下手，看着师傅把录音机打开，一番检查之后，一个小小的零件一换，再一开，录音机就又开始唱了。师傅下班了，孙艳又偷偷把师傅修好的电器打开，一个零件一个零件地识别，熟稔于心。靠着这样的勤学好问，孙艳的水平很快上来了，没过几年，她修理电器的名气在厂里就出了名。有顾客要来修电器，厂里的人就会说：“去找孙艳吧，啥毛病到她手里，一修一个准！”

因为工作出色，孙艳被调到了商业局做出纳。“这样谨小慎微、一成不变的会计工作，对天生开朗的我来说是一种折磨。”几年后，孙艳的一个朋友在深圳开了家外资销售公司，在朋友的邀请下，孙艳来到了深圳。

○第二面：聪明的房地产女老板

深圳是孙艳最喜欢的一个城市，那种活力和创新让她深深迷醉。那两年，她一边上班一边在大学读工商管理专业，那是她最快乐的一段时光。1991年，公司要在郑州开发房地产，一直深受朋友器重的孙艳回到了郑州。

那是20世纪90年代初期，郑州的房地产开发几乎还是一篇空白。这样的空白里，孙艳虽然没有经验，但靠着胆识和公司里老员工的帮助，孙艳还是一路走了过来。

那时候她不怕加班，不怕吃苦受累，最怕的就是酒桌上的应酬。“一个女人想做点事情太难了。太较真了很多事情办不下来，不坚持自己又觉得尊严受不了。”这样几次下来，聪明的孙艳总结出了第三条迂回的策略。

有一次，孙艳去找一个银行的朋友批贷款。那是孙艳一直很尊重的朋友，令她没想到的是，在她把相关手续拿给那个朋友看的时候，他说了一句话：“孙艳，我一直很喜欢你，做我的女朋友吧？”

孙艳愣了一下，很快反应过来，她笑着说：“不管是真是假，一个女人被别人喜欢终归不是坏事。我一直也很欣赏你，我们不是一直都是朋友吗？”朋友尴尬地笑笑，只说了一句：明天我请你吃饭，你等我电话吧。

第二天一早，孙艳给朋友的妻子打电话，说在深圳给她带了几件衣服，想出来坐坐。孙艳和朋友的妻子坐在了一起，那是一个在大学做老师的女人，知性里透着娴静。孙艳看着她，忽然觉得这次的见面是对的。

朋友的电话就在这时候打了过来，孙艳爽朗地笑了：“你过来吧，我跟你爱人在一起呢，今天我请你俩吃饭。”

朋友是何其聪明的一个人。那天的饭桌上，3个人聊着天，说着各自以前的事，其乐融融。

饭局散了之后，孙艳给朋友打了个电话：“一夜的朋友，天亮了就散了。而一生的朋友，10年20年之后我们还可以来往。”朋友在那端沉默了一会儿，说：“孙艳，你是个聪明的女人，谢谢你。”

几天后，孙艳顺利拿到了批下来的贷款手续。而她和银行的那个朋友夫妻二人，一直到现在，都还是很好的朋友。

从这件事里孙艳总结到，这个世界，其实并不是非黑即白。很多时候，还有第三条道路可走，关键就看你怎么拿捏和把握。

○第三面：疲惫的酒店老板

做房地产的经历锻炼了她处理问题的能力，也让她积累了大量的人脉和经验。

1994年，孙艳在郑州开了家快捷酒店。有餐饮、住宿和洗浴。“那时候生意挺好的，不久就在安阳和长葛都开了分店。只是没日没夜地忙，连家里都顾不上了。”

2000年春节前，孙艳买了一车的年货让司机带着送回家里。妈妈听说她还要赶往许昌，拉着她的手就哭了。她说：“我真不在乎你给我买啥东西。我只想让你跟楼上老王家的闺女一样，在家帮我洗洗床单，炸炸丸子。”她长吁短叹：“你说你天天忙的什么劲儿了，连家都不要了！”

孙艳走下楼，走一路哭了一路。她想自己这样忙到底是为了什么？别人过年都一家子热热闹闹的，可自己呢？女儿在寄宿制学校上学，老公一个月也见不了一面，父母也责怪自己，百十号的员工春节都不回家，她又不能扔下酒店不管。她忽然觉得特别悲哀：我这样做有啥用？要钱又有啥用？！

那年春节和员工一起吃年夜饭的时候，孙艳就下了决心：卖掉酒店，回到家里，好好照顾家尽自己该尽的责任。

仿佛在一夜之间，孙艳就这么决定了。春节过后到第二年的6月，孙艳在同行不解的目光里陆陆续续卖掉了生意正好的4家店，又回到了郑州。

○第四面：快乐的形象设计师

孙艳变成了一个安然的家庭主妇，她把女儿从寄宿学校接了回来，每天变着花样给女儿和老公改善伙食，周日就带着一家人去父母家聚餐。这样的日子过了半年，闲不住的孙艳忽然觉出了无聊：难道我就要这样一辈子留在家里了？能不能有个职业，既能照顾到家人，又能实现自己的价值？

为了照顾父母的身体，孙艳抽时间考了营养师资格证书。没多久，闲不住的她又去考了个心理师资格证书。2004年，国家颁布了9个新职业，其中有一个新名词：形象设计师。孙艳找来资料，仔仔细细地研究这个行当，她发现，形象设计师不是单纯地教你怎么化妆，怎么穿衣打扮，而是一门包括了心理学、美学和营养学在内的各门学科的综合。它所指的美，不但是外表，更是一个人内涵修养的自然流露。她忽然心里亮堂起来：我学过心理学，又一直是个爱美的女性，如果能把兴趣变为事业，那该是一件多么幸福的事。

这年夏天，孙艳趁女儿放暑假的时间去了北京，系统地学习了形象设计师的每一门课程。11月，孙艳拿到了国家首批高级形象设计师证书。这一年，她在郑州开办了了自己的前沿形象设计空间。

孙艳开始了和爱美女人打交道的过程。一个个的女人在她这里完成了美丽蝶变。开业不久，一个叫桂珍的女人找到了她。说自己和丈夫是患难夫妻，但现在丈夫有钱了，嫌弃她了，天天回家可晚，打电话也不接，不知道该怎么办。“那天下午她一直在哭，我一直在听。”孙艳回忆起那一幕仍记忆犹新。等她终于哭诉完了孙艳说：“夫妻只有在同一高度和层次上才可能看到共同的风景，分享共同的美丽。如果一个人在山上，一个人在山下，不在一个交流层面上，怎么可能对话？”她让桂珍看看镜子里的自己，蓬头乱发，憔悴不堪。她说：“如果我是男人，也不可能喜欢这样的女人。一个不爱自己的女人，男人也不会喜欢的。”

孙艳开始带着桂珍一起改变了。她领桂珍去美容，改善满是黑斑的皮肤。带她去做精致大气的头发，去逛商场，买适合她气质的衣服。她甚至动员桂珍去茶馆喝茶，去做瑜伽，把时间安排得满满的。她说：“你别天天光想着给你老公打电话，太紧的束缚只会让他厌倦。当你不在乎他的时候，也许他反倒要紧张了。”

桂珍的变化一天天凸显起来，几个月前那个焦躁绝望的女人已经在一天天变得美丽、优雅、气定神闲。有一天孙艳正在跟桂珍一起喝茶，桂珍老公的电话就在这时候打了过来，"孙艳，我们家桂珍是不是在你那儿？"孙艳笑了："是啊，有什么问题吗？我让桂珍接电话。"桂珍挂了电话，满脸幸福："我老公让我赶紧回来，跟他去参加个应酬呢。"

这样的例子对孙艳来说，已经是数不胜数。每天每天，看着一个个的女人们在她这里变得容光焕发，自信盎然，那是她最有成就感的时候。

2007年孙艳参加了亚洲形象设计师讲师大赛，与来自香港、台湾和大陆的几十名形象设计师门同台竞技。孙艳获得了第一名。能从那么多的高手中脱颖而出，孙艳觉得是因为两点：一是创新，在给模特设计服装的时候，她独辟蹊径用了及大块艳丽的丝巾。另一个是她的演讲，用评委的话来说就是："当孙艳站在舞台上的时候，舞台就属于她了。那种霸气，那种语言的煽动性，让人不能不随着她的气场而波动。"

也是这一年，在中国形象设计师培训基地的授权下，孙艳成立了河南唯一一座形象设计师培训基地。在她的手下，一批又一批专业的形象设计师正在走出去，为这个城市的打造越来越多靓丽的风景。

B 孙艳如是说

在孙艳的心里，她最佩服的就是电影演员秦怡，已经八十多岁，却历经波折，愈加美丽。"每个年龄段的女人都有别人无法媲及的美，愈老愈美丽，那才是一个女人最大的成就。"

C 悟之道

孙艳觉得，这个世界，其实并不是非黑即白。很多时候，还有第三条道路可走，关键就看你怎么拿捏和把握。

【人物名片】

刘军岭

乐语中国副总裁

【达人语录】

"只要坚持，没有啥能让人倒下。"

"赌"出连锁一片天

A 故事

二七广场的一家西式快餐店里，兄弟俩相对而坐，眉头紧锁。面前的食物和红茶早已散尽了最后一丝热气。

哥哥把饮料端起来喝了一大口，终于发话：干吧，兄弟！只当是赌一把，赌输了，大不了还回老家住咱的平房，吃咱的咸菜。

这是2002年12月，发生在刘军岭兄弟俩身上的一幕。因为这一"赌"，河南的省会街头，第一次出现了面积超过3 000平方米的大型手机连锁专卖店。

时年28岁的刘军岭，也因此成为本土大型手机连锁行业无法忽略的一个。

○赌一把：横空出世的新亚手机连锁店

刘军岭是新郑人。外表清瘦，交谈的时候眼睛会很认真地看着你。未语先笑，说话语速很快。这是他给人的第一印象。

1998年，初中毕业的刘军岭来到郑州，跟着哥哥在通讯大世界卖手机。靠着诚信和灵活的头脑，兄弟俩从两节柜台做起，不仅站稳了脚跟，有了自己的店面，还在全国积累了丰富的人脉资源。

2002年12月，位于北二七路中国网通的房子对外出租，跟着哥哥创业多年的刘军岭想接下这个店面。因为当时的北京迪信通刚刚来到郑州，在遍地小铺面的手机店中，刘军岭觉得，手机大卖场作为一种先进的经营趋势，肯定会在将来大行其道。反复的犹豫和考虑中，哥哥说了这样一句话：兄弟，干吧！你才28岁，即使赌输了又有什么？大不了回老家吃咸菜！

就是这样一句话，让刘军岭下决心赌一把。2003年3月6日，新亚手机城开业。它打出的第一个广告是：88元买手机。而当时这种手机的市场零售价为3 400元。

开业前的那天晚上，他忙到凌晨3点。刚刚睡下没多久，凌晨5点，店里的保安打来电话，说外面挤满了人，排着长队。刘军岭赶紧跑到店里，让七八十个保安把着10个门。早上8点，店门一开，顾客潮水般哗地涌了进来，几个玻璃门就碎了，一楼刹那间挤满了人。旁边的店员举着喇叭高喊："大家不要挤，88元的手机在2楼。"哗的一声，人群又涌上了2楼。刘军岭站在旁边，捏着一把汗。"2楼的楼梯是钢架结构的，我在心里念叨：楼梯可千万不能塌啊！"

作为河南第一家本土大型手机连锁店，新亚手机城一开业就以最低的价格和最全的品种吸引了省会人的目光，买手机到新亚，一时成为当年最流行的广告。

○冷热交织：熬过非典，促销引来110

就在刘军岭兴奋之际，这年的4月，非典来了。"生意一下子由热转冷。大卖场里再也不拥挤了，放眼望去，除了售货员就是负责消毒的。"

那是刘军岭最难的一个坎儿。"最差的时候，一天的营业额只有7万，除去成本，连房租和员工工资都顾不住。"半夜的时候，刘军岭从梦里愁醒，他一遍遍问自己：大卖场的连锁之路到底是对还是错？

苦思冥想中，他坚信当初的决定是对的，在中国这样一个人口大国，手机的普及和更换只会越来越密集。大卖场作为一种能与厂家直接对话的经营模式，价格利器和品种优势会让它在未来10年都活得很好。

刘军岭开始寻找应对措施。他通过哥哥的人脉关系，跟手机厂家联系赊销。他把所有的手机都用压缩模包起来，给顾客的感觉好像消毒了一样。他在一片萧条中仍打出低价抽奖的广告。更关键的一环，是他一直在给员工打气："这么大的事，国家肯定会控制住的。说不定明天一早醒来，非典就没了。只是时间和坚持的问题，只要坚持，没有啥能让人倒下。"

2003年6月，新亚手机城终于走出了非典阴影，开始迅速复苏。从这时候后开始，新亚筹划了一系列让同行刮目相看的大手笔。"每个商家都有不同的出牌方式，新亚的利器就是利用强大的销售能力和人脉资源，跟厂家对话，在新品垄断和价格优势上彰显实力。"

价格利器也许技术含量不高，可却是个无往不胜的利器。"零售标价3 000元的N8，新亚只卖1 000元。在我们卖了3个月之后，别的店才拿到这种型号的机子。"刘军岭对自己的经营秘籍津津乐道，"诺基亚的E66我们比别人早拿到10天，一个月就多卖了600台。联想520我们创造了单月卖掉1 600台的好成绩，让厂家都感到惊奇。而三星的许多手机，因为上货的优先权，在我们这里销售成绩是全国第一。"

2008年夏天，新亚打出一则广告：三星手机，市价1 700元只卖800元，限量160台，售完为止。谁都没想到，卖到最后一台的时候，两个顾客争起来了。吵闹之中，顾客打了110。急忙忙赶到的警察问了事情的前后经过，笑了："人家广告说得很清楚，售完为止。你打110有什么用啊？"顾客很执拗："我不管，反正我来的也可早，为啥买不到？"

110把楼上的刘军岭也给惊动了。他跑下楼看看面前的僵局，对售货员发话："你收下这位顾客的钱，大不了咱高价调一台，低价卖给顾客。"他转头对顾客说："你别急，我们只要承诺的事，就一定会兑现。"

B 悟之道

刘军岭在一步一步地实现着他的扩张计划。从2003年新亚中原路分店开业以来，5年的时间，他已经在河南有了自己的43家连锁店，其中2 000平方米以上的大店就有8家。

2009年，新亚的目标是立足郑州，辐射二、三级市场，直至发达的乡镇。“明年上半年，我们要投资800多万，在所有店面上一个高级的ERP管理系统。哪种货卖得好，哪种滞销，厂家有什么新动态，出了什么新品，我们都可以第一时间得知。这个系统可以帮助我们更迅速地判断全国市场，以便进行更好地市场运作。”

从老家出来踏入郑州的那一天起，刘军岭就一直在这个行业里摸爬滚打，在他的心里，这是一个令他爱恨交织的行当。“女人当男人使，男人当牛用。几乎每天都有几十种产品的价格要调，还要关注新品等等，太累了。”

【人物名片】

吴大伟

欧凯龙国际家居连锁集团执行总裁

【达人语录】

"帮助我们成长的是我们的对手，打败我们的是我们自己。"

爱家男人吴大伟

A 故事

他是孩子的好父亲。每天早上都要送孩子去上学，一坚持就是10年。

他是妻子的好丈夫。周五之前他会处理掉所有的应酬，周六周日在家陪家人，这是他和妻子的约定。

他是世人眼中的成功人士，他是爱家的男人吴大伟。

时尚杂志对新好男人的定义标准，不外乎以下3点：多金，事业成功；爱家，有责任感；幽默，心胸豁达。从这些标准来看，爱家的成功男人吴大伟，应该是一个不折不扣的新好男人了。

○算命先生的预言

吴大伟是河南巩义人。都说一方水土一方人。滔滔洛河水不仅孕育出名扬中外的康百万家族，也让这个小小县城中的民众比他乡的人们多了灵活的头脑和经商的谋略。

1993年，在一家国企做人事干部的吴大伟辞职了。他跟自己的好伙伴赵辉一起，做起了家具进出口贸易。从至美实业到现代家私，8年的打拼，吴大伟挣到了人生的第一桶金。

2001年，吴大伟在全国考察，发现上海、深圳等发达城市已经出现了高端家具商场。看看还是一片空白的郑州，吴大伟和赵辉一合计：咱们就做第一个吃螃蟹的人吧！

说干就干。哥俩忙活了半年，2002年元旦这天，金水路上，一家名为欧凯龙的大型家具卖场开业。崭新气派的4层楼，装修精美大气，网罗了全国各地家具名牌的欧凯龙，一时成为郑州家具行业的津津乐道的话题。

开业没多久，一位商户请了个算命先生。算命先生断言：这个商场8月15肯定关门。吴大伟说："可以，我养着你，等到了8月15那天，我要让你看看，欧凯龙会不会关门！"

话是这样说。但市场的培养确实是一个艰难的过程。"在别的商场800元就能买来一张床，但在欧凯龙，最次的牌子也得4 000元。"用吴大伟的话来讲，刚开始的大半年，生意不止是冷淡，简直可以用惨淡来形容。白天他和赵辉不敢去，半夜12点，俩人来到空荡荡的商场，一层楼一层楼地转。他俩一直在讨论：这么做到底对不对？

反复的讨论中，俩人认定：高端商场是有前途的。就如同人们买衣服，以前注重的只是外衣，根本不管内衣的品牌和舒适度。但随着生活水平的提高，会有越来越多的人意识到：内容和品质与外表一样重要。关键是市场的培养和消费习惯的引导，欧凯龙需要的只是时间。吴大伟和赵辉下定决心：一定要撑过去，大不了回到解放前，以前挣的利润不要了。

仿佛是一夜之间，金水路立交桥两边挂满了欧凯龙的广告牌。欧凯龙还在报纸上打出广告：进店就送床垫，每日送出10张。"那可是韩国ACE的床垫，一张进价就是4 000多。我们对顾客的承诺是，只要你在欧凯龙买东西，哪怕是10元的商品，只要你是前10名，我们就送你韩国的床垫。"

欧凯龙的知名度和客流量一下子哄起来了。8个月后，正好是算命先生预言的要关门的日子，欧凯龙走出了低谷。买好家具就到欧凯龙一时成为当年最时髦的词汇。

○欧凯龙画出的一个圆

单店的经营走上良性循环之后，吴大伟意识到，欧凯龙得搞差异化竞争，走同城连锁之路。"高端有市场，但中端的份额更大。所以我们要开一些平价馆，为更多顾客群提供质量好又平价的家具，这样才能把原来缺失的那个圆给丰满了。"

因为这样的思路，2003年之后，欧凯龙在郑州的西区、南区和中区连续开了3家平价家具馆，这在全国的高端家具连锁业中都是首创。欧凯龙也因此进入迅速成长期，"2004年到2007年，是我们欧凯龙势头最好的黄金时期。"

2007年下半年，随着省外几大家具巨头的进入，以及一些家具批发市场的开业，河南家具市场的格局发生了很大变化，欧凯龙一枝独秀的局面受到了挑战。对此吴大伟的看法是："帮助我们成长的是我们的对手，打败我们的是我们自己。对手越强，我们的潜能才会越被激发。"

欧凯龙开始了一系列的应对措施。有节搞活动，没节就造出一个家具文化节。它提出"宁让利润，不让市场"的口号，它跟大型厂家联合，把质量最好，价格最低的家具给顾客。它甚至引进了红木和美式家具，"一个柜子就要20多万，这在河南都是独一份。欧凯龙不是在显摆，只是想给公众这样一个概念，在欧凯龙，你可以买到任何你喜欢的最好的，在别处都买不来的好东西。"

2008年7月18日，欧凯龙11年店庆，搞了一个大型"集采"活动。如此大的优惠力度在行业内都可算空前绝后，一时间欧凯龙内人头涌动。那天晚上，一直到凌晨1点，黄河路平价馆里等着交款的人还排着长队。"我站在黄河路店的楼上，都快出不来了。"那天一直到凌晨两点，吴大伟还没有睡着。那是他从业以来最有成就感的一刻。

“巴菲特说过，在别人贪婪的时候恐惧，在别人恐惧的时候贪婪。一片经济危机之中，正是我们进驻的最好时候。”对于今年即将到来的居然之家，还有其他对手的步步紧逼，吴大伟的回答是：“对外来企业来说，河南只是他们的一个点。可对欧凯龙来说，河南就是我们的全部。精力的投入和专注是无法相比的，所以我不担心。”

18年的时间，一直在家具行业里精耕细作，吴大伟乐此不疲。“前十几年年我们让欧凯龙在河南站稳了脚跟，后十年我们要让欧凯龙在河南得到更快发展，我们的目标是把欧凯龙打造成瑞典宜家那样的百年企业。”

B 印象派

2003年，欧凯龙曾提出一句广告语：爱家榜样欧凯龙。这句话的始作佣者就是吴大伟。“一个不爱家的男人，他根本不会想怎么去布置家。”

熟悉的朋友都知道吴大维是个爱家的男人。曾经有朋友送吴大伟两张票，邀请他晚上去开封看东京梦华。他第一句就是：“能不能给我3张，我想带着老婆孩子一起去。”

他对自己的评价是：情商很高，智商很低。智商很低肯定是自谦之语，但情商很高却是有目共睹的。这个重情的男人，跟好伙伴赵辉创立了欧凯龙，俩人一个做董事长一个是总裁，“18年了没有红过一次脸。我俩一刚一柔，从默契度上比喻，就像我佩服的周恩来和毛泽东，一个是出思想的，一个是把想法变成现实的。”

【人物名片】

张建明

郑州西湖明珠大酒店董事长

【达人语录】

“失败对男人来说并不可耻，可耻的是倒下了就躺在烂泥里再也不起来。”

52岁，酝出西湖一明珠

A 故事

张建明，杭州人氏，河南西湖明珠掌门人。

江湖有云：江南出雅人，北国多侠士。然凡事皆有例外，出自吴侬软语之乡的张建明身上，就混合了儒雅和侠义双重之气。

他曾是丝绸界叱咤风云的人物，是把朋友和情意看得比天还大的商人，却在轻狂和轻信里兵败深圳。锦上添花，烈火烹油。繁华落尽，过眼烟云。那样浓油酱赤、大起大落的人生，几乎是他当年最真实的写照。

烟花三月，古人下江南，他则背井离乡到了河南。他从一家酒店坐起，踏踏实实一步步站稳了脚跟。3年磨一剑，现在，他旗下的西湖明珠大酒店已然成为河南高档杭帮菜的代名词。

如同松下集团的掌门人松下幸之助60岁才开始人生的辉煌，张建明说自己的人生从52岁开始。“河南是我的第二故乡，郑州人对我有重生之德。”

○“丝绸大王”的滑铁卢

张建明58岁了。这个已经到了知天命之年的男子，戴一副细细的银边眼镜，说话缓慢温和，未语先笑。如此斯文儒雅的他，却说如果在古龙或金庸的小说里，自己就是仗剑天涯的侠士。“别看我戴了眼镜，其实心里野得很。”

1970年，正是举国癫狂“批林批孔”的时候，知识青年张建明返乡回城，在杭州丝绸联合印染厂上了班。18岁的小伙子，看着长满蒿草的印染车间，看着“革命小将的红色行动”，茫然不解。1974年，瞒着家人，张建明偷偷去北京告“御状”。“那时候真是年少轻狂，不计后果。甚至觉得自己是怀着满腔爱厂救厂的情怀，很是壮怀激烈。”

到了北京，还没见到想见的人，张建明就被遣返老家，关押了起来。这一次类似堂·吉诃德挑战风车的可笑行径为年轻的张建明带来了无尽的麻烦，直到1976年，他才得以平反提干。

1989年，张建明辞去公职，创立了自己的丝绸出口贸易公司。下海后的第一单生意就让他赚到了170万的港币。方兴未艾的市场，做生意的良好天赋及几年来在丝绸厂积累的人脉，令张建明在短短两年内就完成了原始积累，成了真正意义上的大富豪。在杭州丝绸界，他也因此有了“丝绸大王”的绰号。

太过容易的成功，最容易让一个人冲昏头脑。轻狂、放纵，挥霍，成了那几年张建明全部的生活。“有时候打个小牌就输掉好几万。”

西谚曰：一摆老资格，失败就敲门。这个世界，从来没有完全相同的两幅场景，做事要成功，完全就是靠实干和用心。一个所谓的朋友就在这时候卷走了张建明几百万的货款，清醒过来的他才发现，公司已经成了一个空壳子，而自己欠下的各类债务，就是700多万。几乎是在一夜之间，张建明变得一无所有。

张建明变卖了深圳的房子和公司。为了还债，他从塑料袋生意做起，一点一点还清了所有的债务。他终于一身轻松了，可是那种从巅峰跌入泥潭的疼痛，那种内心的挫败感，一直没有消散。3年的时间，他没有回过杭州一次。

○烟花三月下河南

2003年冬天，张建明接到在浙江烟草局任职的老朋友的电话：“老张，如果你还认杭州是老家，如果你还认我这个从小玩大的朋友，你就回来一趟。”

张建明回到了杭州。一夜长聊，唏嘘感叹。老朋友最后对他说了这样一句话：失败对男人来说并不可耻，可耻的是倒下了就躺在烂泥里再也不起来。回来的路上，张建明经过儿子打工的麦当劳餐厅，隔着玻璃窗，他看到儿子在快乐地忙碌。张建明忽然就流了泪。出事的这几年，儿子和他妈妈的生活有多难，他一直清楚。可是儿子竟然还能这么阳光灿烂地笑。这种精神的财富，是在他有钱的时候，在他呼风唤雨的时候无论如何也想不到的。他在心里发誓：张建明，如果你是个男人，就一定要爬起来，让儿子为你自豪。

正是烟花三月。古人烟花三月下扬州，张建明则背井离乡来到了河南。“那是真正地离乡背井，为了来河南创业，我把杭州的房子都卖了，因为这个，老伴当时都要跳楼。”

在朋友的介绍下，租下陇海路一家企业的房子，开起了西湖明珠大酒店。跟温润旖旎的杭州相比，让张建明不适应的并不单单是这里干燥的气候。他带着杭州最好的厨师来到了这里，招聘了100多名员工，却没料到，各种手续加上水电气暖的完全到位就花了3个月的时间。那些日子他每天要与十几个部门打交道，店里一天没开张，却还必须负责100多号员工的吃住。

2005年7月28日，西湖明珠大酒店终于开业，但因为在二楼，生意一开始很差。“最惨的时候，偌大的餐厅只有一桌客人。”

那是一段煎熬的时光。张建明把自己关进没人的包间，在黑暗里默默地抽烟。他想起杭州老朋友的那句话，想起儿子灿烂的笑。他想起郑州的朋友对他说的那句话：头三脚难踢，老张，你可一定得坚持住！

张建明坚持了下来。他要求员工苦练内功。饭菜是国家特级厨师主理的上百种杭帮名菜，服务则提出“三声”“四到”的口号。来有迎声，问有答声，走有送声。四到是客到敬语到、笑容到、香巾到、茶水到。“总之就是要把顾客当皇帝。”天不负苦心人。3个月后，客人慢慢增多起来，西湖明珠酒店终于在张建明的坚持里跨过了盈亏平衡点。

○52岁之后 姗姗来迟的春天

这年12月，河南省文化厅要搞2005年河南新年戏曲大赛，张建明得知后灵机一动：酒香也怕巷子深。这不正是宣传自己的好时机?

河南新年戏曲大赛的报名、比赛场地最后终于设在了西湖明珠大酒店。“从报名，到初赛直到最后的决赛，6个月的时间，比赛都是在我们这里举行。”

3 000多名选手，从5岁的孩子到80岁的老人，这样的口口相传，加上电台的反复广播，会是什么概念？西湖明珠很快在省会火了起来。早几年来到的其他杭州菜馆，在它的风头下竟也黯然失色。

2005年的秋天，张建明与河南省婚庆协会联手，邀请管城区的49对新人参加免费集体婚礼。东阳木雕刻就的龙凤舞台，精致又家常的杭帮菜一下子打动了很多人的心。这次活动之后，附近居民的婚宴成为西湖明珠的一个主要收入。

2006年6月，张建明得知一家部队院校要建后勤酒店，一直有军人情结的他赶紧跑去报名。当时参与招标的人中有许多财大气粗的老板，其中又一个还是从广东来的。张建明的理由很低调也很朴素：我从小就喜欢军人，但因为上山下乡未能如愿。能和部队合作，与军人为伍也算了却我年少时的一种心愿。

张建明在一片奢华的表白里胜出。7月28日，信息交流中心（西湖明珠）大酒店开业。这里窗外有湖，湖上有桥。画廊曲径，三潭印月。春天桃夹柳岸，雨季雾锁轻烟。俨然就是西湖美景，令人坐忘人世。

不止是截然不同的风景，张建明还赋予这里儒雅的文化气息。大门口处，一个重达5吨的灵璧龟上是名家书写的平安归来四个字。一入大堂，一个东阳红木雕成的弥勒佛在对所有的客人打揖微笑。靠墙的一面墙下，安徽灵璧石雕旧的12生肖栩栩如生。包间的门头上，是西湖的各处胜景，甚至包间内的字画也是当代名家们所写所书的西湖胜景。100年前的西湖是什么样子？战火烽烟中的雷峰塔是什么模样？走廊两侧的老照片完全可以满足你的好奇心。在张建明的手下，西湖明珠已经是另一个浓缩的杭州和江南。

这样一处与众不同的酒店，很快在业界风生水起。虽然位置偏僻，但一到周末就人满为患。“以至于有的客人为了占位提前一礼拜订座。”

3年的苦心经营，张建明终于让西湖明珠在郑州站稳了脚跟，迎来自己50岁之后姗姗来迟的春天。从去年开始，他开始不断接到要求加盟的电话。“本地外地的都有。2009年，西湖明珠肯定要在好的地段开新店。”

B 张建明如是说

“武侠小说里讲，有人的地方就有江湖。其实江湖英雄不是呼风唤雨，不是气势逼人，而是人情练达，低调谦逊，人脉通达。这是我现在努力修炼的境界。”

C 印象派

曾经的锦上添花，曾经的繁华落尽，都已成为“误落尘网中，一去三十年”幡悟与通达。

在张建明的心里，河南已经是他的第二故乡，“因为我50岁开始在这里创业，郑州人对我有再生之德。”

熟悉张建明的朋友都知道，他是个重情的人。有天他和一个曾对他有恩的朋友一起吃饭，那段时间他因为身体原因医生叮嘱不能喝酒。朋友一饮而尽，说：“我喝完了，你看着办吧。”张建明犹豫了一下，举起杯来一饮而尽。杯子还没放下，他咕咚一声就倒在了地上。

2006年，在得知张尚昀背着妈妈上大学的故事后，张建明拿出30万元投资排演豫剧《当代孝子》。他坐在台下和观众随着剧情一起鼓掌，一起流泪。他说自己以前觉得每月给父母寄钱就是孝顺，但张尚昀给他很大震撼。”后来不管生意多忙，每月他都要回一次老家，每天早上跑步去父母家共进早餐。这一坚持就是3年。

别人避讳莫深的失败，在他看来没必要遮遮掩掩。前半生的那次失败让他想到了曾国藩说过的那句话。“粮仓里有种木片，起名概，用来刮去仓里满出来的粮食。曾国藩受到启发，觉得做人也应如此，不能太满，否则，人不概之天概之。”

【人物名片】

樊胜武

河南阿五美食有限公司董事长

【达人语录】

“我只想让豫菜站起来。”

“没事找事”的豫菜复兴者

A 故事

年前年后的这几天，樊胜武一直在张罗店庆的事。因为2009年3月15号，他创办的阿五美食就满5岁了。

他把计划一条条打出来，让圈里圈外的朋友点评。请顾客挑刺，自己给自己找骂；真假食材大揭秘；厨艺绝技表演；美女和厨师演绎“食”尚新品……这些在别人看来不可思议甚至是离经叛道的举动，都将出现在他的5周年庆典上。

不安分，能折腾，没事找事，永远与众不同。这个在河南餐饮界充满争议的人物，这次恐怕要让熟悉或不熟悉他的人再震动一次。

世事就是这样。泯然众人的人平平安安，但注定一生庸碌，波澜不惊。木秀于林的人也许有风摧之，但他拥有的天地和风景，别人终生无法领略。所以，最会“做秀”的张朝阳，成为中国三大门户网站之一的CEO。最“不务正业”的潘石屹，则把他的SOHO中国，做成了赫赫有名的上市公司。

当然还有樊胜武。这个一直在为豫菜复兴没“事”找“事”的厨师，这个河南餐饮界最不安分的老板，也在沸沸扬扬的争议声里，折腾出一片令人惊叹的风景。

○那时候的小五

樊胜武的模样，跟饭店宣传彩页上的那个他一样。只是面前的他，说话更逗，更直接。在他爽朗的笑声里，豫北人朴实里夹杂着的机灵劲儿呼之欲出。

39岁的他，来郑州的时间不到22年。一个杀鱼择菜的小伙计，却已在神奇的光阴之手中，化身为一个拥有多家直营店和加盟店的公司董事长。他说如果每个人的一生就像一部电视剧，自己最开始的那个画面，肯定要从郑州火车站福寿街的一家小店里开始。

那是1987年，17岁的长垣人樊胜武来到省城打工。他的第一份工作是在火车站附近的小饭店里做伙计。杀鱼择菜，和煤、洗盘子。不到10平方米大的厨房里，一个大煤炉占据了一半的空间。夏天外面的温度30多度，厨房里的温度有六七十度。老家的同学来郑州看到这情况，回家就跟樊胜武父母说："赶紧让你们家小五回来吧，太受罪了。"

父母坐着车来到郑州。看到厨房里挥汗炒菜的小五，母亲哭了："不行咱改行吧。"樊胜武说："妈，没事。刚有机会上灶，我现在可不能走。"他把父母送到车站，将自己攒下的100多元钱塞给了妈妈。"挥手告别的时候，我看着车窗里父母模糊的面孔，就在心里发誓：不混出个名堂来，绝不回去。"

倔强的樊胜武就这样开始在省城闯荡。在火车站华侨餐厅干了一年后，他来到杜康酒家，因学员太多，酒店规定新来的人轮流上班，樊胜武跟师傅说好话，每天上两个班。他站在师傅旁边一边打下手一边学手艺，这样同样做学徒，别人学了两年，在他这里就变成了4年。

他的工资是每月80元，发了工资别人出去逛街，谈朋友。他把工资全买成书和萝卜，拿到租住的小屋里学习雕刻。那一年大哥从沈阳回老家，路过郑州来看他。见他发着烧还刻着萝卜，当即掉了泪。"大哥当时觉得不可思议，可是我却真的没觉得有多苦。"樊胜武说，"如果真觉得苦了，我肯定早就打道回府了。"

因为痴迷做菜，他两年不知道二七塔在哪里。为了省钱买萝卜，他曾在潮湿的地下室饿了两天，第三天实在支撑不住，借朋友的钱，上街一顿吃了三大碗烩面。在樊胜武的回忆里，这就是那时候的小五。"简单，执著。呵呵，还有点傻。"

○与"刺儿头"的较量

樊胜武在这样的坚持里从伙计做到了大厨，一直到亚细亚饭店的行政总厨。1999年，他去河南电视台做节目。当时的主持人海霞不知道什么是行政总厨，就问他，他的回答是："行政总厨不光是会做菜，还要懂得厨师培训、菜品创新、毛利控制和前后协调等等。"樊胜武精彩的回答引起在场观众的掌声，也吸引了当时河南最有名的国际饭店老总的注意。

节目播出后，国际饭店的人通过电视台找到樊胜武。"当时面试我的是个叫安东尼的老外总经理，在问完相关的专业知识后，他问我准备每月要多少工资。我心说，这个岗位是多少厨师梦寐以求的啊，只要能让我来，不给钱也行。"樊胜武心里这样自言自语，可是他的回答却谦逊而周全："等干一个月后，您看我值多少钱就给多少钱吧。"安东尼愣了一下，扭头对翻译说："这就是我需要的人。"

29岁的樊胜武就这样成了河南最有名的五星级饭店的行政总厨。他很快发现，在这样一个酒店，行政总厨可不是那么好当的。在这里，员工餐一个月的成本竟能达到10万元。鸡、鸭、鱼、水果，甚至还有海鲜。"成堆地炒，吃不完就整盘倒掉，浪费得惊人。"除了浪费，还有人偷拿，特别奇怪的现象是一个刷盘子洗菜的人都是有背景的，敢指着老总的鼻子骂。

樊胜武不怕。他反复掂量自己的身份：作为外聘人员，他没必要去在意那些错综复杂的关系。自己要做的，就是立竿见影，让聘用自己的企业和老总看到效果。这也许是他们聘用自己的唯一理由。

樊胜武硬起手腕，开始整治浪费，严格纪律。他在开会的时候说了这样几句话："一个人，最重要的是要认清自己的身份。作为员工，不管你有什么样的背景，都要对得起自己的工资，又有什么权利去跟你的上司对骂？现在制度已经定出来了，撞到枪口上的，一视同仁。"

有人开始跳起来和樊胜武较量，写"大字报"，直接骂、威胁，甚至有人晚上偷偷把他的摩托车胎扎烂。樊胜武找到那些人，当着众人的面和他们对话："如果你是男人，咱俩就比一比。论钱我比你工资高，咱每月拿出来1 000块比着撕，看谁先手软。论技术，咱俩无论是比刀工还是上灶台，做几个菜让大家评评。论打架，可以。我是农村人，有的是力气。"他最后撂下一句话："光脚的不怕穿鞋的。我有技术、会管理，大不了走人，我无所谓！"

一片鸦雀无声。樊胜武的话镇住了大家，刺头们也在他的气势里变得服服帖帖。"后来形成了一个奇怪的现象，那些人不怕老总，一看到我反倒恭恭敬敬。"几个月后，国际饭店员工餐从10万元降到了3万元左右，各项管理也变得井然有序。这年年底，樊胜武受到酒店嘉奖，他的年薪也从这时候开始上升到6位数。

○五星级小饭店的"烛光"晚餐

2003年的一天，国际饭店接待了中法文化交流团的一批法国客人。"那天我和几个河南厨师在厨房忙碌了许久，法国客人吃得很满意，要求见见厨师。我作为行政总厨自然去了，但本该出现在现场的两名河南厨师最后换成了北京和广东的。"

樊胜武大受刺激。他想，在很多人的眼里，河南厨师太土，河南菜就是烩面和胡辣汤，上不得台面。可又有谁知道，豫菜是中国菜系之母，在民国之前，豫菜绝对是高贵和身份的象征。仿佛一霎之间，樊胜武做出了决定：自己开家豫菜馆，哪怕是最小的，也要让别人明白，河南菜，河南厨师是不容轻视的。

2004年3月15日，郑州建业路上一家名为阿五美食的豫菜馆悄然开张。180平方米大小，十来张小桌子，这家偏僻路上的偏僻小店，跟别的路边小店似乎没什么不同。

但只有樊胜武知道，自己的阿五美食，绝不是路边的庸常小店。他把饭店安在这里，不仅仅是因为这里房租便宜。他是看重了这里的高档社区，他相信，好东西肯定需要经常吃饭的人才能知味。他就要反其道行之，从高端做起。别人做菜是清水加味精，要么是靠辣椒刺激，他的则全部是高汤。"汤盛起来再扬出去，落下来像丝绸一般。"别人的调料是袋装或合成的调料，他的油盐酱醋数十种调料全部是五星级饭店的标准。

一开始的生意并不好。樊胜武让自己的亲戚冒充客人，一盘黄瓜，一碟花生米，就津津有味吃上几个小时。"附近那些高档社区的有钱人，偶尔来我们这小店一吃，嘿，这小店里的菜怎么比我在星级酒店里吃得还舒服？一打听，原来我是五星级饭店的行政总厨，客人就给阿五美食起了个'五星级小饭店'的称号。"

这样的口口相传之下，不到两个月，生意一下子火起来了。每天上午不到11点，就开始有人排号。20张小桌，一天要翻到180桌左右。"往往是这边的客人还没有离座，那边的客人就在旁边眼睁睁看着等座了。"即使是停电停水的时候，执著的客人也不肯离开。于是夏天的阿五美食，出现了这样一幕：厨房里，厨师们捂着湿毛巾，点着蜡烛挥动炒勺，汗流浃背，一菜不落。餐厅里，客人扇着扇子，品尝着独具风味的"烛光美食"。"五星级小饭店"的魅力，由此可见一斑。

○阿五的豫菜梦

建业路上的阿五美食，接连扩了3次，但依然人头涌动，每到吃饭的时候排号的人就堵住了门。有天樊胜武看到一个80多岁的老太太，拄着个拐杖，站在门口颤巍巍地等位，突然心里特别难受。“别人是掏钱买享受来了，即使我的饭菜再好，又怎么有理由让顾客受这样的罪？”

正是在这样的心理之下，樊胜武后来又在附近接连开了几家店。别人开饭店是东南西北岔开布点，樊胜武开饭店却是越近越好，“就是为了缓解客人等位的压力。”

2006年，樊胜武在郑东新区开了阿五美食顺驰店。他当时的想法很简单，开车从建业路到东区，不过10分钟的时间，这样可以更好地分流等位的客人。装修到一半，朋友和家人都劝樊胜武赔个装修的钱，撤回来算了。“那时候我们装修了近半年，路口连个人影都见不着。整个就是一大工地。”樊胜武仔细地琢磨了又琢磨，开车10分钟与等待半个小时，客人肯定会选择前者。郑东新区是发展方向，现在房租这么便宜，应该是入住的最好时机。他在心里赌了一把：大不了我用市里的两个店贴补这个店。

事实再一次印证了樊胜武的与众不同。一年过后，阿五顺驰店生意火爆，每到吃饭的时候，一条街上停的车最少有二三百辆。它还带动了整个这条街的餐饮，很多知名餐饮品牌都把饭店开到了这里。“但阿五的房租是最便宜的。我们可以说又歪打正着了。”

现在的樊胜武，除了阿五美食的品牌，还多了一个厨乡。“阿五是新派豫菜，厨乡是老派豫菜。扣碗、小苏肉、胡辣汤，全是小时候妈妈做的口味。这样消费人群更细化了，想吃新派豫菜去阿五，想怀旧的来厨乡，各得其所。”

阿五美食加盟店现在在全国已有20多家。说起第一次的加盟，阿五笑言跟电视剧一样。2005年夏天，几个山东人开着车来到阿五美食。“上午吃，下午吃。一个礼拜的时间，把我们菜谱上的菜点了个遍。”吃完之后，他们找到樊胜武，要求加盟。

“当时咱也不懂什么叫加盟。我说行不行啊？人家说我去你办公室谈吧。当时我没办公室，赶紧在后面的建业花园租了间房子，把家里的沙发办公桌搬过去。”说起第一次的加盟，樊胜武没有一点做作，“人家给我们讲连锁模式。当时把钱给我的时候，我还当着人家的面数了半天。别人都是请加盟商吃饭，可加盟商却请我吃饭，哈哈。”

第一家加盟店的一炮走红，给了樊胜武极大信心。“都说豫菜走不出去，从明末清初到现在，河南也只有厚德福一家饭店走了出去。济南店让我相信，豫菜在外地还是有市场的。”

2009年的店庆，樊胜武准备了一系列惊人举措。他知道这必定会引来更多的争议，但他很坦然。“我只想让豫菜重新站起来。若干年后，人们回忆起来，如果在我们这一代，豫菜热闹了，吸引别人注意了，复兴了，这就够了。至于别的，你说我没事找事也好，出风头做秀也罢，我都无所谓。”

B 樊胜武如是说

关于阿五，这个河南餐饮界曝光率最高的老板，我们还有什么不知道的？甚至是他的私事，也被很多人津津乐道。面对或褒或贬的口水，他倒是坦然自若。面对我们的普鲁斯特问卷，他几乎是脱口而出，没有谨小慎微里的字斟句酌。

你所理解的最完美的快乐是什么?

为别人提供快乐，所做的事情被别人认可，才是真正的快乐。

你最害怕什么?

无事可做。

最大的爱好呢?

台球。它不是激烈的运动，能让我在专注里安静，放松下来。

你最后悔的事情是什么?

人生只有直播，没有彩排，对自己的行为负责，就无怨无悔。

什么是你最珍贵的财产?

经历、健康、能力、知识

你的座右铭是什么?

以老板的心态打工，以打工者的心态做老板。当机遇来临的时候，我已经准备好了。

你如何评价自己?

自信，不安分。永远在折腾，没事找事。

C 悟之道

我常觉得欣赏好的烹饪技术犹如欣赏一幅美丽的画卷，令人回味无穷。

如果你的内心把烹饪当成简单的做菜，那永远不会提升；但假如你把每一次的烹饪都当成一幅艺术品专注地来打造，我相信，再普通的食材，经过你的加工，所有人都会感受到菜品里体现出的韵味。一个好的厨师，更要细心地感知生活，这样，你的菜品才是有感情的，不然，刀工再精细，造型再漂亮，也只是一个匠人，而不可能成为大师。

【人物名片】

尹　群

郑州全家福餐饮有限公司董事长

【达人语录】

“人生没有彩排，每天都是现场直播。”

茶香女人的“全家福”

A 故事

尹群是谁?

她是河南第一个把火锅从地摊引进正规酒店的人，是第一个把烩面下到火锅里，又第一个把云南糊辣鱼引到郑州，风靡大街小巷的全家福酒店掌门人。

2009年1月17日，她又率先在郑州开了第一家茶宴酒楼，专营自然健康的茶宴和素斋。亭台楼榭，莲花祥云。纱幔低垂处有清音袅袅，流水潺潺里有红鲤游弋。一种将菜肴和茶相结合的全新饮食方式，不期然间就这样被她引入郑州。

2013年的夏天，她又创造性地推出了不上火的“椰子鱼火锅。”一时成为这个城市时尚一族的新流行。

这个一直跑在前头，被称为河南餐饮界“大姐”的女子，就是尹群。

24年的餐饮生涯，一个女孩如茶一般，在沸水里沉淀出女人最美的味道。浸淫其中，她笑过，哭过。但在热闹和落寞之间，在痛快与痛苦之间，她懂得了坚持和取舍。

龙年除夕，坐在电脑前，她在微博上写下了一句话：原来我一直都是幸福的。

○1998年的糊辣鱼

尹群是巨蟹座的女子。星座书上说，巨蟹座的女子，是12星座里最能坚持到底，也最有超强直觉的人。这样的评价与尹群的特质比较，吻合得刚刚好。

她在这个行业里摸爬滚打已经24年。两个甲子的轮回里，一个单纯羞怯的女孩已经蜕变成一个成熟自信的女人。

尹群一直记得1985的那个春天，她去丽晶饭店应聘时的情景。作为当时河南第一家中外合资的酒店，招聘广告一登出，就吸引了大量的俊男靓女。“规定得有城市户口，还得看外表长相。当时报名的有1 000多人，最后录取的不到100个。竞争的激烈程度，跟现在的高考没什么分别。”

条件优秀的尹群轻松胜出。培训他们的是一个香港人，他的培训理念让尹群大开眼界。她第一次发觉，酒店原来跟自己惯见的大食堂一点也不一样。每一处都干干净净，每一个人都彬彬有礼，却又制度详细，奖罚分明。“这个平台让我接触到很多东西，那些先进的经营理念、管理模式，对我的影响可以说一直到现在。”

1998年，在经过10多年的沉淀和原始积累后，尹群在陇海路上开出了自己的全家福酒店。

这年夏天，抱着孩子下出租车的尹群不小心摔断了腿。在医院住院的时候，她偶然听说云南有种糊辣鱼的火锅特别火爆。腿上打着四根钢针，拄着双拐的尹群坐上了飞往云南的飞机。

她一家一家比较口味，最后选中了德馨园的糊辣鱼。“那家店并不大，店面就是自家的祖屋，可是味道特别正宗，就买了他家的配方和调料。”

尹群就这样把糊辣鱼引进了河南。细心的她根据河南人的口味做了调整。“虽然中医上讲究药食同源，但我觉得，顾客来你这里吃饭，毕竟吃的是饭，而不是药。加上气候和饮食习惯的不同，所以在口味上，我还是做了一些调整。”

改良后的糊辣鱼糊而不焦、辣而不燥、健胃提神、鱼味无穷，一下子吸引了省会人的目光。仿佛是一夜之间，吃糊辣鱼成了一种流行。“那时候一到吃饭的时候，门口就挤满了排号的人。这边客人还没吃完，旁边的客人就已经站在旁边眼巴巴地等了。”

全家福的糊辣鱼火锅就这样在河南一炮走红。以后的4年，尹群的糊辣鱼不仅成为“郑州市的十大风味名吃”，还成为“中华名火锅”。最好的时候，她的连锁店在全国开到了40多家。

○2002年夏天的变故

跟别的女强人不同，做酒店的尹群是个注重家的人。她一直记得杨澜的那句话：成功的女人从来都不是幸福的，除非你有一个圆满的家。

她的酒店无论从名字和风格，打的都是家文化。门楼青砖绿瓦，酷似中国的四合院。走进去，明式梳背椅，五世同堂青铜雕像，以及用福禄寿喜等命名的包间，无一不流淌着强烈的家的气息。

2002年．生意最红火的那个夏天，母亲去世了。那时候的尹群正忙着开优胜北路店，当她看着装修工往包间上挂那些代表着团圆美满的门牌时，一次次热泪长流。因为酒店，她一直在忙，很多时候连陪父母吃饭都成了一种奢望。可60岁的母亲却早早走了，让她以后想孝敬也没了机会。“这样的愧疚，让我想一次，心里就疼一次。”

母亲故去的阴影还没散去，2003年，尹群的婚姻解体了。关于婚姻里的是是非非，尹群已经不想再提。她只是不甘：自己是一个把家庭当做生命全部的女人，可是她却没有家了。

两年两个大变故。那是尹群最难熬的一段时光，要好的朋友整日守着她。她就在这时候接触了茶和佛。她在沉静里慢慢地安定下来，她想：也许有了苦的对比，才能觉出甜的味道。无论怎样自己都得好好地活下去。孩子才五六岁，自己一定要把孩子健健康康地养大。

尹群就在这时候接触了茶宴和素斋。她去上海、杭州和台湾考察。她发现，越是在一些经济发达的城市，茶宴和素斋越是风行。尹群开始研究食品的禁忌配伍，琢磨茶叶做菜。“合理膳食，健康生活。要在郑州开一家自然健康的茶宴餐厅，而且必须是第一家。”尹群突然被自己的大胆想法吓了一跳。

○2009年的尚膳荷风

2009年1月17日，4年酝酿后的“尚膳荷风”悄然出现在郑州东南一隅的国香茶城。大厅正中，一尊香樟木雕观世音菩萨立于铜质莲花座上，和眉善目，慈怀众生。厅内亭台水榭，荷花与祥云的浮雕图案在墙上静静绽放。流水潺潺，红鲤游弋，循环流动至店内每一处的水带似乎让空气都鲜活了。

说起尚膳荷风这个名字，尹群说还有一段故事。那年她和朋友一起去函谷关，在山里邂逅一位道人。道人为她讲起人世间的善。“上善若水，水利万物而不争；中善若竹，竹虚其心而向直；下善若刀，刀分是非而威武。人做一些好事，做一时好事可谓下善。而上善就像我们每天接触的水，滋养万物而从不争取什么，安然处于大家都无法忍受的环境之中，你把它盛到什么容器里就是什么形状。所以上善最无形，也最有形。”

在为新酒店起名的时候，尹群自然想到了这段话。“不过为了避讳，我谐音成尚膳。佛教里佛都是坐在荷花之上，我又取了荷风这两个字，给人清静之意。”

尚膳荷风不光环境与众不同，菜品更是别具一格。金刚台茶香虾以茶叶入菜，入口茶香弥漫。洁净的白瓷盘里，一尾素鱼安然而卧。夹起一片，放进嘴里，尝到的却是鱼的味道，还是那种特别新鲜的海鱼。而它的野山菌汤，也全部由从云南空运而来的鲜菌清炖而成，喝上一口，那绝对是山里农家最原始最本真的味道。

尚膳荷风开业不过两个月，但慕名而来的客人每天都在不断增加。“所有的市场都要有一个市场培育期，这么好的东西一定有喜欢它的人存在。只是时间早晚的问题，所以我不急。”

2013年的6月，在进行了半年的市场研发之后，尹群在省会第一个推出了适合夏天吃的“不上火的椰子鱼火锅。” 清香的椰汁和矿泉水下到锅中，沸腾后加入片状的鱼肉，不加一点味精鸡精和添加剂，煮涮片刻捞出。片片雪白的鱼肉宛若洁白的蝴蝶，单吃软嫩，又糅合了椰子的清香，蘸着熬制的酱油更是齿颊留香。这种不上火又美味的养生火锅，甫一推出就一炮走红。

20多年浸淫餐饮，尹群觉得，如果说自己终于做了一件自己想做的，而且是没有任何杂音的事，那就是无论从糊辣鱼到尚膳荷风还是现在的椰子鱼火锅，自己始终做的，都是绿色健康的自然美味。

B 尹群如是说

你所理解的最完美的快乐是什么？

能做自己想做的事。

你最害怕什么？

孤独。

令你最后悔的一件事？

对孩子的疏忽。儿子从上幼儿园开始，就一直住校，现在孩子马上要读初中了。所以我强迫自己，每天无论多忙，一定要抽出时间跟孩子交流。孩子长大也就是几年的事，我不想他的成长过程里没有妈妈的身影。

最值得珍贵的财产？

有养活自己和孩子的能力。

最痛恨的人？

没有责任感的人。

评价一下自己？

我应该是个敏感的人吧。我在意别人对我的看法，喜欢别人的认可。但我还是很有韧性的人，二十多年开饭店，不管风光也好，伤害也好，我就没烦过这一行。

C 印象派

“餐饮5年一小变，10年一大变，不变则死。”尹群说，自己能在餐饮界站住脚，靠的就是前卫和永不落伍。她之所以第一个把火锅从地摊引进正规饭店；第一个把烩面下到火锅里；第一个把云南的糊拉鱼引进郑州；第一个在郑州开茶宴酒店。是因为她坚定地认为：餐饮这个最传统的行业，要想做好，既要继承，又必须创新。

这个爱茶的女人，她的家里，专门有一间屋子放满了各种各样的茶叶。见到她那天，她正在陪两个远道而来的朋友挑选普洱茶。我们的谈话，就在这茶香袅袅里展开。她坐在对面，微笑，沉思，说到伤心处眼眶潮湿。这个敏感而坚强的女人，一如她手里那杯浓艳的普洱，在岁月的辗转腾挪里，沉淀出最美的颜色和味道。

【人物名片】

钱满根

澳泰家私（香港）集团有限公司总经理

【达人语录】

“有多大能力办多大事。”

老钱，真稳

A 故事

老钱大名钱满根，澳泰家私（香港）集团有限公司总经理。

他是苏州人，可在郑州待的时间已经超过了30年。作为郑州第一批从事家具业的元老之一，30年的大浪淘沙之后，当年的小木匠已低调转身，成为身价千万的老板。而他的名欧澳泰家具，也在不事张扬里成为河南本土家具中数一数二的品牌。

说起他的为人和行事风格，圈里人的评价是：老钱，真稳。

○小木匠的眼泪

钱满根今年46岁。个子不高，眼睛不大。在生意场上摸爬滚打20多年，竟还有些不善言辞。他的话不多，却很爱笑。细细的眼睛一笑就弯成月牙，漾出跟他名字一样的乡土和朴实。

与所有奋斗成功的草根一样，出身贫寒之家的老钱，在他的小木匠年代，也尝尽了人世的艰难和炎凉。

1981年，16岁的钱满根跟着亲戚来到郑州，成了一名小木匠。“我几个哥哥都是木匠，初中的时候，我就开始拿着工具自己做板凳和柜子了。”因为这样的基础和天赋，钱满根跟着师傅学了一年就出师，开始自己带着人接活儿。

他自己接的第一个活儿是在福华街的家属院里，给一对老夫妇做衣柜和梳妆台。上门做了十几天，最后老夫妇付给他110元钱。“那是我这辈子挣到的第一笔钱，一直到现在还记得清清楚楚。最后我把这笔钱原封不动存到了银行里。”

1985年，钱满根领着徒弟去电器厂一户人家做家具，辛辛苦苦忙了半个月，到最后，主人却无故扣掉200元钱。“那时候的200元钱对我可是一个大数目，一次一次地去要，人家就是不给。”钱满根记得最后那一次，晚上11点多，天冷得厉害，他骑个破自行车去要钱，最后还是空手而归。走出门来，满心委屈的他掉了眼泪。

那真是一段折磨人的时光。因为吃不惯河南的粗粮，他一吃饭就要想家。因为不习惯这里干燥的气候，他几乎每天早上起来都要流鼻血。在苦累和委屈里，在欺侮和坚持里，钱满根竟攒下了8 000元钱。

○大雪压垮的厂房

1991年，在离开家乡的10年之后，钱满根用攒下的8 000元钱开了自己的家具厂。

说是家具厂，其实就是在郑州郊区租下的一个院子。“150元一个月，我和两个徒弟自己做，柜子、床、梳妆台，反正都是那时候最流行的家具。”

钱满根在中州商场租了8平方米，把自己做的两套家具摆在了那里。“我们是9月13日开的业。头一天没卖出去，第二天和第三天，两套家具全卖光了，还有顾客订了一套，我就拿着这钱去进了原材料。”

这年年底，钱满根的8 000元滚雪球般成了5万。这样顺风顺水一路做下来，不过七八年的时间，他的生产场地就从郊区的农家小院变成了全钢木结构的气派干净的大厂房，而他在商场的地盘，也从8平方米扩大到了300多平方米。

1999年，郑州突降大雪。钱满根照例早早来到工厂，走到厂房前，他突然愣住了。钢木结构的厂房不知何时已全部垮塌，家具、设备都埋在了厚厚的白雪之下。钱满根蹲在那里，看着被砸烂的设备和家具，怎么也站不起来了。

他把郑州的家具生意委托给别人，自己回到了苏州老家，开始做五金配件生意。也许所有的事情都是这样，只有在你远离的时候，你才可以更清楚地想明白它在你生命里的分量。“我逐渐感觉到，家具还是我最擅长的。”2002年，钱满根从五金生意里抽身，又回到了郑州。

○老钱的生意经

从这一年开始，他把所有的精力都放在了家具品牌的开发上。“我们原来起的名字叫欧泰，做了两年卖得很好，想去注册的时候才发现已经被别人抢注了。无奈之下，我们注册了澳泰和名欧澳泰的商标。因为我觉得不管在行业里面，还是消费者的印象里，欧美家具就是大气、时尚和洋派的代名词。我也想让自己的家具达到这个高度。”

钱满根开始频繁地去沿海的厂家考察，吸收家具行业的新信息。聘来专业的设计人才，成立专门的设计室。20多年生活在郑州，他比这个城市的人都要了解他们的习惯和喜好。在用料、选材、风格和定位上，他的名欧澳泰家具一诞生就贴合了郑州人的口味，日日大卖。几年的时间，代理商就发展到了100多家。

2007年，人缘极好的老钱听说原材料要涨价的消息，提前囤了200万元的板材。8月，原材料大涨，一张板材竟涨了20元钱。在同行叫苦不迭的时候，老钱的板材轻轻松松用到了年底，他的家具在质量和价格上自然有了更强的竞争优势。

2008年11月8日，老钱在中博家具批发市场的名店街上开出了自己的展厅。在国内外品牌林立的名店街上，作为河南本土品牌的名欧澳泰，一出手就吸引了同行的惊艳。

2 300平米的展厅里，一到二层现代洋派，三层奢华大气。许多人不相信老钱开出了这样的店。因为在很多同行的印象里，老钱一直是个很稳的人，河南本土家具最大的展厅，怎么可能出自低调的老钱手里？

老钱的回答却很简单。“我确实是一个低调的、不爱张扬的人。做什么事都是思前想后，考虑稳当了才做。但机会摆在我面前的时候，我肯定会抓住他。品牌要做大，必须要有大的展厅。通过这个窗口，才会有更多的人认识名欧澳泰。我不冒进，但我肯定也不能滞后。”

2009年的春节，钱满根回老家，看到很多韩资日资企业，在经济危机的冲击之下，已经是哀鸿遍野。这对他触动很大。3月份他想去深圳世界家具展上看看，探探行情。如何保存实力，好好活着，成为名欧澳泰今年最重要的课题。“只要坚持下去，维持不亏，等经济危机一过去，名欧澳泰肯定会迎来一个大爆发。”

B 钱满根如是说

你所理解的最完美的快乐是什么？

平平安安。

你最害怕什么？

好像没有。我13岁父亲就不在了，从小很独立。16岁出来闯荡，要是害怕，也走不到现在。

你最后悔的事是什么？

没有吧。我做任何事之前都是翻来覆去地考虑，不轻易出手。所以大起大落也不多。

你最宝贵的财产是什么？

经历。我从一个打工的小木匠到现在，经历的太多了。这些经历都是我的财富。

你觉得自己是一个什么样的人？

我觉得自己是个务实的人。就比如我老婆，现在开的车是个QQ。别人觉得跟我们的身份不相配。我和老婆却觉得很好。QQ省油，好停车，不就是个代步工具么，没必要作为炫耀的资本。

C 悟之道

在圈内人的评价里，老钱是个很稳的人。因为他从没有贷过款。有多大能力办多大事是他的口头禅。“贷款要考虑做什么，往哪儿投，有多大收益？我不是个拒绝贷款的人，只是机会不成熟，我绝对不做对自己有风险的事。”

【人物名片】

李志顺
河南颐顺轩大酒店总经理

【达人语录】

“菜就是我的命。”

把菜当命做

A 故事

三十年河东，三十年河西。

30年前，李志顺还是长垣一家饭店的小学徒，30年后，作为国宝级烹饪大师侯瑞轩的关门弟子，他已经是一家国宴餐饮集团的总经理。

命运是一系列的机缘巧合。如同南朝人范缜所言：“人生如树花同发，随风而堕。或拂帘幌，坠茵席之上；或关篱墙，落粪溷之中。”

如果说每个人的命运里都有一股很偶然的风，那么在李志顺看来，自己之所以能走到现在，应该有两个原因。一是因为生命里的贵人，德高望重的老师侯瑞轩。二是因为勤奋。“厨师是勤行。我一直记得老师说的那句话：要把菜做得出神入化，就必须把菜当命做。”

○入勤行：小学徒变成了厨师长

都说英雄不问出处，但一个人的成功，肯定跟他的出身是有关联的。

就如同李志顺，他之所以能成为一个烹饪大师，显然跟他生在厨师之乡长垣分不开。

1979年，初中毕业的长垣人李志顺在爹妈的安排下进了县里的实验饭店，做了一名小学徒。虽然是县里供销社开的饭店，但因为是在长垣，负责全省供销系统的厨师培训，小小的饭店里竟也是卧虎藏龙。“我的老师就是当时很有名的陶永昌，他早年是广州温泉酒店的厨师长。还有一代名厨赵嵩山老师等。可以说虽然我是在长垣入行，但起点并不低。”

谁都知道学徒是最苦的。但不吃3年苦，不从最基本的活做起，根基不会打牢。“那时候的鸡鸭鱼肉不像现在，从超市里买回来就分割好了。什么都得自己切。我一天要切两个猪后腿，切丁，切丝，切片。一天下来，胳膊都抬不起来，肩周炎的毛病就是那时落下的。”

不偷懒、有眼色、悟性强，这样的人在哪儿都是最受欢迎的。1986年，在经过实验饭店和中州饭店师傅们的调教之后，李志顺作为熟练工被招进了中州油田饭店。

这年夏天，他被单位公派去烟台培训。开学的头一次考试，初中毕业的李志顺考得一塌糊涂，成本核算等科目竟是零分。李志顺大受刺激。他知道，一个厨师，不懂烹饪基础理论知识，不理解原材料的质地，营养合理搭配，只能算掂刀拿勺的苦力，永远不会有出息。

他找到当时的班主任老师。老师在附近有个小饭店，李志顺每天放学后就去老师的饭店帮忙做菜。他不要工钱，唯一的要求是老师替他补课。一年过去，培训班结业考试，入学时成绩倒数第一的李志顺理论和实践都是全班第一。

学校把大红喜报直接寄到了油田。这年年底，23岁的李志顺成为了油田饭店的厨师长，不光负责本单位饭店厨师的协调，还为二级单位培训学员。

○国宾馆：佛跳墙里悟出鼎中之变

1988年，中原油田组建北京办事处，李志顺被派去筹建餐厅。眼界豁然大开的他接触了一大批长垣籍的烹饪大师，也就是在这时候，他邂逅了生命里的贵人侯瑞轩。

在李志顺的眼里，侯瑞轩大师就是一个传奇。作为从长垣走进钓鱼台国宾馆的一代名师，他接待过无数外国元首，为毛泽东、邓小平、江泽民三代国家领导人服务，被誉为“当代国厨”，以国宝级烹饪大师的身份载入《世界名人大辞典》。无论在家乡还是在餐饮界，那都是一个高山仰止的人物。

李志顺在同乡的引荐下终于见到了传说中的大师。没有想象中的傲气，只有虚怀若谷和亲切平和。一见如故之下，李志顺在心里发誓：掌握国宴菜的制作，就等于登上了烹饪行业的珠穆朗玛峰。这样的幸运，不是人人都有，我一定得跟着侯老师好好学。

以后的时间，京城里长垣籍的名师们聚会，侯瑞轩就常常带着李志顺出现了。“那些老人可都是如雷贯耳的人物，里面有周恩来和刘少奇的厨师，也有政协礼堂和人民大会堂的厨师长。跟着他们，我学到了很多做菜做人的道理。”

从1990年到1996年，有6年的时间，李志顺断断续续一直在跟侯瑞轩学做国宴菜。1996年油田改革，李志顺辞职来到钓鱼台国宾馆，从小学徒开始，不要一分钱的工资，认认真真系统学习国宴菜。

侯瑞轩对他的最后一个弟子李志顺，真的是手把手在教。“佛跳墙是福建名菜，原来是浓汤勾芡，还有股腥味。后来老师在琢磨之下改用久炖吊清的清汤，清淡且鲜。为了去腥提鲜，他尝试着加入温热的花雕酒。”但这个花雕酒加入的量不好把握，加多了发苦，加少了香味出不来。还有隔水加热的温度不好掌握，太热发苦，太凉则满是酒味。李志顺试验了几次仍不得要领，就去请教老师。老师说不能只看温度，还得看酒表面的动作，冒出来的烟雾，气泡的大小多少。李志顺搬个凳子坐在炉子边，一遍遍地观察，终于在恰到好处的时间掌握了恰到好处的温度。“厨师鼻祖伊尹曾说鼎中之变，微妙微鲜，口弗能言。做菜很多时候，就在那恰到好处的一秒。这全得靠自己的体会和观察，别人是无法描述的。”

李志顺用3年的时间系统学完了国宴菜的全部菜系。越学他越是体会到国宴菜的博大精深。“国宴菜选料考究，配伍得当，注重养生，上取宫廷珍馔佳肴，下汲民间风味小吃，浓缩了中国饮食文化的精髓。我就在那时候忽然萌生了一个念头，如果能把这些国宴菜带回河南，让河南人在家门口就吃到正宗的国宴菜，岂不是一件利人利己的好事？”

○颐顺轩：菜就是我的命

2001年3月12日，一年一度的植树节，郑州市金水路的安钢大厦多了家名为颐志堂的国宴酒店。白发苍苍的侯瑞轩大师亲自坐店任技术指导，原北京饭店的厨师长田正斌为主厨，钓鱼台国宾馆18号楼的经理李博、周欣在前厅接待，这样的阵容和气势，轰动了整个河南餐饮界，一时间慕名而来的食客云集。

李志顺的国宴酒店，反对一切化学合成的原料和调料。在国宴酒店，调味的就是鸡汤。每天晚上下班前，煤炉上已经放好一锅柴鸡汤文火慢炖。第二天一大早，酒店开门前，那一大桶浓香四溢的调味汤已经熬好，一天的菜肴全靠它来提鲜提味儿。“按照师傅的说法，唱戏的腔，调味的汤。无论原料还是调料，都要选用自然之物，物正，味儿才纯。”

2002年的4月，因为合同到期，李志顺的国宴酒店搬迁到郑州未来大道，他在老师和自己的名字里各取了两个字，将酒店改名为颐顺轩。在主打国宴菜的同时，还引进了山东和淮扬菜，以及河南最正宗的豫菜。选料考究、精工细作，营养品味俱佳的颐顺轩国宴菜短短两年间就打破了郑州高端餐饮市场被燕鲍翅一统天下的局面，成为河南餐饮界的又一风向标。2008年9月，虽然颐顺轩因都市村庄改造再次搬迁到经三路，但出众的菜品还是让它在最短的时间内轻松胜出。

30年的餐饮生涯，李志顺用自己的行为改变了人们观念中和字典里对厨师的定义。“厨师不是掂刀拿勺的苦力，也不是仅仅以烹饪为终身职务的人，厨师是给人们提供‘以味为核心，以养为目的’膳食标准的人，是影响和改变人们口味流行的人。”

他一直记得那年的拜师仪式上，白发苍苍的师傅把关门弟子证书交给他时那句颤巍巍的话：“要把菜做好，就必须把菜当成命来做。”这么多年的时间，他守着自己的国宴酒店，不敢有丝毫的马虎和懈怠，全因为师傅这句话。

2009年，如果时机成熟，李志顺准备开家分店，给那些跟了自己多年的徒弟们一个更好的发展平台。“分店也是直营。我不是不搞加盟，是怕砸了颐顺轩国宴的牌子。真的，菜就是我的命，你说，哪一个人，他会拿自己的命来儿戏？”

B 李志顺如是说

你所理解的最完美的快乐？

发现新材料创造一个新菜品。比如原来的佛跳墙，因为是海鲜，三高人群吃了不合适。我就用各种菇类做出了素的佛跳墙，食客们吃完竖着大拇指直夸好吃的时候，我觉得太开心了。

你最害怕的事？

好像没有。（让我想想），如果有也是最害怕家里老人有病吧。

你最珍贵的财产？

我拥有的烹饪技术，还有我培养出来的几个出色的徒弟。

你最大的爱好？

看书。因为我文化水平低，刚当学徒时，借钱连借条都不会写，只好让别人替自己写好了再签上名字。这事不大，可很刺痛我。后来到油田，我每天到图书馆看书都带个袖珍字典。现在我的办公室，你进去看看，大落地书柜里分门别类都是烹饪书，像一个烹饪专业图书馆，不光我看，员工们下了班也可以来我这里看。

你觉得自己是个怎样的人？

执著吧。30年来为学好做菜吃多少苦我都觉得值。我感兴趣的就是烹饪，别的事一点兴趣也没有。

C 印象派

李志顺坐在我的对面，说得最多的就是他的老师，那个国宝级的烹饪大师侯瑞轩，还有颐顺轩里的经典菜。

我不知道该如何定义他的性格。内向？张扬？中庸？显然都不是。他沉稳地坐在那里，面带随和的笑意。他侃侃而谈，却没有夸张的手势和张扬地大笑。

如果说勤奋也能算是成功的一种品格的话，那勤奋就是他身上最明显的标签了。从不会写借条的小徒弟，到现在餐饮集团的董事长，乃至出书讲课的客座教授，他就像那块最厚的海绵，汲取着一切可以让自己丰盈的东西。

什么地里长什么庄稼。李志顺说自己就是长垣之乡里的一棵庄稼。可在我看来，这棵厨师之乡里长出的庄稼，已经在拼命生长过程中，长出了树的力度和高度。

【人物名片】

仲胡周

河南仲记企业董事长

【达人语录】

“闻过则喜，闻善则行。”

一碗面擀出一个餐饮集团

A 故事

小小的一碗面，能折腾出多大的动静？

香港女人潘慰，用这碗面拉出了一家70亿的上市公司。

河南小伙儿仲胡周，则用它擀出了自己的餐饮集团。

潘慰味千拉面的成功，靠的是洋派的产品和标准化的管理模式，仲胡周手擀面的风靡郑州，则因为朴素手擀面中蕴含的那份不变的传统。

“传统的朴实仁义，知恩图报，与人为善，这些可以打动我的东西，自然也可以打动别人。”

○离乡：5年出了一本书

著名财经作家吴晓波曾说：“就让我当一个讲故事的人吧——我本来就是一个生活在表层的人，‘太史公曰’的工作就让读者或其他专家自己来做吧。”

那么关于仲胡周，这个以一碗手擀面在河南餐饮界闯出一片天地的许昌人，我们也不做太史公曰的评论，就从他人生最初的故事讲起吧。

1988年的一个夏夜，许昌襄县的一户农家小院里，18岁的仲胡周趴在墙头上，听着邻居家收音机里传来的评书声，小小的一颗心随着刘兰芳的声音跌宕起伏。正听得如痴如醉，啪的一声，邻居关了收音机回屋了。仲胡周怏怏地跳下来，心里想：什么时候我能买个收音机就好了。

这个神秘的“黑匣子”，成为仲胡周当年出来打工最直接的动力。这年的中秋节刚过，仲胡周背着行李来到了郑州，在一家小饭馆做了学徒。“因为没有一技之长，我几乎什么活都干过。那时候最担心的就是失业，晚上没地方住。”

天当被子地当床，这对别人说来是一句俗语的话，在仲胡周身上却是最深刻的经历。“夏天还好，最难熬的是冬天。没地方睡觉，只好去找老乡。那时候老乡在德化街开夜市，晚上要经营到一两点。我下了班就在夜市等他，腿上关节炎的毛病就是那时候冻出来的。”

过早感受到人世艰辛的人，肯定比温室里的花朵更理解人情世故。在饭店里掏煤渣，刷盘洗碗的小学徒胡仲周很快因为勤快赢得了师傅们的喜欢。“只要是师傅吩咐的，或者师傅没吩咐但我能替师傅做了的，我都很麻溜地干好了。老师傅觉得跟你搭档轻松，用你值，怎么还会偷着掖着不教你？”

仲胡周用4年的时间把自己从一个小学徒变成了厨师。1993年，他的月薪已经拿到了3 000多元。按照一般人的想法，能走到这一步，应该感觉很满意了。可仲胡周就在这时候辞职了，因为他想出一本食品雕刻的书。“我来到一家小饭店，只要200元的工资，条件是为我提供一个大冰箱，外加一个可以泡萝卜的大铝盆。”

从那时候开始，仲胡周白天上班，晚上回来就开始雕刻。“十几天雕一三轮车萝卜，雕好的先放到大铝盆里用白矾水泡，然后放到冰箱里保存，拍照片，几乎每天都要忙到凌晨三四点。”

这样的作息仲胡周坚持了3个多月。全部照片完工后，仲胡周拿着资料找到了出版社。一个叫李玉莲的编辑听了他的故事后特别感动，帮他联系好了出书的一切事宜，还帮他免费校对，给他提出文字修改意见。“现在想来我还特别感谢李玉莲阿姨，她是我生命里的一个贵人。”

1994年3月，仲胡周的《食雕技艺》出版了，这本书不仅让他拿到了7 000元的稿费，也让他在当年的餐饮圈里成了一个新闻。

○落魄：那碗让人落泪的手擀面

出书之后的仲胡周，不久就被聘到一家高档海鲜酒楼做大厨。1995年夏天，仲胡周带着女朋友满满去东明路玩，见到了路边火爆的红焖羊肉馆。“那生意真是火爆啊。屋子里坐满了人，外面马路上支十几张桌子也坐满人，旁边顾客宁愿在路边眼巴巴地等。”仲胡周觉得很受刺激，作为一个厨师，他知道红焖羊肉的技术含量，他想：我为啥不能开家这样的店，自己做老板呢?

在女朋友的鼓励下，仲胡周盘下了一家烟酒店，改卖红焖羊肉。20平方米的小店里日日食客盈门。“生意好得不得了，桌子摆到大街上，风雨无阻，总有顾客。后来满满只好辞了自己的工作来帮我。”

世上的事情都是物极必反，红焖羊肉火了两年，就像一阵风似的，呼啦啦来了又去。仲胡周接下旁边倒闭的红焖羊肉馆，从自己和妻子的名字里各取一个字，开了家名为“满洲里”的中餐馆。

虽然是间不大的中餐馆，仲胡周却有与众不同的经营之道。“只要是来我们餐馆吃饭的，抽烟的送一包烟，喝酒的送一瓶啤酒，既不抽烟也不喝酒的我们就送你个菜。”

靠着地道的家乡菜味和淳朴厚道的亲情牌，满洲里中餐馆的生意很快火了起来。短短两年的时间，仲胡周就完成了原始积累。

1999年初，仲胡周把自己全部的积蓄拿出来，加上借朋友的100多万，在郑州市最繁华的金水路上开了家满洲里高档酒楼。

因为定位不准，生意一开始并不好。半年努力之后，生意刚刚有些起色，郑州市城市改造，政府要求拆墙透绿，金水路上一批饭店实施定点爆破，满洲里不幸就在其中。人生就是这样的翻云覆雨。一夜之间，仲胡周从一个饭店老板变成了欠债100多万的“负翁”。

仲胡周在外面游荡了几天。想起多年前离家时娘说的那句话：“孩儿啊，外面的饭不好吃就回来。”他犹豫再三，最后还是回到了老家。

无论什么时候，家总是一个人疗伤的最好地方。迎接他的，是爹娘慈祥的笑脸，还有一碗热腾腾的手擀面，飘着葱花，滴着香油。吃一口筋道柔韧的面，喝一口暖心暖胃的汤，仲胡周的眼泪刷地涌了出来。他就在那时候劝自己：一个男人，要拿得起放得下。自己当年离家时的梦想不过是买一个40元钱的收音机，现在自己早就可以买多少个收音机了。那些不属于自己的，失去了就失去了，大不了一切从头再来。

○重起：小碗面里大乾坤

仲胡周回到郑州，开了家小小的擀面馆。他对自己说：从这一天开始，我要俯下身子，踏踏实实从零开始。

100平方米的擀面馆，石磨磨面，面条手工擀制，汤全部高汤炖制，不加一点味精。这样的口味，分明就是小时候妈妈做的味道。这样的面条一经推出，就打动了无数人记忆里最柔软的回忆。没有一点宣传，仅靠着食客的口口相传，擀面馆的生意一下子起来了。

8个月后，还完欠债的仲胡周在经二路上打出了仲记手擀面的招牌。从这一年开始，仲记手擀面踏踏实实，以平均每年一家新店的速度，在郑州发展了多家直营店。

在他的酒店里，最醒目的两面墙上，是孔子的大幅浮雕画像。仁义礼智信五个青铜大字在灯光下闪着古朴厚重的光。

只要顾客走进饭店，冬天有服务员送上暖手袋，夏天有冰毛巾和绿豆汤。你刚刚在桌子旁坐下，就有服务员端上新出笼的手工馒头蘸酱，“一份不够只管要。”

在客人必经的楼梯口，有个椭圆形的爱心免费台，上面有水果，瓜子，眼镜布，口香糖，甚至针线包。客人可以根据需要各取所需。等你吃完饭走出大门的时候，会有专门的水果小姐塞上一个水果叫你路上吃，或者捎回去给家里人。

2008年6月，他拉着冰箱、面粉、猪肉来到四川秀水镇，为废墟中的孩子们做手擀面。帐篷外的一个小姑娘吃了半碗不吃了，仲胡周问她是不是不好吃？小姑娘的回答让他潸然泪下：“我想留半碗给妈妈送去。”感慨不已的仲胡周从部队借来东西，又做了两大锅手擀面。

仲胡周是个受过穷的人，所以他特别能体谅那些有难处的人。他知道自己的始祖仲由是孔子最器重的弟子之一，忠义仁勇，闻过则喜，闻善则行。所以他的理想不仅仅是把手擀面酒楼做大。“你别看小小的一碗手擀面，那里面有家，有孝，有感恩，有仁义。我要把这些儒家传统里最精华的东西都融进我的酒店里，变成仲记手擀面的企业文化。”

B 仲胡周如是说

2009年2月18日，24节气中雨水这天，期待已久的一场春雨终于姗姗来临。

仲胡周办公室的小茶桌上，几杯上好的绿茶氤氲出一片禅意。窗外春天的雨淅淅沥沥，窗内古铜浮雕的墙壁上，孔子在树下安然而坐。

仲胡周一身米色西服，俏皮的小花衬衣。20年前那个穿着布鞋的农家少年早已褪去土土的模样，可朴实的笑容依然如故。

他说起刚刚过去的那个情人节，他为妻子满满送上的那束玫瑰。“结婚十几年了，每年一束。她和女儿就是我掌心里的宝。”

说起自己的爱人，说起他们相识的那些事，仲胡周竟有些羞涩。

这样传统的男人，真的很少见了。

你所理解的最完美的快乐？

自己的喜好与追求都达到一致的时候。

那现在达到了吗？

呵呵，只能算阶段性达到了吧。

你最害怕的事？

没有。在我赔得一塌糊涂，身无分文的时候，很多朋友怕我出事。我对他们说，如果我从楼上跳下去，事情就能挽回，我就跳两次。我是个拿得起放得下的人，我觉得事业在于自己经营，朋友在于你真心相处。没什么可害怕的。

什么是你最宝贵的财产？

能让家里人和周围的人幸福。这个能力是我最宝贵的财产。

你的座右铭是什么？

舍得。如果你的心一直是满的，你不舍，你不腾出地方，新的好东西就不会进来。

你觉得自己是个怎样的人？

我应该是个善良的人吧。很多人见过我掉泪，说到以前自己的事，说到孤寡老人，说到灾区的孩子，我都会掉泪。也许因为我受过苦，我才见不得别人受罪，不帮别人心里就不安。

【人物名片】

秦　琳

豫华国际教育机构董事长

【达人语录】

“好东西肯定会有人接受，只是时间的问题。”

一个女人的跨界“历奇”

A 故事

○初入行：大年三十注册的培训学校

秦琳做旅游已经11年了。这个计算机专业毕业的女子，说起当年的“误落尘网”，也不免有了感慨的味道。

那是1997年，郑州办公机具大厦做电脑排版员的秦琳下岗回家，在新华社河南分社新闻发展部做了一名内勤。“那时候新华社有个《上海小记者报》河南记者站的牌子，但从来没招过生，也没什么业务。我当时就想，现在望子成龙的家长那么多，如果把这个业务做起来，说不定会受欢迎的。”

秦琳去了趟上海，看到的情形让她大吃一惊。“上海的小记者报设立了十几个专业的培训，各种活动搞得很红火，不光家长老师很欢迎，经济效益也非常好。”

深受刺激的秦琳决定自己去做，回来后她就着手培训学校注册的事。一没资质，二没经验，仅仅有一个好想法，去了教育局几次，自然都没批下来。但她是个很有韧劲的人，一趟不行两次，两趟不行3次，去了就一遍遍地给人家讲，她觉得好东西肯定会有人接受的。

跑到第6次的时候，终于有个工作人员被打动了。那时候已经快到年关。这个姓宫的工作人员说：“大年三十那天我值班，你再讲一下，我仔细听听，能批就给你批下来。”

秦琳的好口才加上本身就好的项目终于打动了人家，她终于在大年三十这个特别的日子里，成功注册了自己的小记者新闻学校。

1998年3月15日，80多个孩子的新闻学校正式开学。秦琳请来报社和电台的记者，为孩子们讲作文的写法，讲新闻采访的技巧，带着孩子们出去采风，这样新颖别致的培训在当时的河南还是新生事物，一片空白的市场很快回馈了极大的热情。

秦琳和郑州附近的景区商量好，以团体票的形式去采访。“在新密黄帝宫，每个礼拜都会有上千个孩子来参观。后来要求参加的学校太多，我们不得不采取轮训的形式，最后算下来，仅仅黄帝宫，一年我们就有四五万孩子来参观。”

那两年的每一个星期天，秦琳几乎都是带着孩子们在郊外度过，他们跑遍了郑州附近的大小景区。“孩子们很喜欢，家长很支持，我个人也有收入，可以说是三赢。”不经意间领风气之先的秦琳，就在这样的皆大欢喜里淘到了人生的第一桶金。

○遇难题：火车站“抢票风波”

现在回想自己进入旅游界的经过，秦琳觉得自己就是歪打误撞。“局内人什么都了解，他们知道什么能做，什么不敢做。但我是门外汉，因为根本不懂，行事反倒没有了局内人的瞻前顾后。”

秦琳的培训学校吸引了很多学校，为了安全起见，1999年9月，秦琳成立了豫华旅行社。第二年的夏天，她领着孩子们去上海采风。“铁路局批票的时候批的是180张，但不知道什么原因，到了那天，出票的时候只有100张。”

毫无经验的秦琳拿着票，对180个孩子和家长说：“很对不起大家，只拿到了100张票。”话音刚落，焦急的家长们就涌上来开始抢票。秦琳被大家包围着，推推攘攘中，急得都快哭了。

这时候一个家长看不下去了，这个高炮学院的老师护着秦琳，说了一句打抱不平的话：“票又不是她出的，何必为难人家一个小姑娘。大家都冷静一下，事情总会解决的。”

就是这句话起了作用，乱糟糟的人群顿时安静下来。秦琳赶紧和铁路上的人商量，140个孩子先上车，补40张票，剩下的40个孩子和家长坐下趟车，到上海汇合。

这件事让秦琳意识到，跟在郑州郊县带团相比，去外地带团旅游有交通、住宿等一系列不可控因素，如何在面对难题的时候协调好，不影响每一个人的情绪，显得尤为关键。

因为这件事，秦琳和高炮学院的那个老师成了很好的朋友，也因为他的提议，秦琳又开辟了“我是一个兵”“周末进兵营”等主题培训项目，这在当时的河南旅游界又是一大首创。

秦琳总结自己能走到现在的原因，很大程度是因为生命力的那些贵人，“很多事情连我自己都没预想到，是他们一直推着我在走。”

因为这样的“好运”，秦琳的特色教育旅游一直做得顺风顺水。2004年之后，豫华又成功托管了郑州市二七、管城和中原三大区的培训实践课，成为这三个学区的教育培训基地。

○大目标：只做最好的自己

2004年夏天，秦琳去北京找朋友玩，就是在这里，她第一次接触到了“历奇旅游”。

“当时我发现，其实历奇里面的很多小活动我们都做过，只是缺乏这样一个主题。我豁然开朗：如果把这个项目引进来，那岂不是就像一根红线，把所有的活动都串起来了？”

秦琳回来后就在网上开始查资料。她发现这个曾经风靡美国的培训项目，1991年被广州一家团校首次引进。秦琳赶到了广州，和项目的引进人刘院长交流。刘院长说："我们在孩子们当中搞了两年这个培训，孩子们没有迟到早退，没有不良恶习，更没有自杀的，效果好得很。"

秦琳大为感动。她自己也是个母亲，她觉得这不是天下所有家长想给予孩子的东西吗？也就在那一霎，她决定把历奇旅游引进河南。

2006年8月，由豫华旅行社组织的"郑州历奇教育研讨会"在郑州丰乐园举行，那些饱含新奇、快乐、冒险，又融合着知识和各种理念的体验式小游戏打动了在场的男女老少。

秦琳知道，即使是一个好东西，也有一个认知接受的过程。秦琳带着自己的"阳光历奇"走进了郑州的26所学校，在课间10分钟免费为孩子们做历奇培训。"这样的活动我们搞了半年，一直到现在，还不断有学校打来电话，说孩子们很喜欢我们的历奇培训，什么时候能再走进校园。"

仿佛一夜之间，历奇旅游的概念风靡了这个城市的大街小巷，豫华也在这样的口口相传中闯出了自己的品牌。"现在凡是豫华的旅游，我们或多或少都加入了历奇训练。这种参与式的新玩法，让每个人在旅游中都有不同的惊喜和快乐，这是我们跟常规旅游最大的不同之处。"

11年的旅游经营，秦琳不是没有过困惑。"我原以为旅游是相通的，教育旅游我能做得很好，常规旅游就也能做好。我曾设立常规旅游部，聘了导游和总经理，但后来我发现不是这个道理。每个人都有自己的强项，常规的取长补短，到头来只是哪一项都不突出。所以我下决心只做教育旅游，由此往老师和家长身上拓展。"

只做最好的自己，这是秦琳困惑之后最深刻的感悟。现在的豫华，已经由教育旅游和历奇旅游延伸到了成人身上。"各个学校老师们的旅游我不敢说已经包揽，起码已经占到了60%。"

秦琳最近正在尝试以第三方教育为主题的"家长亲子俱乐部"。"我请的都是重点中学有实践经验的老师，他们手里有最鲜活的案例和经验。"秦琳是个13岁孩子的母亲，她最清楚家长需要什么，"有需求的地方就有市场，一个有市场的项目，你说它会失败吗？"

B 秦琳如是说

你有没有最害怕的事？

应该有吧。我最害怕因为沟通不畅带来的误解。工作上担心员工不理解。在家里，则是担心跟孩子的交流方式。儿子3岁时我开始创业，对他忽略很多。现在他已经13岁了，正是叛逆期的开始，我买了很多书研究怎么跟儿子交流，包括我现在做的"家长亲子俱乐部"，也主要是为了他。人同此心，心同此理，我觉得别的母亲也应该需要这样的帮助。

什么是你最宝贵的财产？

我的朋友，和我生命力的那些贵人。我是个对人生没有规划的人，是他们推着我一直走到了现在。

谁是你最敬佩的人？

我奶奶。我生在新疆，后来跟着奶奶长大。小时候印象最深刻的就是她坐在家门口，对经过的人不管认识不认识，都会说：“来家里喝水吧。”那时候家家都可穷，她这样大大咧咧的，别人都觉得她可傻。我觉得她这种不太计较的性格潜移默化影响了我。跟朋友们在一起吃饭，几乎99%都是我请客。哈哈，不是因为我有钱，比我有钱的朋友多了，是天性使然。

经营之外，最大的爱好是什么？

游泳。上大学时我是我们班第一个学会游泳的。这么多年了，这个爱好一直没变。我喜欢那种漂在水上的感觉，很安静。心烦的时候游上几圈，心慢慢就沉下来了。

你觉得自己是个什么样的人？

善良，坚韧。为什么那么多朋友肯帮助我，可能就是因为我的这两个品性吧。

C 印象派

秦琳的故事有些另类。

她不是旅游界的专业人士，所学的专业与旅游风马牛不相及，却歪打误撞入了这一行。她没有专业的管理经验，却凭着良好的悟性和敏锐的市场预见，把手下的豫华旅行社做成了河南教育旅游的第一品牌。

秦琳很谦虚。她把自己的一切归结为歪打误撞中的好运气。可是交谈中，她清晰的思路、敏锐的市场把握还是在良好的口才里显露无遗。

成功的理由千差万别。如同路易.郭士纳这个曾经的IT业门外汉，在一年内把“一只脚已经迈进坟墓”的IBM扭亏为盈。很多时候，把一个人带向成功的，不仅仅是他擅长的驾轻就熟，也应该有门外汉的歪打误撞，有那种因为不懂而更能跳出窠巢的鲁莽和创新。

成功从来都是有原因的。即使是歪打误撞，即使聪明如她。

【人物名片】

孙建军

郑州皇宫餐饮集团原总经理

【达人语录】

“做好人，做大事，做好事。”

告诉你“皇宫”的秘密

A 故事

2006年，一个叫张兰的女人在北京双子座大厦开了间Lanclub的中餐馆。在这个由世界顶级设计师菲利浦·斯塔克设计的会所里，一只水晶杯上万元，一盏吊灯几十万，满屋顶镶嵌着几百甚至上千万的世界名画。这使它看上去不像一个休闲的餐厅，倒更像一个陈列艺术品的殿堂。

2008年8月，郑州东风渠畔。一个叫孙建军的山东男子带着皇宫餐饮集团的品牌在郑州扎下营盘。18 000平方米的空间里，雕梁画栋，金碧辉煌。在玉石、玛瑙、大理石和盘龙、浮雕造就的极尽奢华的氛围里，几乎所有的人都会以为自己来到了真正的皇宫。

本来就水深浪急的河南餐饮，因为这座“航空母舰”的到来，更加波诡云谲。几乎所有的人都在问：极尽皇家气派的皇宫酒店，它和它背后的掌门人，到底是怎样一番模样？

○那第一场燕翅鲍开始的盛宴

2009年2月16日，一场寒流让原本暖和起来的郑州仿佛又回到了冬天。东风渠畔，8层楼高的皇宫酒店里依然暖意融融。160万的大理石门套，全玉石的收银台。合抱粗的柱子下，墨玉的基座里有红色的玛瑙闪光。景泰蓝的彩绘里，熠熠生辉的是金丝的光芒。天花板上，口衔红珠的金色巨龙不怒自威。

8楼贵宾厅，孙建军从红木的梳背椅起身跟我们握手。没有想象中的傲慢和自大，这个微笑着的男人一口朴实的山东口音，面对摄影记者的镜头，神色里竟有些拘谨的意味。

作为一家股份制餐饮集团负责全面业务的总经理，孙建军的叙述没有惯见的泛泛而谈。在他的回忆里，关于皇宫酒店一路走来的故事，如同浮出水面的海草，丝丝缕缕，脉络清晰可辨。

孙建军是个当过兵的男人，在部队就是管理后勤和酒店的。1986年，中国百万大裁军，孙建军一夜之间脱掉了军装。

对有抱负的男人来说，此路不同有彼路，肯定能找到自己施展拳脚的天地。因为有管理酒店的经验，1998年8月，在多方论证之后，孙建军和几个好朋友凑了68万元，开起了济南第一家皇宫大酒店，专营高档菜燕翅鲍。

酒店就开在千寻山下，依山傍水，环境清雅。然后开业的头3个月，因为定位不准，加上市场缺乏引导，皇宫酒店的生意并不好。

“当时几个朋友聚在一起，讨论该怎么办。最后我们想了几个办法，人脉广的各自使出本事开拓市场，引导济南的高端群体来消费。价格上更贴切济南消费水平，在口味上食不厌精，在厨房实行工厂化管理和标准化的经营模式。”孙建军说，“我们也是济南第一家采取这种管理模式的酒店，所有东西重量、大小、长短都用电子秤和标尺来衡量。”

头一个吃螃蟹的人总是这样，也许会扎住嘴，但掌握了技巧，也总是第一个尝到美味。因为人脉，也因为菜品，3个月后济南鱼翅皇宫大酒店打开了市场，成为当地一个坐标性的酒店。“那时候济南流行这样一句话：要想让请和被请的人都受到最尊贵的待遇，都享受到吃饭的最高境界，就到皇宫酒店去。”

○玄武湖畔美食节

2001年6月，皇宫餐饮集团在南京开了自己的第二家店，南京鱼翅皇酒楼。“在中国人的印象里，燕鲍翅是南方人的专利。我们在南方开店，就是想质疑这句话。山东人过江开鱼翅馆，这跟打仗一样，也是种挑战嘛。”

鱼翅皇酒楼就在风景秀丽的紫金山下，推开包间的窗户，烟波浩渺的玄武湖尽收眼底。按照孙建军的计划，这样坐拥名山秀水的好地方，加上南京的消费水平，生意肯定会很火爆。

然而理性的南京人并没有给孙建军面子。有半年的时间，酒楼的生意简直可以用惨淡来形容。一个人或者一个企业，在他赔钱的时候，那是最煎熬的。那段时间，孙建军常常和朋友在湖边转，一圈一圈地走，仔细琢磨，讨论对策。“南京作为六朝古都，底蕴实在是太深厚了。这里的人能吃，会吃，见多识广，消费很理性，我们作为北方的旱鸭子，不融进这个市场，肯定就得灰溜溜地回老家了。”

孙建军做了大量的市场调研，把主菜的人均消费价格从800元调整到680元。他建立了一个专门的营销队伍，在接待、公关、跟踪服务和回访上下工夫。“我要求他们了解客人的喜好，生活习惯甚至职务、姓名等等，只要客人一下车，你就得上前提供最贴心的服务，叫客人觉得你就是他心目中的办公室主任。”

第二年夏天，鱼翅皇酒楼在玄武湖畔搞了个大型的美食节，邀请社会各界知名人士参加。“我们现场展示的蔬菜全部来自山东寿光生产基地，健康营养。特别是一种产自马家沟的小芹菜，脆嫩无筋。因为是用牛奶发酵后的肥料浇灌，吃起来还有一种淡淡的奶香味。还有我们的瑶柱干捞翅，发制72小时，分3次秘制而成。最上面的一层味厚浓郁，越往下吃口味越清淡利口。最下面是老鸡吊的高汤，吃一口鱼翅，喝一口老汤，这是别的店里都没有的。这个菜不光成为美食节上口碑最好的，以后几年也成为在南京叫得最响亮的一个招牌菜。”

美景美味的交相辉映，一下子打动了南京人挑剔的胃口。一时间，鱼翅皇酒楼声名鹊起。

○做餐饮界的LV

2008年刚刚过完元旦，苏建军就来到河南，开始筹建郑州皇宫大酒店。

在河南开店，是他做了9年的一个梦。河南是中国南北文化的交汇处，郑州在他的印象里就是北方的小深圳，人才济济。“河南餐饮市场的水很深，每年有多少餐饮品牌来来往往，死而复生。我如果不在这里逐鹿一番，就根本不能谈得上成功。”

从1月进驻，谈判，签合同，加上跑手续，土建装修在内，孙建军只用了7个月的时间。这在中国餐饮界建筑史上都可以算得上一个奇迹。“完成了18 000平方米，地下两层，地上6层。”

孙建军把最好的东西几乎都带到了郑州皇宫大酒店。耗费160万的大理石门套，庄重瑰丽的大理石的水道拼花，金碧辉煌的龙椅，整块玉雕的收银台，镶嵌玛瑙玉石和景泰蓝的柱子……奢华大气的皇家气势呼之欲出。

走进一楼的包间，你仿佛到了异国他乡，连餐具都丝丝入扣散发着异国情调。从2楼开始，则全部是雕梁画栋，奢华气派的皇家风范。“厨师就有400多个，客人来我这里，想奢华可以吃燕翅鲍、生猛海鲜，想精致有粤菜，想家常可以品尝鲁菜、湘菜和豫菜，可以说专人专味，正宗地道。”孙建军承诺：“在皇宫酒店，客人享受到的不仅仅是美味的饭菜，更有顶级的服务和环境。奢华的环境和无上的尊崇，是皇宫酒店独有的别人都不无法复制的两道菜。”

在孙建军的人生里，郑州皇宫大酒店只是他试水郑州的第一步。这里还有一个48 000平方米的皇宫会所，专为顶级人群量身打造。

孙建军说起兰会所，这个以奢华著称京城的中餐馆。2008年8月，来参加奥运会的各国元首都曾在这里吃饭，9月夏季的达沃斯论坛，40多个国家的首脑又一次云集在这里。最不可思议的是10月，它还受邀在美国白宫为布什做了一顿总统午宴。这是为什么？

“我觉得市场是应该细分消费群体的。奢侈品对于不同社会里不同的人来说有着不同的判断，它承载着人们更多情感的东西。奢侈的含义并非是一种浪费，而是一种对极致优雅的追求。所以，就像很多人爱上LV，也许是因为它无上的品质，但更多是它给人带来的那种无上优越和尊崇感。把酒店做到极致，甚至做成餐饮界的LV，这是多少高档酒楼的梦想，当然也是我们的梦想。”孙建军说。

B 孙建军如是说

奢华，气派，金碧辉煌，富贵逼人……在总结皇宫酒楼给我的第一印象时，除了翻来覆去的这些话，突然有些词穷。

然而它的老板却是一个朴实的山东大汉。笑起来声若洪钟，面对镜头的时候还有些拘谨。

因为孙建军要赶下午的飞机，我们的面谈留了个小小的尾巴。他把问卷部分记在自己随身的小本子上，说晚上之前一定用短信发给我。

傍晚，他的短信果然发过来了。一条一条，回答得认真又详细。

你所理解的最完美的快乐？

事业有成，家庭幸福，精神快乐。

你最害怕的事？

酒店失火。已经经历过一次。

23年餐饮中最难过的坎儿？

不能突破自己。

你最后悔的事？

我最后悔的是上学时没好好学文科。

最大的爱好是什么？

结交朋友。

你的座右铭是什么？

做好人，做大事，做好事。

评价一下自己？

喜忧参半，喜大于忧。

【人物名片】

张鸿林

河南宝视达眼镜（连锁）有限公司总经理

【达人语录】

“别人想的是现在，我却永远想的是未来。”

改变未来的“视界”

A 故事

张鸿林是个眼镜商人。可在熟悉的朋友眼中，他更像个时间“超人”。

因为他总是在现在做着将来的事。别人都卖青玻璃镜片的时候，他已经开始卖光学镜片。别人开始卖光学镜片时，他的柜台上已经摆上了树脂镜片。他在河南最先引进隐形眼镜，又最先推出日抛型和能够矫正视力的硬性隐形眼镜。

他用22年的时间把宝视达专卖店开到121家，并成为中国眼镜业的5强。

2009年3月9日，全球顶级眼镜厂商依视路公司中国总裁来到他的宝视达集团考察。3月23日，依视路亚太区的高管在张鸿林有些昏暗的会议室里谈了整整一天，最后给宝视达留下了100多万元的市场支持。这家经营着世界最多顶级眼镜品牌的公司将与张鸿林合作，在河南开10家知名品牌眼镜专卖店。

在河南眼镜业中，获此青睐的，张鸿林是唯一的一个。

○一夜扬名的亨得利

张鸿林给人的第一印象是很瘦。细溜溜的胳膊和腿，给人的感觉似乎弱不禁风。

但在张鸿林看来，恰恰是这瘦成全了自己。“当时之所以选择做眼镜，就是觉得这是个精细活儿，不用使蛮力。”

初入行那年他才18岁，正跟着哥哥在焦作学做家具。做好的家具要从厂里搬到楼下，再一层层抬到用户家里，身单力薄的张鸿林觉得吃不消。“当时亲戚家开了家眼镜加工厂，我觉得这活儿比较适合我，就和亲戚说不要工资去学做眼镜。”

这个世界，每个人身上都有一份与众不同的潜能，那是上天让他在这个世上安身立命的根本。也许张鸿林的潜能和天赋就是做眼镜，一年多的时间，他很快掌握了从镜片生产到前台验光、配镜的一切技术。“那时候你给我一个啤酒瓶底，我都能打磨出符合你散光度的5mm眼镜片。”

手艺在身，张鸿林想自己去创业了。他注意到煤城平顶山，那是个新兴的移民城市，有来自全国各地的知识分子，在那里开个眼镜店肯定有市场。

地址选好了，可是他手里攒下的钱只有360元。“家里没能力支援，我只能东拼西凑。当时我还是个不到20岁的小伙子，谁敢把钱借给我折腾？好说歹说，甚至搬出家里人做担保，最后6万多的启动资金才算凑够。”

1987年国庆节这天，平顶山市新华路上多了家亨得利的眼镜店。这家店与别家不同的是，镜片是光学镜片，配镜有专门的仪器电子验光，高难度散光眼镜在别的店里一个月才能取，在这里3天就能拿到。

当时别人店里一副眼镜1块8到3块，但在张鸿林店里，最便宜的也得6块8。“我是做加工出身的，最清楚什么样的眼镜对顾客最好。玻璃镜片虽然便宜，可是纯净度差，滤光特性更差，特别是里面的气泡杂质，对眼镜损害很大。除了光学镜片，我们还有先进的验光仪器和疑难镜片加工技术，所以我敢承诺，3天就让顾客取货。”

好奇之心人皆有之，与众不同的亨得利很快吸引了很多顾客。在张鸿林不厌其烦地解释下，亨得利的名气口口相传。“配镜哪里去，想想还是亨得利”的流行语不胫而走。

半年后，在市区最繁华的中华路上，张鸿林开了自己的第二家店。开业时旁边还有两家浙江人的店面，几个月后，这两家店相继关门歇业。

○跑在时光前面“超人”

平顶山创业的那几年，在张鸿林的回忆里苦乐交织。那时候他和妻子住在一间20多平方米的出租屋里。小屋的前半部是柜台，后半部就是卧室兼加工车间。“为了省钱，我们一星期只吃一次肉，其他时间顿顿青菜豆腐。”出租屋的旁边是家饭店，屋里可多老鼠，半夜他和妻子常常起来逮老鼠。他们睡的床是砖头支起来的一块木板，有时睡着睡着就塌了下来。当时妻子最大的梦想就是能买张床。她说鸿林你要是给我买个席梦思，让我加班到几点我都愿意。

他们在这样的房子里住了将近10年。张鸿林把挣来的每一分钱都投在了新产品的引进和新店的开张上。这个饱受争议的人，他引进的每一个新产品，所到之处都一片哗然。

树脂镜片最先来到河南的时候，许多顾客都觉得那就是塑料片。“我们的营业员一遍遍给顾客解释，树脂镜片不光纯净，可以过滤99.8%的紫外线，还可以染成各种颜色，做成无框眼镜，既健康又时尚，是国外很多明星都首选的镜片。”这样的引导和坚持之下，树脂眼镜终于被市场接受，一度成为宝视达最畅销的产品。

1989年，张鸿林引进美国的博士伦隐形眼镜。这在当时光学镜片大行其道的河南眼镜业，无疑像油锅撒盐，“简直快炸锅了。”

几乎所有的人都觉得不可思议。那么娇嫩的眼睛，进一粒沙子都受不了，何况是放进去一个镜片？

很多同行等着看张鸿林的笑话。倔强的他偏不信这个邪，他派员工去博士伦公司培训，只要有顾客上门就主动介绍，让顾客免费试戴，觉得舒服了再买。“一段时间的市场培育，加上后来博士伦广告对公众心理的大肆轰炸，隐形眼镜很快打开了市场。最火的时候，一个单店一天最少要卖二三十副隐形眼镜。”

宝视达无疑又成了第一个尝到螃蟹美味的人。等到市场觉醒，同行、医院都一窝蜂地跟进的时候，先行一步的宝视达早已赚得盆满钵满，把目光转向更远的别处。

○农村包围城市的扩张

1995年，张鸿林的新店已经开到30多家，遍布漯河、驻马店、许昌等地。在进入驻马店时，他发现当地也有一家亨得利眼镜店。他忽然意识到，一个企业要做大，必须要创建自己独一无二的品牌。深思熟虑之下，张鸿林忍痛将所有的亨得利店改名为宝视达，英文Logo是Best，意为最好。

品牌一旦确立，永远跑在时间前头的他又开始自己的超前想法。2000年，张鸿林把多焦点眼镜和硬性隐形眼镜推向了市场。“多焦点可以解决双光眼镜的不足，无论你看远，看中，看近，光度都能互动匹配，可以让长时间看书引起的视疲劳得到缓解。而硬性隐形眼镜，由于光学矫正效果好，并发症少，已经和日抛隐形眼镜一样，成为健康型的眼镜。”

2005年7月1日，郑州德化街上，宝视达眼镜金黄的Logo吸引了熙熙攘攘的民众。18年的拼搏厮杀，在二级市场一路开疆辟土的宝视达终于把营盘扎到了郑州。“我们一直采取的是农村包围城市的策略，在二级市场全部做到第一的情况下，我们的目标是进入全国眼镜业5强。”

3年的时间，张鸿林终于把这个预言变成了现实。现在的宝视达，已经有了121家连锁店，36家视力复健中心。它与香港苏明达配镜中心合作的远程加工系统，可以让郑州顾客在两三天内即可拿到定制的中高端产品。它投资2 000万元与法国依视路、天津医科大学和河南技术监督局培训中心合作成立的宝视达眼视光河南教育基地，每年能培训出400多名专业人才。

2009年3月9日，世界第2大眼镜巨头Safilo公司来到河南考察宝视达。3月23日，依视路亚太区的高管在张鸿林的会议室里谈了整整一天，最后给宝视达留下了100多万元的市场支持。这家经营着世界最多顶级眼镜品牌的公司要和张鸿林合作，在河南开10家知名品牌眼镜专卖店。

站在巨人的肩膀上，实现他人也实现自己的梦想，这是张鸿林最期待也最开心的事。“未来的眼镜零售业应该是专业技术与服务的竞争，我的梦想是在几年内，让宝视达凭借独特的经营方式与服务理念成为全国眼镜零售业的三大龙头之一。”

B 张鸿林如是说

你所理解的最完美的快乐是什么？

不停地扩张。对我而言，开一家新店就像又生了一个孩子，那感觉真幸福，真激动。

你有没有最害怕的事？

没有。一路走来，宝视达一直是在健康的范围内用技术和服务与别人竞争。作为一家健康民营企业的领头羊，我没什么可怕的。

你觉得自己最宝贵的财产是什么？

我最宝贵的财产是拥有了宝视达这样一个健康有素质的团队。1 300多名员工，有很多从创业时就跟着我在拼搏了。22年了，他们才是我最宝贵的财富。

能否评价一下自己？

我觉得自己是个把信誉看得比什么都重的人。当年在平顶山我能站稳脚跟，靠的是产品的好信誉。后来我把公司命名为BEST，就是要把最好的东西给顾客。一路走过20多年，我觉得之所以能做到现在这种局面，还是靠的信誉。信誉就是全部，跟我的命一样重要。

C 印象派

从外表上看，张鸿林很瘦弱，体重只有55公斤。有一个版本说张鸿林曾经痛下决心增肥。他跟自己的厨师保证：假如你能在半年之内让我增肥10公斤，我送你一辆桑塔纳。厨师每天都想着法儿给张鸿林改善生活、增加营养，谁知半年过后一称体重，仍是55公斤。

但就是这样一个天生瘦弱的人，跑出了超人的速度。他用20年的时间，从一个眼镜工厂的小学徒，成为有着121家连锁店，36家康复中心的企业老板。他的宝视达也在22年里从一个名不见经传的地方品牌走到了全国眼镜行业的5强。

“别人想的是现在，我却永远想的是未来。”想法永远超前，这也许就是他成功的秘诀。

现在，他又与世界眼镜业的巨头牵手了。在巨人的肩膀之上，他会跑得多快，他还会有什么奇思妙想？

也许只有他自己知道。

【人物名片】

王　硕

河南虢国餐饮管理有限公司董事长

【达人语录】

"我做事，从来都是要么不做，要么就做到极致。"

要么不做，要么就做"绝"

A 故事

王硕是个爱热闹的人。

在他的虢国羊肉汤馆里，日日蒸腾着食客们的喧嚣。大碗喝汤，大口吃肉。那种泼辣辣的烟火气息，家常而喜气。

王硕又是个喜清净的人。

他坐在自己的观味茶食楼里。小轩窗，老木门。宜家的白棉纸灯笼映着暗绿洒花的旧屏风。大厅的角落里，笼子里的鹩哥寂寂地叫了两声。这样的空间里，连时间都流得慢了。

动与静，热与冷。这样看似南辕北辙的风格，在王硕的手下，何以揉捏得如此恰到好处？

他的回答是：因为我做事，从来都是要么不做，要么就做到极致。

○缘起：结缘故乡羊肉汤

王硕实在不像个羊肉汤馆的老板。细细的黑边眼镜，明黄的中式对襟大褂，布鞋，下巴上蓄着短短的胡须。单从外表上看，他似乎更像一个玩艺术的型男。

然而他确实是个从机关下海，打拼了7年才到今天的饭店老板。用他自己的话说，今天的一切，“全因为15年前的一顿饭。”

1994年，在河南省化工厅上班的王硕被单位派到灵宝常驻。灵宝是他的老家，可在郑州长大的他，对老家的了解几乎是一片空白。有天一个同事拉着他去喝羊肉汤，黑瓷大碗里白白的汤浓酽如奶，王硕喝了一口，就再也放不下了。“那天我喝了两大碗汤，吃了9个小烧饼。旁边的营业员都直瞪着眼看我。”

这是王硕第一次领略到老家羊肉汤的美妙。以后常驻灵宝的6年，羊肉汤成了他的最爱。“每天不去喝一碗就好像少了点啥。”

像每个不安分的人一样，王硕虽然有稳定的工作，但他还是想自己干点事。喜欢旅游的他在品尝了各地的美食之后，下决心做餐饮。可是没一点经验的他，该卖什么才最保险？

这时候父亲说话了：“还是把咱老家的羊肉汤引过来吧。有现成的师傅，保险系数还大些。”王硕深以为然。项目确定了，可地摊夜市与路边小店卖羊肉汤的比比皆是，自己的羊肉汤馆要怎样才能与众不同地胜出？

王硕想起自己1997年去北京时，在路边发现的那家名为孔乙己的小店。单看外面，你会猜测它是家古玩店或茶行，但推开紧闭的黑漆大门，吱呀一声，里面吃得热火朝天的食客制造出的那种人声鼎沸，和着古朴精致的江南气息就扑面而来。他灵机一动，如果自己把这些中式元素和羊肉汤这种传统饮食结合起来，肯定能一炮走红。

○开张：新店门口茫然的王硕

2001年7月7日，郑州纬二路上多了家名为虢国的羊肉汤馆。青砖外墙，黑色洒金牌匾，长条木凳。大灶上浓酽的羊肉汤与炖菜咕嘟嘟冒着热气，刚出炉的小烧饼、肉夹馍飘来阵阵麦香。这种明显带有中式元素和三秦特色结合的饮食文化，看起来那么古朴、家常，又韵味盎然。

开业的第一天，上午11点，一切准备停当，王硕站在门口迎客。7月的阳光火辣辣地照在他身上，马路上静悄悄的，连个人影都没有。他心里一片茫然。选址的时候，他就遭到了家人朋友的反对。大家都觉得这里车少人少，在此开店肯定死路一条。但他一直坚持一个理由：这里临近政府机关和家属区，消费能力不用质疑。虽然附近高档饭店林立，但有特色的家常饭店还真是奇缺。他选择在这里开饭店打的就是差异化经营，但现在，难道真的是自己错了吗？

11点半，正在王硕对着烤得发烫的柏油马路胡思乱想的时候，一个同事提着花篮走了过来。从这时候开始，陆陆续续走进了不少客人。“12点多的时候，店里竟坐满了顾客。”王硕心里的石头总算落了地。

晚上盘点一天的收入，竟卖了1 000多元。“旁边的员工都在你一言我一语地说着顾客的反映，效果好得超出了想象。”

从这一天起，虢国羊肉汤声名鹊起，拥有了一大批忠实的顾客。有个家住附近的男士，不光自己天天来喝，还带着外地的朋友来喝。“他说让外地人见识见识我们河南最好的羊肉汤，老有面子。”

○挫折：一顿打击，一场大火

虢国的生意就这么顺风顺水地做起来了。令王硕没想到的是，一个月后发生的一件事给了他当头一棒。

那段时间，王硕白天要在店里管理，晚上还要出去应酬，忙得焦头烂额。有天心情不好，看到账本上的支出，喝醉后的他借着酒意吵了师傅们一顿。在他本是无心之语，但令王硕意外的是，师傅们全跑了。这可怎么办？抓瞎的王硕连夜赶回老家找师傅。第二天上午，烩汤的师傅总算赶来了，可打烧饼的师傅还在路上，无奈王硕去附近买来锅盔，吃惯了高炉小烧饼的顾客可不认账，生气地拍着桌子直抱怨。“那会儿我可真成了热锅上的蚂蚁。”

12点半，打烧饼的师傅终于赶到。行李都没来得及卸，就挽起胳膊，洗手和面做饼。看着一切恢复正常，王硕一屁股蹲下来，忽然觉得又累又饿。

晚上送走客人，王硕一个人坐在空荡荡的店里反思。要弄好一个饭店，仅仅饭菜有特色是不行的，还得学会管理。“制度是死的，人情是活的。关键要看自己怎么去沟通。”那天晚上王硕想了很多，“我忽然明白要做大事就不能心胸狭窄，不要轻易去否定别人。这个打击对我后来的影响太大了。”

2002年1月，王硕在经三路开了第二家店。周围有报业集团、财政厅和中国银行，附近高档小区林立。虢国羊肉汤家常、平价又干净的饭菜对附近的人无疑有巨大的吸引力。300平方米的羊肉汤馆很快天天人满为患，附近单位的员工甚至戏称虢国是他们的第二食堂。

就在经营势头最好的时候，又一场打击来了。“新换的热菜师傅，上班的第一天调煤气罐的阀门，火苗蹿起来进入烟道，整个厨房都烧起来了。”

那场大火烧毁了虢国的厨房。王硕站在烧成了黑窟窿的厨房里，欲哭无泪。

怎么办？他的回答是：还能怎样？挺过来从头开始吧。

○目标：要做中国最好的羊肉汤

如同一个爬山的人，走过最陡的那段山路，呈现在他面前的就是一片无垠的好风景。挺过最初的磨难，王硕的虢国羊肉汤在河南很快发展到40家。2008年5月，他在郑州建立了虢国中心厨房。虢国的羊肉汤全部是用标准化的工业流程操作。“上好的羊肉和羊骨放入密闭的大罐里熬煮一夜，最后捞出来的骨头一捏就碎，可以说全部营养都在汤里了。”熬好的汤在均衡搅拌后放入保温大桶里运至各家店，保证了虢国羊肉汤统一的口感和营养。“麦当劳为什么能成功？就是因为它的标准化和工业化流程。我们现在的中心厨房，也是为了保证顾客无论在哪家店，都可以喝到口感一致的最正宗的羊肉汤。”

王硕的第二个计划是推出真空包装的羊肉汤。“熬好的汤用速冷技术，加入粉丝、羊肉、木耳等其他配料，迅速灭菌真空包装。要喝的时候直接用微波炉加热即可。以后虢国的羊肉汤不光可以在店里喝，还可以外卖，甚至进超市。”

前几日王硕去了北京，准备在那里开虢国分店。“羊肉汤是个老少咸宜的东西，在陕西，山西、甘肃，甚至苏州和广东都可以看到这种风味饮食。以前我是把这种路边小店的风味引进了雅致的大饭店，现在我的目标是，把这种最乡土的饮食做到极致，让人一提起虢国，想到的就是中国最好的羊肉汤。”

B 王硕如是说

什么是你最完美的快乐？

就是我能给别人提供最放松的地方。茶楼里的安静也好，羊肉汤馆里的放肆也好。只要客人觉得自在、舒服，在我觉得，就是最完美的快乐了。

最大的爱好是什么？

旅行。茶楼里的很多东西都是我在路上淘到的，坐在这里喝茶的时候，看到一样东西我就会想到那个地方，想起那时候的天气和心情。

最喜欢什么样的人？

有思想，有原则的人。

你觉得自己是个什么样的人？

从性格上来说我是个内敛的人，很多时候喜欢一个人独处。但我又很倔，自己拿定主意的事就一定去做，头破血流也好，功成名就也好，只要享受了那个过程，都不会后悔。

C 印象派

观味茶食楼的主人王硕坐在宽大的梳背椅中，用一把星巴克的杯子喝着绿茶。

他的背后，是从山西淘回来的老楸木雕花门。胡床上安放着云南的黄木棋盘，窗台上摆着古老的油灯。大厅里的旧屏风，几上的蓝碎花桌布，角落里的红木雕刻，长案上的青花瓷器……林林总总。那是他在旅途中从世界不同角落带回的风景。

他是安静的。比如此刻。他又是热闹的。那是在他跟相知的朋友推杯问盏的时候。他真是个矛盾的人。风格迥异的两种餐饮，在他的调教里高潮迭起。两种截然不同的况味人生，在他的怡然自得里活色生香。

“每个人骨子里其实都有两个完全不同的自己。我不过是很幸运的那个，能把自己的想法完全展现，做到极致的人。”他说。

【人物名片】

张　晟

小肥羊餐饮连锁河南区域总经理

【达人语录】

"做人就该又低调又张扬。"

"打"出来的火锅江山

A 故事

在郑州的餐饮界，说起小肥羊河南区的掌门人张晟，很多人最初的印象是他上任伊始开始的打假。

一年多的时间，他花费数十万元，打掉假冒的13家小肥羊火锅店。来自草原的小肥羊就在这去伪存真的过程里，成为广受郑州人欢迎的火锅品牌。

这让人想起王海。那个总戴着一副墨镜的职业打假人，用有理有据的专业打假令卖假人闻风丧胆。以至于著名的经济学家吴敬琏都称之为"市场清道夫"。

如此说来，张晟这个来自大草原的内蒙古小伙儿，跟王海真的有的一比。

○"打"出来的"小肥羊"

张晟是内蒙古包头人。在业界的流传中，这是个大碗喝酒、大口吃肉的豪爽北方汉子。但面对媒体的问答，他说得最多却是小肥羊这个品牌。而在进入小肥羊之前的个人经历，他三言两语就概括了。

他说在2001年进入小肥羊餐饮集团之前，自己是一家小饭店的老板。每天早上四五点起床，在店里一盯就是一天，一天睡觉不到5个小时。"原始积累阶段小生意的辛苦，不用说都可以想象到。从1990年涉足餐饮，10年积淀给我最大的收获，是让我积累了餐饮管理的丰富经验。"

2007年3月，张晟来到河南，成了小肥羊在河南区的总经理。"当时可谓四面受敌，假的小肥羊太多了，在全国所向披靡的小肥羊在郑州的口碑却在一天天变差。"

怎么办？在张晟的骨子里，他是个不好惹事的人。自己初来乍到，根本不想树敌。可是凡事都是不破不立，在大量假冒小肥羊当道的情况下，自己如果不硬起手腕，真正的小肥羊就不可能在河南立足。

2008年4月25日，一场由河南小肥羊组织的新闻发布会，犹如一枚炸弹落在河南餐饮界本就不平静的水面，真小肥羊打假的新闻一时成为街谈巷议的热门话题。

"我们带着工商局的人在全市打假，合同到期的，擅用小肥羊商标的都在打击之列。"张晟回想起当年的那一幕，还记忆犹新。"当时假冒小肥羊的店面，LOGO有的是绵羊，有带犄角也有不带犄角的，反正五花八门什么都有。当时工商、媒体一出动，有的老板跑了，有的不接电话。好几间店面很大的假冒店都关了门，没几日牌子都换了。"

这次打假小肥羊投入了20多万元，可是张晟觉得很值。"这不光让市场变得正规了，对真小肥羊的重新入场也是一种很好的宣传。"

○拼出来的口味

2008年5月，小肥羊第一家直营火锅店在商城路开门纳客。"装修到一半的时候天就热了。谁都知道淡季火锅店不好活，我在这时候开业就是想证明自己的实力，真的小肥羊要凭口味在淡季也活出特色来。"

张晟开业的酬宾之举是吃多少送多少。因为前期的宣传，第一天中午，60多张台就坐满了人。"我们的羊肉全部是来自锡林郭勒盟，自己的屠宰和羊肉生产基地，保证了羊肉的质鲜肉嫩。涮锅底料也全部是小肥羊自己的调料生产公司秘制，不蘸调料也久涮不淡。这是小肥羊能吸引顾客的最主要法宝。"

不怕不识货，就怕货比货。小肥羊8天的活动，除了送出去的部分，净销售40多万元。"我印象最深的是有天一个顾客感叹的一句话。他说他都3年没吃小肥羊火锅了，今年是头一回尝到，名不虚传啊。"顾客的话在张晟听来却是一种痛苦："我其实早就该打假了。让顾客吃到物有所值的菜，这是一个商家起码的责任啊。"

凭着出色的口味，小肥羊在河南的口碑影响迅速扩大。2008年11月之后，张晟在郑州又接连开了3家店。在省内的小肥羊总量也达到了7家。

○比出来的目标

张晟知道，作为单一品牌的火锅店，除了自身的优势，也有很大的局限。比如在夏天，怎样能吸引更多的人来吃火锅，他就一直在不停地琢磨和尝试。

"各种节日搞优惠是必需的。除此之外，我们还搞过送啤酒，送冰激凌，送爆米花等细节性营销。"张晟的店里，有个微笑服务的硬指标。只要顾客进门，只要是在店里，不管是哪个地方，他看到的都必然是笑脸。"人家来消费就是买舒心的。看到冷脸，再好的饭菜也倒了胃口。"

2008年6月，小肥羊的成功上市让这个品牌成为中国火锅第一股。在张晟的心里，小肥羊这3个字品牌价值太大了。面对集团2009年在全国扩张的举措，张晟的目标是在安阳、开封和濮阳等二级市场开15家直营店。"每个人都说金融危机来临的时候，恰恰是洗牌的最好时机。我们现在就是要俯下身子，踏踏实实地精耕细作。不管任何时候，低调里的张扬才是最可贵的。"

同行业里面，张晟最佩服的是海底捞火锅。“这个来自四川的火锅品牌，用几乎‘变态’的极致化服务在全国攻城略地。我的目标是，总有一天要超过它。”

B 张晟如是说

你所理解的最完美的快乐是什么？

在60岁的时候，还能跟从小玩大的朋友在一起。

你最害怕的事？

60岁的时候，还能不能出去旅游。这是我最担心的。

你有偶像么？

生活里好像没有吧。哈哈，如果说有，那就是《大染坊》里的陈六子。他让我觉得一个男人必须有韧劲儿，有那种随心所欲的做事风格。

你的座右铭是什么？

4个字，天道酬勤。这是我一直坚信的。

你怎样评价自己？

又低调又张扬。该我说的时候说，不该我说的时候打死也不说。这是我的原则。

C 印象派

但凡成功的人，面对外界，不外乎两种反应。

一种是什么都敢说。前尘旧事，酸甜苦辣，未来目标……涵盖你想知道的任何信息。这样的代表是搜狐的张朝阳。

一种是打死也不说。在你的刨根问底里，他透漏的也只是企业。营销，策略，近景远景的规划……这样的例子是华为神秘的老板任正非。

张晟显然属于后者。

这个来自内蒙古大草原的北方汉子，我相信在他跟熟悉的朋友对话中，必定是豪爽，大大咧咧，甚至口无遮拦的。但张晟呈现给外界的，却始终如一是低调里的坚韧与张扬，那些独自来到河南打拼的喜怒哀乐在他说来，都变成了轻描淡写的一句话：啥叫难事啊，都过去了。

【人物名片】

葛焕田

扬州赛特刷业有限公司、旷野刷业总经理

【达人语录】

“再小的生意也会变成大买卖。”

从牙刷小贩到“带头大哥”

A 故事

○真划算：6天换来60元

大学毕业的儿子一直觉得葛焕田的人生经历很传奇。儿子甚至有个建议，等老了为他写一本书。

传奇谈不上。但25年前的事葛焕田现在想起来，一幕一幕，真跟做梦一样。

1984年的时候，他已经是两个孩子的爸爸。家里连饭都吃不饱。“穿的裤子补着20多个补丁，7分钱一包的香烟都抽不起。”那时候就穷到了那种地步。

穷则思变。活命才是硬道理，人逼到一定程度都会想办法。那时候有个远房外甥，一直在做牙刷生意。其实说生意也是抬举了，就是批几麻袋牙刷，走街串巷去卖。

跟外甥商量好，他花90元钱买了个二手自行车，兜里揣着借来的40元钱，把自行车扔到公共汽车顶上，就这么来到了郑州。

那时候他们卖的货都是从扬州发到郑州。7分钱一支牙刷，他批了6 000支，装了整整两大麻袋。用自行车驮着，就往洛阳方向去了。

正是农历四月，连绵的山路上，两边是快要成熟的麦子，风吹来黄黄绿绿，煞是好看。但葛焕田他们哪有心思看这路边的风景，骑不动了就推着车子走，推都推不动了，就在路边躺下来，就地睡一觉。

一路向西，经义马，渑池，新安，宜阳，边走边推销。在外甥的帮助下，葛焕田从一个张不开嘴的门外汉，到能熟练地跟供销社的人套近乎。6天下来，最后一盘点，他挣了60元钱。

这可了不得。要知道，他当时在老家打工一个月才挣20多块钱。现在6天就挣60元，这买卖简直太划算了！

○拣条命：太行山历险22日

回来后歇了几天，葛焕田又带了8 000支牙刷出发了。他跟同伴在济源分了手，俩人约定：他往东，同伴往西，天黑后在这里汇合。

那天葛焕田驮着3麻袋牙刷，走了几个县，没卖掉多少。晚上在约好的地方等到天黑，也没见同伴的影子。第一次出门的他慌了，怎么办？等到半夜，无奈就近找个旅店住下了。他打开外甥送他的地图，开始琢磨。同伴肯定是去山西了，反正他也不等我了，一不做二不休，我也去山西吧！

第二天他把自行车托运到火车上，背着3麻袋牙刷就上了火车。车到晋城，找到托运的自行车，他的山西之旅就此开始。

从晋城，经高平，长治，到平顺，10天的时间，只卖了4000支牙刷。到平顺的时候天黑了，盘山公路上一个人都没有。他越走心里越发毛：如果有野兽把他吃了怎么办？如果有强盗把货抢了他又能咋样？越想越害怕。他把自行车和牙刷绑到一起，往身上一背，拽着树枝往上攀。边爬边在心里祈祷：神啊，天啊，千万别出啥事啊。

爬到山顶，擦一把头上的汗，他第一眼看见的就是山脚下灯火辉煌的平顺县城。扑通一声，他一屁股坐在地上，心里的石头总算落了肚。

从平顺出来，葛焕田到了榆次。走到百货公司推销牙刷，一句话就被人堵了回去：不要，我们自己的还想处理呢。经过了这一路的磨难，再噎人的话也不会让他打退堂鼓了。看看百货公司的牙刷，无论外观和质量都比他带的好许多倍，他忽然灵机一动：你们还剩多少，都处理给我吧。

他从榆次百货大楼进了900支牙刷，每支9分钱，以1毛5甚至两毛钱的价格一路卖出，仅这一项就净赚了60多元。

在山西走的22天，苦真没少吃，他记得曾经有一个分水岭，往上100层，往下100层。走着走着，腿没了知觉，脚上的血泡却一跳一跳地疼。但山西之行也让他开阔了眼界，从此以后，不管独自去哪里，他都不再怵气了。

回到郑州，外甥一见面就抱住了他：可把我吓坏了！你要是出个事他怎么跟老家人交代？最后说他：你别卖牙刷了，还是回老家打工吧。

葛焕田累得说不出来话，却一直在笑。他心里说：这辈子他别的啥也不做，就跟牙刷干上了。

○起波澜：一把牙刷弄得家都要散了

老家要收麦子了。葛焕田带着两个多月挣的570元钱回了驻马店。他买了一身西服，一条一拉得领带。要知道当时他们的县委书记都穿不起西服呢。走在村里，别人都恭维他：老葛，你发达了！

除掉家里的开支，还掉杂七杂八的欠款，他还存了400元钱。第一次走进储蓄所，一笔一划在存款单上写下自己的名字时，他在心里说：等着吧，总有一天我会真发达的。

收完麦子，他带着外甥的2 000元钱去了扬州，找到了麻袋上印着的那个牙刷厂，在那里，最好的牙刷也不过5分多钱。

2 000元的货发回郑州，让他净挣了2 000元。从这时候开始，他的生意不再是小打小闹，而是依靠批发几何级地往外扩充。1986年他已经有了两万多元的积蓄。牙刷的生意也就在这时候做到了安徽、湖北、陕西、甘肃甚至新疆、内蒙古等地。

这时候邓小平提出让一部分人先富起来。他给县里打了报告，想跟南方人合作办牙刷厂。变故就在这时候发生了。方圆十里八村的人都知道他有钱了，找他喝酒、打牌、甚至借钱的都蜂拥而至。啥叫树大招风，人言可畏，现在想来，说的就是那时候的他啊。

过惯穷日子的妻子心疼钱，开始跟他吵架。一个风头正猛的男人怎么会听进女人的絮叨。说得多了，他们开始吵架，甚至大打出手。到最后，妻子连神经都不正常了。

那两年是他最煎熬的时候。他是个顾家的人，有3个孩子，婚肯定是不能离的，但这样下去日子该怎么过啊。

给家里留了钱，他一个人来到驻马店，还做牙刷批发。他是发誓5年不回家的，但没过5天，老家人来了人，说他的小女儿从平房上掉下来，昏迷不醒了。他急忙问送医院了没有？来人的回答是：婶子精神错乱做不了主，等着你回去呢。

心急火燎地回到家里。看着傻笑的妻子和可怜的小女儿，葛焕田忽然颓了。罢了罢了，家都快散了，挣钱又有什么用啊！

○大目标：这辈子就跟牙刷干上了

他放弃生意回到了家里。只出不进的日子，家慢慢又穷了。

1990年，他挑着一根扁担又走出了老家，这次带出来的还有妻子和3个儿女。因为他实在放心不下妻子，他怕他不在的哪一天，她如果犯病栽进门口的大水沟，那这个家就真散了。

8年的时间，他在新密的矿山上打过石头，卖过卤肉，开过小卖部。最难的时候，他们住在山窝里面，一个玉米秆铺的垫子上，两床被褥，一家5口睡了半年。

1998年，儿子大学毕业，找不到合适的工作想开个门市。他忽然又想起8年前忍痛放弃的牙刷生意。他想：我应该把我的经验传给孩子。

他和儿子又从最初的零售开始，只不过这一次他们不再天南海北地跑，而是批发来在自己的商店里零售。4年积累后，他跟一个还一直做着牙刷批发的朋友来到南方，从扬州、义乌，到汕头一路考察。牙刷市场的丰厚利润给了他很大信心。

2003年8月2日，他在万客来北院开了自己旷野刷业。开业没多久，因为原材料涨价，利润在半年内滑了一半。怎么办？开弓没有回头箭，既然已经做了，无论如何也得想办法走下去。

他在自己送货的厢式货车上打上广告，走到哪里，这都是一种流动的宣传。他第一个在业界聘请业务员，在各个区域内发放名片。第一个在全省范围内招代理商，保证市场规范。最主要的，只要跟他做生意的，不管生客熟客，他一定都让人家挣钱，不从质量、价格上欺骗人家。他说做生意其实就是搁伙计，不是一锤子买卖，要长久慢慢处。

文火炖肉，要的就是工夫。2004年旷野刷业突破了盈亏平衡点，2005年卖了160多万。2006年他在长江饭店筹划了河南第一个牙刷业订货会，当场订货120多万。这年年底，销售收入达到240万。2007年，他又在中陆洗化城买了3家店面，每天都有数以吨计的牙刷发往全国各地。

2009年他的计划是先跟扬州一家牙刷厂合作，设计一套产品，全国包销。然后贴牌生产自己注册的

“葛友”牙刷，借着自己的销售网络，把产品铺到全国甚至世界各地。

5年前开业的时候，他给20平方米的小店起了个大气的名字：旷野。因为他觉得自己虽然就是一根草，贫贱，低微。可不管在哪里，他都会努力活下去。

25年的坚持让他明白这么个理儿：只要你自个儿努着劲儿，一直不放弃，再小的生意也会变成大买卖。

他跟儿子说：儿子，你老爸别的不会，卖牙刷还是有一套的，这辈子就跟牙刷干上了。

B 葛焕田如是说

只要跟我做生意的，不管生客熟客，一定都让人家挣钱，不从质量、价格上欺骗人家。做生意其实就是搁伙计，不是一锤子买卖，要长久慢慢处。

C 印象派

他是葛焕田。

一个靠一把小小牙刷起家的老板。周围熟悉的人都唤他老葛。

25年的时间，从一个沿街叫卖的小贩，变成了牙刷业人口中的“带头大哥”。在他的3家店铺里，每天都有数以吨计的牙刷发往全国各地。

他说自己文化程度不高，可一直记得毛主席的那句话：可上九天揽月， 可下五洋捉鳖， 谈笑凯歌还。世上无难事，只要肯登攀。

“25年的坚持让我明白这么个理儿：只要你自个儿努着劲儿，一直不放弃，再小的生意也会变成大买卖。”

【人物名片】

王建启

郑州饮食有限公司董事长

【达人语录】

"要渡过难关，必须要有自己的阵地。"

"老字号"之恋

A 故事

2009年3月，在郑州市的中、西、北3个区域的黄金地段，3家合记烩面相继开业。

新店开张并不奇怪，但一个月连开3家新店的气魄，除了"航空母舰"级的餐饮集团，并非人人都能做到。

火爆的开业现场，当家人王建启站在新店门口，感慨万千。

29年前，他恨死了餐饮。作为饭店里唯一的一名男服务员，几乎每个礼拜，他都要跟顾客发生冲突。

29年后，他对餐饮的迷恋却日久弥深。在他掌舵的郑州饮食有限公司旗下，合记烩面、郑州烤鸭、葛记焖饼、西兰轩等老字号华丽转身，跻身餐饮效益最好品牌之列。

都说强扭的瓜不甜。但在王建启看来，自己扭转了自己，浸淫餐饮的29年，反倒是越咂摸越甜。

○万花丛里那无比郁闷的一点绿

王建启今年54岁。大高个，亮嗓门，语速很快。在他的朗朗笑声里，周遭的空气似乎都在嗡嗡做响。

合计会面、郑州烤鸭总店、西兰轩、葛记焖饼……说起自己旗下的那些金牌老字号，他如数家珍，滔滔不绝。谁又能想到，29年前，初入餐饮的他，竟是那样的万般无奈。

那是1970年，在农场上班的王建启被特招到郑州餐饮公司。还没来得及高兴，他就傻眼了：在人堆里显得那么机灵帅气的他竟被分配做了服务员，而且还是饭店唯一的年轻男服务员。

王建启很郁闷。一个男服务员在满是女服务员的饭店里，显得那么扎眼。作为万花丛中那唯一的一抹绿，王建启委屈又尴尬。

每次厨师炒好菜，王建启把菜端到客人面前，"啪"地放下，一句话不说扭脸就走。几乎每个礼拜，满肚子怨气的他都要跟顾客发生冲突。"那时候国营饭店很牛气，整个行政区只有我们这一家三味饭店，服务不好是当时的通病。"回忆起自己当年的年轻气盛，王建启笑着摇摇头。

店里有两位年长的老师傅，看出王建启的情绪，有空就跟他唠嗑。"一位姓李，一位姓道，都是开封人。他们给我讲旧社会的服务业，客人进门招呼声得到，热毛巾得到，细节多得很。吃不吃看服务，回头客多不多更是看服务，服务里面乾坤大着呢。"两位师傅甚至给王建启透露：当时领导之所以选他来饭店，就是看中了他的帅气机灵，觉得他是个做服务的好苗子。

王建启的心慢慢沉下来。在跟客人友好接触的过程中，他不光赢得了客人的称赞，还学到了很多待人接物、为人处世的道理。"店里的人都觉得我像变了个人似的。"

以后的几年，工作出色的王建启做过车队司机，做过门店主任，1985年，在武汉商学院进修之后，20岁的他被任命为三味饭店中心店的副总经理，主抓金水区下属的9家店面。

○一场轰动《人民日报》的美食节

作为公司最年轻的中层干部，上任之前，王建启熬了几个晚上，精心准备了十几页的报告。"但走上讲台后，我忽然慌得厉害，上面声音抖得念不成调，下面腿抖得站不住。"两分钟后，王建启落荒而逃。说起当年的那一幕，他哈哈大笑："底下都是跟我共事了多少年的老师傅们，你说我慌个啥呀。"

王建启是郑州饮食公司土生土长的员工，因为人员熟，对老师傅们说话客气，办事又公正，很快赢得了员工们的认可。3年后，他被调任公司主抓业务的副总。

第二年的秋天，王建启在郑州搞了个全国性的美食大展销，34个省市的上百种特色美食齐聚郑州，天津的代表们甚至开着中巴来参展。整整一个月的时间，林林总总的美食摆在大街上，到处人头攒动，郑州居民跟过节一样。"美食节在当年可是个新生事物，连《人民日报》都赶过来做了专访。很多老郑州人感叹：多少年只是听说过的好吃食，现在都尝到了。"

○拆迁 改制，十年两磨难

1990年，郑州市城市改造开始。郑州市饮食公司160多家饭店被拆的只剩下了20多家。"最厉害的时候，一个月拆掉了10几家饭店。大批职工下岗，那可以说是饮食公司最艰难的时候。"

怎么办？王建启觉得要渡过难关，必须要有自己的阵地。就像一个打仗的士兵，如果连手里的枪都没了，又如何言胜？

那几年的时间，王建启凭着自己多年在餐饮界建立的人际关系，一趟趟找相关部门，要安置网点，为员工申请安置补助。修四桥一路的时候，大石桥的几个网点被拆了。有天王建启偶然得知拆迁办主任住院了。打听清楚之后，他让员工熬好药，用暖瓶装着，把药送到了人家的病房里。"一次不行两次，两次不行3次，就是要用自己的诚心感动人家。"

要做事先做人。这样话谁都会说，但真正能做到的又有几个？幸运的是，王建启做到了。郑州饮食公司终于在海滩街批到了一块地，有了自己的办公楼。新网点安置和补助也都得到了最为优惠的政策。

2000年3月，王建启成为郑州饮食公司的总经理。也就在这时候，改制成为迫在眉睫的难题摆在他的面前。

"当时民营经济已经很红火了。在国营饭店周围，到处是摆摊卖小吃的。有一句这样的话：里三层外三层，绳子后面是国营。"郑州饮食公司有20多家饭店，但一个个破破烂烂，曾经高高在上的国营饭店就这样忽然灰头土脸，荣光不再。

王建启记得一个老朋友领着几个人来葛记吃饭，进门后环顾一圈，扭脸就走，临出门的时候丢下这样一句话："来你这儿吃饭感觉跟在地摊一样，老丢人。"

王建启刺痛不已。他知道如果再不改制，郑州饮食公司这个牌子说不定很快就被人们淡忘了。

凡事不破不立。好吧，王建启对自己说：那就从现在开始吧。

○老字号的华丽变脸

2001年，人民路合记烩面悄然变身。常去店里吃饭的顾客发现，油腻乌黑的店堂忽然变得窗明几净，身着绿白两色工作服的服务员笑容可掬，洁净喜人。那年年底，这家店的营业收入增加了50%。

第一家店改造成功后，王建启加快了网点整合的步伐。2003年郑州烤鸭店改造成功。这年12月24日，退出国有变为股份制的郑州饮食有限公司正式挂牌。

王建启知道旗下这些金牌老字号的分量，那是多少代人打就的招牌和财富。他要做的，就是让这些老字号在自己手里洗净积尘，重焕光彩。

从这一年开始，5年的时间，王建启把公司旗下的这些老字号整修了一遍。郑州烤鸭总店更是多次扩容，生产间硬件设施和服务水平都上了一个新台阶。最近，他们从北京引进人才，建立了新的烤鸭炉。烤鸭在新烤炉里自动翻转，受热更均匀，颜色和肉质更鲜亮味美。"以前是一个炉子，现在3个炉子烤出的烤鸭，到了周末还供不应求。"

2006年，在对合记烩面进行了二次改造之后，公司又建立了合记中心厨房。统一配料，统一配送。一碗面里面多少，肉多少，汤多少，甚至木耳、黄花菜、粉条要有多少都有统一规定。"我们就是要保证顾客，无论在哪个分店都吃到味道一致，数量一致的正宗合记烩面。"

旧店改造带来的是直接利润的翻番。"2003年公司一年的收入才1 055万，现在合记人民路一个店的收入就达到了2 200多万。"

在公司第一个五年规划里，王建启向董事会承诺了3个目标：职工收入、销售收入和税收翻番。5年过去，财务报出了这样3个数字：员工收入上涨100%，销售收入增加了163%，上缴税收上升到250%。"除了这3项，2007年到2008年上半年，我们还组织公司所有的职工不花一分钱港澳游。我在2009年的职代会向大家承诺，5年内，在公司职工收入再翻一番，销售收入达到一个亿的前提下，组织所有员工免费台湾游。"

2009年3月，3家合记烩面在郑州市区先后开业。这只是郑州餐饮有限公司又一个5年规划里小小的一步，王建启的心里还孕育着一个大目标。"我们现在要做的是踏踏实实，用自有资金低成本扩张，有朝一日走出河南，把生意做到全国去。"

B 王建启如是说

你所理解的最完美的快乐？

奉献。这话在别人听来可能觉得假了，但是我的心里话。回想起来20多年的酸甜苦辣，几乎都跟单位有关，这样的感情不是别人能了解的。

你最害怕的事是什么？

身体。我有哮喘的毛病，一到秋冬就犯。别的倒还好。

有没有最后悔的事？

脾气不好。我的中层们在家思考的也许有8个问题，走进公司的时候，就剩了6个，上楼再想想也许就剩了4个，到我面前请示的时候可能就只有3个了。为啥？他们开玩笑说因为怕我，无关紧要的问题怕我不耐烦。呵呵，我有时候也反思自己，都50多的人了，脾气就不能好点？

你如何评价自己？

熟悉我的员工们都知道我比较直。我跟他们说，在我面前说话就不要拐弯抹角，藏着掖着。我这人心胸大，想得远，应该算是个想做大事的人吧。

C 印象派

王建启是个老餐饮了。

从15岁进入餐饮公司开始，从当年的厌恶、委屈，到现在的迷恋和不舍，他生命里所有的喜怒哀乐几乎都和企业有关。甚至老员工的去向，店面的变迁，甚至包括哪个店面的每个数字，他都信手拈来，如数家珍。当一个企业和一个人的一生都血肉相连的时候，他最大的愿望，也许就是把自己的一切都给它。

所以当我问什么是他最完美的快乐时，他脱口而出的奉献二字让我深深动容。他说他今生最大的梦想就是守着那些老字号推陈出新，他说知道这些金牌老字号的分量，那是多少代人打就的招牌和财富。他就是想让这些老字号在他手里洗净积尘，重焕光彩。

【人物名片】

彭　建

郑州嘉和商旅酒店管理公司总经理

【达人语录】

“相信我，总有办法的。”

一个海龟的“变形金刚”梦

A 故事

冲动惩罚，回国后的当头第一棒

2005年之前，彭建还是在温哥华一边打工一边上学的学生。偶然一个机会，他在当地商店发现一种模拟高尔夫软件，很有趣。网上查询之后，他发现这种软件在北京有代理公司。

2005年1月16日，彭建从加拿大回到北京。他下飞机后做的第一件事，就是找到那家代理模拟高尔夫软件的公司，咨询软件代理。公司老板和彭建聊了好久，最后建议：你最好做酒店管理软件吧，这个在河南肯定比高尔夫软件有市场。

彭建觉得老板的话很有道理，他就这样改变主意，在一天的时间内拿下了中通酒店管理软件的河南代理，并注册了自己的公司。

那时候离2005年的春节只剩15天的时间。彭建回到家里对父母说了自己的打算，父母都觉得他太疯狂了。“父母的意思是想让我到北京或上海的外企上个班，清清闲闲的。可我知道自己的个性，我觉得还是自己创业更有吸引力。”

彭建拿出自己在国外打工几年的积累，加上父母的赞助，凑了30万元开始创业。很多事情不做不知道，一旦实践操作，才会明白理想和现实的差距。从开始的那天起，公司就一直在赔钱。虽然3月份接了一单5万元的生意，但跟一天天积累的庞大开支相比，还是入不敷出。这年6月，焦作迎宾馆招标。为了这单生意，彭建忙活了一个多月，一次一次地到焦作和项目的负责人沟通。在参与竞标的10家软件公司中，彭建无论方案还是软件演示都几乎是最好的。为了追求完美，彭建在标书上盖了研发软件的清华同方和代理软件中通公司两个公章，谁都没想到，就是这追求完美的两个公章，最后坏了大事。“焦作迎宾馆作为政府招待部门，在这方面要求的非常严。最后招标的时候，因为公章不合格，我们连入围的机会都没有。”

眼看到嘴的鸭子就这样没了。这单大生意的失去，对彭建的打击可想而知。公司到8月份的时候赔的只剩下了5万元。他分析了河南的酒店市场，除了特别大的酒店，有购买管理软件需求的几乎很少。他终于承认了自己的草率。“一向自信的我第一次开始怀疑自己的能力。那几个月我一直在想怎么办？是一条道走到黑还是转行？”

○火车站，早上7点的那个故事

彭建在网上跟台湾的同学聊天。同样毕业开始做生意，同学从移动公寓开始，不过半年的时间，已经有了每月八万元的现金流。

所谓的移动公寓，就是在社区和商住楼租赁一定的房间，在旅游网站上发布消息，以低于快捷酒店的价格租出去。移动公寓不属于夕阳产业，进入门槛低，自我复制性快。彭建忽然一激灵：仅有的5万元别的大生意也做不了，我何不从这个移动公寓入手？

这一次彭建没有盲动。他用两个月的时间考察了郑州市场，买了酒店方面的书仔细琢磨，在网上跟台湾的同学一遍遍地沟通，学习人家的新思路。这年8月，彭建在二七广场附近的21世纪大厦租下了5间房。“因为是烂尾楼，不光房租特便宜，房东还为我装修了房间，配齐了家具。我给自己的公司起了个气派的名字：郑州嘉和商旅酒店管理公司。因为我相信5间房只是一个开始，总有一天，嘉和会成为移动酒店业的一个大品牌。”

彭建在网上打出了嘉和的信息，口号很响亮：“如果你来嘉和，我开30万元的尼桑去车站接你。”这样的口号很有吸引力，但也吓住了一部分人。

彭建记得那是9月，南通的一个客人在网上订好房间，早上7点一下火车，真的看到了开着车的彭建。彭建递上自己的名片，客人看到名片上的总经理头衔和旁边气派的尼桑天籁，忽然不敢上车了。他说你不会是搞传销的吧？

彭建笑了。他跟顾客说起自己的故事，讲完后说了这么一句话：“你可以不相信我。但只要你相信一次，你肯定会喜欢上我的酒店。”

很多时候，一个人对另一个人的印象，不光是他的外表，还有他的语言、眼神和态度。彭建的诚恳打动了客人，这个在早上听他讲故事的客人后来成了彭建的朋友，几乎每次来郑州都下榻嘉和。

因为二七广场地标性的优越位置，加上彭建在网上发布的颇具震撼力的宣传口号，嘉和的生意很快进入良性循环。彭建把营业利润全部投到新店的拓展上，这年的12月，嘉和已经拥有了26个房。

○一路走来，与风投对话

2006年3月，彭建在郑东新区伟业财富广场开了第2家店。“原本以为是1加1那么简单，可我没料到，管理起来比1加3还难。”

那时候彭建负责老店，新店的开拓交给了一起创业的一个伙伴。但因为管理理念的分歧，新店赔得厉害。无奈之下，彭建只得又招聘了一个经理，为自己打理老店，自己去新店“救火”。他严格了财务制度，招聘一批大学生去科技市场、火车站和各大广场发放名片，2个月后，新店开始扭亏持平。

扭亏之后，就是怎么把新店做大的问题。做移动公寓，最苦恼的就是没有自己的接待中心。彭建在对面接下一处店面，准备装修之后做新店的接待中心。也就在这时候，新店楼下售楼部的经理找到了彭建，说自己的物业准备出租。彭建真是左右为难。“我知道这个经理是好意，因为我的酒店就在这个楼上，楼上还有3家这样的快捷酒店，如果我不接，吃亏的肯定是自己。但是如果要接，钱从哪里弄？”

彭建回家跟父亲商量。感情一向很好的父子俩破天荒吵了架。“那是我记忆里最激烈的一次争吵。父亲恼我的一意孤行，我更伤心自己的不被理解。”

回到店里，彭建召集了所有的员工开会。“我说现在是公司最难的时候，希望大家能跟我共度难关。”他的坦诚打动了员工，大家你一万我两万地凑钱交到彭建手里，“让我最感动的是，一个做保洁的大姐把家里积蓄的8万元钱全拿来了，她说她相信我能干好。”

2006到2007，是嘉和稳步扩张的两年，也是彭建不断思索和成熟的两年。2007年12月，彭建去了上海，第一次零距离与传说中的财富英雄制造者风投对话。“虽然最终没有融到一分钱，却得到了一家风投的认可，进行了第二轮的交谈。它让我明白现在的风投要的并不只是一纸投资书，而是你的思维，你的经营模式和管理理念。也让我更加清楚风投最希望了解的内容是什么。”第一次与风投对话，彭建觉得自己已经得到了希望的回报。“如果第一次就得到投资，对我来讲可能并不是件好事。我怕那样我会很容易迷失自我。”

2008年，彭建做了两件事。一件引进风投投资600万在政二街租下了一幢5层楼，开了自己的第3家店。

第3家店的装修用了5个月的时间，他与设计师沟通的时间就达一个多月。“现在快捷酒店太多了。我这家店地处行政区，要吸引别人肯定得有与众不同的风格。”彭建把酒店定位为主题酒店。一层原来的房顶全部掀掉，改为剔透的阳光屋顶。紫色天鹅绒卡座，既私密又浪漫。房间全部采用彩绘，一个屋子一个色调，一种风格，绝不雷同。“现在有熟悉的客人，来了就只点一个房间，只因为他喜欢那个屋子的风格。跟其他快捷酒店相比，这无疑又让客人多了种归属感。”

B 彭建如是说

在彭建的心里，其实还有第二个梦，那就是以客户资源为背景，建立客户出行大管家服务模式的服务型手机网站蚂蚁特攻。

不管在哪个城市，你点开这个网站，最实惠的衣食住行一目了然。可以说是与快捷酒店业相辅相成的。“蚂蚁是地球上唯一能搬起比自身重量大几百倍的动物，我之所以把自己的网站命名为蚂蚁，就是为了证明自己的生存能力。”

彭建把自己现在的状态形容为爬坡。资金缺口，管理模式，外围协调……几乎每天，都有10个以上的难题等着他面对和处理。“对我锻炼最大的可能就是承受能力了。不管什么困难，我在员工的面前总是斗志昂扬，我说相信我，总有办法的，因为我是变形金刚。”

蚂蚁和嘉和，这就是彭建的两条腿，会让他走到更远的地方。“总有一天嘉和与蚂蚁会变成人人皆知的品牌，只要坚持，我相信我这只小蚂蚁能做到。

C 印象派

彭建31岁，微胖，爱笑，健谈。他的身份是郑州嘉和商旅酒店的总经理，以及蚂蚁特攻网这家旅游服务型网站的CEO。

从一个留学归来的学生，转身为现在的角色，彭建用了4年。

一个“海龟”，4年创业。从5间移动公寓到一家拥有250多间客房的商旅酒店管理公司。这里面会有多少故事和酸甜苦辣?

政二街嘉和酒店，主人公彭建说起创业这4年。曾经的艰辛，仍历历在目。然而相比那些感性的酸甜苦辣，他更看重的却是这些经历沉淀后的感悟。他说起自己遇到困难的时候，总会对员工说的一句话：相信我，总有办法的，因为我是变形金刚。

【人物名片】

周旭东

开封清明上河园总经理

【达人语录】

“用心做事，追求完美。”

“造”出一个“大宋繁华”梦

A 故事

2009年的这个春天，周旭东真忙。

作为省里公布的创业板50家重点企业，清明上河最近在忙着改制前的最后冲刺。战略合作伙伴引进、增资扩股、土地变性，评估审议……这千头万绪的每宗每件，作为公司总经理的他都得操心。

这样的难，对周旭东而言，早已是家常便饭。11年的时间，从把当年那个搁置4年的烂尾工程变身盈利的香饽饽，到现在把清明上河打造成知名旅游品牌即将上市，一步步爬坡的过程中，他在逆境中造梦追梦的习惯始终没变。

造山造水并不难。难的是造一种梦幻，一种意境，并让人在这份绮丽的梦里沉醉千年，不愿醒来。

如此看来，善于造梦的周旭东，才真的是不简单。

○清明之梦：烂尾工程变身盈利香饽饽

周旭东思维敏捷，语速很快。从外表看起来不像一个商人，倒很像一个教授。

事实上，在下海之前，他真的做过讲师，一直到现在，他还是河大、郑大等学校的特聘教授。除此之外，他的履历表里还有记者、房地产经理、歌舞厅老板、酒店老总等职务，可谓林林总总。这些经验无疑为他后来经营清明上河打下了良好的根基。

周旭东与清明上河的结缘是在1996年。那一年作为海南置地集团的一名高管，周旭东去上海出差。绕道杭州的时候，他看到了宋城。这原汁原味的宋文化主题公园让周旭东觉得特别震撼。“那种扑面而来的宋文化让我有种梦回千年的感觉。我当时就想，这样的好东西为什么没有出现在汴京开封？”

同行的一位副总回答了他的疑问。“开封1992年就开始搞宋文化主题公园了，不过因为资金问题，弄了半截搁到那儿成烂尾工程了。”

这样的对话在当时不过是聊天而已。但让周旭东没料到的是，第二年5月，一纸令下，自己被集团派到河南，成了开封清明上河园的总经理。

正是草长莺飞的季节，荒废了4年的清明上河却一片破败。“到处是砖头碎瓦，园子里的荒草长的埋住了膝盖。”

周旭东知道自己肩上的担子有多重。“不过我还是很有信心。因为公司用了几个月的时间进行了改制，新的资本注入。公司运作不同于行政手段，有机制和责任，从市场运作到程序流程都很正规，这样随着银行贷款一步步到位，清明上河的项目很快就重新上马。”

1998年的3月，合同正式签订，规定当年的11月28日开封菊展那天正式开门营业。周旭东开始了拼命的半年。施工建设，园林绿化，店面招商，演员和员工招聘培训……这一切都在同时进行。为了赶工程进度，他和团队几乎每天都要忙到凌晨两点。“忙完了去夜市吃点消夜，第二天早上6点就又爬起来了。”

身体的累在周旭东看来并不是最累的。因为工程速度太快，每天都有一堆人在撵着周旭东要钱。而公司正常的拨款程序往往要经过几道手续，这就需要他不断地沟通协调。“那才是最心累的。”

10月28日凌晨四点，最后一车运到的草皮连夜铺好。“第二天试营业，省里领导快到的时候，我们才刚刚把捆草皮的尼龙绳清理好。时间就紧张到了那种地步。”

在别的地方一年也未必能做好的项目，清明上河只用了半年。2008年11与28日，清明上河园开门营业。按照《清明上河图》1：1复制出来的350亩的园子里，绿柳依依，虹桥如画。汴河之畔是喊着号子的纤夫，勾栏瓦肆里有古韵悠悠的吆喝。玻璃画、葫芦烙、面人、喷火、踩高跷……民俗风情，市井文化，这活化了的历史一下子吸引了无数游客。“开业当天涌进上万名游客，食街上的东西几乎全卖空了。”当月清明上河园的收入达到了300万，第二年的年底，清明上河的财务报表上给出了1 000万的惊人数字。这个搁置了4年的烂尾工程就这样一下子变成了人见人爱的香饽饽。

○大宋之梦：我摸到了活化的历史

周旭东是个喜欢思考的人。他知道一个景区要从平庸里跳出，必定要有别人无法复制的唯一性。刚来任职的时候，他就在琢磨清明上河园的广告词：一展画卷，千古绝唱。“觉得太虚，没有号召力。后来看着园子里的景观一点点出了韵味，我想了这样一句：人在画卷中，一展千古情。但后来快开业的时候，我又感觉这词太阴柔了，缺乏气势。苦思冥想之后，突然两个排比句蹦了出来：一朝步入画卷，一日梦回千年。拿给团队的人评论，大家都觉得有意境，又有气势，就这么着用了下来。”

不光是广告词，在历史的活化和还原上，周旭东也和策划设计的人动足了心思。“园子里叫卖的商户全都穿着古代服装。台子上演的是根据宋代文化改变的历史故事。演职人员不光在台上表演，那些招亲、科举、押送刑犯的生活化情节，都是在台下即兴表演。游客走在园子里，听到到，看到的，甚至触摸到的都是那种浓郁的扑面而来的宋代气息。”

2003年，势头正猛清明上河园也遭遇了非典的困扰。有半年的时间，景区业务几乎停滞。周旭东开始了他的危机化管理。“绿化，整理，精细打磨园区，培训员工练好内功。”下半年非典刚刚过去，被压抑的市场需求马上出现了井喷。这年年底，在向社会捐出30万之后，清明上河还出现在了些许的盈利。

重新步入上升通道的清明上河园开始了第二期的策划。“偶然一个机会，我发现了台湾故宫博物院清院本的《清明上河图》，里面的场面从郊外延伸到了皇家园林和各种娱乐场所。在和我们的专家团队论证之后，公司一下子坚定了信心，把第二期的目标定位为皇家园林和古代娱乐。”

艰难的资金筹措，设计以及施工中的种种难题，周旭东现在已经不想多提。“现在都不知道那时候是怎么扛过来的。好在有政府和集团的鼎力支持，二期工程总算完成了。”

280亩的二期清明上河园里，有气派的皇家皮影、女子马毬、水上傀儡、晟钟乐舞。也有市井的蹴鞠表演、斗鸡、斗狗等。说起水上傀儡，周旭东至今津津乐道。这项在中国失传了五六百年的水上表演项目，是他在去越南考察的时候偶然发现，又经专家考察论证后引入国内的。“水上傀儡表演我们是国内独一份。木偶在水下表演，看过的观众都觉得惊奇不已。我们的斗鸡，斗狗都允许游客参与，但你一次最多能买10元，如果赢了就变成15元。参与的游客在旁边你呼我喊，捶胸顿足，气氛热烈极了。”

○高远之梦：清明上河要成为中国古代的迪斯尼

2008年4月5日，清明上河园投资1个多亿的巨资，邀请著名导演梅帅元策划了大型水上实景演出《大宋·东京梦华》。夜幕下的汴河之上，八阙经典宋词，和着亭台水榭，虹桥流水，以及最瑰丽的声色，把梦幻般的北宋印象曾现在游客面前。一位香港客商看完演出后激动地感叹：开封的文化太深厚了，太了不得了！这样有意蕴又有震撼的演出放到哪儿都不逊色！

《大宋·东京梦华》带来的不仅仅清明上河园效益的攀升，也带动了整个开封文化旅游产业。“大部分游客在开封吃、游而不住；现在，增加了住和娱。跟以前相比，现在开封的宾馆、酒店的入住率都翻了好几倍。”

现在的周旭东，正在和自己的团队忙于创业板上市前的最后冲刺。“其实上市的准备从2007年就开始了。战略合作伙伴引进、增资扩股、土地变性、评估审议……可谓千头万绪。但好在我们董事长是金融出身，我也是学经济的。我们从一开始就找了最正规的公司和最实力的券商，帮我们改制、评估、审议、辅导，所以还算没走弯路。”

这个天生爱做梦的男人，现在又开始构思自己的第三个梦。“清明上河园将开始第三期工程。我们的目标是把清明上河园打造成中国古代的迪斯尼乐园。”

B 周旭东如是说

你所理解的最完美的快乐？

做梦，追梦，最后圆梦。就像我，做教师是最拔尖的老师，做记者时是最用功的记者，做酒店、歌舞厅也都做得最好。这种最一件事就要努力成功一件事的快乐是最完美的。

有没有最害怕的事？

有。我最害怕的就是发展太快，筹措不好，资金链断裂。所以我天天盯着财务，生怕有半点闪失。

有没有最佩服的人？

我从上大学的时候开始读到《资本论》，它改变了我一生的世界观与人生观。后来我在党校讲《资本论》，再后来与资本打交道，我越来越觉得这是让我终生受益的一本书。如果说真要我说一个最佩服的人，应该就是马克思了。

评价一下自己？

有激情，爱做梦。用心做事，追求完美。

C 印象派

夜晚的清明上河园，远远近近的灯都亮了。

皇家园林区的景龙湖上，《大宋·东京梦华》正在上演。兰舟催发处，秋千架上的少女荡起婉约柔情。金戈铁马，壮怀激烈，蹄声踏碎了潇潇雨歇。八阙经典宋词和一幅《清明上河图》串联的画面，让每一个游客都沉醉在千年之前的那个诗意悲壮的王朝。

周旭东陪着海南来的客人坐在观众席上，认真地看着节目。每一个亭台楼榭，勾栏瓦肆，甚至一花一木，于周旭东来说都是那样熟悉。他安静地坐在那里。杨柳枝头的轻絮飘飞在他的头上，如银似雪。

那一会儿，这个习惯于在逆境里造梦，追梦，最后圆梦的男人，远远望去，竟也像极了一个梦。

【人物名片】

李孝杰

中国翰园碑林总经理

【达人语录】

“伟大的本质都离不开无私。”

“翰园碑林”是怎样炼成的

A 故事

他是当代“文化愚公”李公涛的儿子，中国翰园碑林的掌门人李孝杰。

24年的时间，他与两个哥哥在父亲的带领下，用愚公般的坚韧，举全家和各方之力，建成了中国最大的翰园碑林。

打造这样一座国家级的4A级园林景区，靠的是什么？

李孝杰的回答是：资金，人力，还有一种信念和精神。

“我一直记得父亲说过的那句话：这个世界，比风景重要的是文化，比文化更高的是精神。”

○碑林梦“万元户上街捡菜吃

李孝杰名片上的职务，是中国翰园碑林和万岁山国家森林公园的建委会主任。“虽然现在担着掌门人的担子，不过我和大哥二哥一样，一直都是在为父亲的那个无私的梦想打拼。”

1985年，李孝杰的父亲因病提前退休。“我们巩县老家的旁边就是著名的宋代皇陵，那可是一座碑刻石雕艺术宝库。父亲一生酷爱书法，退休后一直在琢磨自己该干些什么。正逢开封市鼓励重建历史文化名城，发展旅游事业，父亲想到山东曲阜和西安临潼的碑林，就下决心在中原搞一座这样的碑林。”

李家开着工艺美术厂和制镜厂，已经是当地的殷实人家。“为了老爷子的这个梦想，家里所有的钱都投入进去。老爷子甚至在家训里规定：只许投入、不许索取，迎难而上，百折不回，直至碑林建成，无偿交给国家为止。”

项目一旦开始，李家人才发现，对于如此浩大的工程来说，那点家底无疑是杯水车薪。“好在政府特别支持，在开封发动各界捐款，我们也在香港、北京等地设立了碑林联络处，这样工程才断断续续地开始了。”

为了节省每一分钱，李家饭桌上几年未见荤腥，连小孙子被院内堆满的石碑砸折了腿也不肯花钱买补品。老爷子每次去北京碑林联络处，总带一大包玉米糁和自家蒸的馒头。北京白菜上市，他经常到菜市口捡别人丢掉的菜叶，一包包带回联络处煮煮炒炒当菜吃。有一回，被中国老年书画研究会副秘书长罗丹看到了，罗丹感叹：“我还从来没见过万元户在街上捡菜吃。”

资金筹措，作品征集，碑林选址……这桩桩件件现在想来都几乎是天大的难题。“但父亲领着全家人，加上社会各界的支持，硬是一点点啃下来了。”

○与父亲的两次战争

1989年大学毕业的李孝杰放弃分配好的工作来到了翰园碑林。“当时大哥二哥在开厂，从资金上为父亲提供后援。我则跟父亲一起开始碑林的建设。”

从这一年开始，他的命运就跟碑林拴在了一起。也就在与父亲搭档的过程中，脾气秉性特别相似的父子俩因为规划理念的分歧起了“战争”。

回想起第一次的分歧，李孝杰已经忘了是具体的什么事。“当时让人焦头烂额的事情太多了。1991年，我俩因为一个事争论起来，父亲踮起旁边的凳子就要砸我，我闪到一边。心里气得不行，当时就跑到了大哥的厂子里。我心说，我躲你远点还不行啊？”

第二年夏天的一个晚上，因为资金问题，父亲叫上李孝杰一起去找人。走在回来的路上，父亲走在前面，愁容满面。看着父亲佝偻的背影，李孝杰忽然难受。第二天他什么也没说，就又回到了工地上。

资金依然是最大的难题。在市里的协调下，终于有3家银行同意贷款。但就在这时候，李孝杰和父亲的规划思路出现了分歧。父亲的意思是先建碑林。他的意思是碑林这样的人文景观应该与风景结合，这样对以后的发展有利。但胳膊拗不过大腿，李孝杰最后只得屈服。“我相信自己的思路是对的，所以暗地里一边建碑林，一边开始景区山水的施工。”

父亲发现了李孝杰的打算，又一番争论之后，父亲勉强同意了他的做法。但父亲建议，如果造山，必须做土山。“土山下面要用预制板一层层支起来，既耗资巨大又不安全。我的意思是做水泥仿真山，上面设计流泉叠瀑，石缝里种上树和花草，既美观又安全。”

1995年夏天，父亲带着一批顾问突然出现在工地。“那天父亲召集了全部的员工，拍着桌子训我，几乎就像是我的‘批判会’。”现在回想起当年的那一幕，李孝杰哈哈大笑，“但当时真想把手里的杯子摔了，忍了几忍，想着老爷子也是为了碑林，最终我没有发作。”

李孝杰跑到老家，为父亲找了一个人管理工地，自己办了个翻砂厂。“翻砂厂挣来的钱我还是悉数给了父亲。所以说虽然中间离开了工地一年，但我还是没有离开碑林。”

○1997年开始的二次创业

作为民办公助的翰园碑林，李家曾在项目动工前与政府签下协议，1997年6月30日之前，不管碑林建到什么程度，都要无偿移交给政府。但就在这时候，情况突然出现了变化。

当时碑廊已经基本完工，园区景观还远远没有到位。看着如此巨大的工程，谁都清楚，要接手就得投入。面对这样一个大包袱，突然所有的单位都不想代管了。政府无奈，只得指定公用事业局接管，公用局开了一个条件：李家把银行欠款100万还了，我们就接管。

把所有家底都投入碑林的李家人懵了。两代人省吃俭用，做难受罪，最后竟落了这样一个下场！家庭会议上，一直低头抽烟的大哥说了句话：咱们李家好心办事，最后落了个大奖章，就是100万的债务。

移交不成的翰园碑林搁置了两年，园里的荒草长到了一人多高。父亲一趟趟找人想办法，开家庭会议商量，最后竟病倒了。孝顺的兄弟3人商量怎么办，大哥说了句话：既然政府不接，咱就自己干吧。

1998年，李孝杰给政府打了报告，决心自主创业。两次离开的他，就这样第三次回到熟悉的翰园。

5年的时间，李孝杰利用家族企业贡献的利润和民间拆借的资本，把碑廊做到了6华里。假山，湖面，拱桥，绿化，塑像，南北气派的大门……如同一个缓慢长大的少女，翰园的风韵在一天天呈现。

那些年的苦，李孝杰说得很少。他只说了一个细节。“那时候无论我走到哪里，身后总是跟着一群人。全是要账的。我结婚后光租房就租了8年。有一次，要债的把我家的门都踹烂了。那5年我就是这么过来的。”

○我就是个搞活动的疯子

建成后的翰园，园里瀑布喷泉跌宕、湖岛相映成辉。艺术雕塑安然于苍松翠柏之间，亭台楼阁掩映于湖光山色之中。6华里长的碑林，10大主题碑廊，上起殷商甲骨文，下迄当今各书体，各种流派，各种风格，真草隶篆，令人目不暇接。 以书法艺术为主，集诗书画印精华之大成的碑林，就是一部刻在石碑上的书法艺术的灿烂史册。

园区建设完成之后，李孝杰开始了他疯狂的经营策划。从1999年的平遥灯盏开始，但后来的花鸟鱼虫博览会、金秋文化旅游艺术节和春节期间的大型庙会，翰园的活动可谓叠彩纷呈。“我觉得自己就是个搞活动的疯子。”

说起翰园的重头大戏庙会，李孝杰滔滔不绝。2000年春节，李孝杰模仿老北京庙会策划了翰园碑林庙会。从初五开始，5元一张的门票，第一年他们收入12万。从那一年开始，一年一次的庙会翰园连搞了10届。第五届庙会，翰园开辟了一大庙会，两大会场的新思路，20天进账150万。2009年春节，从初一到初七，蜂拥而至的游人挤满了翰园，外地来的车辆，从园门口一直堵到了大梁门。这一年，翰园的庙会收入达到了300万。“翰园庙会作为中原地区规模最大、性价比最高，投入演出最大、质量最好的庙会，这里面的潜力无可估量。”

现在的翰园碑林，已经是一座糅合了文化、园林和旅游艺术的4A级景区，当之无愧为“中国最大碑林”和“中原最大庙会”这两个头衔。然而李孝杰的目标更大。“我要把翰园做成一个伟大的产业。因为我一直记得父亲说过的那句话：这个世界，比风景重要的是文化，比文化更高的是精神。”

B 印象派

李孝杰很健谈。4个小时的聊天，有两个小时的时间，他一直在说着自己的父亲。还有在翰园背后默默奉献的大哥二哥。

他说起父亲严格的家训。“小时候父亲给我们弟兄3个说得最多的就是无私。他被打成右派21年，平反后一身是病，病退后还想着怎么为别人做点事。”

他说起韩国前总统金泳三，有一年专门来开封拜访父亲。父亲曾给他一幅字《无愧》。他挂在自己的客厅里，每每有人到访，总要给客人讲起中国一个老人的故事。后来韩国的碑林园里，还专门为父亲立了塑像。

这件事让李孝杰思考了很久。韩国人自尊心非常强，要让韩国人尊崇一个人，已经很不容易，尊崇一个外国人，更是难事。“韩国人对父亲和翰园碑林的敬意，其实是对优良深厚的中华文化、中原文化的敬重，也是对顽强奋斗和无私奉献精神的敬重。”

无论多么轰轰烈烈，伟大的本质都离不开无私。这是李孝杰和家人的人生座右铭。这样的一家人，这样信念历练下诞生的翰园，让人敬佩。

【人物名片】

杨志平

河南长通物流有限公司董事长

【达人语录】

“急功近利看似很精明，其实永远也走不远。做人，最起码的是要对得住天地良心。”

善心若虹

A 故事

杨志平在自己的家里等我们。

已经是晚上8点多钟。在公司忙了一天，临下班又处理了一件棘手事情的她，一直到现在还没顾上吃饭。客厅的沙发上，散落着晾干收回的衣物。厨房里传来油锅的刺啦声，那是爱人在为她煮面。

她靠在沙发上说着以前的那些事。此刻，那个河南本土物流第一品牌的掌门人杨志平，那个同行眼中坚韧敏锐、富于洞察力的“大姐”，那个6 000名长通物流员工心里善心若虹的“家长”，已经远远遁去。褪去一切的光环，谈笑风生的她就像邻家的姐姐，那么简单，随和，而家常。

○一开始的命运

电影《贫民窟的百万富翁》有这样一句台词：命运一开始就已写好。这句话用来总结杨志平的人生之路，也许不无道理。

她8岁就没了父亲，早当家的穷人家的孩子，泼辣，能吃苦。作为家中的大姐，她要过饭，在影院门口摆过地摊。18岁职高毕业，杨志平拿着30元钱和要好同学开了家电器修理行。因为修理行，她了解了电器。1987年，苑陵商场家电市场招商，胆大的她就在这时候开始做电器生意。吴晓波在《激荡三十年》中总结道：80年代，那是一个混沌的年代，也是一个激荡的年代。那个年代成就了一批胆大，能吃苦，有魄力的企业家。杨志平就在这时候脱颖而出。她和两个妹妹在苑陵商场一做就是10年，从一个小摊主做成了远近闻名的家电经销商。以至于在当时的圈里，提起杨氏三姐妹，几乎是无人不知。

也就在经营家电的过程中，杨志平结缘物流。“那时候货很难回来，不光我们的电器，苑陵商场几乎所有的商户都面临这个问题。”她忽然想到，大家都迫切需要，又没人竞争的生意，我为什么不做？

杨志平把电器生意交给妹妹，南下广州开了家货运公司。在语言不通、生活习惯不同的陌生都市，一个女人要想把生意坚持下去，她要吃的苦，可想而知。“我被骗过，被嘲笑过，扛过大麻包，也曾赔得一塌糊涂。是母亲那句‘人要争口气’的话，让我最后扛了过来。”多年前的磨难，杨志平几句话就带过去了。因为她觉得 “现在想来已经是long long ago ,没一点感觉了。”

○敏锐的先行者

在杨志平的感觉里，一个人要把生意做大，吃苦坚韧是一方面，敏锐和深刻的洞察力才是最重要的。她总结自己之所以能走到现在，不过是做什么都比别人早了一步。

1997年，因为意识到郑州的中心枢纽地位，杨志平把公司迁到郑州。3年的艰难布点，长通的物流网络已发散到全国各地。2001年1月，正是发展势头良好的时候，杨志平忽然遭遇一劫：广东步步高集团委托长通运输的价值118万元的货物丢失了。杨志平哭了，她知道这正对爬坡的公司来说意味着什么。“不仅要赔偿客户的损失，还要面对等着领完工资回家过年的员工。那一会儿我连死的心都有了。”

东挪西借，终于处理完一切。这年5月，深思熟虑后的杨志平与银行联手，推出第一张资金流与货物流同步的银行卡，通过银行进行货款结算。“流行了多少年的传统结算方式就这样被我们率先打破，这也成为长通现代资金流的开端。”

2002年，杨志平斥资200万元，与上海一家知名软件公司合作开发了长通零担运输管理系统，这是全国第一套专门的零担物流管理软件系统。因为这个系统，现在的长通公司，已经实现了一票到底的管理模式。一个货物什么时候进来，要到哪里，已经到了哪里，实时跟踪的各个环节显示得一清二楚。

2005年，在实现了长通网络与全国物流网络对接的同时，杨志平开始致力于资金流的打造。10月，通过与郑州银行沟通，长通公司推出了河南物流行业首家银企卡——商通卡。这样一张极大方便客户的商通卡，一推出就受到了热烈追捧，现在商通卡用户已达5万名，成为长通公司的又一金字招牌。

一个敏锐的，一心要做大事的人，总会跑在别人前面。2007年8月，杨志平投资3.2亿元在郑东新区打造河南长通现代物流中心，这年10月，长通物流成功晋级国家4A物流企业。

○“不合格”的商人

开发软件，发行商通卡……这些看似跟物流无关的举动，一开始让很多人觉得她傻。“就像我开发物流软件，当时很多同行都觉得不可思议，因为这样一来，我的成本肯定要增加。但我知道，长通不可能永远是这样一个规模，我要把它做成现代化的大型产业，没有一个信息管理平台是不行的。”

杨志平不怕别人说她“傻”。因为这样看似很傻的事她曾做过很多。有一年在南阳库，一车货物装到最后，剩下300元的货装不下。主管说明天再发吧。杨志平说：“不行，派个小点的厢式货车立刻发货。”手下人为难了：“杨总，咱们这样肯定赔钱。再说运输单上也没严格规定明天早上必须到。”杨志平一字一句地说：“我们这是在做品牌。”

2004年，一辆过路的大货车在长通门口爆胎。司机是个年轻姑娘，从翻倒的车上跳下来时正好被货物砸住胸口。杨志平喊了一声：快救人！就带头扒起货物下的女孩。10分钟的时间，满满一车六百多箱货很快卸完。10分钟后，120急救车也到了。有人说了一声“捐款”，大家当场捐出8 200多元钱。由于抢救得早，捐款及时，这个女孩的命保住了。

“其实这个女孩跟我们素不相识，也不是我们的客户。可我们就是救了她，还给她捐了款。可多员工为了扒货物，指甲盖都碰掉了。呵呵，你看，我们就是这么傻。”

商人是追逐利益的。可是杨志平做的很多事，常常有悖于这个本质。5.12地震，震后第3天，她就领着40台车带着满车的东西进了四川。路上余震不断，百十吨的大石头不时滚下来。车里拉了8 000个馒头，在一个隧道里塞车一个小时。隧道里坐满了灾民，不哭不笑，都木了。她说，把馒头拿下车，给大伙吃。吃到馒头的人满脸是泪。有人提醒杨志平，红十字会还没统计呢，怎么就把东西发了？杨志平怒了，我们是来干什么的？为了救人，不是为了红十字会的统计数字。

在世俗的眼睛里，也许她真的不是一个合格的商人。对此她的理解是：急功近利看似很精明，其实永远也走不远。做人，最起码的是要对得住天地良心。

○6 000个家庭的家长

在长通，员工们对杨志平最多的称呼就是大姐。在6 000多员工的心里，她就像是一个可亲的家长，每个员工甚至家属的婚丧嫁娶，生老病死，她比自家人还上心。

2004年，为了开辟成都线路，公司派3个员工去考察，没想到在广元出了车祸。得知当地医疗条件不好，杨志平马上让人包了飞机，把机上的3个座位拆掉，连夜赶回了郑州。因为救治及时，3个员工都没有落什么后遗症。

为了员工就业，杨志平从2007年开始搞社区农业物流房。这是她在国外考察时结合欧洲物流房和日本便利店的方式，专为需要创业的员工打造的。公司拿出首付在小区买下一套物流房，员工和家属在里面居住，经销来自各地优质正宗的农副产品，逐月还贷，最后这套房归为自己。物流房其实相当于一个社区商品信息收集中心，你需要买什么东西，一个电话，或者一个邮件发过去，第二天就会有物流配送员送到家门口。甚至有线电视费、手机费、水电气暖费等等，都可以在社区物流房缴纳。“我们在郑州已经组建了200多个这样的物流房，预计今年5月就可以跟社区居民见面。”

今年4月1日，杨志平公司的一位司机出车祸身亡。抱着司机6岁的小女儿，杨志平哭的泣不成声。她对小女孩说：“雯雯，爸爸不在了，以后我就是你的姑姑，公司里所有的叔叔阿姨都是你的亲人。”

她给司机的爱人安排了工作，安排了住处。现在每天晚上，只要她在家，必定会把孩子接到自己家来，教孩子做作业，学外语。孩子也把她当成了最亲的人，看到她很晚还没吃饭，就会说：“大姑妈，你喜欢吃面条，可我只会煮鸡蛋，下次我要跟妈妈学做面条，做给你吃。”

这样纯真的话，让杨志平感动不已。如人饮水，冷暖自知。这个世界就是这样的吧。你怎样对待别人，别人就怎么对待你。

她一直记得小时候，出去讨饭的时候，饿极了的她吃光了讨来的白馍，被母亲罚跪的情形。她就是在那一夜的罚跪里知道了，一个当家人该担当起的责任。

2009年3月7日，第二届中国女物流家联谊会现场，杨志平带头发起“现有岗位不裁员，不降薪”的倡议。“金融危机袭来的时候，我能做的，也就是让我手下的这6 000个家庭都平平安安。这是我的责任。”

B 杨志平如是说

你所理解的最完美的快乐是什么?

是在我生命里体验过的那种人与人之间最真诚的感情。

有没有最害怕的事情?

没有。其实经商这么多年,我也遇见过很多沟沟坎坎。可我全走过来了。2001年丢了100多万元货,我得赔偿客户,又得给工人开工资回家过年。我借了妹妹几万元给了财务室,可是走进去的时候,我发现没一个人领。桌子上还有个纸条:大姐,有困难我们大家一起扛。我当时就哭了。所以说我能走到今天,全是大家在跟我一起扛。你说我还有什么害怕的?

你有偶像么?

我没有什么偶像。三人行必有我师。我们姐妹4个有7个孩子。我经常跟孩子们一起学英语。每天我强迫自己记一个单词,现在已经能进行简单对话了。我说孩子们咱们比赛,看每年谁的进步最大。孩子们如果获得了什么成绩我都会说:"哇,你是我的偶像,我是你的铁丝。"为什么是铁丝?哈哈,就是最铁的粉丝啊!

你如何评价自己?

善良,不安分,每天总在做出人意料的事。

C 印象派

她快人快语,谈笑风生。因为一直在学英语,她话语中不是蹦出的一个英文单词,更显出她的爽朗,可爱。以前的那些事,在她看来已经是long long ago,她说得最多的是她这两年正在忙的社区农业物流房,她的员工,还有姐妹4个和美的一家人。

临别的时候,送我们出门的杨志平,给我们看她的花园。这里是牡丹,那里是樱桃,还有梨树、苹果、葡萄、柿子……"光果树就有十几种,从5月份开始,花园里就果子不断了。樱桃成熟的时候,满树结的疙疙瘩瘩,可喜欢人了。有邻居家的孩子在门口探头探脑地看,我就把他们都叫进来,我说孩子们,随便摘吧,好东西就是要一块吃才有意思的。"嗅着春夜雨后牡丹的清香,看着面前这个邻家大姐般的女人,我不得不承认,她严重打动了我。

【人物名片】

孙　艳

郑州金辉旅行社总经理

【达人语录】

“没有永远的好事，也没有不变的坏事。”

“善变女人”制造旅游“惊艳”

A 故事

无法用一个简单的词来概括面前的这个女人。

她很女人。她爱美，善感。坐在电视机前，细腻缠绵的韩剧，常会让她泪水涟涟。

她很男人。带着5 000元钱，她就去了南方开辟市场。3个月，磨破两双鞋，她把河南的旅游推向了广东市场。

她很执著。从1991年步入旅行社开始，18年的时间，她只做了一件事，那就是带着人们更快乐地享受旅游。

她很善变。不管是做导游还是自己做老板，她总有与众不同的新招。“节前特价”“我到北京上大学”……一系列频频创新的河南首创，一亮相就惊艳了无数人的眼睛。

孙艳，这个善于制造惊艳的女人，这个用10年时间，把金辉这家小小的旅行社，打造成知名度和美誉度都令人赞叹的女掌门，到底是怎样一个人？

○被点名的新导游

孙艳很自然。

宝蓝色的长风衣，绣着小花的白衬衫。高高束起的长卷发，人到中年依然清澈的大眼睛。她的面颊上散落着可爱的小雀斑，那是阳光给予热爱旅行的她最明显的礼物。

她的气息是自由的，如同山野里一棵自然生长的树。也许就是因为这样的天性，18年前，毕业分到洛阳一家国企的孙艳选择了离开。“当时我最喜欢看《正大综艺》，那里面的女主持，每天在异国他乡见识不同的风景和生活，这对20岁的我来说简直太有吸引力了。”

孙艳在父母的帮助下进入当时有名的外办管理部门国际旅行社。但很快她就发现，导游的日子，跟想象中的诗情画意简直是天壤之别。孙艳所在国旅是一类社，专门负责接待海外游客。她第一次接待的是来自台湾的一个老年团。那些上了年纪的阿巴桑们不懂普通话，孙艳又不会说台湾土语。“比划打手势也无济于事，最后只好我讲一段，领队跟着翻译一段。”

要强的孙艳觉得很受刺激，下决心自学粤语。白天在路上跟领队和客人学，晚上躺到床上跟着磁带念，往往听着听着就睡着了。这样两个月过去，孙艳的粤语很快说的滚瓜烂熟，“后来我又学了闽南语，这样跟港澳台的游客交流起来就更方便了。”

90年代的旅游市场，几乎还没有特别成形的导游词。喜欢琢磨的孙艳开始自己写导游词。“一个龙门石窟的导游词我就查了26本书，写了3种不同风格的导游词。”根据不同的游客侧重不同的讲解风格，并跟游客互动，这在当时来说绝对是一种创新。“游客觉得很亲切，也特别惊异我怎么会了解他们当地的风土人情。”因为这样的原因，孙艳的讲解特别受游客欢迎。“20多个人的团，在景区里走着走着就变成了四五十人。”

一个年轻的女导游就这样在圈子里声名鹊起。以致到了后来，只要海关或市委有客人来，都会点名说：让孙艳带团吧，她讲得生动活泼，客人喜欢。

○一群台湾老人的掌声

在孙艳看来，导游的职责不光是向导和讲解，还要化解旅行中的各种难题，让游客开心旅行，享受旅行。

1994年，她接待一个台湾旅游团来洛阳拜关帝庙。客人要从山西运城渡过黄河，经三门峡到洛阳。当时跨越黄河的公路大桥即将交工，两岸摆渡市场混乱不堪。到了岸边，原先说好的价格翻了一倍。孙艳和台湾领队商量。“人家还不错，看到当时的情况，同意加价。”当时的台湾团几乎都是老年人，带的行李特别多。孙艳决定先送客人过河，自己再租个小船去对岸取行李。“到了对岸，我才发现行李被船家扣了。他们的理由是行李太多，不加价就不运。”孙艳身上没有钱，只好又过河回去求领队，领队不干：“我们该加的已经加了，这是你的事。”孙艳一转身，委屈的泪流了满脸。可是总不能把客人的行李扔在对岸吧？擦干眼泪，孙艳再次过了河，跟船家讨价还价，最后说定过河后借钱把该加的钱付给他。

下午4点，一团人跌跌撞撞终于跟司机汇合，这时比约定的时间已经晚了3个小时。孙艳坐在车上，刚想喘口气，没想到过了三门峡，又遇上了大堵车，长长的车队排了足足5公里。“怕客人心焦，我赶紧给客人们唱歌，介绍河南的风土人情。”天渐渐黑了，车队没往前挪一点。孙艳看了看表，已是晚上8点多钟。一车老人，如果出点事麻烦就大了。她意识到不能这样等下去，跟司机打声招呼，就自己跑下了车。“我在黑暗中走了很久，终于找到路政部门和警察。20世纪90年代，台湾来大陆旅游的还不像现在这么普遍，路政部门和警察听说后很重视，最后逐级请示，决定让我们的车从刚修好的半幅路上通过。”

原地趴了4个小时的车终于缓缓开动。车开的那一霎，全车的人站起来，给孙艳鼓掌。孙艳是想对大家微笑的，可是笑着笑着，她的泪就下来了。

○一个不循规蹈矩的女人

1997年，孙艳来到郑州。有半年的时间，她在家休息。"东奔西跑好几年，早就想好好歇歇了。可是不知道为什么，就是觉得闲得发慌。"看她百无聊赖的样子，老公开车带她去旅行。路上老公建议："要不你自己开个旅行社？不管赔赚，起码可以完全按照你自己的想法去做。"

孙艳突然觉得很兴奋。她就在那一刹那意识到，自己内心最爱的，还是那个一开始就选定的职业。那里面也许有苦，有委屈，甚至有过伤害。可是，她还是那样的割舍不下。

1999年11月，孙艳的金辉旅行社在郑州成立。8年磨一剑，不出手则已，一出手孙艳就让同行惊艳。

那时候刚刚开始长假制度，有些线路，很多旅行社已经开始包机经营。但当时的包机存在单边满，一边空的局面。比如武夷山，因为是纯旅游城市，五一飞机带着游客到那里，不可能在那里坐等几天，肯定得空着飞回。"当时有航空公司找到我，问我能不能想办法解决一边空的局面。"孙艳算了笔账，航空公司给旅行社的去程机票是7.5折，回程是4折，这里面有400元的差价。一架飞机138个座位，两架也不超过300人。"我忽然意识到，如果自己把这400元让出来，4月26日发团，正好可以解决回程空的情况。"孙艳知道这里面有很大风险，"但有价格优势，节前不超过300人的团，应该也不难组成，就当赌一次吧。"

2001年4月，孙艳打出了2 380元双飞游武夷的广告语。在双飞游武夷从没有低于2 780元的旅游市场，这消息一出就激起一片哗然。一个星期后，航班爆满。作为河南首创的节前特价游让金辉赚了个盆满钵满。等醒悟过来的同行们纷纷跟进的时候，孙艳的目光已经转向了别处。

2002年夏天，孙艳接触了北京的一个旅游项目"我到北京上大学"。当时经营夏令营的旅行社相当普遍，但邀请孩子们到清华、北大等名校去旅游的，在河南还没有先例。"当时普通的夏令营定价几百元，这个定价1 480元。还要交5 000元的加盟费，大家都觉得孙艳疯了。"

"我咨询了很多家长，还有一些媒体、教育人士，大家都觉得这个项目本身很有吸引力。"孙艳决定去做。她与媒体合作，请来当时梨园春红透中原的小擂主秦梦瑶做形象代言人，在北京邀请中央电视台主持人董浩主持晚会，评出4个优秀孩子免费参加，吸引保险公司为孩子们提供保险等等，这一系列的策划在社会上掀起了轩然大波。"第一批1 000人很快报满。那几个月，我们其他业务都停了。员工一上班就是不停接电话，最后线路都瘫了。"

这年夏天之后，作为这个项目的河南总代理，孙艳在省内18个地市都设立了代理。这个从来不要循规蹈矩的女人，就以这样的方式，把别人都觉得她掏冤枉了的钱，聪明地挣了回来。

○关于好事和坏事的论证

2003年，别人看来是一场劫难的非典，在孙艳的感觉里却成了一段最宝贵的时光。她拜了几个老师，帮前辈们写案例，她在这过程里总结了很多经验。"我发觉这之前那些项目的火爆，完全是歪打正着。写案例的过程，让我把这种无意识的直觉变成有意识的理论。那是一种质的提升，我甚至觉得那段时间太短了。"

2003年10月，郑州市评选出千名健康老人，原先给出的承诺是带千名健康老人去旅游。但到最后，因为资金问题，没有人愿意承担。旅游局的领导找到孙艳，想让金辉接下。孙艳知道揽下这个差事，不是空口说话，是要几万元钱来支撑的。"可我还是答应了。因为我们家一直是个很注重孝道的家庭，我决定自己想办法，让这些老人们玩好。”

孙艳找到八里沟景区，免了这些老人的门票。“我又试探着打电话到高管局，没想到人家一听是做公益活动，很爽快就免了我们的过路费。”

重阳节那天，一千名老人在绿城广场出发。“那天老人们玩得很开心。这对金辉无疑是一种很好的宣传，后来我们搞的‘老爸老妈俱乐部’，很多成员就来自这些健康老人。因为他们觉得我们是个有良心的旅行社，值得信赖。”

这以后的几年，孙艳又策划了“海南品质游”“阳光西部专卖店”等一系列的创新旅游。2005年，金辉成为河南省游客满意十佳品牌，2006年，在郑州旅游系统评比中，金辉的各综合指标排名第一。10年前那个小小的金辉，就这样在众人惊诧的目光里长成了枝繁叶茂的大树。

但孙艳觉得自己还在爬坡。“在信息和交通越来越便利的现在，旅行社如果只是给顾客解决吃住，不能提供更多的服务，那游客选择你做什么？现在自驾游越来越普遍，旅行社如果没有这点忧患意识，不可能活得更久。”

没有永远的好事，也没有不变的坏事。这是冷静积淀后孙艳最深刻的感悟。这个一直走在路上的女人，只想带着金辉走得更远。“让更多的人享受旅行，感受不一样的生活，这是金辉一直要做的。”

B 孙艳如是说

你所理解的最完美的快乐？

有两种吧。在工作中，是那些看似不可能的事最后很完美地解决了。在家里，则是跟家人在一起，那种放松，随意，相处的快乐。

最害怕的事是什么？

没有。我是个很要强的女人。1994年发生千岛湖事件，一船人遇难，旅游台湾市场全军覆没。公司派我去广东开拓市场。我拿了5 000元就去了。3个月的时间，我住的屋子里满地蟑螂。我为难地哭过，可最后我还是跑遍了整个广东市场，为公司拓展来了新业务。还有一次在泰国，因为我们的游客不买东西，当地的地陪把我们甩到那里就不管了。团员们大眼瞪小眼看着我，最后我还是镇定下来，把游客们安全带回了家。这样的事太多了，你说我害怕有用么？

你觉得自己是个怎样的人？

我就是个双面人。生活里跟别的女人一样爱美，多愁善感，看个韩剧都能哭得一塌糊涂。但一到工作上，我目标感就特别强。敏锐，坚韧，不达目的不会罢休。

【人物名片】

钱 波

河南省酒店业商会会长

【达人语录】

"凭良心做事。"

一个会长的选择题

A 故事

他一直是个有争议的人。

在百度上输入他的名字，铺天盖地，都与酒店业的维权有关。菜谱事件，特种行业用水争议，绿化费收取……桩桩件件，几乎都是轰动一时的大新闻。

在这忙碌叫板的背后，是他火了7年，在全国已开到16家的绅士大酒店，最后因疏于打理，不得不一家家承包转让。

如果说人生就是一道选择题，在一个称职的老板和一个有良心的商会会长之间，他一直在选择，努力想做到两全。

一个在酒店业摸爬滚打了20多年的"老餐饮"这样评价他：他最大的贡献，也许不是曾经很火的绅士大酒店，也不是他现在创新的四合院私房餐饮，而是他对整个行业的推动。

如此说来，健康发展的河南餐饮业都该记住这个仗义执言的名字，钱波。

○领跑的那7年

钱波是一家酒店的老板，也是河南酒店业商会的会长。

这个有着双重身份的人，最开始的广为人知，是因为他的绅士大酒店。

1993年，在煤炭工业部水文地质局上班的干部钱波下海，成了一家酒店的老板。刚开业的前半年，酒店生意并不好。但钱波从小就喜欢做饭，在下海之前，他开过舞厅，有过服务业的管理经验。他知道任何生意要想脱颖而出，必定要有与众不同之处。一番琢磨之下，绅士大酒店推出了“百肠宴”。“就是用肠子做出风味各异的100道菜，这在当时的郑州还是首创。没有广告，仅仅是口口相传之下，绅士一下子就出名了。”

百肠宴之后，绅士又推出了百鱼宴，绅士三绝等特色自创菜。这些自创菜不仅影响了餐饮行业，也改变了市场的售卖方式。“当时的纬三路鱼市，鱼都是整只卖。但我们自创的特色大鱼头这道菜每天要卖出去几百个鱼头，不可能要那么多的鱼身。我们就跟卖鱼的商量，把鱼头分割好单卖给我们。还有绅士拐杖这道菜，每天就需要用上千斤排骨，当时大排肋排也是不分开的，但因为我们的要求，后来也都单独分割了。”

创新求异的绅士大酒店店一时成了整个餐饮行业的晴雨表。“最火的时候，酒店在全国开到了16家，山西，河北，包括在河南的一些地市，绅士名号都很响亮。”

20世纪90年代的餐饮行业，还是单打独斗，各自为政。每一家餐饮在经营过程中，不可避免都遇到了来自各方面的难题。这个时候，上过大学，又当过政工干部，生意做得很好的钱波无疑成了大家眼中的“老大哥”。“联谊会上我们相处得都很好，大家推举我做商会的会长。盛情难却之下，我揽下了这个差使。”

然而令钱波没料到的是，因为这个差事，在河南餐饮界领跑了7年的绅士酒店后来走向了没落。

○维权声里的争议

热心肠的钱波上任了。虽然不过是一个民间组织，但他觉得“既然大家信得过我，把我推到这个位置，就一定得为大伙儿说话。”

2003年，非典来了。钱波把会员们召集在一起。“除了做好各自饭店的消毒卫生，我们还组织老板们每天开着车轮流到会员酒店去吃饭，把门口的停车位都排得满满的，烘托人气。我们的口号是，绝不让一家会员单位倒闭。”这样的声势对不敢出来吃饭的顾客来说，无疑是一种极大的心理鼓励。一个多月的萧条之后，会员酒店的上座率渐渐恢复正常。非典过后，河南省酒店业商会作为全国同行业中唯一非典期间还在正常活动的商会，受到国务院7部委的表彰。

还是在这一年，郑州相关部门出台了一个政策，规定酒店在制定新菜谱时，必须在菜谱中写上每种主辅料的重量，而且菜谱的封皮必须在物价部门购买。钱波和同行们觉得不可思议。“中餐和西餐不同，要经过多道制作手续。比如一道最简单的鱼香肉丝，肉规定几克，到底是生肉，过油肉，还是成品肉，都没有详细说明。所以说强制性地在菜谱上标明每种菜主料辅料多少，不仅泄露商业秘密，也根本不具备操作性。”

关键时刻，商会发挥了第三方力量的强大作用，随着《“新式菜谱”难住郑州饭店》在省会的见报，一周时间，包括人民日报在内的数十家媒体纷纷跟进。17天之后，郑州市有关部门收回成命。最终“新式菜谱”被搁置。

仗义执言，为行业争取正当利益，成了钱波的主要工作。2005年4月，郑州市物价局规定河南的餐饮行业用水按特种行业收费。消息一出，一片哗然。“大家都觉得没有依据。水在餐饮业的中是作为配料出现的，不像洗浴业和洗车业那样把水作为商品出售。而且在全国甚至全世界范围内，把餐饮用水按特种行业收费的先例也仅仅曾在天津和厦门出现过，但没多久就被当地人大讨论否决了，所以说餐饮行业按照特种行业用水收费，理由根本站不住脚。”

在餐饮界人士的强烈要求下，河南省酒店业商会联合河南省餐饮行业协会，同有关部门交涉。一年半的努力之后，这件事最终叫停。钱波算了一笔账，特种行业用水的价格是每吨10.25元，普通行业用水是3.85元，一个中等规模的饭店，一年下来，光节省的水费就达100多万。

○四合院里的好风景

为水价奔波的那一年半，钱波压力很大。政商博弈的代价，他不是不知道。他比谁都更清楚，这样的努力，只会让自己得罪人，可他还是这么做了。“一切仅仅是因为良心，我只希望能凭着良心做事。”

2005年，钱波陆陆续续把全国各地的16家绅士大酒店承包转让了出去。这样的结果，钱波觉得很大原因在自己，因为他是个不会一心二用的人。“人的精力总是这样，你在这里投入太多，在其他方面可能就疏忽了。很多酒店我半年都没去过一次，连服务员都不认识了。”

一手创办的绅士酒店就这么没了，但钱波的酒店情结一直还在。好几年了，他一直在琢磨，怎样用一种更新的形式，去引导消费，占领市场。

2005年，郑州市文博东路安静的小巷里，一家名为金博四合院的私房菜馆低调面世。与其他酒店不同的是，白墙灰瓦，古色古香的这家老北京四合院，每顿饭只接待一桌客人。在这里你尝到的是在其他地方吃不到得私房菜，“比如浓汤河豚这道菜，我们要先用老母鸡炖三四个小时，捞出来放入猪蹄再炖俩小时，整道菜下来，足足需要六七个小时的时间。这样的精细度是你在别的饭店享受不到的。还有我们的容器，直径两尺的汤盆要两个女服务员抬着才能端上来。”除了别样的饭菜，客人在这里还会享受到在别的地方享受不到的服务。“吃饭的时候，所有的厨师、服务员都在为你服务，饭后，你可以在这里娱乐休闲，甚至办公上网，根本不用担心有人会打扰你。这样的私密和尊贵，只有这里才有。”

这样别出心裁的酒店，立刻打动了市场。3年的稳扎稳打之后，2009年3月，钱波又在紫荆山开了第二家四合院。这是金博四合院的升级版。400平方米的小院里，绿树掩映，拉开窗帘，一窗之外，就是紫荆山公园的碧水红花。如此闹中取静好去处，一问世自然吸引了消费者的目光。“生意还算不错，节假日的时候，都得提前一个礼拜预定。”现在这样四合院钱波已经开了4家。

浸淫酒店业多年年，钱波早已看遍了酒店的生生死死。“酒店业门槛很低，水却很深，现在早已经过了单打独斗的时代，市场需要重新整合，与志趣人品相投的人强强联合，这也许是一条好办法。”

B 钱波如是说

你所理解的最完美的快乐是什么？

有自己喜欢的事做。

有没有最后悔的事？

我最后悔的，还是绅士酒店的消失。所以我想提醒饭店老板，如果你打算做饭店，就一定要专注、专心。

什么是你最宝贵的财产？

家。当年我之所以从单位辞职，就是因为想

家，太怀念老母亲做的饭菜。现在我们兄妹3人早已分开单过，但每天吃饭还在一起，据我所知，这样的情形不光在市里，就是在农村也很少见了。在外面忙碌了一天，跟家人在一起其乐融融地吃饭，聊天，那是最放松的时候。

有没有最佩服的偶像？

有，是周恩来。在我看来，他是最大公无私的一个人，也是最顾全大局，又最不怕别人说三道四的一个人。

什么是你行事的座右铭？

很通俗的一句话：凭良心做事。

如何评价你自己？

很执著的一个人，从不会一心二用。这是我的长处，也是短处。

C 印象派

周末的午后，即将到来却迟迟未落的一场雨，让这个夏日变得闷热无比。

钱波的紫荆四合院里，却一派清凉景象。灰瓦白墙的安静小院，两棵硕大的核桃树绿意盈盈，果实累累。核桃树下，一只安静的黄狗卧在那里，喜滋滋地摇着尾巴。

他领着我们看豪华气派的餐厅，小桥流水掩映的棋牌室，安静私密的休息室。一窗之外，就是紫荆山公园的碧水红花，远远有人经过，惊起了池边的几只白鸽。

钱波说累了的时候，他喜欢坐在这里，远远地看着窗外的繁华。这样大隐于世般的感觉，他喜欢，他相信别人也会喜欢。

【人物名片】

张洪根

河南一方建材有限公司董事长

【达人语录】

“要稳住，踏实更踏实。”

胖子腻子的草根“神话”

A 故事

张洪根是谁？如果不是建材界的专业人士，也许你不知道他。

但即便是非专业人士，即便你没有装修过房子，胖子腻子这个品牌，你一定也或多或少地听说过。

而张洪根，就是一手创造了胖子腻子，又用8年时间把它锻造成中国腻子第一专业品牌的幕后推手。

○屈辱：二楼摔下的那两袋腻子

“把我的心都摔疼了。”

张洪根胖胖的，笑起来特别有感染力。说起自己的胖，他这样调侃：“心宽体胖，抗打击能力更强。”

事实正是如此。

对胖子张洪根来说，创业的8年，就是一个不断挺过打压，抗击磨难的过程。

他和腻子的结缘在2001年。这个做了6年建材销售的小伙，是在偶然间发现了腻子的商机。“那时候没有专业的腻子厂家，都是工人在装修时现场勾兑，不光麻烦，质量稳定性也很差。”张洪根虽然只有初中文化，可多年的销售让他明白，市场的细分可以诞生无数的商机。他想，腻子是最基础的装修辅料，如果自己专业做腻子，肯定不愁销路。

在咨询了这方面的专家之后，他拿着借来的一万元，在郑州南郊的十八里河，开了家没有名号的腻子厂。“3小间房子，一套机器，一个工人，我们就开工了。”

一遍遍地试验，无数次的弯路，3个月后，第一批产品终于出来了。唯一的营销人员张洪根拿去推销，却四处碰壁。“那时候就是跑到工地上，拿几袋让人家免费试用。有的工人感兴趣就拿去试验了，有的就没那么好说话了。”

张洪根记得有一次，他在一个工地放了两袋腻子，去了几次，腻子还堆在那里原封没动。张洪根催了几句，正在干活的工人忽然恼了，踮起腻子从2楼的窗户一下子扔了出去，“天天催，天天催，我欠你啊？把你的垃圾拿走！”

袋子在楼下摔烂了。张洪根蹲在地上，看着满地的腻子，“心都被摔疼了。”

那天晚上，张洪根难受得睡不着。他左思右想，是项目本身不行，还是自己的质量不过关？大半夜的分析之后，他得出结论，项目是对的，只是自己还得加强质量和宣传。“如果东西好，人们迟早会接受。”

抗打击能力超强的张洪根又出现在各个工地上，“我知道咱是在求别人办事，去工地的时候经常给工人送包烟，买瓶水，尽量不引起别人的反感，把试用的意见反馈给我。”

就在这一边试用一边调整产品的过程里，这个心宽体胖，整天乐呵呵的胖子推销的腻子慢慢受到业界人的青睐。2002年夏天，张洪根接下文博花园两幢楼的腻子工程，“这一下子把我给救活了。”

○代价：填坑的那十几万元

“张瑞敏砸不合格冰箱，我是把坏腻子都填坑了。”

推销腻子的过程中，为了尽快扩大知名度，张洪根曾在公交车上做过一个广告。“就是腻子两个字，加一个联系电话。我们接到很多有趣的电话，大多数是女士打来的。其中有位女士是这么问的：请问你们的产品是涂脸的么？”

当年的事现在说来，已经成了笑谈。但当时的张洪根，面临的就是这么一个蒙昧的市场。“没有先例，没有经验，一切都必须自己去闯。”

那已经是2003年，许多正规的装修公司已在郑州异军突起。张洪根意识到，自己要做大，要走得更远，就必须跟这些正规军合作。

他注册了自己的商标，“因为自己的体型，再加上我觉得腻子本身就是基础辅料，不能走洋派路线，太玄乎了反倒不容易推广。‘胖子’这个名字既家常又亲切，就注册了这个商标。”

张洪根改进了包装，印刷了相关的宣传资料，把公司搬到了康居家装大厦，开始走进正规的家装公司推销自己。他承诺市内一包免费送货，如果因为腻子质量引起工程问题，胖子腻子一赔到底。

环保、方便、质量稳定的胖子腻子迅速在建材市场走红，家装公司蜂拥而至。也就在这时候，张洪根碰到了人生里的第二个坎儿。

2004年的一天，张洪根的工厂出了件怪事。“原本生产出来半年都可以不变质的腻子像出了邪，不到半天就坏掉了。不知道啥原因，就是在不停地坏掉。”

张洪根一下子被打蒙了。“刚开始我们以为是个别现象，接到电话马上免费调换。但后来电话越来越多，具体原因又找不到，急得我焦头烂额。”那几天张洪根最怕听到的是电话铃响，“跟条件反射一样，人都快神经了。”

张洪根请来上海的化工专家亲自把脉，最后才知道，是其中的一种原材料出了问题。他把退回来的货全部埋在厂子后面挖土的一个大坑里。“当时也有工人建议，把坏掉的腻子回炉勾兑，卖给路边的装修游击队。可我想了又想，最后还是全埋了。因为我知道，如果我的胖子腻子再出任何一点纰漏，这个牌子就彻底砸了，再别想起来了。”

张洪根又出现在装修公司和各个工地，开始了二次推销。“我跟客户解释了事情的前因后果，让人家免费试用，并决定凡是用胖子腻子超过两个工地的，我们免费再送相应数量的腻子。”

胖子腻子很快走出了这场危机。2005年，因为业务量扩大，厂房需要扩建。挖到后面的地基时，那些埋掉的腻子赫然在目。张洪根看着那些腻子跟周围的工人们开玩笑，“别人填坑用的是土，我用的可是十几万的血汗钱哪！”

○速度：3年创造的飞翔“奇迹”

“咱从草根走到今天，就一直告诫自己，要稳住，踏实更踏实。”

张洪根知道，在竞争越来越激烈的现在，只有产品系列化、专业化，才可以在市场上占到越来越多的份额。

从2005年的那次“腻子危机”开始，张洪根加大了技术的投入。他聘请了上海、北京和河南本地的化工、粘接剂专家，成立专门的顾问团，为自己研究新产品。胖子腻子的外墙弹性腻子，不仅保温，防裂性能更好。它的高弹补缝黏结度和弹性竟可以跟皮筋一样伸缩自如，还有最新推出的“壁须底”，不仅甲醛含量为零，还有很好的隔音效果，填补了市场的空白。

3年的时间，胖子腻子的速度不是在奔跑，而是可以用飞翔去形容。2005年胖子腻子被全国建材系统评为“AAA 级”企业，年销售突破6 000吨。2006年被中国名优品牌事业发展联合会评为“全国十佳腻子名优品牌”，当年销量突破8 000吨。2007年在中国中轻产品保障中心审核产品质量中被评为“中国著名品牌”。这年9月，张洪根的工厂再次扩迁，在占地20多亩，全为电子程控操作的工业园里，每天都有200多吨的腻子运往各大建材市场。低调的张洪根，就这样不吭不哈地创造了腻子界的一个神话。

现在的胖子腻子，在河南市场占有率已经达到75%。它的分厂已开到了湖北、福建和四川等地。但在张洪根心里，他知道自己将要面临的还有太多。因为他最终想成为的，不仅仅是一个成功的商人，还是中国专业化腻子第一厂家的掌门人。

他一直记得开始创业的2001年，自己最敬佩的任正非写下的《华为的冬天》。他记得那里面有这样几句话：现在是春天吧，但冬天已经不远了。我们要在春天和夏天念着冬天的问题。不经过磨难，没有适应磨难的心理准备和技能准备，这是我们最大的弱点。

张洪根一遍遍掂量着这些话，深以为然。

B 张洪根如是说

有没有最后悔的事？

好像没有。曾经我后悔过选厂房的时候胃口太小了，以至于厂房扩了好几次，搬迁了三次。因为市场需求太大了，去年的厂房现在又有点嫌小了。可是这不能算最后悔的事吧？因为我觉得做企业还是得谨慎，饭要一口一口地吃，不冒进才能走得远。

最害怕的事情呢？

我现在最害怕的不是市场的问题，因为河南一年一个亿的市场容量还大有空间。我最害怕的是产品质量，因为质量导致一个巨人一夜之间垮掉的例子太多了。所以最不敢放松的就是这点。

你觉得自己最宝贵的财产是什么？

我的客户。客户是企业的衣食父母嘛，呵呵，所以得千方百计把客户服务好。

怎样评价自己？

朋友都说我是个性情中人。昨天晚上看电视剧《丑娘》，有个镜头把我感动哭了，家里人还笑话我呢。如果要我评价自己，我觉得就是3个词，内向，心细，实在。

C 印象派

胖子张洪根慈眉善目，说话语速很快，笑起来的时候声若洪钟，很有底气。

这个抗打击能力超强的人，确实是个很自信的人。曾经有客户在电话里问他公司有多大，听出来客户的语气带有轻视，张洪根就很牛气地告诉他："规模是全国最大"。过了几天客户来参观，有些不服气地问："你的工人好像不是很多啊！这也能算是全国最大么？"张洪根很自豪地笑了："全套电子程控的设备，我要那么多人干什么？你得看生产能力，我们公司是全国最大的腻子专业生产厂家！如果你现在能找到比我们还大的厂子，那就算我瞎说。"

他最佩服的，就是同样出身草根奋斗成功的任正非。所以这个8年创造了一个腻子界神话的人，丝毫不觉得自己已经成功。"还差得远呢！咱从草根走到今天，就一直告诫自己，要稳住，踏实更踏实。"

【人物名片】

袁魁亚

郑州远达机电科技发展有限责任公司总经理

【达人语录】

“傻，其实是一种真正的人生智慧。”

“傻”是大智慧

A 故事

成功的企业家，都是聪明绝顶，八面玲珑之辈吗？

袁魁亚的回答是：未必。

这个从23岁开始进入汽配界做学徒的草根，自始至终，似乎都不像个聪明人。

他能在风雪夜开车8个小时给客户送货，虽然那批货的利润不过几百元。

他的专卖店从来只卖原厂配件。虽然他也知道，如果跟别人一样搭卖副厂产品，利润要高出许多。

他甚至把自己这些年来的积蓄全拿了出来，跟一个发明家开了家“加强型重叠密封活塞环”厂，想在节能减排的汽配生产上大干一番。虽然他也明白，这样重新开始的创业之路，要比第一次难上几倍。

著名策划专家毛小民说：成功的企业家都有点“傻”。

这话几乎就是袁魁亚能走到今天的最大注脚。河南做汽配行业的有上千家，但像他这样，依靠“不聪明”一路做大，直至拥有专利生产企业的，似乎还找不到第二个。

○青海小学徒 没有巧劲使拙劲儿

袁魁亚说自己是地地道道的“土娃子”。“老家在荥阳广武，三地交界的贫困之地，可以说从小啥活儿都干过”。

1996年，在家乡左突右冲终不得改变的袁魁亚，到青海西宁亲戚开的汽修厂做了一名学徒。对汽配行业，袁魁亚可谓一窍不通。但他是个有心人。“当时汽配零件不像现在，动辄上万种。那时候零配件不过两千多种。我就想，哪怕一天记住10个零配件，一个月下来我也能熟悉300个吧。”

没有巧劲使拙劲儿。这是袁魁亚当年最简单也最执拗的想法。“每天干完杂活儿，别的小学徒都去附近喝酒，下舞厅，我就在厂里拿个小本开始背产品。”这样不到两个月，各种零配件的名称、价格、产地以及进价销价，袁魁亚都背得滚瓜烂熟。从第三个月开始，袁魁亚开始自己出去推销。

西宁的山路上，袁魁亚一个人带着样品跑业务。“几乎每天都要走三四十里的山路，才能见到一个汽修厂。所以我给自己下了规定，无论多少，每个汽修站都得推销出去东西。呵呵，不然就对不起自己走了这么远的路。”

身体的累跟丰厚的利润相比，显然后者更有吸引力。“当时的生意也确实好做。就比如我那个亲戚，每月卖个四五万，净利润都有一万。”这样做了一年多，袁魁亚愈来愈强烈地萌生一个念头：回家，自己做汽配生意。

○为了2 000元货10小时惊险风雪夜

1998年，袁魁亚回到郑州，在城东路开了家汽配店。“当时可多汽配店都是路路发，金元、鑫达等俗气的名字。我虽然没文化，也知道做事得含蓄，就根据那句‘财源茂盛达三江’的对联，起了个三江汽配的名字。”

50多平方米的两间小房子，没有雇工，只有他和父亲两个人。放了两串鞭炮，三江汽配就热热闹闹地开工了。那时候正是“黄面的”大热的时候，袁魁亚看好了这个市场，开始做微型面包车汽配。

每天，父亲在店里看着门，袁魁亚就骑个自行车在市里的大小汽修厂转悠。“哪怕人家要个螺丝钉，几元钱的东西，我也亲自送货上门。记得有一次，天下着冻雨，路上都是溜冰，为了给客户送个十几元的配件，我摔了两跤。浑身泥水地回到店里，旁边汽配店的老板都说我可傻。”

2000年的冬天，天降大雪。“因为我们的疏忽，周口一个客户的一批货被落在了店里，客户第二天又急着要用。”怎么办？虽然只是两千元的货，满打满算不过几百元的利润，但袁魁亚不想因为自己的原因丢掉这个客户，他和父亲从床上爬起来，凌晨两点从郑州出发了。

高速路已经封了，袁魁亚和父亲开车走在国道上。“雾气很大，路上见到好几起大货车出事故。我们的车只敢跑三四十码，真可以说是战战兢兢。”

中午10点多，在奔波了8个多小时候，袁魁亚终于到了周口。本来满腹怨言的客户看到出现在门口的袁魁亚，很是感动，连说“没想到，真没想到，这么快就把货送来了。”

因为这件事，这个客户成了袁魁亚的朋友。“多少年了我们还在合作。”

○专卖规则 糊弄人就是砸自己牌子

袁魁亚很实诚，但也具有商人对市场的敏锐洞察力。就在生意一天天步入正轨的时候，他开始考虑转型的事。“什么便宜、什么好用就卖什么，这只是生意的原始阶段。要做大，必须搞品牌化、系列化的专卖店。”

他注意到当时的昌河面包车，“当时因为可选车型不多，昌河在全国卖得非常火。它不光质量过关，泼皮耐用，价格也能为大多数消费者接受。但在当时，河南还没有专门经营昌河汽配的专卖店，我觉得这是一个很好的契机。”

2003年，袁魁亚的昌河汽配专卖店开业。没几天，郑州的一个大型汽修厂就打来电话，问了价格，直接就把定金打了过来。“从那一笔生意开始，专卖店就这么红红火火地做起来了。”

生意步入正轨了，开始有亲朋好友跟袁魁亚建议：“进点副厂的配件嘛，一样是卖，外行不懂，利润可比这个高多了。”说实话，袁魁亚动摇过。可是他想了又想，还是拒绝了。“我做这么多年的汽配，知道副厂的配件跟原厂的差别太大了。你卖一次就敢卖第二次，迟早会被人发现。糊弄人就是坏良心，就是砸自己的牌子，我要想把生意做大，就不能这么鼠目寸光。”

袁魁亚又做了一个近乎很傻的举动。他在自己的专卖店打出宣传语：凡本店售出的产品，如发现不是原产生产，一律加倍赔偿。这样的举动，在当时鱼目混珠、尚不太规范的汽配市场无疑是个另类。但这样的另类赢得了一些正规汽修厂的欢迎。“很多服务站都知道，三江汽配的零配件可靠，去那里拿货准没错。”

因为这样的名声，袁魁亚把生意做到了山西。“那是2005年，山西的一个汽配商因为用量不是特别大，厂家不给他直接发货。他在河南转悠了三四天，最后决定从我这里拿货。”

从2005年开始，袁魁亚开着车，转遍了周边的省市，把生意做到了山西、河北和山东等地。2006年，袁魁亚参加了在无锡举行的全国汽配行业展销会。就是在那次展销会上，袁魁亚接触了一批来自全国各地的客户。两次参展，他把自己的生意拓展到了新疆、四川、甘肃和贵州等地。

○因“傻”得福 做出汽配专利厂

2008年，在一次汽配会议上，袁魁亚认识了发明家李锡斌老先生。也就是在这次的相谈甚欢中，袁魁亚有了投资汽配生产厂的想法。

李锡斌是个在汽配行业干了30多年的老汽修，2001年，酷爱钻研的他发明的“加强型重叠密封活塞环”，被国家知识产权局授予专利，并获日内瓦国际专利保护。2007年，李锡斌加入中国内燃机工业协会，被称为国内活塞环领域的“当地毕昇”。

袁魁亚在跟李老先生一次次地交流中发现，“加强型重叠密封活塞环”绝对是在填补市场的一项空白。“现在国际上丰田A8的发动机是最省油的，但用了这个新型活塞环，原机环比试验要节油15%~20%，这在国家大力提倡节能减排的形式下，绝对是个非常棒的项目。”

了解到李喜斌老先生性格刚烈正直，也知道他为了这个专利跟很多人谈过，但因为各种原因，都无果而终。跟别人相比，袁魁亚知道自己不是实力最雄厚的，他找到李老先生，说了自己这么多年的经营理念。“可能是认可我的人品，又脾气相投，在熟人的介绍下，我们最终达成共同办厂的协议。”

2009年2月26日，由3个合资人联办，郑州远达机电科技发展有限责任公司在高新技术开发区光机电产业园开业。开业当地，中国汽配行业最权威的人士来了100多人。就在这次开幕式上，主攻出口的安阳钢套厂签下了合同意向书。

作为世界上最节油的活塞环，远达机电很快吸引了业内各界的眼光。投产没多久，3个国家合资的安庆帝迈德活塞环就与远达机电达成协议，成为远达机电的代工生产基地。远达机电与武汉汽车配件、上海大众汽车等知名企业的合作谈判，也初步达成了意向。

3月19日，由科技部等12部委合办的“2009年中国国际节能减排和新能源科技博览会”在北京召开，郑州远达机电作为入选企业参加，这也是河南汽配业受邀参展的唯一一家。

袁魁亚的目标，是把这个世界上最节油的活塞环推广到所有的汽配行业。“不光是汽车，如果时机成熟，甚至是火车，都有可能。”

B 袁魁亚如是说

美国前总统林肯曾有一句名言：你可以欺骗所有人于一时，也可以欺骗部分人于一世，但不能欺骗所有人于一世。

很多时候，傻，其实是一种真正的人生智慧。

C 印象派

袁魁亚胖胖的，笑起来很憨厚的模样。

他的故事，总让我想起来策划专家毛小民的那个论点：成功的企业家都有点“傻”。

23岁时，他是那个没有巧劲使拙劲儿，把几千个配件背得滚瓜烂熟的小学徒。他能在风雪夜开车8个小时给客户送货，虽然那批货的利润不过几百元。而做专卖店，在明知道卖副厂配件更挣钱的情况下，他傻傻地坚持着只卖原厂配件。

甚至也因为他的“傻”，李老先生与他一拍即合，开了这家专利活塞环厂。

【人物名片】

余松峰

广东美涂士集团河南分公司总经理

【达人语录】

"如果一个人能控制自己，不做那些充满诱惑，而自己又非常想做的事，这个世界就没有什么能难为他了。"

一个"富二代"的资本控制论

A 故事

○试水：跌跌撞撞入了行

余松峰胖胖的，思维敏捷，语速很快。1978年出生的他，有着同龄人身上少见的沉稳。

性格决定命运。这话听起来老套，但却是余松峰最深刻的感悟。回想自己当年入行时的选择，他觉得几乎就是这句话的最好注脚。

1998年，大学毕业的余松峰到了父亲的公司。其实那时候父亲已经为他联系好了工作，甚至还有供电局这样炙手可热的单位，但无拘无束，天性喜欢自由的他，却特别排斥那样中规中矩、按部就班的生活。"还是觉得做商业更有挑战性。"

余松峰在老爷子的公司上了班。"刚开始的时候，老爷子几乎拿我当杂工在使用。店面销售、司机、会计，呵呵，公司里所有的杂活几乎都做过。"

印象最深的一次是去江苏镇江提货。"那时候带着现金，一路小心翼翼，好不容易到了目的地装好货。回来的路上，因为天太热，为了给货物降温，我在货物上洒了水。"本是好心好意，没想到那批货物具有腐蚀性，流下来的水不仅把余松峰身上渍得一块一块痒痛难忍，还把大货车的油漆腐蚀得斑斑驳驳。

回来后父亲并没有骂他，只是说了一句话："这个行业，你需要学的还多着呢。"

以后的4年，他被父亲派去下过工地，去过地市搞营销，也被派去和最难缠的经销商要过货款……就在这一步步的摸索中，余松峰慢慢积累了这一行的初步经验。

○困惑："小余"的新难题

2002年，因为需要打理别的生意，父亲把美涂士油漆这一块儿全部交给了余松峰。从原来的销售到全面管理的突然转型，余松峰坦承自己一开始心里确实没底。

"那时候在销售这一块儿，我自认为做得很优秀。接管整个公司以后，刚开始我不能从员工心理角度出发，想当然地把自己的经验一股脑儿灌输给他们，以为这样就能提升销量，后来才发现没那么简单。"

有一天，公司的几个中层骨干忽然一起来到余松峰的办公室。"他们的目的很简单，就是想让公司给他们加薪。"加薪并没有什么，关键是几个人集体来找的姿态给了余松峰一个错觉：这些人在给我施压。年轻气盛的他自然用一种反施压的态度一口回绝了他们。

几天后，3个中层突然离职，集体跳槽到另一家公司。"那几个月，给经营上造成了很大的波动。"

余松峰很困惑，他找到自己尊敬的建材业的一个前辈，问他如果遇到这样的事情会如何处理。前辈说了这样一番话："管理员工其实不是在管，而是给他一种家的归宿感，给他一个与企业目标接近的共同愿景。"

余松峰豁然开朗。他忽然想到自己在大学里学到的一个案例：沃尔玛之所以能把超市开到全世界，就是因为掌门人山姆·沃尔顿把企业愿景跟员工个人要实现的目标统一起来。他在心里暗暗骂自己：生活处处皆学问啊，所有的沟通都应该是双向的，互谅式的沟通。树立一个共同的愿景，帮他实现他想得到的。这样的员工，还会不好管理，还会没有积极性吗？

○敏锐：新掌门的新招数

在双向和互谅式的沟通里，河南美涂士的管理又渐渐回到正常轨道。就在这样的情况下，富于激情的余松峰使出了大胆新招数。

他创造性地提出了"以培代销"的心理念。"以前我们对各地市的分销商，使用加压的方式，比如今年销多少，明年在此基础上要增加多少，但效果却不明显。我就想，能不能思路拓宽，把自己的经验和心得告诉分销商们，让他们积极主动去做营销？"

余松峰买来营销大师陈安之《成功学》的全套光碟与分销商们一起学习。他请培训师为分销商们培训业务员和导购员，让自己公司的销售状元到分销商的公司现场讲经验谈教训……"从原来的被动受压，到现在理念改变，分销商们开始直接主动地去做销售，那一年，公司的销售业绩增长了50%。以后的几年，我们一直坚持在做。"

余松峰是个很有市场洞察力的人。他发觉，短短的几年，装修市场已经发生了很大改变。"以前是你家装修啥样我就装修啥样，现在是你家怎么装，我家就不那么装修。"个性化装修带来的是个性化油漆的需求，余松峰忽然觉得，细分化的市场给了他一个极大的契机。

在多方考察调研之后，他在河南建起了最早的调色体系，这简直就是一个"化蝶"的惊人之举。"很多原来没有的颜色，只要你需要，我们都可以帮你调出来。"虽然后来很多同行跟进，但在河南，美涂士的调色体系无论在密布点和丰富度上，都还是最出色的。

而无气喷涂的引进，则是余松峰的又一个新亮点。“相比原来的手工滚筒操作，后来的雾化喷涂虽然省力，但因为气泵加压过程中含有气、水分和其他杂质，喷涂出来的点不均匀。”偶然的一个机会，余松峰去北京出差，看到有家公司在演示一个来自美国的“无气喷涂机”。“直接对油漆加压，没有一点气体和水分杂质，喷涂出来的每个点都均匀一致，每平方厘米的厚度都保持了一致。”一见之下，余松峰喜出望外，一番考察之后，他把这个好东西推广到了河南。

因为无气喷涂优异的视觉和触觉效果，美涂士漆的销量在河南得到极大提升。“跟我们合作的很多正规家装公司，比如超凡和业之峰等，都非常看好我们这一点。”

○感悟：一个全新的“控制论”

不知不觉，余松峰在这个行业里已经摸爬滚打11年。11年的时间，他只做了一个项目，那就是油漆。油漆的品牌也只有一个，那就是美涂士。

不可能没有诱惑，特别是像他这样一个已经把生意做到一定知名度的商人。曾经有一段时间，不断有要好的朋友建议余松峰多元化发展。“比如做开饭店做澳洲羊肉，比如炒股，炒房子，呵呵，朋友们给我的建议太多了。”

余松峰也知道，这里面有很快就可以看得见的丰厚利润。但他还是控制住了自己，因为他想到了自己读过的那个最出名的可口可乐的案例。“罗伯特·戈伊祖塔在实现了可口可乐的全球化营销之后，再三斟酌，收购了著名的哥伦比亚影业公司，然而在5年之后，在没有发生危机，甚至影业公司每年还向可口可乐贡献可观利润的前提下，戈伊祖塔突然宣布把哥伦比亚卖给了日本索尼。他的唯一理由是：我没有控制感。”

在自己做企业之后，余松峰慢慢悟出了戈伊祖塔的感慨。任何企业的决策都可以还原为控制，一切伟大的治理都是从学习控制开始的。不懂，就没有控制感，而没有控制感的经营注定会失败。那些一夜间呼啦啦大厦倾覆的巨人公司太多了，其区别只不过是时间早晚的问题。

余松峰最佩服的，是美涂士集团的董事长。“他从加拿大留学回来开始创业，营销理念非常跳跃，可是管理却非常踏实。每天下班最晚，一页纸要两面用，不打高尔夫，不玩豪宅名车，活得非常专注简单，可以说只是一门心思在做油漆。这也是我这么多年一直看好美涂士的最大理由。”

在余松峰看来，最大的对手其实就是自己。“如果一个人能控制自己，不做那些充满诱惑，而自己又非常想做的事，这个世界就没有什么能难为他了。”

B 余松峰如是说

你所理解的最完美的快乐？

无拘无束，做自己所想做的人。

有没有最害怕的事？

最害怕活着突然没感觉了。很多琐事缠身，但一时半会靠你自己努力又无法解决的时候，会突然有这种感觉。

你最宝贵的财产?

激情和自控力。就比如我心烦的时候，我会开车到户外，慢慢平静下来，很多事情就想通了。

你如何评价自己?

在朋友眼里，我是个合群的人。80后的电子游戏我会玩，你跟我打高尔夫我也会奉陪，或者去野外自驾我也能跟大伙玩得不亦乐乎。

如果让我自己评价，我还算一个活得比较真实的人吧，没什么贪念。

C 悟之道

按照世俗的理解，余松峰应该算是民营企业的“富二代”。在刚刚过去的8年里，他从父亲手里接过了广东美涂士化工集团河南分公司的帅印。跌跌撞撞中，他凭着新生代特有的激情和新锐，让自己迅速成为这个主流商业社会的“玩家”。

与父辈的奋斗不同，他的奋斗，是一个在守成与开拓之间取舍的故事，是一个混杂着青春和热度、挫折与成长的故事。

10年浸淫，余松峰最大的感悟是：我学会了控制自己，不做那些非常想做，但又不能去做的事情。

【人物名片】

李　丽

大自然企业总经理

【达人语录】

“早起的鸟儿有虫吃。”

12年“冲动”成就N个第一

A 故事

西谚曰：早起的鸟儿有虫吃。

这样的话，似乎就是在验证李丽的创业12年。这个非专业出身，从来都不爱出风头的女子，却在不经意间创造了河南婚纱界的多项第一。第一次引进全数码照相，第一个拥有别墅庄园外拍基地，第一个实行电影动态追光拍摄手法。她甚至在婚纱连锁店引进网络管理和职业经理人制度，声称自己要做“垂帘听政”之人。

从当初那个100平方米的小店，到现在拥有8家直营店和6家联盟店的大自然企业，李丽不觉得是因为自己比别人聪明，“我从来都不喜欢考虑太多，能走到今天，只不过是在很多事上比别人早了那么一点点。”

○多一点：后来者成了领头羊

李丽不是专业人士，她做婚纱摄影，完全是因为小时候的渊源。

那时候的她家住二七广场，对面有个艳芳照相馆。“那里面几乎聚集了当时郑州最时髦的女子。趴在橱窗上窥视那些潇洒拍照的摄影师，看那些美丽女子的大幅照片，是我每天放学必做的事。”

1992年，大学毕业在国企做了7年团委干部的李丽下海，到朋友的期货公司做了一名管理人员。那一段时间，李丽接触到很多新鲜事物，包括当时风靡一时的婚纱摄影。“也许我骨子里就是个很浪漫的人，那样美轮美奂的场景很吸引我。跟两个朋友商量了一下，1997年香港回归那天，我们在京广路上开了家婚纱摄影店。”

当时的郑州，已经有几家婚纱摄影做得相当不错。作为后来者的大自然要想脱颖而出谈何容易。但李丽发现，这里面并非没有机会。“当时的婚纱摄影店都只负责婚纱摄影，婚礼当天新娘要化妆，则另外收费。”李丽核算了一下，率先打出了拍婚纱照送新娘妆和服装的广告。“新人们省下的不光是几百元钱，更节省了化妆盒租婚纱的时间。作为郑州第一家这么做的影楼，我们的口号一提出就吸引了大批顾客。”

大自然婚纱摄影就这样一炮走红。2000年的夏天，一个朋友邀请李丽去中牟玩。在街上转的时候，李丽无意间发现，中牟的县城里，竟没有一家婚纱摄影。“我是个很冲动的人，跟朋友打听了一下，一个星期之内选好了房子，一个月后的8月8日，我的第一家分店就开业了。”

早起的鸟儿有虫吃，这绝不仅仅是一句简单的谚语。作为第一家进驻县级市场的婚纱摄影店，大自然分店的生意简直可以用惊人来形容。“市场的疯狂超乎了我们的想象，最厉害的时候，两个收银员都不够用，顾客挤成一团，抢着吆喝‘先收我的钱！’不得已我们还得上前维持秩序。”

只不过比别人早了那么一点点，但大自然的生意就这样迅速占领了市场。

○早一步：危机化为好机会

其实一开始，跟那些资金雄厚的影楼相比，大自然的实力并不是最强的。“资金雄厚的影楼，很多走的是台湾标准化模式。比如一个化妆师，这个专门做眉毛嘴唇，那个专门做头发造型，跟流水线一样。专业是专业了，但技术不全面。任何一个人离开了另一个，就无法工作。更可怕的是，这样流水线上出来的作品，很容易千人一面。”

大自然对员工的要求是，你负责一个顾客，就要跟定一个人，无论从化妆，造型，还是服装，甚至拍摄的时候，都得在旁边，务必让顾客满意。所有的艺术都是在彰显个性，按照自己的习惯，大自然摄影反倒走出来了自己的特色。“这样的结果一是员工技术全面了，还因为作品有个性吸引来大批的顾客。”

2003年，李丽把自己几年来的积蓄拿出来，在最繁华的北二七路开了家分店。“3月8日开业，4月份非典就来了。”

整个行业几乎都放假了。李丽也很苦恼。她让所有的员工在店里接受培训，自己去了深圳。当时她最简单的想法是去找朋友散散心，但就在这意料之外，机会悄然降临了。

在朋友的店里，她发现了数码设备。“一进大厅，一长溜电脑。只要有顾客进门，影楼就可以打开电脑，几百种套餐，刷刷刷很快点出来，给顾客讲单，选样。”这让李丽大开眼界，因为原来的顾客选样，都是在影楼抱着样簿，让顾客一张张翻看，麻烦又浪费时间。“不光顾客选样简单了。摄影师因为不再需要更换胶卷，效率也上去了，瞬间神情捕捉的非常到位。更重要的是，照片当即就可以看到效果。毛片经过简单修饰，几乎已经趋于完美。选样的时候，顾客这张想要，那张也舍不得删，最后影楼卖出去的往往是原来设想的好几倍。”

李丽大受刺激。连家都没顾得上回，就直接从深圳飞到了北京。“在北京中关村买了全套的数码设备。6月份培训，调试设备，7月份打广告，8月结婚的黄金旺季，我们就开始对外营业。”

那一年，虽然有非典的影响，大自然的营业额却比上一年多了3倍。这个自称有点冲动，做事不喜欢翻来覆去考虑的女子，就这样把危机转化成了自己的好机会。

9月，醒悟过来的同行纷纷跟进的时候，第一个吃螃蟹的李丽，已经把目光转向了更新的地方。

○快一拍：我要做垂帘听政之人

2004年，李丽去温州考察。看到国内做到顶尖的一个影楼，花2 000万买下一个度假山庄，实行别墅庄园外景拍摄。永远跟在最成功的人后面，善于踩着成功人的脚印创新的李丽，回到郑州后，就开着车在大大小小的楼盘转悠。几个月的筹备后，在郑州的北郊，她买下了一处别墅。2005年，省会第一家别墅庄园外景基地开始迎客。

在这个300平方米的别墅里，顾客不用担心周围有人围观。可以在人造的雪景和雨景里浪漫，可以在巴洛克风情的大厅里深情相拥，可以在楼下异国风情的花园和亭台水榭间嬉戏。他们甚至可以在电影的动态追光拍摄里，过一把明星瘾。一切完美的恍若梦境。

2008年1月，李丽在文化路开了自己的第7家店。在这个4层楼，2 000平方米的旗舰店里，李丽遇到了自己的管理瓶颈。"因为楼层多了，人员多了，刚开始有点乱。比如顾客化好了妆，但另一个楼层的摄影师还不知道，结果顾客很生气。"李丽请来搞网络的朋友，帮自己设置了系统，在每个楼层设置了调度员。"中心调度室在客人进门的那一刻起就开始通知各个楼层，各个环节的责任人。以至于有客人感叹：你们的员工每个人都带着对讲机，每个环节服务都及时又贴心，真是太先进了！"

现在的她，已经是一个拥有8家直营店和6家加盟店的企业掌门人。但她最想做的，却是那种躲在幕后的垂帘听政之人，为此她把职业经理人引进了大自然。"职业经理人的最大作用是让我解放了自己。现在我去外地考察，10天半个月也好，甚至几个月，公司都会正常有序地经营。这才是一个成熟企业应有的状态。除了大政方针，我不用时时刻刻露面。剩下的时间，去过自己想过的生活。"

而她最想过的生活，说起来却是那么简单。"多陪陪家人。7岁的儿子学跳拉丁舞的时候，我在旁边跟他一起学着跳，那一会儿，简直太幸福了。"

B 李丽如是说

你所理解的最完美的快乐？

上班，在自己喜欢的环境里游刃有余。下班，能跟自己的家人厮守相伴。这就是一个女人最大的快乐了。

有没有最后悔的事？

应该早几年开连锁店的。现在我在跟我的导师商量，看怎么制定一套成熟的模式，走复制之路。

有没有偶像？

刘德华。哈哈，这个可不可以说啊？20年前是刘德华，因为当年几乎是所有少女的梦中情人啊。现在是周杰伦。因为儿子和女儿喜欢，爱屋及乌了。

评价一下你自己?

我觉得自己比较灵活，凡事不钻牛角尖，善于与人沟通。缺点是有点冲动，哈哈，你看我决定的那些事，哪样不是一激动就决定了?

C 印象派

不惑之年的李丽，一袭烟红的真丝上装，很古典，很年轻。

她其实一直是个心态年轻的人。一直到现在，她还在清华大学读EMBA。“跟导师和同学们一起聊天，每天都可以学到新东西，那是另一个我从没见识过的新世界。”因为心态年轻，所以凡事想得简单，所以能很快接受新生事物，所以能比别人早了那么一点点。

而关于圆满，她自有自己的理解。“不一定非要宏伟的目标。我最宝贵的财产，就是有那么一个懂事的女儿和一个可爱的儿子。最大的满足，不是非要规定把自己的企业做多大。在我看来，生活里该有的都有了，这就是最大的圆满。”

【人物名片】

刘 渊

《1加1人才资讯》主编

【达人语录】

“挣钱可以，坑人的钱不能挣。”

80后新生代传媒主编那些事儿

刘渊，典型的80后小伙儿。因为从小怕黑，没少受同学和朋友的笑话。

然而就是这么一个胆小的人，在身无分文的情况下，借钱10多万，鼓捣出了《1加1人才资讯》，这个目前郑州市场势头最好的专业招聘传媒。

从一无所有，到远远领先同行，刘渊用的时间是两年。

A 故事

○找工作的小伙儿帮人找工作

刘渊做《1加1人才资讯》，完全是因为自己的切身体验。

2006年，是刘渊最惨的一年。忙了一年多刚有些起色的胶带生意，因为原材料涨价赔得一塌糊涂。他去人才市场应聘，正是最热的7月，人山人海的招聘市场，不时有人晕倒。刘渊退出了人群，突然觉得很悲凉。“我觉得自己很可悲。从2003年毕业做销售，到后来自己做胶带生意，我没想到有一天自己还会来挤人才市场。”

刘渊在门口买了一份招聘报纸。看着那上面密密麻麻的招聘信息，他忽然萌生一个念头：“与其给别人打工，何不自己做市场？做一份性价比最高，最专业的招聘类周报，肯定会受欢迎。”

刘渊做了两个月的市场调查。他发现，找工作的人大都居住在都市村庄，因为没有电脑，利用网络找工作很不方便。“我自己也发现，在网上投简历，很多时候都石沉大海。还是觉得花一块钱买份报纸，直接上门找工作最踏实。”

对市场有了信心，刘渊用两个多月的时间办好了全套手续，跟亲戚朋友借了启动资金，2006年年底，他招聘了十几个业务人员。“当时马上要过年了，朋友们都劝我，反正是年后出报纸，到时候再招也不晚。毕竟现在招人光工资就是一大块成本。我的回答是，就跟老家收麦一样，刀提前磨快了，到时候才不耽误事。”

那一年的春节前，刘渊对人员进行了培训。资讯传媒的形态，流程，乃至一部分客户都纷纷到位。2007年3月5日，《1加1人才资讯》终于面世。捧着散发着油墨香味的第一个“孩子”，一向爱笑的小伙子眼睛突然湿了。

○让哑炮变成响炮

但刘渊没想到，自己打出去的第一炮，竟然是个“哑炮”。

《1加1人才资讯》的发行，是委托发行公司来做。“但因为发行员的懒惰，很多报纸直接就进了废品站，报亭根本见不到。”

刘渊决定组建自己的发行队伍。“熟悉的朋友都劝我，像这种专业类的招聘报，一周才发行一次，根本没必要组建发行队伍。”招聘类周刊，包括当时比较牛气的《前程无忧》和《人才周刊》，都没有自己的发行队伍，刘渊不是不知道这种现状。可是作为后来者，要想尽快打开局面，提高知名度，就只有与众不同，哪怕自己为此做再多的难。

刘渊招聘了20人的发行队伍，每日到报亭巡报，及时补报。到人才市场，都市村庄和学校免费派发。半年以后，效果终于出来了。“客户数和发行量每个月都在以几倍的速度在翻番。”

2008年，刘渊的《1加1人才资讯》已经从20个版扩到了32个。到就在这时候，他遭遇到第二次打击。

原材料涨价了。“成倍翻番，特别是铜版纸，已经高到让人无法承受。”单是印刷费的支付，就成了头疼事。

债主天天上门，要钱的电话深更半夜也会打来。那是刘渊最难的时候。有一度，他甚至都想躲起来。可仔细想想，躲起来怎么办，问题不解决，所有的梦想都会成为泡影。

刘渊找到印刷厂的人，商量了一个两者都可以接受的办法：从本月开始，每期印刷费当月结清，以前的债务分批偿还，每月结算一些。

稳定了局面，刘渊开始开源，争取更多的客户。危机是所有人的危机，但当对手走得慢时，如果你能快步一点，那危险就成了你的机会。这是刘渊对危机的理解。跟别人坐等客户上门不同，刘渊的业务员都是满大街去找客户。面对经济危机，他们还推出做4送2的优惠，争取了一大批客户，占领了市场的很大份额。

“《1加1人才资讯》的客户数，几乎每期都会增加200多个，加上我们百分之四十的长期客，几乎每期都有不少于1 000个的招聘信息。如同上街吃烩面，同样的5元钱一碗，也许你在别家只能吃半饱，但在我这里，就可以吃个全饱。”

没有一鸣惊人，《1加1人才资讯》就在这样一点一滴的积累中，让原先的哑炮也变得响亮起来。

○刘渊的“大人才战略”

刘渊找过工作，求职者的难与苦，他深有体会。他知道求职者最需要的是什么。性价比最高，信息最多，最真实有效的，才能吸引最多的读者和客户。

《1加1人才资讯》的客户数，每个月都在以40%的速度增长，但本着为求职者负责，他们也拒绝了一部分客户。2008年冬天，财务最困难的那几个月，有个客户来到刘渊的公司，要求做夜场模特的广告。“客户当时就掏出一万二千元要求签合同。业务员带着来到我这儿，我卡住了。业务员当时很激动，说我们的竞争对手登这样的太多了，为什么咱们就不能变通一下，改一些字眼？到手的钱不挣，太傻了！”刘渊只说了一句话：“挣钱可以，但坑人的钱不能挣！”

刘渊需要钱，他也不是在说什么高尚的话。但他觉得自己骨子里还是个读书人，有书生意气和理想主义。“有些钱如果拿了，我会良心不安。”

每一期的招聘信息报纸，最显眼的位置上，刘渊都会给求职者几句友情提示。诸如怎么辨别黑中介，怎样拒绝用工单位的不合理要求等等。“最专业的报纸，给读者和客户提供的，就应该是最准确、最专业的信息。”

2008年是危机重重的一年，但也是《1加1人才资讯》逆势不断扩版的一年。现在的《1加1人才资讯》，有自己的专业网站，在全省第一家实现招聘类报纸与网络互动。它还与移动合作，实现短信求职。“比如你想在河南省范围内求会计这个职位，只要你发一条信息，马上就会有一个短信回来，上面提供有5个会计岗位，名称、电话，地址，清清楚楚。一毛钱谁都付得起，但这里面的方便、快捷和物有所值是远远大于一毛钱这个性价比的。”

32岁的刘渊，一直有一个很大的梦想。他想利用自己网站强大的企业搜索功能，建立自己的大人才战略。“我希望有一天，不管是猎头、人才测评、劳务派遣、人事外包还是企业内训等，只要你打电话来，‘1加1’都可以帮你解决。”

B 刘渊如是说

我们的公司离破产永远只差12个月。这是比尔.盖茨总是告诫员工的这句话。虽然《1加1人才资讯》已经在目前的郑州市场做到了遥遥领先，但我知道，如果想做到最专业，自己必定还有更多的困难要面对。

C 印象派

刘渊瘦瘦的，眼镜后面一双笑眯眯的眼睛，很腼腆，很书生。

他说自己小时候很怕黑。虽然现在好多了，但很多时候，熟悉的朋友还是会因为这个嘲笑他。

但他说自己不怕事。没钱，没关系，一个80后的小伙子独自在这个城市打拼。一个个难关他就这么咬着牙挺过来了。他说自己有一天去银行办事，工作人员说他跟身份证上的照片不像，因为现在的他头发太少了。“最难的时候，头发大把大把地掉，不过两年，你看，就这么稀疏了。”

【人物名片】

李海波

河南草原兴发餐饮有限公司董事长

【达人语录】

“凡事都有度，该舍的时候必须舍。”

从“足球先生”到“婚庆车王”

李海波的名片跟别人的不一样。

如同一串连着的扑克牌，上面有他明星般的照片、人生格言、职务头衔，还有他最喜爱的14辆加长林肯。

很自我，很个性，很拉风。

A 故事

这个踢过足球的男人，从河南草原兴发餐饮集团的董事长，到中国婚庆车王，他走的每一步，几乎都跟别人不同。

○蒙古风情迷倒郑州人

用李海波自己的话来说，他是“家里的一个另类。”

家人都是搞足球的。国家足球队队曾经的主教练李松海是他的亲哥哥，足球队员李雷雷是他的亲侄子。他自己也踢过足球，却在退役后头脑一热做了餐饮。

那是1998年。来自内蒙古的草原兴发到河南招商，时年的李海波已经从足球队退役。几年下海扑腾，从音像制品到电影院，再到歌舞厅，他手里已经有了人生的第一桶金。在考察了草原兴发集团的实力和当时郑州火锅市场的现状后，李海波决定就做这个。

草原兴发集团从全省近千名竞争者中选中了他。这年11月，在郑州陇海路汽车南站附近，一家名为草原兴发的涮锅店开业。3层楼，3 000平方米的空间，蒙古特色的装修风格，来自草原肥美鲜嫩的羔羊肉，这在当时的省会可以说绝无仅有。“11月8日开业，6日模拟营业，3层楼就坐满了。”

李海波的草原兴发，把蒙古的风土人情引到了郑州。包间的名字既有成吉思汗阁、努尔哈赤阁这样的阳刚厚重，也有紫薇格格厅这样的婉约和通俗。里面装修得如同蒙古包，客人吃饭的时候，有人到蒙古包敬酒，献哈达。大厅里有蒙古风情的演出。这样的特色让郑州人倍感新鲜。几乎是在一夜之间，草原兴发的名字传遍了大街小巷。

原定一个月的优惠活动，搞了3天就不得不停止，因为天天客满，都爆棚了。3年后，李海峰的草原兴发在河南发展到了100多家。

○李海波的进与退

时间顺风顺水地流到了2003年，这年的中秋节，李海峰遇到了一个坎儿。

因为是节日，原本可以容纳1 600多人的饭店涌进了3 000多人。“几乎所有的空间都挤满了客人，原本只能坐6到8人的台子增加到14人。传菜员上菜的时候，都得踩着吧台的边儿挤过去。”因为上菜太慢，2楼的客人与服务员发生了争吵。一团混乱中，不知是有意还是无意，几个客人相继晕倒。

120急救车把客人送到了医院。虽然后来客人并无什么大事，但李海波还是总结了经验教训。“凡事都有个度，该舍的时候必须舍。”以后的日子，不管客人再多，因为疏导安排有序，这样的情况再没发生过。

2008年夏天，建设路店门口修路，客人的车开不进来。这样的情况持续了七八个月。那段时间，对李海波是一种煎熬。酒店每个月还有盈利，撤了太可惜，但如果这样无休止地耗下去，那不是他的性格。他在心里跟自己斗争：撤还是不撤？他忽然想起在电视里看到的一句台词：有一种胜利叫撤退，有一种失败叫占领。是的，与其这样耗下去，不如开辟新的战场，把资金用到最需要的地方。

李海波毅然决然地关闭了建设路草原兴发店。10年火锅生涯，一次又一次的业界洗牌，草原兴发一直活得还算不错，可是他也知道，两条腿走路，永远要比一条腿走得更快，更稳。他明白，自己该转型了。

○加长林肯里发现的商机

其实这样的意识，他几年前就有了。只不过目标的渐渐明晰，来源于一辆车的点拨。那是一辆加长的林肯。

李海波是个爱车的男人。代表着刚硬、速度、金属感与激情的汽车几乎被所有男人喜欢。在此之前，他开过奔驰，玩过克莱斯勒，但对身高一米八七的他来说，总觉得不够过瘾。

2005年夏天，李海波与中国烹饪协会的代表们到美国考察。夏威夷是他们的第一站。一下飞机，李海波就看到了停车场上的一排加长林肯。“碧水蓝天之间，鳞次排列的黑白色加长林肯车如串串珍珠，在阳光下熠熠闪亮。”如同骤然见到魂牵梦萦的意中人，李海波再也挪不动脚步。他拿出摄像机和相机一阵狂拍，直到同行的伙伴屡次提醒，才恋恋不舍地离开。

这趟美国之行，虽然以考察餐饮为主题，但李海波走到哪个城市都在打听、寻找他的梦中之车。回国之后仍念念不忘的他，打电话给美国“草原兴发”分公司的朋友，让他帮忙订购了一款崭新的黑色林肯车。“5门，11米长，里面有酒吧，音响设备一流。”

宽敞舒适的林肯车被运送到郑州。李海波如同得到了心爱的玩具一般爱不释手，去哪里都开着它。

如此拉风的车到哪儿都特别招眼。很快就有要办喜事的亲戚朋友来借了。但车只有一辆，遇见好日子新人扎堆的时候，借给这个不借给那个，难免就得罪人。“有的朋友借不到车，焦急中直接撂下五千元，或封个几千块钱的红包，扔下就走。”

这让重情义的李海波颇为尴尬。但也就是在这尴尬中，他嗅到了商机。“国人喜欢讲究排场和脸面，除了婚庆，生日、商务上也可以租用。以车养车，如果多购置几辆，形成规模来做婚车租赁，一定很有市场。”

○中国婚庆车王的两条腿

契机不容错过。李海波说干就干，从2006年开始，他陆陆续续购置了12辆加长林肯，交给专人负责打理，婚庆车租赁服务就此展开。

2009年刚过完春节，郑州市陇海路与南关街交叉口附近，一辆白色的加长林肯轿车停在路边，车身上印着的“陆军一号”“移动城堡”等字样吸引了过往行人，更有不少人频频拿出手机拍照留念。

这辆14米长，价值1 270万人民币，跟美国前总统布什座驾型号一模一样的庞然大物，里面有酒吧，有电视，有镭射音响，有可以躺下休息的贵妃椅。V12的发动机，七彩魔幻的地板，可以自动升降具备越野功能的底盘，作为目前国内仅有的一辆，几乎所有看过的人都无比震撼。

李海波把这辆车定位为高端婚庆。“每天的租价是6 666元，若需出郑州市，则要8 888元。”李海波说，“开来才半个多月，这辆车已出租了3次。现在你要用这辆车，最起码得提前一两个月订，像五一、十一那样的好日子，不提前半年你都根本不会订到。”

因为14辆加长林肯车，李海波被圈内人誉为“中国婚庆车王”。这些车迄今已经接待了100多位明星政要。它们带给李海波的不仅仅是可观的利润，更有一种自豪和骄傲。有一次李海波去机场接美国朋友，一溜四辆加长林肯轿车气派地开过去，美国朋友很是吃惊，连连感叹：“中国竟然还有只有美国总统才专用的豪华轿车，没想到，没想到啊！”

现在，高档婚庆车租赁和餐饮集团，已成为李海波事业里至关重要的两条腿。“餐饮下一步我们会走羊肉精细分割路线，把高中低档消费者都网罗进来。婚庆车方面，我们要打文化牌。总而言之，我会让这两条腿迈得更稳健，更迅捷。”

B 李海波如是说

忙于事业，享受生活。这是我对自己的要求。比别人强一点，比精英差一点。这是我对自己现状的总结。

这样的状态，我很享受，很知足。

C 印象派

李海波个子很高，梳得纹丝不乱的头发，笑起来的时候像极了一个明星经纪人。

他真的是有明星情结的。客串过电影，偶像是施瓦辛格、史泰龙和周润发这样的硬汉。他说起施瓦辛格，不光电影演得好，还是加州的州长，家庭也美满，那是他最崇拜的偶像。

一个真正的男子汉必须有成功的事业，和美满的家庭。这是他对男子汉这个词的理解。他说起自己的妻子，说起上大学的儿子，说起可爱的女儿，她在QQ空间里写到的自己，暖意温情溢于言表。

【人物名片】

卢广利

阿利人文化餐饮管理有限公司总裁

【达人语录】

“信任比什么都重要。”

番茄演义

A 故事

小时候，他只知道“洋柿”。番茄这个无比洋派的词语，是他来到大城市里才知道的一种蔬菜。

20年后，在这个城市摸爬滚打，跌倒了无数次的他，终于用番茄和刀削面演绎出了好看又好吃的阿利茄汁面。20家星罗棋布的店面，让市民在品尝到美味的同时，也记住了一个王屋山小伙儿的名字：阿利。

○向左走，向右走

闷热的周日午后，百年德化步行街入口处。

向左走是风靡全球的麦当劳，向右走是简洁明快的阿里茄汁面快餐店。

虽然已是下午4点，茄汁面馆里依然座无虚席。与旁边洋快餐不同的是，端着面碗风卷残云的，除了时尚的年轻人，还有举目可见的中老年人。

卢广利从顾客的桌子间侧身迎上来。明黄色的恤衫，暗色仔裤，白色系带球鞋，一脸灿烂的笑，阿利茄汁面老板给人的印象，跟他的店面一样，明快，简洁，却让人舒服。

这只是他在这个城市20家店面中的一个。从2004年开第一家茄汁面开始，4

年的时间，他在省会布下了20颗棋子，全省范围内，阿利茄汁面的旗号已经达到30多家。在以口味刁钻而著称的省会，在多少大饭店都举步维艰的经济危机之年，小小的阿利，何以能与众不同?

“还是因为好吃。”卢广利说起2005年，第一次带合伙人付大哥去王屋山老家游玩，除了济源的山水，当时付大哥感叹最多的，就是王屋山的番茄刀削面了。俩人回来后，就决定开家特色面馆。

中原人爱吃面，但满大街的面馆比比皆是，怎样才能脱颖而出？卢广利和付大哥苦思冥想之后，决定第一要取个与众不同的名字，这样才会吸引人。第二必须把面改良，以味道取胜，这样才能站稳脚跟。这年夏天，郑州市顺河路上，一家名为阿利茄汁面的面馆开业。在这家装修明快雅致，宛若台湾快餐店的面馆里，最吸引顾客的，就是那一碗碗卖相好看，滋味鲜美的茄汁面了。白白的面，红红的汤汁，绿绿的青菜，黑黑的香菇，嫩嫩的黄豆芽，可谓五彩斑斓，煞是好看。吃一口面，筋道爽滑，喝一口汤，酸香可口。虽然是见惯了各种面食，但这样的面，郑州人还是第一次领教。没有宣传，没有广告，口口相传之中，阿利茄汁面一炮走红。

“几乎第一次走进面馆的顾客都会问两个问题：茄汁面是茄子做的面吗？看店里的装修，你们老板一定是台湾人吧？”卢广利说起刚开业时的情景，哈哈大笑。“没有人知道，其实我是个地地道道的山里人。”

○王屋山小伙儿的人生命题

卢广利是能吃苦的山里人。虽然几年城市生活浸淫，他浑身洋溢的，是比很多城市人还要时尚的气息。“我的家就在王屋山上。”

初中毕业那年，为了当兵，体重不够的他吃了2斤饺子，最后体重达标却仍未被选上。“当兵的出路断了，只好来城市里打工。”

16岁的少年能做什么？卢广利的第一份工作是卖鸡蛋。“从大岗刘市场批来鸡蛋，骑着三轮就开始了。”但他吆喝不出来。“别人吆喝的都可有特色，比如买豆腐的，带着周口口音，‘豆腐！豆腐！’简短有力。卖粉浆面条的大嫂，‘粉浆面——条’抑扬顿挫，跟唱歌一样，从街头吆喝，街尾就能听见。”卢广利憋得脸红脖子粗，就是吆喝不出来。若干年后，他看电影《高兴》，看到破烂王吆喝作难的情景，一下想到了自己。“过了半个多月，才过了吆喝这一关。”

会吆喝了，但生意并不好。“我不会玩秤。进100斤，最后除掉箱子，卖成了80斤。每天还剩可多烂鸡蛋，天天吃，最后看见鸡蛋都要吐。”

卖鸡蛋以失败而告终。后来的几个月，卢广利在街上蹬过三轮，在汽车厂做过花工，最后进入一家台湾人开的袜子厂。台湾人先进严格的管理方式让他大开眼界。“那是1993年，我们就开始打卡记考勤了。还有台资企业的老板，身价千万，但加班的时候还跟我们一起加班，很敬业。”

卢广利的工作是搬运工，每天蹬着三轮区仓库拉棉纱，去车站发货。有一天他拉着大车的棉纱遇到一个陡坡，怎么使劲也蹬不上去。正是午后最热的时候，四周没一个人。卢广利只好自己下来推车，没想到人一下来，车子前后顿时失去平衡，一车棉纱轰隆一声倒了下来。走又不敢走，搬又搬不动，卢广利站在毒辣的日头下，急哭了。“啥时候自己才能成为一个真正的城里人？”这个17岁少年的人生思考，比那车沉重的棉纱还要沉重。

○信任比什么都重要

1995年，卢广利在亲戚的帮助下进入郑州市公安局制证所，当了一名临时工。8名工作人员，只有他是与众不同的。“人家工资800元，我只有200元。人家发洗衣粉肥皂都是整箱，我只有一两块。当时BB机风靡，人家都有，只有我没有。”卢广利觉得这样下去，自己永远不可能成为真正的城市人。“我跟领导申请，活儿我晚上保证干好，白天想自己找点事干。”

从这一天开始，卢广利开始了自我积累的过程。他沿街串巷找活儿，给人做名片，做标牌，他甚至跟南方人学会了做挂历。“那几年闯荡，最大的收获不光是钱的积累，还有胆量的锻炼。无所次的碰壁让我明白，所有的成功，都是无数次失败后的转变，以后我做生意根本不怕人了。”

千禧年这一天，新婚后的卢广利带着妻子去桂林旅游，吃到了桂林的特色小吃米粉。一见倾心之下，2001年4月，手里只有一万元现金的卢广利开了家桂林米粉店。“因为资金不够，找了个合伙人。每天俩人轮着班6点起来买菜，忙了一个月，一算只赚了300元。朋友不干了，说这不是人干的活儿，想退出。”

这时候的卢广利已经山穷水尽，哪有钱退给朋友？“就是在这样的情况下，我认识了付大哥，从那天起到现在，我们合作了8年多。”

怎么扩展生意？卢广利和付大哥商量了一个对策：每天炒100份米粉送给周围的居民。很多人一尝：哎，味道不错啊！“这样坚持了一个月，生意终于起来了。”

3个月以后，卢广利在丹尼斯开了第二家店。2003年，卢广利又连开了3家店。“但这一年生意坏透了。不是因为没人吃，而是坏运气接二连三地来了。”新开的3家店，一家失火；一家因为二房东的原因被法院封门；生意最好的丹尼斯店，因为楼上居民的投诉，不得不关门停业。

最难的时候，卢广利是和付大哥相互搀扶着走过来的。“我们当初就约定，不管别人怎么说，不管生意做到哪一地步，都得互相信任。”都说生意好做，伙计难搁，但这么年一路的他俩，却从没有起过争端。“做生意让我庆幸的不是挣到了多少钱，而是遇到了一个好大哥，这比什么都重要。”

○1到30的演变

2005年，在满大街的米粉店之外，卢广利决定做独一份儿的茄汁面。“在配方的改良上，我们就做了上千次尝试。比如一个简单的蘑菇，原来我们放的是鸡腿菇，后来是花菇，最后才找到香菇，既能突出番茄的鲜美，又不喧宾夺主地夺味。还有放小黄豆芽，我和付大哥就产生过争论。付大哥的意思是做茄汁面就要简单，做到极致，不能放那么多乱七八糟的东西。我的意见是，放小黄豆芽第一不夺番茄的原味，第二看起来好看，第三顾客吃面的时候一捞一个黄豆芽，再一捞又一个，吃起来特别有趣味。现在看来，这一步是走对了。”

除了味道，在店面的装修上，卢广利转遍了省会大大小小的面馆，最后找来设计师，专门为自己的茄汁面馆打造出一种与众不同的风格。红黑相间的桌椅，整洁雅致的环境，彬彬有礼的服务员，热烈、简单、明快、整洁，“以至于顾客都以为老板是台湾人。”

两年的时间，卢广利把小小的茄汁面馆在全省做到了30家。1到30的演变，绝不是一个奇迹，而是脚踏实地对一只小小番茄的演绎。卢广利从来不会说要挑战麦当劳这类的豪言壮语，与这家风靡世界的洋快餐比邻而居，他的感觉一是战战兢兢，而是特别荣幸。“麦当劳的标准化，还有它先进的管理经验，几乎在全世界都无人能比。生活节奏越来越快的现在，快餐化可以说已经成为一种发展趋势。”

“下一个目标，是把茄汁面进行新的改良，在全国推广，”卢广利说：“所以我要学麦当劳。”

B
卢广利如是说

我小时候，最喜欢的就是翻山越岭地去看戏，看电影。在经济允许的现在，我参加了河南电视台和中央电视台一系列的比赛和演出，还邀请著名演员李易祥拍了一部电影《不是闹着玩的》。王石喜欢爬山，好利来老总罗红酷爱摄影……人赚钱并不只是为了赚钱，还应该有点梦想和追求，让生活更有意思。

C
印象派

闷热的午后，凉爽的茄汁面馆。卢广利迎上来与我们握手。

没有人能看出他是吃过苦的山里的孩子。他的童年和少年，是和弟弟去山脚下抬水，是下雨时泥泞的红土路，是要爬几十里的山路，独自背着干粮去上学。他的16岁，是蹬着三轮在这个城市的大街小巷奔波，是吃了8根冰棍，最后肚子疼得受不了蜷在地上。

那些日子，沉重而苦涩。

他却那么快地融入了这个城市，并在这里生根发芽。2004年，即使在生意并不太好的时候，他也骑着自行车，去了“在水一方”。只为了“不断地感受新生事物，融入这个城市。”

在世俗的眼里，他应该算是所谓的成功人士了吧。可每年农忙的时候，他还要回老家帮父母干农活。很多人劝他给父母点钱不就得了。他的回答是：“在山里给钱也雇不来人的，我只想让父母少累一点。”

采访即将结束，他忽然说起了自己的偶像迈克尔·杰克逊，那个经历千难万险最终打动世界的黑人小伙儿。“我觉得自己在某一点上，特别像他。”

【人物名片】

马　忠

河南中鑫珠宝有限公司总经理

【达人语录】

“不义之财不可得。”

黄金“蝶变”

A 故事

他是与金子打交道的人。

作为中国黄金在河南唯一的总代理，每天都有来自全省的两千多家客户，从他这里批发各类黄金珠宝制品。

但他给人的第一印象，却与他的名字一样，人高马大，忠厚实在。

他是马忠。一个用10年时间，把自己从一个农村来的小保安，蜕变成一个珠宝公司老总的蝶变者。

毛毛虫变蝴蝶，麻雀变凤凰，草根奋斗的传奇，总是让人充满想象。然而在他简短平淡的叙述里，这个本该跌宕多姿的故事，最后只剩下了一句话：做事吃苦，做人实诚。

○小保安的1999

紫荆山路裕鸿花园，一座幽静的小区里，马忠的中鑫珠宝有限公司就坐落于此。

不是显眼的门面房，也不是豪华的大商场，然而1 000多米的大厅里，每日里仍有来自全省各地的零售商纷至沓来。

酒香不怕巷子深。从10年前的一无所有，到现在行业里的人尽皆知，马忠走过的路，可谓跌跌撞撞，五味杂陈。

1999年，焦作小伙儿马忠带着母亲给的200元钱，在亲戚的介绍下到一家珠宝公司做了保安。每月400元的工资，白天睡觉，晚上巡逻。工作不算累，但晨昏颠倒的日子让马忠很是无聊。他去找经理商量："让我跑业务吧，如果一个月能卖出一万元你开我800元，如果不能我还做保安。"

这年的冬天，26岁的马忠在师傅的带领下开始跑业务。"没啥窍门，卖黄金不像别的，只要你质量好，价格合适，多跑几家就能推销出去。"腿勤的马忠卖东西不光围着郑州转，也去其他地市甚至下面的乡镇。"每天几乎都在长途汽车上度过。那两年车上小偷还特别多，一上车就得高度警惕，六七个小时的长途车，也不敢打个瞌睡。"

2003年，积累了一批客户的马忠开始自己出来单干。每个礼拜他都要坐16个小时的火车去深圳进货。"车上没有座位，我就在过道里铺张报纸。这也没啥，关键我人高马大，坐在那里窝憋的厉害，有去厕所的就让我让一下，麻烦得很。"后来的马忠，终于找到窍门，用飞机空运。但最初的那段艰辛，他一直到现在还记得。

这年夏天，非典来了。马忠开着一辆破面包，带着妻子和女儿全省各地送货。满大街都是戴口罩的人，马忠却没有带，仍旧天天忙得不亦乐乎。"现在想想，那时候真胆大，可能因为没钱吧，也不怕死。"

○实诚人的3件事

马忠公司的名字，就取自于他名字里的那个忠字。"忠字拆开，上面是中国的中，下面我谐音成鑫。就是想凭着忠厚，实实在在地挣钱。"

而他在之所以能走到今天，能在圈子里有很好的口碑，全都是因为这一点。

有一年一个新客户来中鑫珠宝进货，去洗手间的时候，把一枚克拉钻落在洗面池上。"那枚克拉钻价值十几万，要是客户真丢了可就惨了。"马忠赶紧跟客户联系，却没有他的手机号码。马忠让营业员找来发票，查询客户公司的号码。辗转几次，终于联系上了那个人。正焦急万分、茫然无序的客户赶回中鑫，看到失而复得的钻石，眼泪都下来了。从那以后，他就成了中鑫珠宝的老顾客。

濮阳的经销商于学军向我们讲起他亲眼看到的一件事。2004年，一个淮阳的客户来进货。交货之后，客户突然说少了一包，当即在大厅里闹起来。看着破口大骂的客户，马忠不急不躁："你再好好找找，看包里到底有没有。"女子打开自己的大包，翻腾半天，看到少了的那包货，脸腾地红了。马忠笑了："跟我打交道，你就放心吧。我们这1 000平方米的大厅，光摄像头就装了53个呢！"

不光是这些，因为诚信，马忠还被银行表彰过。"其实没啥。就是有一次进货，40万元的货款已经刷过去了，但是卡上的钱还是没少。呵呵，我就给银行打电话了，没想到他们后来还专门开了表彰会。"

这样的例子太多了。但在马忠看来，不过都是平常之举。"不义之财不可得，要不良心上过不去。"

因为这样的诚信，马忠不光拥有了一大批忠实的客户，还赢得了上游大批发商的信赖。"最开始入门的时候，只能做十几万的小生意。后来人家看我人不错，就赊货给我。靠着这样的时间差，我可以用30万的钱做到140多万的生意，用最少的钱办成了最大的事。"

○总裁的两个梦

现在的中鑫珠宝，已经在全省拥有了两千多家稳定客户。因为这样的规模、口碑和团队，2008年，中国黄金集团授权中鑫珠宝作为它在河南的总代理。中国黄金的品牌产品正式入驻河南中鑫珠宝有限公司的配货展示大厅。这是中国黄金集团在全国建立的第一家省级代理。“从我们之后，江苏、湖北、陕西等省也有了中国黄金的分销终端。”

除了中国黄金，马忠旗下还代理着龙嘉、金叶等四个珠宝品牌。但他的梦想，却是创立自己的品牌。“黄金珠宝行业普遍有崇洋媚外的心里，一说就是什么国外或者香港的品牌，说起河南人就觉得土。我想实打实地做一个河南品牌，让别人看到，咱河南本土的东西也是很棒的。”

马忠还有一个更大的梦想，就是在郑州建立一个大型的黄金珠宝批发市场。“河北、山东、安徽、辽宁等地都有这样的市场了，它对当地经济的巨大推动是不言而喻的。河南作为全国的人口大省和交通中枢，在这一点上不应该缺席。”

马忠说自己文化程度不高，“可是我也知道一个国家的黄金储备是决定国家经济实力的。人家美国有7 000吨，咱们中国才不过500吨。所以咱虽然是个小商人，但咱的这个梦想也算是力所能及的贡献吧。”

B 马忠如是说

“我最宝贵的财产是我的家人，还有结交的一大批生意伙伴。他们跟着我一起把生意做大，这是我最开心的事情。”

C 印象派

在我的印象里，一个做黄金珠宝生意的人，一个整日里与金子打交道的人，他的气质必然被浸淫得俗而财大气粗。

但马忠却是个意外。人高马大的他，稳重，朴素，不善言谈。笑起来的时候，更显得憨厚。

对那10年的经历，他没有说太多。刨根问底之下，讷言的他也没说出多少故事。倒是旁边的几个零售商们，你一言我一语说了不少细节。

他说得最多的话是：我只想埋头做事，出风头的事还是免了吧。

【人物名片】

肖　勇

河南阿勇美食餐饮有限公司总经理

【达人语录】

“把店开到国外，让外国人也尝到我做的迷踪菜。”

烹坛“鬼手”和他的迷踪菜

A 故事

○城市的点点霓虹：这辈子能有个小饭馆，做梦也能笑醒

如果从侧面看，肖勇像极了电影明星李亚鹏。特别是那种温和的笑容和眼神。

这样的评价让他连连摆手：“我是农村出来的，跟明星就是两个世界，咋能跟人家比？”

那真的是两个世界。来自信阳小山村的肖勇，他童年的记忆里除了贫瘠，就是父亲做的饭菜。信阳人讲究吃，也会吃。肖勇的父亲是方圆几十里有名的大厨，谁家有红白喜事都会请父亲去撑场。“现在能想起来的，就是那么困难的年代里，父亲想方设法为我们做的那些好吃的。如果说我现在做菜还有些悟性，渊源就在于此吧。”

1988年，肖勇15岁。过年的时候，外出打工的年轻小伙儿提着城里买来的录音机，在街上很风光地走，这让肖勇很羡慕。“小学都没上完，就跟哥哥跑省会来了。”

哥俩在二马路市场找工作。无亲无故，没有一技之长，两眼一抹黑的的兄弟俩在马路牙子上睡了一个礼拜。晚上冻醒，看着远处大酒店的点点霓虹，肖

勇想：这辈子啥时能有一个小饭馆，那做梦也能笑醒了。

哥哥在一家饭店找个洗碗的工作，看肖勇心焦得厉害，把活儿让给他，自己去建筑工地上做小工。“我生命里有几个贵人，其中重要的一个就是我哥哥。可以说没有他，就没有现在的我。”

饭店一开始只是管饭，并不给工钱，但他干活很卖力。“冬天洗大肠，没有手套和热水，到最后手冰得肿成红萝卜，又痛又痒。”那些年的苦，肖勇至今没有忘。可是最让他铭记的，还是苦难时帮过他的好人。“一个广东梅县的老李师傅看我眼里有活儿，就教我打和、配菜，最后上灶炒菜。”有悟性的他，把客家菜的家常和豫菜的浓厚稍加结合，烧出的味道比老师还略胜一筹。“第二年夏天，前进路上一家饭店就把我挖过去做大厨了。”

○烫伤的那只脚：药面撒到伤口上，我一下子疼昏过去了

以后的几年，肖勇在许昌的粤菜馆做过大厨、在西安的四星级解放酒店拜过师傅，甚至专门到广东的烹饪学校进修。他就在这游学的过程里有了自己的家。1992年，回到郑州的肖勇，已经是个非常成熟的厨师了。

他在绿城广场附近的国际美食城承包了一个厨房。为了省钱，只聘了两个大厨。“吃饭高峰期，都是菜在撵人。”有天中午他刚把一锅做好的汤放到锅架上，锅架咔嚓一声断了，一大锅滚烫的热汤全倒在他脚上。“当时脚上就起个大泡。但正是厨房最忙的时候，我一走，前面马上就乱了。我用水冲了冲受伤的脚，就指挥徒弟们炒菜。”下午两点多，肖勇发现自己左脚整个已成了一个大水泡。“徒弟把我送到家附近的小诊所，医生用剪刀把水泡剪开，里面的脓水哗地涌了出来。”医生吓坏了，建议他去大医院。“几天后，脚完全溃烂，粘上的巴西人工皮也发炎了。”当医生把药面洒在脚上时，那种剜肉蚀骨般的疼痛一下子让他昏了过去。

爱人和哥哥在他的床前直掉泪。“一个星期花了七千元。根本负担不起，所以没好彻底我就要求出了院。”

肖勇在家里躺了两个多月，吃喝拉撒都在床上，是爱人白天黑夜地伺候他。“那时候女儿还小，爱人要照顾孩子，还要照顾我。看她辛苦的样子，我当时就在心里说：以后不管过到哪一步，我都要对这个女人好。”

○知遇之恩：他成全了我，我成全了他

秋天，肖勇在西站路的开封又一楼酒店上了班。他还记得第一次跟着爱人去面试时，那个蹲在卫生间里贴瓷片的黄大哥。“一个大饭店的老板还能干这样的活儿，这让我很佩服。”

人和人之间的第一印象是如此重要。也许就因为这第一次的好感，两个人才有了后来的相知和相交。

3天的试工，肖勇让黄老板觉得意外。“他说我外表看着可憨厚，没想到干活又快又好。”不到两个月，老板让肖勇做了厨师长，原来那个来自燕蓉园的老师傅被迫下课。肖勇于心不忍，黄大哥的回答是：“他炒菜比你快，还是比你炒得好吃？竞争社会，能者上，庸者下，正常得很。”

比钱更重要的，应该就是人与人之间的知遇之恩吧。“那几年就是在拼命干活，春节也不回家，最忙的时候，因为连续炒菜，手上的骨头都翘得老高。”饭店的生意也一天比一天红火，刚开始是两个厨师，后来增加到4个，“一个月的净利润都达到了20万。”

黄大哥是个爱才的人，他带着有悟性的肖勇去郑州有名的大饭店试吃新菜。“当时亚细亚酒店有道

炒鳝糊，我们吃过以后没多久就推出了同样的菜。有天亚细亚酒店的总经理来我们这吃饭，看菜谱上有这道菜，尝过后直感叹：你们是跟风的，没想到比我们原创的味道还好！”

3年的时间，黄老板带着肖勇去广东、珠海、四川，尝遍了全国各地的知名菜品。他的水平就在那3年里突飞猛进。在他心里，黄老板是改变他一生的人。“他成全了我，我成全了他。所以后来虽然很多饭店挖我，开出了两倍的工资，我还是在黄大哥的酒店干，一直到他不幸去世。”

○自己开店：交出第一笔学费

1998年，肖勇被化工路上的一家酒店挖走。因为离家远，每天骑摩托车上班。有天晚上天下大雪，他因为车速过快，拐弯的时候一下子摔倒在地，被甩出100多米。“是附近的老两口打着手电把我扶了起来，就是在那一瞬间，我突然决定：不能再给人打工了。”

他和爱人在华中食品城附近开了家炒菜馆。他的炒菜技术，加上爱人的前厅管理经验，生意很快哄了起来。“不大的门脸，一个月也能挣万把块钱。”这让夫妻俩备受鼓舞，2003年，他们贷款40万，在舞阳开了家四层楼的大饭店。

但这次肖勇失败了，而且败得很惨。“我对我的技术很自信，根本没考虑到舞阳的消费水平，还有我的管理能力。更可怕的是非典的影响，开业时的红火过去之后，生意一天比一天惨淡。”

撑到最后，肖勇以不到6万元的价格把酒店盘了出去。“转让出去那天，我给家里打了个电话。爱人听到价格之后，哇的一声哭了。”

肖勇在家里消沉了两年，那种深深的挫败感让他不知道自己该干些什么。直到2006年夏天，哥哥的那个电话打来的时候。

○鬼手迷踪菜：让外国人都吃到我做的菜

心疼他的哥哥想和他合开家饭店。这么多年，哥哥一直在酒店业浸淫。虽然生意做得很好，但都是加盟别人的品牌。“我的技术和哥哥的管理经验强强联合，肯定能闯出一个自己的牌子。”

他们在城东路上盘下了一处酒店。“这之前有9个老板都做赔了。亲戚朋友都反对我们接这个店，我和哥哥觉得：即使这里是个大坑，9个人填得也差不多了。只要菜做得好，管理科学，死地儿上也能活出好饭店。”

肖氏兄弟的阿勇美食就这么开业了。如同霍元甲无影无形的迷踪拳，虽然没人能说清楚这是哪门哪派的功夫，但总是从最实用的角度出发，怎么能最直接打动对手的要害就怎么打。深得迷踪拳要义的肖勇，自创的就是这种精髓的迷踪菜。他打破门户帮派的壁垒，把信阳食材用其他菜系的烹饪方法做出来，“南菜北烹，北料南做，西餐中吃，中菜西做。”比如杜仲腰花，他在菜中滴入杜仲汁，菜色泽褐红，有杜仲的香味和营养，却不见如树皮般的杜仲。一道寻常的炒饭，他创新地加入吸油的麦仁，令炒饭鲜香筋道，又绝不腻人。在他的饭店里，3个月一换菜谱，“我的要求是，不光厨师，就是我自己，每个月都必须研发两个菜品。”

阿勇美食的菜很特别。普通的上海青在他手中变成菜心冷拼，不起眼的红薯变成销魂薯这样脍炙人口的热菜，来自厦门的辣鱼干被他秘制而成开胃小鱼汤这样的招牌菜……奇思妙想，俘虏的是一大批饕餮之客，口碑之下，阿勇美食迅速火爆。

2008年，中日韩三国在韩国举办厨艺大赛，中国选了6名选手参加，四百多人参加的比赛，肖勇最后获得了唯一的金奖。“我做的是3道菜，鸟语花香，功夫豆腐还有少林达摩豆腐。特别是最后一道菜，我刻了达摩雕像，在豆腐里加了咸蛋黄、火腿等配料。我选了竹制的盛器，下面垫了干冰。当这道造型好看，外焦内香的豆腐冒着袅袅的仙气端上评委席时，所有人都哇哇地叫着，一边品尝一边感叹：从没见过这样的豆腐！

在一尺灶台把技术与艺术完美演绎，怎么好吃怎么来。这样的别出心裁，让肖勇在业界有了“烹坛鬼手”的美称。现在的他，已把8家酒店开到了河南和山东等地。当年那个看着霓虹灯遐想的少年，已成为一个成熟的餐饮人。他最大的梦想，是能把店开到国外，“让外国人也尝到我做的迷踪菜。”

B 印象派

他走路慢，说话也慢。

可到了灶台上，慢性子的他就变成了另一个人。手脚麻溜，动作漂亮，眼花缭乱之中，一道创意十足的菜就新鲜出锅。

西谚曰：每个人身上都有两个不同的自己。沉静甚至有些木讷的肖勇，当他沉浸在自己喜欢的事情里时，那种神采飞扬，那种酣畅淋漓，真的令人惊讶。或许是专注，或许是忘我，这种境界成就了肖勇，也成就了他的迷踪菜。

【人物名片】

祝晓琳

河南布诺德进出口有限公司董事长

【达人语录】

"我喜欢的女子不是美貌，而是优雅，是那种自然流露的优雅从容。"

一个女人的红酒人生

A 故事

一个热爱红酒的女人，一个在红酒的故乡法国浸淫10多年的女人，一个致力于在中法两国间传播红酒文化的女人，她身上拥有的，该是一种什么样的气质？

不是奔放热情，不是神秘魅惑。她端庄，却没有傲慢僵硬，语速极快，却有着清晰的逻辑。淡蓝色雪纺纱裙，白色珍珠项链，简单，清爽，举手投足之间，内敛的风情丝丝散发。

这就是祝晓琳。枫桐庄园的女主人。第一个把法国最好、最正宗的红酒带到中原来的女人。

○枫桐庄园的女主人

2009年的这个夏天，在祝晓琳的感觉里，无疑最忙碌。

8月8日，她的枫桐庄园在河南开始营业。作为中原首家法国原装红酒独立进口商，她要做的，不仅仅是让家乡人买到性价比最高的红酒，还要传播一种红酒文化。

紫荆山立交桥东南一隅，就是祝晓琳的枫桐庄园。走过砖红色的拱门，第一眼看到的就是各种各样的红酒，从天花板一直排到地面，铺满了几面墙。祝晓琳说起第一次在海关，“7月26日第一个集装箱运到河南，一万多瓶红酒让海关的人不停感叹：这么大宗的酒类进口，真是第一次见到。”

不过10天的时间，祝晓琳已经把一切安排得井井有条。葡萄酒体验中心每日顾客盈门，与房产商和汽车商联办的红酒鉴赏会已搞了两次，中原第一家红酒网正式开通……“我们还要成立一个VIP红酒俱乐部，以后每月都要邀请认识或不认识的朋友来免费品酒，形成一个新的交际圈子，让更多人的多一个平台。”

她在琳琅满目的红酒中穿梭。这是桃红的女士酒，那是内格莱特最经典的克朗萨干红，森林美景有可可的余香，波尔多如日干红与鸭肉同食最好……说起一款款的红酒，她那么熟稔，亲切，宛如最熟悉的家人。她眼里的光彩让人觉得，这个热爱红酒的女人，真的是深谙红酒真味的。

○从抗拒到迷醉

其实一开始，祝晓琳是抗拒红酒的。

这份感觉缘于1992年。那年刚刚从北京师范大学毕业的祝晓琳要去深圳上班，一个要好的闺蜜为她送行。“那天她陪我上街买了要带的东西，晚上我俩一起吃饭，说了一晚上的话，喝光了一瓶红酒。”也许是因为感伤，那天俩人都醉了，也哭了。“可能就是从那时候开始，我把红酒跟感伤联系在了一起。不能说不喜欢，但白酒、啤酒都没事，唯独红酒，一喝就醉。”祝晓琳是学心理学的，知道这不过是种心理暗示，“但很长时间不敢碰红酒。”

2001年，已经是个成功商人的祝晓琳在皇冠假日酒店吃饭。饭后在大厅里闲坐，她忽然发现2楼有个出国留学说明会，出于好奇，祝晓琳上楼听了听。会上有个在法国定居的香港女人发言，当她走上讲台的那一瞬，祝晓琳突然备受吸引。“她50多岁，已经不年轻了。可是那种岁月沉淀的从容，和举手投足间挡不住的优雅严重打动我。我那会儿突然决定：一定得去那个浪漫的国家去看一看。”

这一年的秋天，祝晓琳终于如愿以偿，来到了这个以艺术和红酒著称的浪漫国度。都说入乡随俗，在人人都饮红酒的异乡，祝晓琳也不得不开始尝试接受红酒。“红酒的妙处是慢慢体会到的。它可以解压，让人放松。每日睡前一杯红酒可以美容。桃红让我认识了很多女性朋友，干红让我与更多的异性结缘。红酒的魅力，可以说与音乐、绘画等艺术一样，让生活有了不一样的滋味。”

这就如同她一开始并不喜欢的豫剧，“因为我来自河南，聚会的时候几乎每次大家都让我唱豫剧，我后来也不得不学了《花木兰》。唱着唱着就体会到了那种慷慨激昂的意境，以至于后来落了个花木兰的外号。”

祝晓琳觉得自己是个慢热的女人，“没有刹那的激烈，所有的东西，都是在一点一滴的浸润里慢慢喜欢上的。”

○今夕何夕之克朗萨酒堡

2004年，作为法国河南同乡会的创会会长，祝晓琳受邀参加了一系列大典和经贸洽谈活动。就在这一次次的往返中，她发现了红酒的巨大商机。

“几乎每次都要给亲戚朋友带红酒。在政府部门召开的一些洽谈会上，我还要负责为大家推荐合适的红酒。”这年河南长垣搞国际美食节，作为河南法国同乡会会长的祝晓琳，邀请了法国餐饮界的两个朋友一同参加。12天的时间，祝晓琳带着法国朋友吃河南美食，游中原山水美景。外国朋友在赞不绝口的同时，唯一的遗憾，就是对中国白酒不适应，“跑遍了郑州，也没买到最正宗的法国红酒。”

不久之后的一件事，又给祝晓琳提了个醒。“那是个在法国生活了很多年的老华侨，回乡探亲的时候，大包小包的行李中，除了5斤咖啡豆和一台咖啡机，还有一箱法国的红酒。”祝晓琳忽然意识到了这里面蕴含的巨大商机：与其这样辛苦来回带酒，何不在河南开家法国红酒行，让家乡人足不出户就喝到最正宗、性价比最高的法国红酒？

祝晓琳开始去法国的各大红酒庄园实地考察。2007年的夏天，她来到枫桐产区的克朗萨酒堡。山坡上，片片葡萄园被广袤的森林环绕。高大浓密的橡木阴处，有夜莺婉转歌唱。“克朗萨酒堡就在山坡上，这座建于17世纪的酒堡有最先进的酿造设备，有最古老的葡萄品种，还有世界上独一无二的内格莱特葡萄，这种黑色外皮的葡萄只有在这个地方的红色沙砾土壤中才能生长。”

那天祝晓琳在庄园里留恋了很久。那些刚刚成串的葡萄在阳光下，闪着露珠，像最清新的婴孩。风里飘来酒窖里最醇厚的美酒的美酒的香味，那一会儿的她真的有一种今夕何夕之感。

以后的两年，祝晓琳转遍了法国的十大葡萄酒产区，每个月都要品尝20多种美酒，她结识了国际红酒学校的校长保罗先生，学到了更多的红酒理论和知识。今年5月，受世界红酒联盟主席JOSSE先生的邀请，她出席了在法国图卢兹举行的第45届年会，获得酒业协会颁发的骑士勋章，成为首次加人该组织并获此荣誉的中国人。

2009年8月8日，她在河南的枫桐庄园开门纳客。对于已在法国有着成熟生意的祝晓琳来说，国内的生意，只是让她更繁忙了。“不过只要能让家乡人喝到最正宗的红酒，累，也值了。”

B 印象派

见到祝晓琳之前，有人说她很魅惑。

一见之下，才发觉这个形容是错误的。她清爽，素朴。也有风情，却不是张扬的妖娆，那种内敛的味道，就像红酒一样，是慢慢散发出来的。

她说起一款款的红酒，那么熟稔，就像是最熟悉的家人和朋友。她说起自己最欣赏的男子，“有思想，有智慧，和宽阔的胸怀。”她说起最喜欢的女子，“不是美貌，而是优雅，那种自然流露的优雅从容。”她说起自己最疼爱的儿子，母性的柔情宛若颈间的珍珠，熠熠闪烁。她总结自己的生活，“虽然忙碌，可是我对生活的满足感可以打到90%。”

以整面墙的酒架为背景，坐在透明的高脚凳上，举起硕大的酒杯，祝晓琳轻轻啜饮。

镜头定格。这个热爱自由的女子，这个当年在假日酒店看到那个老而优雅的香港妇人，就决定要过那样生活的女人，现在她真的做到了。

【人物名片】

上官同君

河南王牌投资管理有限公司、河南王牌企划有限公司董事长

【达人语录】

“营销就是讲故事。”

“王牌”之道

A 故事

他无疑是高调的。

每当有重大的房产政策出台，媒体的解读里都缺不了他的声音。

他又是敢想敢干的。12年，一系列匪夷所思又令人拍案叫绝的案例，他把自己的地产营销策划公司做成了中原地产的一张“王牌”。

对那些毁誉参半的评价，他很开心。“假如一半人说王牌策划好，一半人说它坏，这种有争议的状态，才是王牌的最成功之处。”

他是上官同君。河南王牌企划有限公司董事长。一个属虎的男人。办公室里那张下山虎的国画，是他的最爱。

○背景：8月的争议

“有争议的状态，才是一个公司的最成功之处。”

2009年8月，房地产市场一派回暖升温景象。面对满世界的欣喜之词，上官同君抛出了他的楼市三慌论：老百姓恐慌性购房，开发商恐慌性抛售，开发商恐慌性拿地。一时之间，这个本有争议的人更成了众矢之的，商榷文章，口水战，甚至骂声，都不绝于耳。

身处漩涡中的他，却很坦然。"我所有的观点背后，都有强大的专业逻辑和真实数据支撑。一个策划公司，如果一半以上的主流声音说你好，你做的也许还不错。如果一半以上的人说你坏，那你值得反思。如果一半人说好，一半人说坏，这种有争议的状态，才是一个公司的最成功之处。"

这样的话，也许别人听来很怪。但对熟悉上官同君的人而言，敢说，敢想，敢干，这一直是他最本真的个性。作为郑州最早创办房产代理公司的元老之一，他和他曾经策划的一系列颠覆性的创新，几乎从没停止过被人议论。

○敢说："营销就是讲故事。"

第一单生意：俗世烂尾楼打动清净之界

1997年，亚细亚的高级营销顾问上官同君回到郑州，和几个朋友联手，开了一家房产策划公司。3年的亚细亚磨炼，凭借上海亚细亚、仟村百货的成功营销策划，以及对沃尔玛的商业调研，他在业界有了一定名气。

上官同君给自己的公司起名"王牌"。这很符合他性格里要强的个性。王牌企划接的第一单生意是花园路上一个烂尾楼。"原先定位的是四星级酒店，搁置数年，开发商内忧外患，已是焦头烂额。"上官同君在郑州市场做了几个月的市场调研，决定把这座楼定位成商住两用公寓。定位有了，但销售的卖点除了黄金地段，还有没有其他的噱头？

一天晚上，上官同君和几个朋友一起吃饭，当时在场的还有少林慈善福利基金会的一位住持。"基金会在郑州一直是租房子，住持抱怨房租很贵。我忽然萌发了一个念头，为什么不能把房子卖给和尚，以此来形成这座楼的风水宝地概念？"

也就在那一瞬之间，上官为主持量身定做了一套方案。"当时的房价是3888元每平方米，我给他的价格是3333元。佛教里有三界六道的轮回说法，中国人传统的观念是三六九，往上走。3333元的价格，一下子优惠555元，听着也很吉利。"上官的豪爽，加上好口才，让本就觉得租房不如买房的主持一下子动了心。

住持在这里买了房产的消息，被售楼人员以不同神秘的方式传给了前来看楼的人们。各种神秘的说法不胫而走，故事演绎到最后，甚至有了少林寺的和尚曾拿着罗盘在这附近测了很久，才选中这块风水宝地的说法。"生活中大多数人都有着强烈的从众心理，这样的心理暗示之下，没过多久，所有的楼层一举售罄。"

上官同君商住两用楼的概念，比北京潘石屹的SOHO概念还早了半年。"那件事让我意识到，营销其实就是在讲故事，怎样在不伤害别人的前提下，把故事讲得让人信服，让人动心，这才是真本事。"

和尚买房的经典案例，被2002年首届国际营销节评为杰出营销案例金奖。再加上此后的几次烂尾楼营销成功，上官同君在业界有了"烂尾楼克星"的美誉。

○敢做："没名气的时候，就要紧贴名牌。"

漯河：贴名牌，寻人启事加漫画的颠覆营销

时间到了2001年。房地产业的持续升温，催生了越来越多的房产策划代理公司。良莠不齐之中，本地和外来的策划公司像传销一样，兴冲冲来了，又灰溜溜地没了。"原因就是专业团队和能力欠缺，开发商对代理商像小孩子玩火一样，既爱又怕。"

大浪淘沙之下，上官同君开始考虑王牌的出路。"要向高精尖发展，提供别的公司提供不了的服务。”王牌企划提出了全程托管的理念。

上官同君讲起这个理念的第一次实施，神采飞扬。“当时接的项目是漯河的锦绣淞江，一个位置很偏的经济型别墅区。”当时的建业，早已在漯河把别墅类房产卖得很好。名气不大，位置又不是最佳的宋江别墅，该去哪里找卖点？

上官同君策划了两大步的全程托管销售方案。第一步，先把售楼部迁到建业别墅售楼部对面，打出“桂园，漯河沙北，桂花生活”的广告语。“贴近名牌，有点打擦边球的意思。没名气的时候，这也是一种思路。不过我们强调的同样桂花生活的低成本概念，价格优势很明显。”

第二步，他在报纸上登出了寻人启事。寻找两年前接受过淞江别墅街头调研的人们，承诺惊人的优惠和抽奖。他还在报纸上开了漫画专栏《桂花兄弟卖房记》，用两个小麒麟吉祥物讲述好玩的故事。“一共做了20期，最后集结成小画书，让全市的中小学生人手一本。我们的想法是，中小学生的父母年龄大致在35岁左右，正是有能力消费的目标人群。与其满大街地发传单找目标客户，不如通过孩子们的口口相传打动他们。”

这样新鲜的做法，在当年的漯河掀起了一股“桂花兄弟热潮”。“有的孩子书丢了就拉着父母到售楼部向我们要书。这种情况之下，楼盘销售自然特别顺利。”

作为国内第一个首推漫画式营销的上官同君，就这样用一无所有做地产的理念把他的“房地产托管模式”推到了众人面前，令业界的人在耳目一新后，不得不为之感叹。

○敢想：“市长不是在卖房子，而是在营销郑东。”

郑东新区：营销大郑东，让市长卖房子

曾有一段时间，除了王牌企划的掌门人，上官同君还是一些房产公司的营销发言人和顾问。2004年，郑东新区CBD内环最后一块地拍卖，在众多的竞争者中，河南奥林匹克置业有限公司分得了一杯羹。对10月27日的开盘宣传，该采用什么形式，上官同君思索了很久。

“当时最常见的就是敲锣打鼓，模特走秀，要么就是剪彩放鸽子。奥林匹克不是第一家入驻郑东的，要采取一种与众不同的方式，才可以脱颖而出。”

上官同君看到一则新闻，一个市长帮着推销城市的山水景观。他忽然灵机一动：既然别的地方的市长可以吆喝卖山水，咱们的市长为什么不能卖房子？

他写出了一整套的策划方案，找到了当时郑州市某位副市长。“我一进门的第一句话是，市长，您给我半个小时的时间，我帮您营销大郑东新区。”

那天的谈话进行了不止一个小时，市长关掉了手机，饶有兴趣地听他讲了整个方案。“我说起有的市长，因为推销城市，赢得了各界人的喜爱。你不是替某个公司卖房子，而是在营销郑东新区。市长营销城市巧妙转动楼市，这是河南营销史上的第一次，人们会记住这一次。”

原本顾虑重重的市长终于出现在楼盘的新闻发布会上。上官同君也因为这第一次，在业界有了实战型专家的称号。

现在的上官同君，已经有了自己的王牌企划和王牌投资两个品牌。王牌投资成立了18个地市二手地流转土地网，“为有钱人找地，为有地人找钱。一年多的运营，全省4 300多家房地产商已经有2 000多家公司跟我们合作过。”

而他的企划公司，则分成了城市研究院和地产研究院两个部，前者是经营城市，做政府城市定位的高级顾问。后者是为房地产商做全程策划，还有为郑州市的房地产市场提供数据分析报告。他觉得这是最考验公司专业根底的。“数据分析对市场的消费起着举足轻重的作用，必须是负责任，敢说真话的。

王牌每次提供的数据不敢说百分之一百的正确，但总在最大可能地靠近真实。”

他说自己是个心怀敬畏之心的人，但对别人的争议却不是特别在意。“所有的人都说你好未必就很好，所有的人说你坏一定很差。如果一半人说好，一半人说坏，这种有争议的状态，才是一个公司的最成功之处。”

B 上官同君如是说

所有的人都说你好未必就很好，所有的人说你坏不一定就很差。如果一半人说好，一半人说坏，这种有争议的状态，才是一个人或公司的最成功之处。

C 印象派

上官同君真的很有个性。

他敢说。当年19岁的他之所以能进入亚细亚，一来是他特别的复姓，一来是他面对王遂舟时，在一片唯唯诺诺的应聘者中，那句惊人的话：我觉得亚细亚是吹出来的。

他敢干。他能把俗世的烂尾楼卖给清净之界的和尚，在整个社会掀起轩然大波。他23天卖完瑞贝卡酒店，他动员市长去营销城市，他宣称王牌要用知本做地产，要一无所有做地产……

这个高调的人，这个自称用脖子以上的二斤半工作的人，你可以不喜欢他，但你无法否认，他颠覆性的理念，真的很特别。

周末的午后，我们侃侃而谈。伴着他极快语速的，是窗外这个秋天的第一场大雨。拍照的时候，他选择了最喜欢的一幅国画做背景。那上面是一只下山虎。那种义无反顾的虎虎生气，有点像他。

【人物名片】

程大兵

郑州金猴扑克牌有限公司总经理

【达人语录】

“再小的产业，只要达到极致，也可以出神入化。”

小扑克打出来的大世界

A 故事

一张小小的扑克，能做出什么名堂？

安徽小伙子程大兵，就凭借这不起眼的扑克，做到了河南第一。6大品种，30多个系列的扑克，年销量达500万副。经济危机的2008年，他还把产品卖到了西班牙，与外国人签下了5年的合同。

这方寸之间亦波澜壮阔的风景，不能不令人咂舌。

○西班牙的5年合约

刚刚过去的2009年的这个夏天，最热的7月，中国扑克牌交易会在上海召开。一个在郑州经商的安徽小伙儿的发言，吸引了众人的注意。

他叫程大兵。郑州金猴扑克牌有限公司的总经理。就是他，在保证年销量千万元的前提下，把产品卖到了西班牙，成为当年业内外贸生意的最大赢家。

那是去年3月。“下午快下班的时候，我接到一个电话。我问哪里？他说是新德里。”程大兵回忆起去年的那一幕，“一个在西班牙做生意的上海人，想在国内订购一批扑克牌。他们中意国内扑克牌的价格，但不放心质量。更重要的是，西班牙的扑克牌跟咱们国内的不一样，尺寸比较大。”在此之前，这个上海人已经咨询过国内名气最大的几家扑克牌生产厂家。也许是因为店大欺客，也许是因为怕麻烦，生意都没谈成。按程大兵目前的情况，他也不可能生产这样的扑克。但他意识到这是金猴走出国门，树立口碑的好机会，在权衡利弊之后，还是接了这个单子。

程大兵在网上查了相关的模具，第二天就去了浙江，花两万元买回生产这批产品需要的模具。他用3天的时间赶出样品，用特快专递寄了过去。信息很快反馈回来：订购100万副。

10月，上海人带着自己的西班牙老板与程大兵见面，面对郑州金猴琳琅满目的样品，西班牙老板感叹：即使在有1 400年扑克牌历史的西班牙，您的产品也属上乘！

这一感叹最直接的结果，是西班牙DNC公司与程大兵签订了从2008年到2013年5年的供货合同。

○最难踢是头一脚

头三脚难踢。民间俗语里蕴含着的，往往是至真道理。

对程大兵而言，从当年的一无所有，到现在年销量千万元，他用了整整10年。

1999年，安徽小伙儿程大兵来郑州打工。偶然的机会，他接触到了礼品生意。“当时有个温州朋友，专做礼品生意。雨伞，杯子，甚至扑克牌都可以印广告。”程大兵觉得很新奇。“特别是扑克牌广告，当时我跟朋友一起去谈了一个商务通广告。就是从那次我意识到，扑克牌娱乐性强，在它背面印广告，对客户而言，花的钱不多，但持效久，传播率也高。”

程大兵决定专做扑克牌生意。他去了浙江厂家，十几次软磨硬泡，拿下了金猴扑克牌的郑州总代理。他拿着样品找客户推销，人家都觉得像天方夜谭。“我这人就有这个优点，有耐性，有钻劲儿。你急我不急，一遍遍地解释，一趟趟地上门，最后终于有人答应做了。”

程大兵印象最深的是郑州一个物流园区的生意。当时这个物流园区刚盖好，正是需要宣传的时候。但听了程大兵的思路后，他们觉得太低端。“我说不管高端低端，能把房子卖出去才是最管用的。普通宣传彩页，客户看一遍就扔掉了，但对扑克牌一般大家不会丢掉，宣传时间最长。大家打牌，娱乐之中就接受了你的广告，最起码可以影响五十四个潜在客户，宣传价值能够达到最大。”

这样的话打动了物流园区的老板。程大兵设计了一整套方案。“楼盘地理位置，周边环境介绍，户型，甚至性价比优势，都在我们的扑克牌上尽显无余。”3天加班加点完工，客户对样品很是满意，但对它的效果，还是将信将疑。

一个月后，那年最大的一场房地产交易会开幕。开幕式结束的当晚，客户就主动打来了电话，要求加印1万副。“他说开幕式上，物流园区的扑克牌成了最受欢迎的宣传品，大家都抢着要，而其他公司的宣传彩印则被顾客们丢的到处都是。”

从这一次开始，金猴扑克在房地产业内打开了市场。2004年，金猴一年的销量达到了100万副。“现在鑫苑、亚新、清华园等几十家房地产公司都成了我们的客户。”

○把扑克打到极致

程大兵觉得，自己之所以能走到今天，很大一部分原因是自己的钻劲儿。“别人怕麻烦的，不愿意做的，我都会接过来。”

新密市成誉德五星级大酒店开业，为了宣传，需要印一批扑克牌。在程大兵之前，已经有好几家公司酒店联系过。但因为不满意样品纸张的质量，成誉德没有同任何一家签约。

程大兵在网上查资料，找找行家打听，终于找到一种很棒的蓝芯纸，经过特殊加工，跟牛皮纸一样，怎么折都不会烂。“我还设计一种白色塑料的盒子，这样的扑克看起来特别上档次。”

程大兵的产品在众多的竞争者中轻松胜出。因为这样的与众不同，成誉德大酒店与郑州金猴签下了5万副的扑克。

凭钻劲儿做比别人好的扑克，做别人都做不了的扑克，这是程大兵的思路。从2003年之后，除了广告扑克，程大兵也开始渗入收藏纪念、城市文明以及历史古迹和旅游类扑克领域。“像洛阳牡丹花会扑克、道德经扑克、优秀河南人扑克等，在河南甚至全国影响都很大。”

现在的金猴扑克，已经有6大品种，30多个类别，在河南坐到了市场的第一把交椅。它的市场拓展到了山西、陕西、贵州、新疆甚至国外。程大兵的心里却还有更大的目标。他想做一个全国范围内的扑克牌大赛，扩大金猴的知名度。他想做纯金纯银的扑克，打开最高端的市场。“现在正在跟珠宝商和相关方面洽谈。”

他信奉术业有专攻。“我这辈子，别的什么也不打算。就是打好扑克这张牌，打到极致，打到出神入化。”

B 印象派

程大兵是安徽人。

安徽是个出奇人的地方。比如李鸿章、胡雪岩、冯玉祥，当然还有那个史上“唯一的怪才”史玉柱。

可他身上，属于徽人的那份叛逆和精明并不多。他爱笑，有钻劲儿。靠着一副小小的扑克牌，他在这个城市里有了房子，家，自己的公司，还有了一家印刷厂。

他说自己只是个小老板，一个处于上升通道，还在不断爬坡的小老板。

他很拘谨。面对记者的镜头，他手足无措，几乎连眼睛都不知道往哪里看了。

可是一旦他开始说起自己的金猴扑克，神色马上镇静自若。他哗哗地洗牌，那份潇洒的派头里，甚至有了电影里的味道。

原来，每个人的生命里，都有属于自己的那部分底气。而扑克，就是程大兵最坚实的底气。

【人物名片】

吴　莉

美颂雅庭中国区执行董事

【达人语录】

“雅庭不会局限于做区域霸主，要做一个百年老店。”

WENDY，既执著，又脆弱

A 故事

吴莉的身上有两个符号。

她是执著大胆的老板。作为中国第一家装饰公司雅庭的创始人之一，她清新个性的家装风格在业界掀起一波又一波的“深圳旋风”，让多少人惊呼“狼来了！”

她是优雅柔美的女人。从不买LV之类的世界大牌，虽然她消费得起。她钟情的，永远是那些符合自己风格的，优雅柔美的品牌。

她是世界500强企业圣戈班旗下美颂雅庭的执行董事，她喜欢别人叫她的英文名字：WENDY。

这个天秤座的女子，真的像她星座的风格：既执著，又脆弱。

○拉出来的中国家装第一个

2009年9月23日。吴莉来郑州的第三天。

作为美颂雅庭负责郑州、深圳两大市场的执行董事，她此行的目的是为合资之后的郑州公司，部署新的发力目标。

“我们是今年年初完成与圣戈班的合资的。圣戈班是欧洲最大的建材生产商和建材分销商，去年销售额594亿欧元。雅庭与它的对接，无疑增强了自己的市场竞争力和抗风险能力。”

郑州的分公司在7月1日实现了对接。“两个多月的磨合之后，郑州市场一切部署完毕，即将发力。”

说起雅庭，吴莉激情四溢，侃侃而谈。

谁又能想到，16年前，刚刚入行的她，并不喜欢这个行当，说起家装，“都感觉抬不起头。”

那是1990年，在深圳一家房地产公司做总经理的吴莉因为母亲去世，回到了武汉。拿着几年的积蓄，她投资开了家香港酒楼，“没有经验，半年后就关门了。”

母亲的去世，加上生意的失败，武汉成了吴莉的伤心地。第二年，她又回到了深圳。

就在深圳的大街上，她偶遇了自己以前的同事。同事以前在事业单位上班，到了深圳还是端国家饭碗。吴莉打趣道：“到深圳还做公务员，简直太亏了。”

就是这一句玩笑之语，把同事拉下了海，拉出了中国第一家正规的家装公司。“我们商量了半天，给公司起了个好听的名字：雅庭。”

那是1993年。很多人对家装的印象就是路边游击队。曾作过房地产公司总经理，在国贸大厦办公，出入有奔驰车接送的吴莉也觉得做这行没底气。“当时朋友问我做什么，我都不好意思说。”

○我们不是狼

但合伙人的魄力马上显露了出来。

“老汪是个很有胆识的人。他带着仅有的5万元钱杀入这个市场，靠着一番策划接下了松坪山小区2 800套房子的工程。”

从这个项目开始，雅庭在深圳这个移民城市如鱼得水。雅庭的整版家装“广告炸弹”，雅庭从深圳1 000多家装饰公司中联合最强势3家组建的“家装四小龙”，雅庭被当作行业依据的家装报价模本、经营服务模式，频频成为全国性的新闻。

吴莉身上那种生意人的天赋，就在这样的情况下被激发了出来。

2001年，深圳的家装业已进入“战国”时代，吴莉就在此时提出了去武汉开分公司的提议。“几乎遭到了所有人的反对。我的理由是，像万科这样的房地产公司都去外地圈地盖房了，作为下游产业的家装公司不跟着他们跑，会有生路吗？”

一意孤行的吴莉就这样跳出烽烟四起的深圳，来到了武汉。“别人都说我的钱要打水漂了。可是试水之后，连我自己都没有想到，没有参照物的雅庭竟火得一塌糊涂。”

好的东西，首先要让人知道。雅庭在江城的媒体上打出了广告，“报纸、电视、户外广告牌，几乎在同步运行。”美的东西，自然会有人喜欢。优雅柔美，大胆气派，雅庭8年沉淀下来的个性家装精华就像一股清新的风吹入了江城。

吴莉现在还记得一家人。“是湖北艺术学院的一个搞音乐的老师，很优雅的一家人。”在与他们一家充分沟通之后，设计师设计出小提琴状的落地书架，天花板上的音符水晶登，玻璃隔断，“整个弥漫的是一种静雅的艺术气息，很舒服。装修好的那天，主人一进去就赞不绝口，连说没想到！”

根据客户的品位，量身定做符合主人喜好的风格。雅庭与众不同的个性家装，很快在武汉攻城略地。“单店一个月就达到四五百万，以致有人惊呼狼来了！”

在一次行业的论坛会上，吴莉半开玩笑地回应了这句话。“武汉的市场份额现在一年是60个亿，但咱们大家所有的年销量是多少，还没有突破一个亿。市场这么大，不存在谁抢谁的份额，所以不可以把我们比作狼，我们只是跑得够快而已。”

○雅庭里的个性之美

吴莉是个追求完美的人。但LV之类的世界大牌，她反倒从来不买。“不是买不起，是觉得跟自己风格不太配。”

穿衣打扮，她最中意的是日韩的一些品牌。“欧洲女子骨架太大，她们穿起来很显高贵气质，但我知道自己骨架小，同样的衣服我肯定穿不出那样的风格。”

适合自己，又不流于大众，这样的个性之美才是最动人的。这是吴莉对美的理解。同样的理念，她移植到了自己的家装公司。雅庭是大户豪宅别墅设计专家，但并不是以豪奢为品味。这就像你去饭店，服务员一上来就问你，鲍鱼要不要吃，鱼翅要不要吃，你肯定腻味这家饭店。我们倡导的是从设计、材料、工艺，到装修完软装饰和家私配套的全程服务。最后甚至简单到人家提箱子进去住就可以了。”

气派并非就是豪奢，小并非就是低档。“过去就是一说高端就是打造顶尖豪华的那种，恨不得非得上500、600平方的才叫豪宅，实际上这种概念有一些小的房子比如两房、三房都能够打造成精品。”雅庭在2008年曾在武汉和香港搞过小户型大赛。四五十平方米的小二室，被设计师设计得既精致又合理。“进去之后你一点也不觉得窝屈，感觉很舒服。”

吴莉觉得房子的装修品位实际上应该赋予更多的内容。如同一个没有内涵的美女终会被人厌弃一样，没有文化氛围和艺术气息内涵的装修也会很快过时。“雅庭设计中流淌的艺术和文化气息，才是它最动人的个性之处。”

○没了天花板的更高境界

吴莉说自己是个情商高于智商的人。

与圣戈班商谈合资的那一年，是她倍感折磨的一年。“那时候整天飞来飞去。今天到了郑州，明天一个电话，就得赶紧去深圳。马不停蹄，简直太崩溃了。”

年初一切尘埃落定。雅庭正式更名为美颂雅庭，对吴莉而言，这也是她自身转变的一个过程。世界500强企业先进的标准化管理，一丝不苟的规则，流程，这总总的一切，与她以前的良心化、人性化管理师如此地不同。她要学法语，学电脑，熟悉并尽快适应外企公司的规章制度。“雅庭与法国文化融合的过程，我从中学到了很多东西。”

她开玩笑地说，自己以前就是天花板，“到最高了”，现在天花板没了，圣戈班让她看到了更高的境界。

作为国内行业里唯一一家与世界500强联手的企业，美颂雅庭获得的不仅有充裕的资金，还有这家欧洲最大建材生产商和分销商企业的产品价格优势。“如果说以前的雅庭，还只是局限于做区域霸主的话，现在的美颂雅庭，要做的就是一个百亿企业，一个百年老店。”

B 吴莉如是说

2009年，吴莉当选为品牌中国10大商业女性，“里面有杨澜、于丹，俏江南的张兰，都是很有魅力的女人。”在颁奖现场，她见到一个纺织服装行业的大姐，当别人问起她年龄时，她爽朗地笑了，“我60多岁了，但我的心理年龄永远是28岁。”那会儿吴莉觉得，做一个乐观向上的、有魅力的女人，实在是太幸福了。“这是上天的馈赠，比给你有多少金钱更宝贵。”

C 印象派

见到吴莉，是在下午的大河锦江饭店。

乌黑的童花头，一丝不苟的刘海。黑色的外套，映着颈间湖蓝色的丝巾，很漂亮。

但一看摄影的相机，她还是提出要去房间换身衣服，“这身颜色太暗了。”

十几分钟后她出现在我们面前。烟红的半身裙，嫩黄的丝巾，黑色的网眼袜，看得出还化了精致的淡妆。

她说起自己跳芭蕾舞的童年，她现在在武汉办起的12家舞蹈俱乐部，“就是为了圆我当年那个夭折的舞蹈之梦。”

这个自称情商大于智商的女子，心里一直有个雅致的庭院，那里绿草茵茵，鲜花盛开。有音乐、舞蹈，还有爱情。“贪恋幸福大于贪恋金钱，这根本就是种冒险。”

她的英文名叫Wendy。而Wendy的本义，就是“有冒险精神的小女孩。”

【人物名片】

连志刚

郑州华丽灯饰有限公司董事长

【达人语录】

“聪明的冒险是人类谨慎中最值得赞誉的一部分。”

聪明的灯饰“冒险家”

A 故事

从外表上看，连志刚应该是个低调的人。他热情，带着谦和的笑意，为人处世的分寸把握得恰到好处。

但熟悉他的人都知道，他其实是个特别喜欢冒险的人。从安稳的教师职位上下海，1999年花9 999元坐飞机去南方买个大摩托，2004年开了全国第一家超大型一站式灯饰卖场，生意日渐风生水起的40岁，他又跑去清华读书……这个低调人的所做的每件事，似乎都那么张扬。

聪明的冒险是人类谨慎中最值得赞誉的一部分。美国作家哈利法克斯的这句话，连志刚深谙其味。

○9 999元：拉风的野狼摩托

连志刚感冒了。说话带着浓重的鼻音。

华丽灯饰二楼的水晶灯区。他窝在宽大的沙发里，调整了一个最舒服的坐姿，开始跟我们聊天。头顶那盏价值25万的施华洛世奇水晶灯，灿若星辰，恍然如梦。

语速极快，思路清晰。到底是做过老师的人。

1986年，河南大学毕业的连志刚分到了郑州西郊一家工厂子弟学校做老师。孩子王的生活在外人看来安稳体面，但连志刚觉得“太按部就班，想出去。”

本来学物理专业的他，每天早上跑到公园跟老外学口语，苦练了3年。“正好省外贸统一招人，我就报名参加了考试，没想到口语考了个第一。”但最后的结果是，考分很高的连志刚并没被录取。这条出去的路断了，连志刚并没有死心。那时候学建筑设计的哥哥经常接一些小工程，有时也为顾客配些窗帘、灯饰之类的东西，“我就是在跟哥哥帮忙的过程中，慢慢入了行。”

1988年，连志刚在大学路有了自己的店面。因为有跟哥哥帮忙那几年的经验积累，他的生意很快步入了良性循环。1990年，他坐飞机去南方买了台进口的摩托，“是台湾野狼的，9 999元。”在当年的郑州，这样一台摩托基本不亚于宝马750，穿行在街上拉风的很。家里人都觉得他疯了。“我就是享受那种风驰电掣的感觉，别的没想那么多。”

激情，自信，想到就做。虽然是生意场上的初生牛犊，但连志刚这个老板，真的跟别人不一样。

○壮士断腕2004

1997年，连志刚在淮河路灯具城租下了一座楼，开始做灯具超市。三层楼，3 000多平方米这么大的卖场，当时在全国都很少见。“灯具超市现在很普遍，但在当年绝对是个新生事物。”新生事物在受到质疑的同时，也总会受到人们过分的热捧，连志刚的生意蛋糕，就从那一年开始，骤然变大。

不安分的连志刚，却又开始往外跑了。他去广州、去珠海，去上海，甚至去香港和欧洲。“每到一个城市，第一个去的地方肯定是灯具市场。”

在美国的旧金山，他看到了当地的一站式灯饰广场。“简直是灯的海洋。智能灯、声控灯、遥控灯、电子保姆……你所需要和能想象的灯都可以在这里找到。”不仅仅是这些。什么样的灯配什么样的家具，窗帘，配饰，都可以在这里一站式购齐。这让连志刚大开眼界，他忽然意识到：这就是自己未来的目标。

2004年7月3日，经过一年多的艰苦筹备，连志刚的华丽灯饰一站式大卖场在东建材亮相。一万多平方米的空间里，几乎把中国知名灯饰商家的各类产品囊括其中。这样堪称灯饰航母的大手笔，在全国引起的地震可想而知。“当天的营业收入达到十几万。全国的同行、厂家来华丽参观，把周围的宾馆都住满了。”

但连志刚的喜悦并没有持续多久。“中国向来是喜欢枪打出头鸟。我在淮河路有那么大的店面，现在又弄出这么大的动静，自然会招人嫉恨。”

原来的市场因为害怕客户流失，对连志刚的店面停水停电。“本来7月3日这边店开业他们就要给我停电的，但当时我老婆在怀孕，7月20日女儿刚出生，我淮河路的店就被拉闸停电。”

这对连志刚来说无疑是灭顶之灾。“翻来覆去谈了50天。最后的结果是可以继续租给我，但附加了很多苛刻的条件。”连志刚忍辱接受了条件。但淮河路的生意就此元气大伤，又坚持了一段时间，连志刚最终舍弃了那个店。“真的是壮士断腕，关了门。”

○灯具照明的新里程

连志刚坦承，华丽灯饰过去3年的时间一直是在摸索，“从2008年才真正找到了感觉。”

在连志刚原来的想象里，要做国际化的大型灯具超市，把国外最先进的BDS厂家经营模式直接拷贝过来就可以了。“国内家具和建材行业很多巨头，比如红星美凯龙和居然之家等，都是走这种模式。但我后来发现，仅仅依赖这种模式，效果并没有想象的好。”为此他换了7个职业经理人，“现在自己着手亲自干，才慢慢找到感觉了。”

以前的华丽灯饰兼顾批发零售，家庭和工程，“现在我们已经聚焦，精力集中到家庭用等的零售上。”华丽灯饰曾发起并参与国内第一家灯饰采购联盟——中国灯饰共享联盟，提出了联合采购规模化降低售价的理念。2007年，它又牵手奥地利施华洛世奇，成为河南首家“奥地利施华洛世奇” 水晶灯全球特约经销商。“我们提出的理念是两极并存。你需要高档和奢华，没问题，我们这里从几万到20几万的灯都有。你需要实惠，我们这里有最物美价优的产品。可以说从一元钱的灯到20几万元的灯，你都可以在我们这里找到。”

B 连志刚如是说

灯绝不仅仅是照明的，还是一种科学和艺术。我曾经去一个做房地产的老板家做客，偌大的客厅装修得美轮美奂，但垂下来的灯筒里装的却是节能灯管。不光采光效果不够，这样的布置也不伦不类，大煞风景。

我对华丽灯饰的定位不仅仅是照明专家，还是调光专家。在我们店里，什么样的空间，用什么样的灯，多大的瓦数恰好，我们的店员都会出顾客很中肯的建议。

前一段时间，我与美国的高端调光专家路创博士在一起沟通，准备邀请他过来，为我们的高端客户量身定做采光调光灯具。

这个决定，无疑又是第一个吃螃蟹的冒险举动。

C 印象派

连志刚是低调之人，可他做的那些冒险的事，看起来却那么张扬，又张扬得那么聪明，那么恰到好处。

想起《西游记》，那里面有好几个章节，都是在讲两个唐僧，两个悟空，两个八戒。

忽然迥异的性格，截然不同的举动，师傅和徒弟忽然都变了另一个人。

连志刚做过老师，他的身上有知识分子的内敛，谨慎。可是他的血液里又满是激情和自信，所以他能够在20世纪90年代的初期坐飞机买个台湾摩托，能够在别人都不敢的时候把所有的积蓄孤注一掷投到一个灯具大卖场上。这样拉风的举动，他一直都在做。

这个开创了国内灯饰零售行业大卖场时代的人，却说自己的生意“才刚刚找到感觉”。

其实每个人身上，都有两个矛盾的自己。

不管你承认不承认。

【人物名片】

薛　荣

河南圆方物业管理有限公司董事长

【达人语录】

“面子是自己挣的，不是别人给的。”

薛荣的“生活秀”

A 故事

如果把薛荣的故事拍成电影，那一定比《生活秀》里的来双扬精彩百倍。

卖鸭脖的来双扬，不过是作家池莉虚实相结的人物。但对历经10次创业，从一个下岗女工到拥有自己物业集团的薛荣来说，每一个场景，情绪，都不是故事，而是亲历。

生活对她来说，已经不需要去演，去秀。苦，累，甜，笑，都原汁原味。

◎郊区鱼塘：城里的小媳妇变成了农村老大妈

九次创业失败仍坚持不懈，这样的女人，该如何形容她？

倔强。

没错。除了这个词。我不知道该如何形容这个内心强大的“重庆幺妹儿”。

她是河南人的媳妇。重庆大学77届本科毕业生薛荣，一毕业就分到了河南。第一份工作是在当时最红火的格林兰大酒店做客房经理。干净，体面。那是她生活最滋润的几年。

1993年，经营不善的酒店开始裁员。薛荣就在那一年下岗。一心想做大生意的她借了20万，在中牟的郊区包了900亩的鱼塘，准备大干一场。

去的时候是冬天。天寒地冻，她和雇来的工人们住在鱼塘边的简易房里，学孵化鱼苗，配比饲料。在酒店做经理的时候，她穿羊毛大衣，高跟鞋，一看就是城里俏丽的小媳妇。可在鱼塘，她只能穿着厚重的军大衣，大黑棉鞋。有个星期天她抽空回家。骑着摩托穿行在土路上，一路尘土飞扬，到家的时候变成了“土”人。开门的丈夫看到她这个样子，愣了好一会儿才认出来。他把薛荣拉到镜子面前：“你自己照镜子看看，你现在成了个标准的农村老大妈了！”

鱼塘只经营了半年。不是鱼长得不好，而是因为经营环境。周边村子的老百姓经常来‘借’鱼。说是借，其实就是偷和拿。“第二年冬天快丰收的时候，这种情况更明显。几次纠纷，最后甚至发生到打架。”

鱼塘丰收在望，但薛荣他们却不得不离开了。50多个人在一起吃了顿散伙饭。到最后，几个喝多了的女伴抱着薛荣放声大哭。“那天我也哭了。不是为我们付出的那些苦，累。只是觉得，付出那么多，现在却只能放弃，太委屈了。”

○夜市大排档：
最红火的麻辣螺蛳摊主

不甘心的薛荣回到了郑州。以后的几年，她卖过家电，开过美容院，饭店，办过饮料厂……前前后后9次，都以失败告终。创业不成，还欠了一屁股的外债。那是薛荣最痛苦的几年。她不知道自己还能做什么。

就在这时候，婆婆生病了。

薛荣只有豁出去了。她在当时最热闹的紫荆山夜市上支了个小摊，专卖麻辣螺蛳。“小时候在家里妈妈经常给做着吃，味道火爆得很。”

东西虽好，薛荣却不敢吆喝。“看见熟人就扭过脸去。好歹我也是正规科班毕业的大学生，也风风光光地做过经理，现在竟成了小贩了。”

医院的账单在不停地催促，最后只有拿来钱才可以开药。“当你生活的时候还可以选择面子和虚荣，但当你面临的是生存时，就什么都可以承受了。”牙一咬，脚一跺，薛荣把面子和虚荣全踩在了脚下。她开始操着半四川半普通话的口音吆喝，“到最后，整个市场里吆喝声最大的是我，生意最好的也是我。”以前看见熟人她就扭过脸，现在看见熟人她大老远地就打招呼，“光熟人每天都要买我好多份呢。”

○家属院：
那个倒霉的保洁工

冬天来了，夜市散了。薛荣开始考虑下一步的出路。

经过这半年的沉淀，她发现了自己以前的好高骛远。“光想做大生意，光凭着热情，却没考虑自己有没有这方面的经验。所以这第10次开始的创业，我告诫自己：就从最小，最擅长的做起。”

在医院伺候婆婆的时候，薛荣看到了医院的保洁工。她突然想到：自己做过酒店的经理，有这方面的管理经验，做保洁不需要投资，自己吃苦耐劳，不惜力气，这些不就是最大的本钱吗？

她跑到医院的后勤，人家挺不耐烦，“我们自己的临时工还没地方安置呢。”吃了闭门羹，薛荣并没有气馁，她开始去其他医院和学校询问，那年冬天，从西到东，她几乎跑遍了整个郑州大大小小的机关。四处碰壁之后，终于有一天，黄委会家属院里一个住户答应让薛荣帮助清理抽油烟机。薛荣把塑料布铺在地上，把机器卸下来，开始仔细地刷洗。忙活了几个小时，把机器原样装好，插头插上，一按开关，机器不会转了。“当时说好擦一次是4块钱，我跑到楼下帮人家修好花了5块钱。”

忙活一上午，倒赔一块钱。这是薛荣记忆里最深刻的第一笔生意。

然而无论怎样，她的生意算是开张了。

○大楼工地：
累得在地上铺个席子就睡着了

1994年的一天，一个熟人请薛荣为自己装修好的门面房做保洁。清理完毕的时候，熟人问：“你有没有发票？”

这句话提醒了薛荣。她忽然意识到，自己要做政府和机关的生意，要把保洁做大，必须得注册自己的公司。这年5月，薛荣借了10万元注册了自己的圆方家美保洁公司。“起名圆方，取自没有规矩不成方圆这句话，就是要规规矩矩做生意，把保洁这个小行业做成大生意。”

薛荣背着自己的公司开始去找客户。“营业执照、发票都在我背上的包里，所以说我的公司就在我背上，走到哪儿带到哪儿。”这年夏天，电视台新的办公大楼刚刚竣工。薛荣打听到这个商机，贸然就闯到了后勤主任的办公室。她拿出自己的营业执照，又讲了自己的经历，最后的结果是，她打动了那个50多岁的老主任，“人家让我拿出一份计划书。”

从不知计划书为何物的薛荣出门就跑到了图书馆。她在图书馆待了整整一下午。晚上回到家里，她顾不得吃饭就开始写计划。“20页的计划书，我写了整整一夜。早上7点，我把自己收拾得精精神神的，就去找人家了。”

20多个小时，不吃不喝，不眠不休。这样的拼劲，让薛荣接下了第一个大工程。也写下了河南保洁行业的第一个计划书样本。

20层的大楼，19天后就要验收，薛荣雇了16个下岗女工进了场。站着擦，蹲着擦，支持不住就跪在地上擦。饿了吃馒头咸菜，渴了喝自来水。为节省时间，薛荣在工地铺块凉席，晚上实在困得受不了才睡一会儿，醒了就接着干。最后一天，当电视台通知验收合格的时候，薛荣高兴地跳了起来，但随即扑通一声坐在地上，再也起不来了。

2000年，薛荣的圆方物业已经从郑州走到了外省。就在这一年，他们准备开拓北京市场。面对当时人们对河南人的误解，薛荣说了这么一句话：“面子是自己挣的，不是别人给的。人的尊严与别人的尊重不是自己喊着能要来的，而是自己一点一滴做出来的。”

圆方的诚信，体贴，打动了用工单位。那年的年底，圆方物业被评为外来优秀务工单位。

又是10年过去。现在的圆方已经是拥有一万五千名员工，21家分公司，涉足家政、物业、人力资源和房地产经纪等8个行业在内的集团公司。

薛荣说，圆方要做的，是中国保洁行业的第一品牌。

B 薛荣如是说

在企业和个人成长的过程中，面子是自己挣的，不是别人给的。人的尊严与别人的尊重不是自己喊着能要来的，而是自己一点一滴做出来的。

C 印象派

走进圆方物业那天，在薛荣的小院里，我们看到了一些聋哑孩子，在嘻嘻哈哈地干活。

薛荣说，圆方物业，除了下岗工人，薛荣还录用了许多失足少年和聋哑孩子。在这里他们学刺绣，做丝网绢花，还学会许多做人的道理。在他们眼里，薛荣就是教他们谋生做人的薛妈妈。

而薛荣觉得，不管怎样，他们在这个世间，也有吃饭谋生的权利。她不过是做了力所能及的事，她无法给他们太多，但如果她的圆方，能让他们吃饱穿暖，能让他们觉得这个世界没有抛弃自己，他们在这个世上还是有用的人，“这就算我的一份心愿吧。”

【人物名片】

张亚玲

河南大唐餐饮服务有限公司总经理

【达人语录】

“一个人总在做自己力不从心的事，就永远是个弱者。”

小女人和她的大唐梦

A 故事

19岁的时候，大学毕业的她分到新乡市委的一家宾馆做了一名服务员。老家人都不理解：读4年大学，最后给人端盘子，太亏了。

33岁的时候，她已经是4家餐饮店的老板。旗下的大唐餐饮涉及粗粮、肥牛、海参等几个领域，海参馆更成为省会高端养生会所的代名词。

香港理工大学EMBA培训班，第一节课上，老师让同学们回答“我是谁”。她思考了好一会儿，写下了这样的话：我是张亚玲，一个勇敢、自信、快乐的女人。

○7年：从大学生服务员到餐厅经理

张亚玲出现在自己的龙宫海参馆。黑毛衣，黑色的阔腿裤，粉紫的碎花丝巾。大眼睛里的热情伴随着朗朗笑语盈盈欲出。

她不是婉约的小女子。如同她的大唐餐饮这个名字，她大气，热情，魅惑，在举手投足的不经意间，颠倒众生。

这是现在的张亚玲。她说起自己19岁的时候，是个羞怯的小服务员。时间真是最坏也是最好的大师，足以把一个人打磨成当事人都无法想象的模样。

1995年，开封大学宴会设计专业毕业的张亚玲被分到新乡的黄河迎宾馆，做了一名服务员。家里的人大失所望，“读了几年书，最后还是要给人端盘子，真还不如一开始就出去打工呢！”

张亚玲也觉得很沮丧。但是几天后的一件小事，改变了她对自己职业的看法。

那天是市委的领导们到迎宾馆吃饭。张亚玲负责布置宴席。第一次面对大领导，张亚玲忐忑得厉害。忙中出乱，给领导斟酒的时候，不知怎么搞的，杯子碎了。“当时我吓坏了，看着自己手上的血，眼泪就下来了。”领导叫她拿创可贴去包扎。临走的时候，还问经理，那个受伤的服务员怎么样。

这一次的经历让张亚玲认识到，这个职业并不像自己想象的那样受人歧视，它也有尊严，也会得到人们的尊重。

张亚玲开始用心工作。“宴会菜品的设计，饮料酒品的选择，包括座位的安排，这里面的学问多着呢。”6年的时间，她从一个羞怯的服务员一步步做到了自信的前厅经理，饭店的每一个流程都了然于胸。“不仅仅是这些经验，还有大量的人脉。这对我以后做饭店，至关重要。”

○勇敢：2001，我的大唐

2000年的时候，一个常来吃饭的朋友在开封开了家肥牛火锅店。“但开封人习惯于吃羊肉，肥牛店的生意惨淡的很。”朋友邀请她去替自己管理。如果这一去，黄河迎宾馆餐厅经理的位置自然丢了。张亚玲提了一个条件：不要底薪，拿营业额的5%做自己的工资。朋友欣然答应。

张亚玲就这样来到了开封。几年管理餐饮的经验让她明白，一个餐厅要想火，必须引导人们消费。

在别人都舍不得拿钱做广告的时候，张亚玲用广告置换的方式开始大做广告。从肥牛的营养，口感，到国外时尚的肥牛消费热潮，每天都出现在当地的报纸上。“我还打出了吃100送100的口号，别人都觉得我疯了，因为当时的餐饮界还没人敢这么干。”

勇敢的女人就这样创造了当时开封饮食界的几个先河。半年之后，原先每日营业额只有几百元的火锅店，两个月营业额达到了50万。拿营业额5%做工资的张亚玲就这样挣到了人生的第一桶金。

这年的春节，张亚玲回老家过年，在最繁华的五一路看到一处门面。“我想起跟一个朋友聊天时她透露的信息，西安的粗粮饭店很火，在河南一家都没有。女人的直觉让我觉得，我应该在这里自己做生意。”

张亚玲去了西安，引进了粗粮快餐。2002年3月6日，她的大唐粗粮王正式营业。人无我有的粗粮在新乡遭到热捧。 最厉害的一次，一个餐台一天竟翻了16次。半年后收回成本的大唐粗粮王趁热打铁，又开了自己的第二家店。

○自信：倔强的女人拿下了最难啃的骨头

2006年的一天，张亚玲在市中心看到一处门面。“房子1 600平方米，外观很漂亮，里面方正实用，租金也不贵。”张亚玲想租下来做肥牛火锅。没想到一问，房子抢手得很。“有好几家都想要。”

公家的房子，很多时候比的不是租金和公司的实力，而是关系。这让张亚玲觉得很痛苦。但也激起了她的倔强：我无论如何得把这房子拿下来。

她自己首先切断了自己的后路，在房子还没谈好的时候，把肥牛火锅店的5万元加盟费先给加盟商打了过去。以后的6个月，她几乎每天都要和房主联系。“给人家写信，打电话，发短信，托关系……反正能想的办法都想了。到最后，连看门的老大爷都认识我了。一见我第一句话就是：房子要到没？”

所谓的铁杵成针，说的就是张亚玲吧。倔强的女人就这样凭自己的恒心和自信拿下了最难啃的骨头。2006年7月10日，大唐肥牛开门纳客，这个好地段的潜力很快暴露出来。“一直到现在，大唐肥牛还是我盈利最好的单店之一。”

○大气：“小诸侯”闯到省会做“高端王”

张亚玲给自己的公司起名大唐。在她的感觉里，唐朝是中国历史上最大气，最鼎盛，也是最快乐的年代。她希望自己和自己的公司都能如此。

“在新乡，无论做得多好也不过是一方小诸侯，我要把大唐做成自己的餐饮王国，做成高端，这个梦必须在省会来完成。”

张亚玲来到了郑州。这是今年6月份的事情。她转遍了省会的大小街道，最后看到了经三路上的大浪淘沙。“大浪淘沙致力于最高端的洗浴会所，我要做省会最高端的养生海参馆，就应该与最高端者为伴。”

张亚玲知道，对高端客户来说，最重要的不是吃什么，在哪里吃，而是是否私密，吃得是否舒服。她请来深圳设计过无数五星级大酒店的设计师，用后现代的理念打造自己的海参养生馆。1 000多平米的空间，被设计师用韩国洞石和黑色大玻璃设计成一艘船的模样。10个包间，门与门相互错开，私密性极好。打开房门，一房一景，通透的玻璃映着环绕的水系，洁白的沙滩上，真正的金钱龟在爬来爬去。房间的角落里，紫色、黑色、咖啡色的天鹅绒沙发极尽魅惑，让人们忍不住要停下来，小憩片刻。

不仅仅是氛围。龙宫海参馆与别人不一样的地方，还有它的菜。鲜鱼翅，活海参，甚至每一个配菜，不加任何色素和香料，看起来吃起来都那么活色生香。“在我们这儿，来消费的客人我们都会建一个档案，保证让每一个客人都吃得舒服，吃得安全。”

秋天的时候，我报了香港理工大学的EMBA培训班。18节课，18万元的学费，我认为很值。一个不断成长的女人总是最动人的。就像我喜欢的杨澜，这个不断变化的女人。她说其实人生像一个陀螺一样，也许可以转很大的圈，但是必须有一个点是着地的。如果你同时有很多点着地，这个陀螺就没法再转了。我生命的那个着地的支撑点就是餐饮。

B 印象派

双子座的女子张亚玲勇敢大气，可学文科的她又是心思缜密的。

高档养生会馆的服务员应该是什么样的气质？张亚玲想了很久。

“不是最漂亮，但一定是气质最殊胜的。”龙宫海参馆的服务员全部是大专毕业，身高1.65米，沙宣模特般的直发，黑上衣，白马甲，黑色阔腿裤。没有嬉笑谄媚，那种平和专业的静美，很是动人。

张亚玲从她们身上，看到的仿佛就是当年的自己。这是她们的第一份工作，在高贵、专注的专业精神之外，她要给她们踏实安稳的成长未来。

【人物名片】

叶新强

河南沃森贸易有限公司董事长、郑州市鞋业商会副会长

【达人语录】

“宽恕对手，帮助朋友，就是在成全自己。”

帮助别人　成全自己

A 故事

敏感这个词，形容一个男人可能是不合适的。

但对叶新强来说，成全他走到今天的，恰恰是他的敏感。

敏感于他，是20出头的时候，在周口这个小城市卖广州当年刚刚流行的女式老板鞋。是在生意最火的时候，来省城闯天下。是在品牌经营还未大行其道的2002年引进品牌，是在高端奢侈品刚露端倪的2005年入驻正弘，是在拥有了法国、意大利和韩国多个品牌代理权之后，着手打造自己中国世界名牌的梦想。

如果不是天生好命的话，我们只能说，叶新强的成功，就是因为他对市场的那份与生俱来的敏感。

○敏感：周口的女士“老板鞋”

叶新强做生意的天赋，可能是与生俱来。

他生在南阳唐河县。上初中的时候，每年暑假，他都要自己去县城卖甜瓜。那时的他，不过15岁。

中专毕业，19岁的他来到周口，在哥哥的店里卖鞋。人长得帅气，说话和

气，又总能把最合适的鞋子推荐给顾客，以致别人都说他是店里“最帅的小伙子，最能干的营业员。”

1994年，叶新强自己出来单干。“那是10月份，两万元在荷花市场租了个摊位，开始自己创业。”

在哥哥店里做了3年多的经验，帮他避免了创业之初的很多弯路。他是个对流行很敏感的人。当时广州流行女式的老板鞋，很多人进货的时候觉得太另类，不敢进货。“但我觉得，凡事走在前面，机会总是多些。这就跟吃面条一样，去得早的捞到的就多，到了最后就只剩汤了。”

每次款式最新的鞋只拿两三双，好卖的话再及时补货，“虽然麻烦辛苦了点，但店里总有别人没有的新货，生意自然就做活了。”

人无我有。领跑者的魅力是无穷的，叶新强的小店很快成了周口时尚女孩子的聚集地。“1996年我开了家分店，1997年的时候，第三家店也红红火火地开张了。”

○风波：专注于最擅长的事

生意最好的时候，叶新强开始分心了。“想着多种经营，遍地开花，现在回头看看，就是在瞎折腾。”

1997年他办了个食品厂，雇了五六十个人，生产唐河的特色小吃麻片。在老家流行的小吃到了周口却水土不服，一点也卖不动。半年过去，食品厂关门。第二年，听人说跑运输很挣钱，叶新强拿出几年的积蓄，又借了亲戚几万元，投资23万买了个大客车。每天早上6点起床，晚上十一二点回到家，已是疲惫不堪。那是他记忆里最苦的时候。半年后一个朋友见到他，很是惊讶，“他说我看起来憔悴的像40岁的人，我当时眼泪都快掉下来了。”

快过年了，客车到南京跑长途。“说好这趟下来给3万元钱。”叶新强想着该过个肥年了。没成想加的油出了问题，车在长江大桥上抛锚，轴承都散了。“最后光找拖车，拉回来就花了1万5，那一趟，赔得一塌糊涂。”

这件事对叶新强刺激很大。晚上静下来的时候，他总结原因。为什么做鞋自己会顺风顺水，一旦做别的就困难重重？他忽然想起上学时看到的欧洲哲学家培根的一句话，当需求超过能力时，即使你是一只大象、一个战神，你也是个弱者。总是做力不从心的事，你永远是一个弱者。叶新强浑身一激灵：两年了，自己一直偏离于自己最擅长的领域，做着力不从心的事，能成功才怪呢！

叶新强卖掉了大客车，开始重操旧业。“花23万买的车只卖了15万，可是我一点没犹豫。”

○演变：从品牌化到高端化

2000年的时候，广州一个朋友说金利来男鞋要在河南招总代理，叶新强意识到，自己的机会来了。

他投资200万元拿下了金利来男鞋的河南总代理，2001年10月，他的专卖店在京广路鞋城开业。同行们都觉得无法理解：一个店里多上几个牌子多好，投资几百万只做一个牌子，这样不划算的事，傻瓜才做呢！

叶新强有自己的打算。在广州进货的时候，在北京上海等大城市旅游的时候，他已经看到品牌专卖店的魅力，敏感的他意识到，以前的杂牌经营很快要被淘汰，品牌化时代即将到来。

事实证明了叶新强的预感。金利来的品牌号召力很快让他在全省打开了市场。半年后，加盟商已达到30多家，“几乎全省各地市都有了金利来的专卖店。”

2002年，叶新强成立了河南沃森贸易有限公司。从这一年开始，他先后引进了法国都彭、意大利傲士等品牌，走品牌高端化之路。“2005年的时候，我们已经开始定位高端。”这年的9月，叶新强在正弘二楼开设专柜。80平方米的专柜，有全国最先进的道具柜，有形象沟通导购员，如果你累了，在宽大柔软的沙发上坐下，马上有人奉上热腾腾的咖啡。一双鞋子3 000多元，一个专柜投资100多万，这样的大手笔，又一次让同行咋舌。

正弘店开业的头一个月营业额是两万元，第二个月是5万元。三个月的磨合期之后，正弘店成了叶新强效益最好的单店。"最厉害的一次，单月销售额达到了30万元。"

2008年，大商国贸店开业。叶新强斥资1 000万开了7个专柜，把最好的品牌引入了这个店。这样的大手笔，不是在烧钱，而是为了支持大商，为了曾经支持过他的朋友。"现在这个店已经成为创造利润最多的店面之一。"

叶新强的沃森，现在已经是金利来、都彭、Elle、黄金熊等九大世界品牌的河南总代理，涉足鞋业、服装、皮具三大行业。他在紫荆山路的香港新世界百货买下了一层楼，2011年他把这个地方打造成了中国贸易型样板写字楼。"里面有健身房，图书馆、红酒吧，全部向VIP会员开放，客人购物的同时，还能享受到尊贵的超值服务。"

他这样来形容自己的沃森。"我们用6年的时间修好了高速路，又用两年的时间竖立好了路边的所有路牌，明年就该开始发力狂奔了。现在我卖世界名牌，20年后，我希望拥有自己的中国世界品牌。"

这个敏感的男人，梦想还大得很。

B 叶新强如是说

宽恕对手，帮助朋友，就是在成全自己。这是我的做人原则。快乐生活，快乐工作。这是我要传达给员工们的做事理念。我们成立了沃森商学院，聘请专业讲师为员工们培训15门专业课程。沃森的员工，每天清晨上岗前会齐声朗诵《弟子规》。推己及人，换位思考，把自己想要发达的心来成全别人，有了这些，一个企业才能拢住人才。

C 悟之道

从2006年开始，叶新强的公司开始步入良性上升通道。生意做顺了，他开始考虑打造团队的事：在这个喧嚣浮躁的都市，该怎样让自己和自己的员工们都能心情安宁，在快乐里生活，在快乐里创造价值？

他报考了深圳华商学院的国学班。"这是中山大学和人民大学联办的一个总裁班，费用加起来一年要40多万。"周围的人都觉得太不值了，但叶新强听了4节课之后，就觉得自己来对了。“很多时候，一个人的心态很重要。你安静下来了，就能看清楚自己的位置，想明白许多事情。”

比如宽则得人，比如信则人任焉，比如惠则足以使人……这些千百年经久流传的话，都是在教一个领导者如何使才用人，如何跟别人相处。

叶新强说起自己2004年聘请的一个职业经理人。“能力非常强，但就是对下面很苛刻，员工意见很大，以致于造成不少员工离职。”叶新强的理念是宽以待人，把一种快乐工作的信念传给员工，他陷入了两难的境地。没多久的一件事促使他下定了决心。“那天这个职业经理人和手下去超市买东西，付账的时候让员工替他买了单。我觉得这样的人，即使能力再强，也不能用了。”叶新强把自己一个经营很好的专柜转让给了这个经理人，“以一种委婉的方式劝他离了职。”

【人物名片】

郎忠良

浙江鸿天茶叶礼品有限公司总经理

【达人语录】

“有了好人脉，生意才会越做越大。”

“狼”行天下

A 故事

老狼，本名郎忠良。浙江永康人士。

他的故事，应该算是南方商人在中原闯荡的一个典型摹本。

南方人的聪明、勤勉和敏锐让他在异乡站稳了脚跟。从善如流，善于在触类旁通中发现商机，又让他在远离家乡的这个城市把生意做到了四面开花。

“狼”行天下的故事，得从1997年开始讲起。

○善良的狼：上了当，来郑州闯荡

郎忠良当过兵，卖过服装。1997年来郑州闯天下，按照他的说法，“是无奈之举。”

那一年，退伍后的郎忠良靠做服装赚了一笔钱。家乡永康是中国著名的五金之乡。受周围热火朝天气氛的影响，老狼也开始做电机生意。

“但当过兵的人，性格就是太实诚，这让我一开始就吃了亏。”要货的都是亲戚朋友，抬头不见低头见，“人家说要赊账，我根本不好意思拒绝。”最后的结果是，赊了100多万，生意做不动了，钱也无法要回，只退回来一部分电机。

老狼就带着这一部分电机来到了郑州。他在京广路的五金大世界租了间40平方米的小店。白天大街小巷推销，晚上回到店里青灯孤影。“为了省钱，我自己买个电锅，买点青菜做个火锅糊弄饱肚子。人生地不熟，没有一个朋友，晚上就窝在店里看电视。”

家人亲戚打电话问在郑州怎样，要强的他不想让家里人担心，就说还不错。“这话是在安慰家人，其实也是在安慰我自己。”

○血性的狼：气不过，跟人打了一架

这样的日子过了一年。1998年，老狼把自己的店搬到了一马路五金机电批发市场。“那里是电动工具专业批发市场，我要把生意做大，肯定得到最专业的市场去。”

老狼没想到，自己刚到市场没多久，就跟人打了一架。

当时的市场，外地人还不是很多。“当时市场里就有这样一种说法：反正你们浙江人有钱，沾你们一点光天经地义。”当时老狼已经不赊账经营了，但他觉得自己诚心对人，别人一定也会如此。他和客户约定的是，先打欠条，货到款清。“有天一个本地客户要了一千多元的工具，货送到给他看欠条，他看了看就撕了，然后死活不给钱。”郎忠良跟他对质，那人经振振有词：“你们挣的就是我们的钱，吃你一点还不该？”

当过兵的血性男人一拳头回了上去，两人打在了一起。 “本来我们俩都受了伤，但对方在医院开除了一大堆证明，最后的结果是，不仅货款没收回来，还赔了对方一万多元医疗费。”

明明自己被人欺负，最后倒还这样被捅了一刀，老狼气坏了。“晚上睡不着，我也在反思自己。怎么样甄别客户？怎么样跟当地人交朋友？毕竟坑蒙拐骗的人是少数，真正做生意的好人还是多的。”

所谓的吃一堑长一智，就是如此吧。以后的几年，诚信、好人缘的老狼在市场里渐渐有了名气，也交往了一大批当地的朋友。生意就在这从善如流中一天天变得顺风顺水。

○聪明的狼：独辟蹊径，让维修商替自己拓市场

1999年，郎忠良接来了自己的媳妇。有媳妇给看着市场里的店，他觉得，自己该去下面跑跑了，“得开拓市场，不能坐等着顾客上门。”

老狼开始了他中原拓市场的过程。他的思路是：每到一个地方，不光看这个城市的经济发达程度，市场消费能力，还要看代理商的素质。“一个坑蒙拐骗的人生意永远做不大，我始终坚信这点。”

印象最深的是在开封。当时开封经营电动工具的有20多家。郎忠良和经营商接触后发现，“良莠不齐，各种牌子的电机都有。如果我的电动工具放到他们店里，一是不显眼，二来销量也不会大。”

聪明的老狼忽然想到了一个维修商。这个江苏人做电动工具维修已经20多年，在开封也待了十多年了，这样既懂行，有技术，又有人脉的人，不正是自己开拓市场需要的人吗？

老狼找到维理店老板，双方一拍即合。“月初发货，月底结账，这对资金缺乏的维修店老板来说，是个很大的支持。我们的唯一条件是，只卖我们的电动工具。”

事实证明了老狼的策略。第一年，这个只有五六个平方米的小店销售电机16万元，第二年，店面扩大到50平方米，销售额达到56万。如今，这个店无论店面和营业额都翻了几倍。“销售占到整个开封电动工具市场的10%。”

这样的思路，也让他得以成功开拓了其他地市的市场。现在他的产品已经铺开到河南省的每一个地市，“代理商发展到了200多家。”

○敏锐的狼：礼尚往来，朋友相聚发现商机

在跟客户打交道的过程中，南方商人的敏锐让他看到了另一个商机。

"每年拜访客户，我都要带去老家著名的大寒山野生茶。"这种茶只生在高寒的大寒山，是鸟儿吃了茶树的种子，带到山顶，种子落地自然生成的茶树品种。"汲取云雾雨露的天地灵气，可谓珍贵。一点污染都没有，一年的产量也不过2 000多斤，可谓稀缺。"

郎忠良每年要带给朋友和客户的茶叶也不少于100多斤，有时候朋友喝的好了，还要让他再从老家带。老狼忽然觉得：既然这个茶这么有市场，我为什么不把它引到郑州？

2008年春天，郎忠良带着大寒山新鲜的野生春茶回到了郑州。"杭州的极品野生茶一斤能卖到3 000元，在郑州，我定的价位是2 000元。"虽然价位不低，但因为早就培养了一批忠实的拥趸，"都是老乡和客户点名要这个，所以卖得也挺快。"

茶叶与礼品是分不开的。由茶叶老狼想到了茶具和礼品。他引进了高中低档的茶具和水晶礼品。"茶具有300多种，从紫砂，到玉石，甚至3万多元一套的台湾火山岩茶具，一应俱全。"而水晶礼品，除了常见的挂件，老狼引进最多的大型的水晶饰品，"既能装饰，又能辟邪，在生意人的办公室很有市场。"

B 印象派

老郎是浙江人。关于浙江人，曾有一个这样的段子：一个外星人来到中国，遇到了4个人，分别是北京人、上海人、广东人和浙江人。北京人目不转睛研究外星人的特点，打算回去发表一篇生物学的论文；上海人动起了办展览的脑筋，心中窃喜届时轰动火爆的场面；广东人在琢磨这种东西能不能吃，什么煮法会更加可口；浙江人则迫不及待地问外星人："嘿，兄弟！你们的地盘上有什么生意做？"

老狼是个很注重乡情的人。没事的时候，他最喜欢的，就是和几个熟悉的老乡喝茶。几杯香冽的清茶下肚，几句熟悉的乡音入耳，浓酽酽的乡情就起来了。

"一个人从善如流才能有好人脉，有了好人脉，生意才会越做越大。"

【人物名片】

陈向东

新东方教育科技集团执行总裁

【达人语录】

"欲速则不达。"

新东方的"阿凡达"

A 故事

2010年2月的这个周末，陈向东来郑州考察新东方河南新校区的施工。

除了新东方教育科技集团总裁的头衔，这个从河南走出去的男人还有3个外号：超人、狂人和牛排。每晚凌晨两点睡觉，早上7点起床的习惯坚持10年之久，故被称作超人。他总给自己制定很高的目标，最后却能令人瞠目地完成，所以人们叫他狂人。他总喜欢用超长的排比句，讲话激情四溢，所以又获得了一个善意的外号：牛排。

2010年，是他来到新东方的第12个年头。他说詹姆斯卡梅隆用12年的时间创作出了伟大的电影《阿凡达》，而他在新东方的12年只做了一件事，就是做着自己喜欢的教育。他的目标是和伙伴们一起，让新东方变成教育培训界的"阿凡达"，"简单纯粹，尽善尽美。"

○俞敏洪的惊呼

陈向东说自己做教育培训是一种宿命。

1988年，初中毕业的他上了一所师范学校，只是因为"上师范可以为家里省钱。"本是一个农村孩子的无奈之举，但他与教育的渊源就此开始。

1998年，他在中国人民大学经济系读研，当时出国留学的人很多。“同宿舍的学生常在我耳边说新东方，留学培训怎么怎么神奇。”陈向东很好奇，一个民办培训学校，何以能有这么好的口碑？

但也就是好奇而已，并没有更多的考虑，更没想到，有一天，新东方会成为他一生的职业。

直到有一天，一个师兄向他建议：“陈向东，你口才那么好，为什么不去新东方讲课呢？”

陈向东一下子动了心。他想反正还没毕业，兼职挣点外快也不错。他精心准备了简历，就去见俞敏洪了。

一间没有窗户的昏暗的小屋里，俞敏洪与他见了面。看过简历，俞敏洪问他能讲什么，陈向东说什么都可以讲。俞敏洪沉吟一下说，那你讲逻辑吧。陈向东心里暗想：这个俞敏洪估计什么都能讲，就是逻辑不擅长。心里这样暗自调侃着，陈向东开始试讲。他的口才甚是了得，让一向见多识广的俞敏洪都听得入了迷。5分钟后，只见俞敏洪冲了出去，一边对着门外一个胖胖的男子（新东方的创始人之一徐小平）扑将过去，一边大声喊道：“小平，我发现了一个讲逻辑的人才！”

如此戏剧化的一幕，让陈向东先是一愣，接着就笑了。这样简单、坦率，却又充满激情的老板，他喜欢。

就在那一瞬间，陈向东决定留下来。

○一年打造“武汉速度”

2001年5月，陈向东已经成为新东方的总裁助理。这年春天，新东方的内部改造开始。一次会议上学经济出身的陈向东提了一个观点，没想到一个元老级人物劈头一句硬邦邦的话：这里没你说话的资格。

陈向东愣住了。他觉得自己早就把新东方当成了自己的家，作为其中的一分子，自己提出希望它更好的建议，难道错了吗？

委屈归委屈，但陈向东就此也意识到，自己对新东方的贡献，远没有到自己该说话的时候。2002年初，新东方要在武汉设立分校。这是继上海、广州之后新东方在全国设立的第三家分校，陈向东请缨去了武汉。

那真是一段夜以继日的时光。方方面面的关系要疏通，装修的校舍要盯紧，还有人员的招聘。因为白天要处理的事情太多，招聘往往排到了夜里10点多。每天只睡两三个小时，半夜醒来还要在纸上写下第二天要解决的问题。他恨不得每天多出几个小时才够。

武汉市场，跟北京上海等国际化的大都市不一样。“留学的人不是那么多，反倒是幼儿教育很有市场。”陈向东觉得业务必须多元化，以适应当地的市场。一番考察之后，他推出了泡泡幼儿教育系列。上报到集团总部，却被否定。陈向东坚持自己的意见，他觉得这里一有市场，二来自己已经招到了一个优秀的幼儿英语教育团队，这样的计划应该是行得通的。

在立下军令状之后，集团同意了他的计划。陈向东和老师们奔波在武汉的各个学校，在大街小巷发传单。2003年第一个完整的学年，在有非典影响的情况下，武汉新东方学校交出了一份年收入四千万元，利润占整个集团四分之一的优秀答卷。陈向东也因此创造了新东方的“武汉速度”。

武汉的历练让陈向东意识到，一个优秀的企业，凝聚人才最好的手段是发展，而对一个人才的最好激励，就是把他放到恰当的位置，恰当地使用。“俞敏洪的思路显然是对的，他让我感受到了新东方最大的魅力。”

○有时候，生活需要慢一点

2003年9月，陈向东升任新东方教育科技集团的副总裁，主抓人力资源。那是他最痛苦也最煎熬的一年。

“新东方跟别的企业不一样，它是在学校做大之后才有的董事会，所以通俗的说就是先有儿子后有爹娘，”作为人力资源总监的陈向东要面对错综复杂的利益关系，处理各种各样的人事矛盾。急性子的他又不想辜负老总的重托，想快速推进自己的计划，结果自己反而先焦头烂额了。

2004年，陈向东鼻子上因着急上火起的那个大红包，一年都没下去。他还患上了偏头痛的毛病。半夜醒来，头上的筋突突地跳着，他揉着自己的胀痛的太阳穴，反思自己是不是太激进了，慢一点会不会更好一点？

陈向东的作息时间是晚上两点多上床，早上七点一准儿起床。这样的习惯他已经坚持了多年。但他有一天忽然发现，母亲一直在顺应自己的作息时间。“我工作的时候，母亲会过来添茶。我饿了，她会为我端来热腾腾的夜宵。这么多年我一直没注意到，母亲只有在我睡下之后，她才会睡觉。后来还是父亲提醒我，母亲身体不好，不能让她陪着你这么熬夜。”陈向东忽然特别内疚，他爱新东方，新东方激昂拼搏的理念早已融入他的血液，成了他生命的一部分。但他能因此就苛责家人跟自己一样吗？

他改在晚上12点睡觉，早上6点起床。同时也告诫自己，欲速则不达。有时候，生活需要慢一点。你冷静了，想得更完善了，很多问题才能更快地解决。

B 陈向东如是说

我至今仍感激做人力资源总监的那一段时光。那一种历练，让我能更轻松地驾驭问题，应对各种各样的利益纠葛，从中找出最优的解决方案。

在我心里，新东方是一个有梦想的、简单快乐的地方。简单快乐的地方，才能简单做事，并把事情做到极致。因为有了这样一群简单快乐的伙伴，新东方这个有梦想的企业才获得了跳跃式的发展。

这也是现在，新东方学员每年都有几百万并持续发展的重要原因。

C 印象派

这个高个子男人很健谈，很幽默。当他笑起来的时候，会露出整齐洁白的牙齿。从他的外表上，你无法想到，他曾是河南洛阳一个山村里的孩子。

他说起自己的母亲，说起母亲给予的影响了他一生的那些朴素的理念。

他说起新东方的老总们。“这里没有森严的等级关系，有的是很大的空间，和自由人文的气息。”他说起自己的老总俞敏洪，很多时候他们会在一起互相调侃幽默。“比如课堂上说到成功，我们会说，一个人的长相跟成功没有太大关系。马云长得像外星人，但他创造了阿里巴巴。同样的例子，还有伟大的新东方……”每次讲到这里，下面就会哄堂大笑。”

这还是个善于自嘲的男人，他说以前新东方的老总一直是不自信的，觉得自己外表不够优秀，“直到有一天，他招到了陈向东。所以同学们，如果像陈向东这样的人都可以通过努力做到副总裁，你们还有什么理由对自己的人生不自信呢？！”

伟大的导演詹姆斯·卡梅隆用12年的时间拍出了一部伟大的电影《阿凡达》。2010年，是陈向东在新东方的第一个12年。一个甲子的轮回里，他所有的故事发生在新东方，他的喜怒哀乐，包括他的第一根白发，也都出自新东方。

12年，一直做着自己喜欢的事，做着对他人有所帮助的事，陈向东觉得，还有什么能比这更幸福的呢?

【人物名片】

石公正

老三届餐饮管理有限公司总经理

【达人语录】

"我是个注重感情的人。"

我的永远的老三届

A 故事

他的故事，真的比戏剧还戏剧。

从轰动河南的老三届酒家，到风靡全国的老三届酒，再到现在的大河公馆和老三届饺子，老三届集团总经理石公正的经历，真可谓跌宕多姿。喜悦、冲突、眼泪、失败，该有的元素似乎一样不缺。

这样的折腾，他其实并不喜欢。朋友说是命运一直推着他在这么走，可只有他知道，这是自己的性格使然：商场是个拒绝柔情的地方，可他恰恰是那么一个注重感情的人。

现在的他，又要开始折腾了。看到报纸上40后50后就业难的报道，他准备召集20个有过下乡经历或者下乡知青的子女们， 免费加盟老三届饺子店。"只希望能帮到他们。"

○曾经的老三届酒家

在郑州生活10年以上的人，大都会知道一个老三届酒家。

这个酒家的老板就是石公正。

他跟酒店的渊源始于1993年。那一年，作为郑州市政府驻广州外办的干部，石公正到了深圳。改革开放前沿如火如荼的商业气息给了他最新的思路。一年后，他在中原路的青少年宫承包了一家饭店。"开始是用香港的品牌。有一次我到北京，看到那里有家老三届饭店，里面的饭菜，装修都是乡土气十足，生意火得简直可以用爆棚来形容。"曾经有过下乡经历的石公正觉得特别亲切。好一番沟通努力之后，他的酒店换成了老三届的招牌。

石公正去山里收来了那个年代的宣传画，老的毛主席像，长条凳，旧马灯，还有农村常见的大蒜、玉米辫子等，怀旧的环境里，金黄的玉米饼子、红薯丸子、香喷喷的小鸡炖菜等乡土味十足的饭菜，一时吸引了食客无数。开业那天，郑州几乎所有的新闻单位都去了。门口的客人排成了长队，有些心急等不上翻台的客人，甚至自发地拼台。

3个月后，石公正的第二家店在经七路开业。200平方米的小店，一天营业额达到一万多。更疯狂的是，仅仅45天，这个店的成本就全部收回。"一盘红薯丸子20块钱，小窝头一块钱一个，一天能卖出去几百份，有的外国客人吃完了还要求再点几份打包带走。"

回想起当年的红火，石公正很是感慨。"最好的时候，自营店开到了5家，要求加盟的络绎不绝。"

○一个骗局引发的败落

开饭店的人免不了与酒打交道。饭店开到5家的时候，石公正每次进酒的数量最少都要100箱。他就在这时候萌生了自己做酒的念头。

"在跟一个河南的酒厂联系之后，我们开始生产老三届酒。"酒放到店里，反响挺好。石公正决定大干一场。店里的声音交给了一个熟人介绍的朋友。石公正除了知道他在花园酒店做过经理，其他的了解并不多。但注重感情的他觉得，既然是熟人的朋友，那也就是自己的朋友了。"用人不疑，疑人不用。我把酒店的事务全部托付给他，自己开始专心致志地忙活酒的事。"

但石公正没想到，仅仅5个月后，就出事了。那个人消失了，同时消失的还有饭店的营业款。

留下的是5个月没有结的房租、水电、工资，及各种各样的货款。

石公正去找熟人，才知道这个替他管理的经理曾经有过一段失败的婚姻，前妻在罗马尼亚。在为石公正管理了5个月的酒店之后，他带着全部的营业额和复婚的希望奔赴罗马尼亚。

一切原来都是骗局，可怜的是，石公正一直到最后，也不知道那个人带走了多少营业款。他知道的只是，他的酒店欠了供货商们60多万元的货款。

他被愤怒的供货商们包围了。"人家不会管我让谁管理了，也不会管我凭空亏了多少钱，人家只想要回自己的货款。"

欠债还钱，天经地义。石公正卖了3家酒店，把400多个供货商召集到了一起，他只说了一句话："大家把欠条拿来，今天我一天处理完。"

那天他忙到了凌晨两点。黑漆漆的夜里，他一个人走出酒店，忽然一阵踉跄，几乎跌倒。

○割舍不下我的老三届酒

仿佛一夜之间，老三届酒家就这么消失了。

然而石公正倾注了全部心血的酒，做得也并不顺利。

"开始在店里卖得还不错，客人们用大黑瓷碗喝酒，自己卷烟抽，那种感觉很惬意。"趁着这种好势头，石公正成立了老三届酒业公司。他拉着自己的酒去了长沙，参加全国糖酒会。让他没想到的是，条幅一拉，穿着绿军装的推销员挎包一背，竟吸引了中央电视台的镜头。"摊位前的人越挤越多，一个东北的老板当场要了一个十吨的集装箱。老三届酒就这么在会上露脸出名了。”

那一车酒最后被长沙知青酒楼的老板全部买下，老三届酒和石公正的名字也在一夜之间成了酒业里的香饽饽。石公正考虑和知名的酒家合作。在著名演员姜昆的牵线搭桥下，石公正很快与四川的一家著名白酒企业达成了合作意向。“人家很热情，开出的条件也很优厚。”但就在签合同的前一天，河南一家白酒企业找到了他。除了更优厚的条件，最打动石公正的是对方的一句话：河南的品牌，还是应该咱河南人做。

性情中人石公正就这么开始跟河南的这家酒厂合作。然而合作并不像他想象的那么爽气。关于那些是非纠葛，他已经不想再提。他想说的只是，商场是不能讲柔情的地方，可他恰恰是一个注重感情的人。这样的结局，他怪不得别人。

但他还是割舍不下自己的老三届酒。他记得那年糖酒会，临走的时候，他在长沙知青酒楼请了当年的一些老知青。“说起当年的事，有人说自己和那个姑娘谈对象，最后连手都没牵过。有人说谁在农村结婚了，还有人说现在谁谁已经不在了。酒到酣处，感叹，大笑，甚至失声痛哭，都显得那么自然。”

一口一个故事，一碗一段人生。那一幕让石公正意识到，老三届酒跟别的酒真的不一样，它有一代人的故事在里面，这样有内涵的酒是有生命力的。他发誓，总有一天，他要把这个酒重新做大。

○一口一个故事的老三届饺子

石公正说自己是个俗人，别人都看重的燕窝鲍鱼，在他看来远没有饺子可爱。

他说起自己在农村锻炼时的一段经历。那一天他们派饭到了村支书家。“那天天下着雨，没法出工干活了，老支书就张罗着给我们改善生活。他割了院子里视若珍宝的两畦韭菜，拿出了家里珍藏的白面，拌上豆腐，撒一点点十三香，还打开用墨水瓶装着小磨香油，撒了几滴。那饺子真香啊，一直到现在我还念念不忘。”

正是因为这种念想，在大河公馆酒店渐入佳境之后，2009年初，石公正又开了老三届饺子馆。红色为基调的饺子店里，有黑白老照片，更有乡土味十足的菜品。小鸡蘑菇abc,讲述的是不学外语的知青们偷农家母鸡的经历，红薯丸子和玉米锅贴讲的是那段与淳朴乡人们共吃一锅饭的岁月。一口一个故事，一碗一段历史，说的不只是老三届酒，还有这最乡土最自然的饭菜。

在石公正的心里，饺子已远远超越了美食的概念。这么多年天南海北、起伏跌宕的经历，他吃过的美食何止万千。善做一手好饭菜，又对美食颇有心得的他之所以爱饺子，就是爱那份家常、自然的味道。对美食的挑剔让他对自己经营的饺子非常挑剔。他会为了解决韭菜饺子常遇到的塞牙、不消化、口中有异味等问题专门研究韭菜的品种，为了找到最适合包饺子的韭菜专门找蔬菜研究所的专家咨询……哪种韭菜适合炒菜、哪种韭菜适合腌渍、哪种韭菜适合包饺子，他会认真地坐下来跟你讲不同品种的韭菜口感的差异及最适合的吃法。

所有的原材料在他眼里都有区别，正如在饭店和在家吃同样的饭，感觉却是不同的。为了那份家常，他的饺子绝不加任何添加剂，全部手工包制。“为什么很多人都会有在外面吃不饱的心理，在饭店几千元一桌的菜会剩下很多，而在家妻子、母亲或者自己做得很简单的家常菜，不管是一盆还是一大盘都能吃得干干净净！？就是因为家里的饭菜包含着家的味道，包含着家人之间那种发自内心的真爱，我的饺子想给客人的就是这种味道。”

B
石公正如是说

一口一个故事，一碗一段人生。这就是你在老三届酒店可以经常看到的饺子就酒那一幕。

老三届的每个人都有一段历史，都有一段无法割舍的情怀，那种感受和滋味真的和没有经历过这一切的人感受不一样，它有一代人的故事在里面，这样有内涵的老三届3个字是有生命力的。

C
印象派

商场是个拒绝柔情的地方，可石公正却恰恰是个那么看重感情的人。

看到报纸上有40后50后就业难的报道。他就坐不住了，一直在想着怎么去帮这些同龄人。自己手里那几家做的顺风顺水的饺子店忽然给了他启发。“饺子店投资小，如果召集有过下乡经历的无业人员，不收他们加盟费。100多平方米，雇三五个人，他们申请小额贷款自己就能干起来，一年基本上收回成本，对他们来说力所能及，压力也不大。”

“饺子连锁加盟要搞起来，酒也在跟贵州的一家知名白酒企业洽谈，年后就该有大动作了。”饺子就酒，越吃越有。永远的老三届情结让他信心满满。“以后重心也就这两大块了。”石公正说。

【人物名片】

苏郑宏

河南郑港汽车服务有限公司董事长

【达人语录】

“如果不学习，终究是坐井观天。”

汽车“潮人”

A 故事

○曾经的“四大天王”

苏郑宏是河南郑港汽车装修有限公司的董事长。

前段时间，他的郑港刚刚度过25岁的生日。25年，从当年的路边小店到目前的中国十大汽车服务品牌，这一路的跌跌撞撞，没有人比他体会得更深刻。

1984年，西安冶金建筑学院的毕业生苏郑宏分到省电力设计院，成了一名年轻的工程师。就在这时候，原在郑州汽车制造厂任厂长的父亲也离休了。在家里闲不住的父亲，和母亲商量了一番，搞了个家庭作坊式的汽车修理厂，专门为别人加工汽车座套。

当时南方的汽车服务行业已经发展得相当不错。“不光装地板胶、空调、座套等，还出现了汽车香水、挂件等装饰品。”但在当时的郑州，做汽车装饰的不超过10家，这其中大部分还是广东人。也许是因为家庭的血缘遗传，苏郑宏很是喜欢汽车，没事就到父亲的店里帮忙，或到广东人的店里跟着老师傅学手艺。

那一年省政府进了一批奔驰280，想给新车装上座套，跑遍了郑州无人敢接。胆大心细的父亲去现场看了看，几次实地测量，又把座位放倒仔细琢磨，拍板接下了这个活儿。几天后，紫红色的金丝绒座套全部做好，套上座位，既服帖又好看，一时在行业内传为佳话。

当时郑州的汽车，满打满算不足2 000辆，很多还是公务用车。意识到这一点，老苏家的郑港汽车就在省政府门前坐地起店。座套、空调、cd等新鲜玩意吸引了全省来办事的车辆。

络绎之间，行业内开始流传这样的说法：东边有老苏，北边有老尚，西边、南边有老王，人称省内汽车服务业的四大天王。

○汽车装饰城，那一场伤心“滑铁卢”

1989年，父亲把生意交给了苏郑宏兄妹几个。苏郑宏就在这时候辞职，正式下海。

他是个爱琢磨的人。有一年到广州，看到街上有车装了防盗器。人一接触车就唧哇唧哇地乱叫。他很纳闷。在街上转来转去，终于找到一家安装警报器的店面。那一次，他在广州住了7天。7天后他回到郑州，开装警报。门前的车排成了长队，回想起那一幕，他用的词语是，“简直火得一塌糊涂！”

还有他率先引进的太阳膜。那也是一次偶然发现。“有天一辆北京车来店里装饰，我看到车上蓝绿色的膜圆润一体，跟以往的茶纸相比，外面看不见里面，但里面的人对外面的风景，则可以一览无余。”

苏郑宏第二天到了北京，终于在亚运村附近找到了太阳膜。“茶纸一卷200元，太阳膜一卷8 500元起，里面的利润一看而知。好东西顾客也欢迎，这样双赢的事，我早就该拿来了。”这件事让他感叹自己入行多年，如果不学习，终究是坐井观天。

1997年，南方一家品牌代理商给苏郑宏透露了一个消息：日本现在正在流行一站式汽车服务，从维修、装饰美容刀车务代理等，一应俱全。

一番考察之后，这年的4月28日，苏郑宏的郑港汽车装饰城开业。占地22亩的装饰城里，有600平米的销售大厅，有800平米的停车场，后面连着的就是各种品牌的配件库。

这样的装饰城在全国都该算是新生事物，一时郑港声名鹊起。“二级城市的好车都到这里保养，2001年的时候，一个月的营业额能达到100多万。”

但就在生意最好的时候，出现了变故。“原定30年的用地合同只营业了4年就要收回，我在这上面的所有投资都毁于一旦。”官司打了四年，最后胳膊别不过大腿，还是不了了之。

这一场伤心的滑铁卢，让苏郑宏元气大伤。但他同时也意识到：店面要租产权明晰的，或者就是自己买下房子，省却不必要的麻烦。以后要化整为零，专心做中型的优质店。

吃一堑长一智。苏郑宏自嘲，花几百万学费，避免以后的麻烦，还不算最糟糕。

○时尚潮人的奇思妙想

元气大伤的2001年，也是苏郑宏开始转型的一年。那一年5月，他在未来路组建了新店。因为顾客的口碑，因为郑港这么多年的信誉度和美誉度，生意很快又风生水起。2002年4月，他的花园路店开业。现在的郑港，已经是拥有八家直营店，省内加盟店达到110多家的大型品牌汽车服务专业公司。

而苏郑宏爱琢磨，喜欢领风气之先的个性依然如故。看到行业内工作人员专业素质和服务素养不高的现状，他创办了郑港汽车装饰美容培训学校。别人都说办学校就是烧钱的，老苏这次是傻了。但苏郑宏有自己的见解。“汽车服务行业人员素质差，内容服务简单，范围窄，价格混乱，产品品质良莠不齐，消费者投诉多。如果在我的培训学校，一个普通人能在最快时间内掌握行业人员该有的专业知识和服务修养，这对整个汽车服务行业都是好事啊。”

2003年，苏郑宏去法兰克福考察。在机场上他看到，当地的出租车的牌子都是真皮座椅的奔驰。当地人告诉他，在国外，出租车都是真皮座套，因为简单干净。家庭用车，越是有钱人越是不用真皮座套，而用布衣座套，既温馨、舒适，又有自己的个性。他忽然想起自己来时乘坐的波音777飞机，那上面的座套也是布衣，白色的刺绣花边，显得那么雅致。这给了苏郑宏一个思路：在越来越讲究个性的现在，布衣座套应该比真皮座套更有市场。

回来之后没多久，他就筹划布衣座套的生产事宜。他翻阅韩国和日本的大量资料，跟设计师共同设计出了公务、商务和家居三大类别几百个系列的各种布衣座套。“温馨，庄重，时尚，前卫，只要你能想到的风格，在我们这里都可以找到。”从小批量试水，到大规模生产，苏郑宏用了6年多的时间。2010年，郑港布衣生产有限公司开始大批量生产，向全国批发供应。

○2015上市计划

2005年，苏郑宏和行业里的知名人士一起，牵头成立了河南汽车用品业商会。在经营好自己的企业之外，为这个行业出谋划策，摇旗呐喊，就成了苏郑宏和伙伴们另外的工作。

商会联合政府部门搞了五届的中国郑州汽车用品展销会。去年的那一届，20多个国家组团参加，“无论是参展人数，规模影响力还是销售额，在行业内都算得上全球第一。”

2009年5月8日，在郑州市劳动局和郑州市创业指导中心等单位的支持下，河南汽车用品业商会副会长单位宏达国际车业广场被授牌“河南省汽车用品创业孵化基地”和“大学生就业实习基地。”中国汽车后市场产业中第一个以大中专毕业生、下岗员工等七类人员为主体的创业基地就此诞生。

2010年的省政治协商会议上，苏郑宏提出了一个百城万店现代汽车服务业创业工程提案。按照这个题案，2010年6月之前，河南省19个地市中要建设100家统一VI设计，统一管理，统一价格的社区汽车生活馆。保证3 000名以上的7类人员就业。保证200 000车主在家门口的社区汽车生活馆里就可实现车辆美容、维修和租赁、保险车务办理等一系列服务。他的目标是，“2015年，百城万店创业项目要实现上市，成为第一个以创业为基础的上市公司。”

这样的目标，听起来大了点儿。但对做人主张仁义礼智信，做事遵循道天地将法的苏郑宏来说，只要顺应天时地利，又有什么不可以？！

B 苏郑宏如是说

做人要遵循仁义礼智信，做事遵循道天地将法，顺应天时地利，目标明确，没有什么事情是做不成的。

C 印象派

单从外表上看，苏郑宏跟潮人这样时尚的字眼是不搭界的。

他穿普通的灰色毛衣，蓝棉袄，浓眉大眼。笑容和见面时握手的力度一样，透着宽厚与自然而然的正气。

但就是这么一个正统的人，在河南的汽车服务业率先引进隔热膜，改装CD与防盗器，第一次以占地22亩的郑港汽车装饰城轰动全国……

2010年的省政协会议上，他又提出了河南省百城万店现代汽车服务业创业工程的提案。

按照他的设想，2013年，在全省范围内已星罗棋布的“社区汽车生活馆”至少实现10 000人的就业，2015年，“百城万店”汽车后市场创业项目要实现上市，成为第一家以创业为基础的上市公司。

拥有这样一系列奇思妙想的人，你说潮也不潮?

【人物名片】

甘宇翔

河南联大外国语学校校长

【达人语录】

"所有的经历都是财富。"

倒吃甘蔗味愈甘

A 故事

1988年高考，山里孩子甘宇翔的英文只考了60分。12年后，这个深受外语伤害的人却不惜重金聘请外教办起了外语培训学校。

10年过去，从6个学员开始的联大外国语学校已经成为河南外语培训市场的第二大品牌。

都说倒吃甘蔗越吃越甜，置身这个圈子，甘宇翔愈来愈咂摸出了其中的味道。

○下海第一课

熟悉河南外语培训市场的人，大致都知道一个座次表：从新东方，到联大，再到大山……这样的排名也许不那么科学严格，但一定意义上道出了这个江湖的大致格局。

甘宇翔把联大做成品牌，用了整整10年的时间。之所以进入这一行，他觉得完全是歪打正着。

1992年，河南农业大学的毕业生甘宇翔分到了郑州供销社下面的一个土产门市部。门市部在偏远的郊区，只有十多平米大小，卖的就是锅碗瓢勺和拖把垃圾斗。当时甘宇翔的同学有的分到了海关，有的分到了外贸，还有的分到了动植物研究所。比较之下，甘宇翔特别失落。“可父母为了我的工作已经欠了账，我不能拍拍屁股就走人。”好在门市部的经理同情甘宇翔的境况，在保留了岗位后，甘宇翔半年后请了长假，帮朋友销售医疗器械。

那是一段吃尽苦头却没有尊严的日子。“我带着输液用的无纺胶布跑业务，西安、广州、哈尔滨，几乎全中国都跑遍了。”农家的孩子是不怕吃苦的，但最难受的是要账时要面对的别人的冷眼。

1994年的腊月二十五，甘宇翔到湖南邵阳去要账。此前他已经在邵阳磨了一个月未果。这一次临近年关，对方看实在没理由再一毛不拔，就给甘宇祥结了500元的账，让他先回家，剩下的账以后再说。谁知就这500元中还有一张是假币！回家的火车上，甘宇翔所在的车厢又遭遇七八个明抢的车匪，万幸的是，车匪看甘宇翔一副穷学生打扮的模样，听他说没带钱，就信了他没有搜身，算是躲过了一劫。

类似的经历，甘宇翔已记不清还有多少。“如果说所有的经历都是一种财富，这下海后的第一次磨难，起码锻炼了我超强的抗打击能力。”

○倒吃甘蔗，从小语种起步

甘宇翔的联大外国语不能算这个市场起步最早的，但却是最有特色的。别人的培训学校都是从大语种发展到小语种，他却从小语种的法语德语起步，逐渐占据了外语培训的大片河山。

1996年，已近而立之年的甘宇翔到朋友的加拿大移民公司做运营副总。“当时河南做加拿大移民的公司还比较少，签证率比较高，朋友的公司可以说赶上了好时机。”甘宇翔说起当年的盛况，他们在海天大酒店包下了一层楼，“那么大的大厅，来自省会以及下面地市想出国的人把整个大厅挤得水泄不通。”

两年后，在儿子诞生那一年，甘宇翔有了自己的公司。“公司名字和儿子的名字一样，都叫加新。” 因为有两年的经验，甘宇翔的公司一开始就很红火。但就在这一片形势大好中甘宇翔发现了问题：当时国内尤其是河南去加拿大的技术移民很少，只做加拿大移民市场显然风险会越来越大。而且随着国外对签证资料审查越来越严格，留学中介会越来越难做。

2000年，一个留学法国的同学建议甘宇翔做外语培训，他的理由是：要留学的人在出国前肯定要上语言班，随着出国潮的愈来愈热，外语培训将更有市场。

这年5月18日，甘宇翔的法语培训班正式成立。曾深受外语伤害的他，不惜重金请来了上海同济大学的教授。这些教授曾培养出中国第一批派到法国和德国读博士的语言专家。他还从西北工业大学和解放军外语学院聘请来60多岁的退休语言专家，到学校面对面地跟学员交流。这些来自名校的名师们，在让学生们尝到甜头的同时，也为联大外国语学校赢得了口碑和市场。“甘老师的班老师牛！”“签证率几乎百分之百！”随着赞誉口口相传，甘宇祥的法、德、韩、日、俄、西班牙等语言培训班相继推出，郑州联大外国语学校的学员也在发生裂变：开班的那天只有3个人，到了暑假的时候就发展到了30个人，秋天，甘宇翔的学员已经上升为100多人。

○被带走的外教

在小语种的培训做的风生水起之后，这年年底，甘宇翔的英文培训班成立。进入这个市场，他才觉出了其中的竞争。为了在竞争中脱颖而出，甘宇翔从大学请来了外教。“160个课时，当时的行情是每个课时收费15元，但当时我不了解行规，只收费4元钱。在报纸上一登出广告，学员们呼啦啦去来交钱了。开课时竟来了120多人。”偌大的阶梯教室挤满了人，天下着大雨，学员们都觉得自己交了钱，就有权利听课。急得焦头烂额的甘宇翔最后只好拿出花名册，随机花掉了一半，并当场好言相劝把钱退给学员，课程才正常开始。

有了这一次的教训，甘宇翔看到了外教的强大魅力，加大了外教的数量。但甘宇翔没想到，没多久又出了事。

2001年春天，在甘宇翔的课堂上，正在上课的两名外教被公安部门带走。直到那时甘宇翔才知道，请外教是要经过相关部门批准才可以。“刚开始时这个市场一片空白，很多条款只有到出了事时才知道。”

怎么办？自己的培训班还要不要外教？要长久发展，必须走规范之路，而规范则要付出代价。甘宇翔心里斗争了很久，最后还是决定：坚持自己的外教特色。他交了10万元办齐了所有的相关手续。成为全国第一批拥有外教资格证书的培训学校。

十多年后的现在，联大外国语已发展了十个校区。这样的速度，真的不算太快。甘宇翔把这归结为两个方面：一是因为自己保守的性格，另一个就是，在规模和核心竞争力中，他选择了后者。

联大的核心竞争力是教学质量和教务管理。所有的老师都来自名校，300名员工里，150名师老师，另一半是服务人员。在多数培训学校由老师来承担服务的现状下，联大的这种做法无疑增加了自己的成本。“但教学质量和服务质量无疑提高了。学生从入学那天起，我们的服务人员就会为学生建立档案，实行管理跟踪我们的电教中心每个月会有两次电话教学，把电话打到学员家里，与学员和家长进行沟通及督促。”

B 甘宇翔如是说

外语培训班要请外教，要长久发展，必须走规范之路。这是我从事外语培训14年来最深切的体验。

C 印象派

甘宇翔说自己是个山里的孩子。小时候的苦到现在还记得。

“我中学住校时，每周花两个小时的时间翻山越岭回家，老母亲水煮黄豆，多放些盐，用玻璃罐头瓶装满一瓶，够一周吃的，算是菜，常年吃凉菜，胃就落下毛病。学校的菜，5分钱一份豆腐汤，1角5分钱一份肉丝汤，对当时的我们来说就已经很奢侈了。”不仅仅是生活上，还有教学上。由于村里老师英语水平不高，中考时，当时的英语满分是50分，他只考了6分。

2009年6月，淮阳希望小学的李灵老师来省城为孩子们收集教材。看到报道，来自大别山的甘宇翔深深感动了。他决定帮帮这些孩子。他联系到了李灵老师，在捐款捐书之外，说了自己的一系列计划。7月29日，李灵带着班里学习最好的十几个孩子来到了省城。在联大外语学校，他们听外教讲课，为他们纠正发音。下午，他带着孩子们去了省博物院。看着孩子们怯生生却又掩饰不住开心的神情里，甘宇翔仿佛看见了当年的自己。

11月15日，天降大雪。甘宇翔带着书包，教辅和几名外教来到了淮阳李灵希望小学。在这里，他们要举办一场英语才艺大赛。

甘宇翔坐在台下，看着台上和外教们共同表演的孩子，他又看见了当年那个翻山越岭求学的少年。那个高考英语只考了60分，把总分拉下许多，最后不得不去选择复读的落榜生。

时隔20多年，他已经淡忘了很多事，但人生中被英语绊倒的两次仍耿耿于怀。他只希望，这样的伤害，淮阳小学的孩子们，再不要碰到。

【人物名片】

周保中

禅宗少林音乐大典总负责人、郑州市天人文化旅游有限责任公司总经理

【达人语录】

“以平常心，做本分事。”

音乐大典禅宗方程式

A 故事

禅是什么？佛曰：不可说，不可说。

不可说的东西，又该如何来阐释，如何来经营？

一边是虚空，顿悟和放下，一边是要计算，成本的付出，利益的获得。这样的跨越和平衡，对所有的投资者和经营者来说，都是一道巨大的难题。

禅宗音乐大典的总经理周保中解这道题的时间用了3年多。现在，答案渐渐明朗，结果看起来还真不赖。

○高人点化，大典诞生

2010年3月25日晚上10点。

忙了一天的周保中在茶桌前坐下，为我们筛上第一道茶。外面看节目的游客渐渐散去。透过窗户，能看见天上硕大的圆月，还有月光中观礼台上那2 000多个黄色的蒲团。

面前的这个人，高，瘦。语速很快。当他说话的时候，鼻梁上的眼镜一次次地滑下来，他就从眼镜上方笑望着众人。

不是我们想象中的高深莫测，仙风道骨，说实话，他更像一个健谈本分的邻家大叔。这个喜欢喝茶，把陆羽的《茶经》读了两遍的男人，开始和我们讨论茶，禅，讨论专业禅和俗家禅的区别。谁又能想到，仅仅在3年前，面前这个人，还是一家金融投资公司的项目经理。

时间真是个很神奇的东西。

2004年，登封少林寺的名号已经火遍华人世界。“当时路已经修的很好，游客一般都是当天来当天走。时任的登封市领导就有了一个想法：能不能策划一台跟禅宗有关的演出，让游客们晚上在登封住下来？”

作为文化圣山的嵩山，有自然的溪泉流瀑和清风明月，更有深厚的禅宗佛学底蕴。想法有了，剩下的就是高人们的点化。

于是策划出中国第一部山水实景演出《印象·刘三姐》的著名编剧梅帅元来了，获得过格莱美音乐大奖的艺术总监谭盾来了。于是少林寺方丈释永信来了，文化学者易中天来了，著名的舞蹈设计黄豆豆来了，还有张艺谋的舞美师曾力，灯光设计师易立明……国内最顶尖的人才几乎被禅宗少林音乐大典一网打尽。

按照编剧梅帅元思路，禅宗少林音乐大典不能以少林武术的打打杀杀为切入点，而应以少林武术和禅宗文化为载体，以大山为琴，溪流为弦，以若隐若现的古刹禅院为背景，让游客在天人合一的自然之音中感悟慈悲和圆满。

施工进行了两年。作为投资方代表人之一的周保中在项目完工后留了下来。两年时间，他不仅对这个项目的每一个细节了若指掌，还读了大量佛教禅宗的经书。“经营文化产业比不得其他，董事会考虑让我负责这个项目的经营，也许就出于这样的考虑。”

○化解一道难题

2006年11月17日，借着在省会召开的中博会，禅宗少林音乐大典开始了第一场演出。

但第一场演出就给了周保中当头一棒。“因为时间仓促，节目做得粗糙，演出效果并不好。”到场的只有几个观众。其中有一个场景，是牧羊女赶着羊群下山。“但羊不听话，一听见音乐就四处乱跑，最后我们只好又增加了一个羊倌，训练了几次，才渐渐正规。”

在和创作团队进行充分沟通后，少林禅宗大典又在许多细节处进行了修改完善。但观众仍是寥寥可数。“每个月公司都要往里面倒贴几百万。”

那是周保中最痛苦的一段时光。晚上他自己坐在观众席的蒲团上，一坐就是几个小时。头顶是清风明月，身旁是流水潺潺，秋虫在草丛中唧唧轻唱。他焦躁的心慢慢平静下来。他坚信这样的环境和节目会有人喜欢，只是需要假以时日。他想，佛说以平常心，做本分事。“现在我就把自己该做的都尽心竭力做好，剩下的，那都是以后的事。”

禅宗少林音乐大典的演出坚持了下来，哪怕只有几个观众，几千人的演出也要照常一丝不苟地完成。周保中在和董事会商量后，制定了3个阶段，“第一年到一年半是市场的培育期，之后的一年多是市场发育期，然后我们才开始考虑利润。”

周保中和他的团队开始了推广禅宗少林的过程。那段时间，编剧梅帅元出现在央视的各类访谈节目上， 2007年5月23日，释永信大师为禅宗少林演出举行开光法会，6月1日，王志、易中天等在禅宗少林音乐大典论禅。不止如此，出现在这里的，还有朗朗、杨澜，还有……禅宗少林音乐大典的名字开始频频出现在各大媒体，进入人们的视野。

○一次震撼的演出

以平常心，做本分事。周保中把这样的理念也阐述给了自己的每一个员工。2009年11月16日，嵩山天降大雪。气温降到了零下十几度，地面但凡有雪有水的地方都结成了溜冰.寒风吹过，漫天雪花裹着雪粒，把人的脸打的生疼。就在这时候，禅宗少林音乐大典迎来了一批特殊的客人。“这些客人来自印度、新西兰、澳大利亚和加拿大，还有参加汽车展的一部分国内游客，他们一个月前就订好了音乐大典的票。看到他们对少林文化近乎执著的热情，我对员工们说，就是天上下刀子，咱们也得演。”

那真的是一场奇特而撼人心弦的演出。飘飘洒洒的雪花给四周笼上一层如梦似幻的面纱，三座山峰在玄妙灯光的照耀下晶莹闪亮。大自然的风声、林涛声、僧人的习武、念经的吟哦声以及谭盾美妙忧伤的乐声合在一起，构成一种天籁般的禅韵。呵气成霜的观礼台上，1 200名观众穿着周保中挨家挨户借来的御寒棉衣，静静端坐在蒲团上，秩序井然。只有在每个乐章音乐停下来的间隙，才跺跺被冻僵的脚。

演出舞台铺了地毯，但在结满了溜冰的现场，摔跤的演员还是比比皆是。为了演出效果，演员穿着单薄的演出服，仅仅在里面套了一层肉色的保暖衣。周保中在后台支了3口大锅，不间断地熬制红糖姜汤，所有的后勤和管理人员都全部出动。“每个演员上台和下场前我们都赶紧端上姜汤，让他们御寒。看着演员们冻得浑身哆嗦嘴唇发紫，我几乎掉下泪来。”

○禅宗少林的大圆满

2009年对禅宗少林音乐大典来说，应该是个好年份。因为就在这一年的10月，禅宗少林音乐大典提前度过了市场培育和发展期，进入了盈利期。以平常心，做本分事，这句周保中经常告诫自己的话，再一次得到了很好的验证。

“对我而言，我的本分就是为观众奉献一台可以让他们有所感悟和触动的演出，为企业和员工们把内外部环境理顺，为我的投资方把经营做好，让他们得到回报。”因为这样的思路，平时的应酬、接待和与各种相关部门沟通，这在很多老板不胜其烦的事情，在周保中看来都可以接受。

2010年3月，禅宗少林音乐大典经过一冬的休整，开始复演。游客们惊喜地发现，复演后的节目增加了新亮点。节目的最后，佛光大亮的一瞬，对面的山峰上，竟真的出现了一座大佛。周保中说，为了这座大佛，他们的员工在山顶装了射灯。“尽管做了避雷设计，但一遇到雷雨天气，还是会劈掉许多，所以每天检查维修成为必做的功课。”

最让人感动的，还是新增加的雪花那一幕。当四季变幻，生命轮回，画面进入到严冬，人造月亮从山那边慢慢升起，天空竟真的飘起雪花。“我们为营造意境，专门花大价钱买了几台造雪机，过几天还要增加两台，那时候，意境和氛围会更美。”

虽然现在每天已经可以接纳四五千名游客，但周保中从来不觉得自己是在做大众文化产品。“禅宗少林是为有一定生活阅历和深度的游客准备的。如果他们可以在我们的音乐大典中，感悟到刹那的平静、感动或其他感触，那对禅宗少林音乐大典而言，就是很大的满足了。”

B 周保中如是说

经营文化产业比不得其他，不仅要对项目的每一个细节了如指掌，还要读大量有关这方面文化的书。抱着本分心，做好眼前事，以后怎么样，结果会自然而然。

C 印象派

说实话，周保中并没有想象中的仙风道骨。他和在我们面前呈现的禅宗少林音乐大典一样，透着入世的快乐、忧伤，又有出世的空灵和悠远。

比如他爱茶，哪一种茶的产地，品性，味道，他信手拈来，阐释的丝丝分明。但到了周末，回到家里，他就哪儿也不去了，“专心致志陪家人。”

这就像他的音乐大典。演出中，浣纱女在溪边快乐地浣纱，高坡上武僧的棍棒舞得习习生风，欢快的牧羊女和羊倌赶着羊群下了山，而溪边的山石上，打坐的老和尚已经入定。洗衣做饭，习武诵经，吃饭睡觉。这就是禅宗音乐大典表现的禅。

佛是什么？佛是过来人，人是未来佛。所以这生活的每一刻，其实每个人都是在禅修。

【人物名片】

席文太

爱乐钢琴、爱乐之家艺术中心总经理

【达人语录】

"顺其自然，水到渠成。"

爱乐钢琴梦

A 故事

一个农家子弟和一个全国前5名的钢琴销售企业老总之间，距离是多少？

席文太的回答是：21年前是十万八千里，21年后慢慢就变成了零。

龙生龙，凤生凤，老鼠的儿子会打洞。

这句流传了多少年的俗语，在爱乐钢琴老总席文太的身上，却没有印证。

○钢琴不找我，我去找钢琴

席文太第一次摸到钢琴是在21岁。

1987年，席文太接父亲的班去信用社上班。上班没多久就买了个手风琴。大伙儿都觉得他不务正业。一个上年纪的同事劝他："买这个不当吃不当喝的，你买个自行车多好！"

信用社很快走入困境，最后连工资也开不下来了。从收音机里听到了外面世界的席文太决定辞职。1989年，席文太托了在河南大学音乐系做主任的邻居，进入音乐系插班进修。

在那里，他终于摸到了传说中的钢琴。

席文太说他在河大虽然只待了一年多，却学会了两样东西：弹钢琴和抽烟。

音乐系学钢琴的女多男少，但钢琴只有一台，要练习都得排队。“一个人半小时。”半路出家的席文太虽然有以前的乐器底子，但还是弹不好。晚上轮到他导琴房练习，发愁的他一边抽烟一边琢磨。到了11点，女生进来了，一看满屋子的烟，骂一句“呛死人了”，扭头就走了。席文太反倒乐了。“终于找到一个可以霸占钢琴的办法了。”

勤学苦练，席文太的水平很快突飞猛进。但只学了一年，席文太没了钱。“开始是蹭课听，后来被人发现赶了出来。”这样拖延了半年，学校看席文太水平也还不错，同情之下还是给他发了结业证书。

席文太拿着证书去各个中学找工作，他的要求很简单：只要有钢琴即可。这个条件让席文太屡屡碰壁，一个中学校长说的更是难听：“我花几千块钱买个钢琴请你做音乐教师，我疯了！”

既然钢琴不找我，我就去找钢琴吧。1991年，席文太到了郑州，在紫荆山百货大楼卖钢琴的柜台做了一名临时工。

○搬运工、调琴师及小琴行老板

那是席文太积淀日后安身立命本领的几年。

每月100元，他是接待员，还是清洁工和搬运工。“反正正式工不愿干的活儿我都得干。”每天忙得屁颠屁颠，但席文太还是跟修钢琴的师傅学会了调琴。当时调琴的费用一次50元，席文太帮顾客把琴送到家里，再帮着调下琴，收入自然多了。

席文太先后在两家国有琴行干过，因为会弹琴，调琴，他的工资虽然最低，但拿到手里的钱总是最多。从来都是枪打出头鸟。“我拿的比正式工还多，人家当然不愿意了。”

1995年，被国有琴行辞退的席文太在丰产路开了家小琴行。“几年攒了七千多，又从老家贷了七千块，小店就开张了。”

那几年的人脉累在这时候派上了用场。国有琴行把不好卖的钢琴赊给了席文太。卖出去两三台再结账。“一样的货，国营商场卖一万二，我们这里卖8 500，顾客又不是傻瓜。我们的生意就这么起来了。”

大学毕业做了音乐教师的很多同学也在这时候帮了大忙。第1年，席文太的小店卖掉100台钢琴。第2年他又开了第二家店。第3年，他拿到了星海、东北等知名钢琴品牌的代理权。

○“土豹子”的天津反击战

2004年，爱乐钢琴已经在河南有了20多家连锁店。“但外地人还是看不起河南企业，觉得你做得再好也不过是因为人多。”席文太很不服气，他带着团队去了竞争激烈的天津。

当时的天津，除了三大家知名的国有企业，还有香港的百思和姜杰等品牌。席文太拿着天津地图，看路过几家知名琴行的公交线路，在摸了一个礼拜市场后，有了主意。

从那年的5月1日到10日，席文太包下了3辆公交车的车身广告，每天这些有着爱乐钢琴广告的车辆，就停在各大琴行的门口。“这样的宣传，买琴人都可以看到，可谓事半功倍。”

天津的老头老太太们想搞个合唱团，去其他琴行拉赞助要么被拒绝，要么附加许多苛刻条件。来到爱乐，席文太二话不说就应承下了。不光如此，他还和天津音乐学院出面洽谈，包下了几个音乐厅的全部座椅座套，一时之间，天津人都知道了爱乐钢琴这个河南企业。

善于宣传，又不卖杂牌的爱乐钢琴很快在天津崭露头角。两年后，爱乐的3家店占据了天津四分之一的市场，“知名度达到第一。”

从来被人看不起的河南“土豹子”，就这样打了一场漂亮的“天津反击战”。

○上市的事，不急

不卖杂牌，席文太说这是自己的一贯信条。

“这么多年来，爱乐的发展过程其实就是一个和不法老师斗争的过程。”2001年，中国大的钢琴品牌得以爆发，但也就在这一年，杂牌钢琴开始大量出现。“一万多的钢琴，老师拿到的回扣就有3 000元，而且是老师说哪个牌子好，学生就买哪个牌子的。”钢琴跟所有其他商品一样，品牌形成之后，利润空间就基本固定了。杂牌子的钢琴因为利润空间大，自然会被一些重利轻义的不法老师频频推荐。

席文太不想变身不法商人，那一年，爱乐的生意也受到很大影响。“但我会在别的方面开辟新的市场空间。”

席文太成立了爱乐之家艺术中心。这是他在日本参观时取到的真经。“在日本，雅马哈钢琴价格较低，一般出现在商场。卡哇伊是高端的，一台钢琴就要四五万，比雅马哈贵上好几倍，但它的销量却也很好。”卡哇伊走的是直营店加音乐培训的专业化路子。“儿童或成人如果有兴趣，可以去卡哇伊的音乐中心免费上课，学几节课如果有兴趣了，自然有人会买便宜的二手琴练习。这样随着水平提高，顾客可以把原来的钢琴放到卡哇伊琴行寄卖，再换更高档的。”

席文太的爱乐之家艺术中心，跟卡哇伊的音乐教室有些类似，“都是在培养潜在的客户，事实证明，这样的客户能占到我们销售总量的15%左右。”

前一段时间，有风投找到了席文太，商量着能不能操作上市的事。把爱乐做大一直是席文太的梦想，收购100家店也不是什么特别难的事情，但席文太不想这么冒险。

他觉得实体企业不是虚拟的，还是要看业绩。如果实际盈利能力很差，即使勉强上了创业板，他认为也不会长久，更不会受人尊重。”

“我相信一点，水落石出。所以上市的事儿，我不急。”席文太说。

B 印象派

2010年5月11日晚。

席文太比约定的时间晚到了半个小时。他是从天津爱乐公司处理完一些急事后，直接赶到会面的小咖啡厅。

忙，真忙。这个跟钢琴打了20多年交道，现在已经把企业做到业界全国前五的人感叹。

个子不高，语速很快，微黑的脸憨憨地笑。说实话，席文太的气质，跟浪漫唯美的钢琴还是有些距离的。

可就是这样一个朴实的人，却把爱乐钢琴做成了河南家喻户晓的品牌，还一路在天津攻城掠地。

席文太说起自己的老家南阳南召。那个山清水秀的地方。河南省整个钢琴市场，做得最有名的六七个老板，都是出自他老家附近的几个村子。

“真的很奇怪。”席文太说。

这不仅仅是席文太的疑惑，也是别人的好奇。一个祖祖辈辈都是泥腿子的农家子弟，何以会跟钢琴联系到一起？

如果真要找梦最开始的地方，席文太觉得是老家的梆子戏。“那时候常有唱戏的民间艺人，拉着三弦，敲着南阳梆子，走街串巷。”

唱戏的有吃有喝，席文太很是羡慕，曾经有一度，他甚至起了要跟戏班子跑的念头。“可惜嗓子不好，人家没要我。就想着学种乐器吧。”有心的他很快学会了唢呐、三弦、皖梆。他对乐器的迷恋，就此开始。

没人想到，多年后，这份迷恋，竟成就了一份钢琴大业。

【人物名片】

吉浦钧

康洁洗衣连锁有限公司总经理

【达人语录】

“河南人的形象，应该是站着的。”

洗出一个品牌老店

A 故事

曾经有这么个说法：男人一般不干女人擅长的事，一旦做了，很多就会成为大师。

比如康洁的老板吉浦钧。

他用21年的时间，把康洁洗衣店开到近500家。这项本是家庭主妇的活儿，被一个男人折腾成了一项连锁产业。

○1997年的大手笔

“入行21年，碰到的磨难太多了。”这是吉浦钧的开场白。

1989年，下海做生意有了点钱的吉浦钧买了件呢子大衣“武装自己”。大衣穿脏了，却无处可洗，这让他看到了高档衣物洗涤的商机，就此一脚跨入了干洗业。

初期创业人必经的苦难，他都挺了过来。1997年，为了解决干洗皮装发硬、掉色，吉浦钧花80万元引入美国整套电脑干洗设备。“这种设备不仅能将皮衣内附着的油污彻底搞定，还洗染、烫、保养为一体，洗过之后皮质柔软，色泽鲜亮。”

同行都觉得他在“烧钱”，可随后的市场验证了他的眼光。“洗衣哪里去，康洁最满意”，成了当时流行的口头禅。一大批靠低价竞争的手工作坊式洗衣店，就此被康洁甩在了身后。

有人为做大事的人总结了两个规则：一要能吃苦，吃旁人不能吃的苦；二要有气魄，有一般人不具备的大气魄。而这两点，吉浦钧都不缺。

○跌跌撞撞2001

1998年，吉浦钧在深圳第一次吃上了麦当劳。回来后，他买了5个版本的关于麦当劳的书，开始琢磨特许连锁的事。3年后，他的康洁洗衣已经在全国有了100多加店。

但就在这时候，有人举报他在搞传销。工商来了，税务来了，城管来了，“最厉害的一天，来了七八拨人，以致最后到的那拨直抱怨来晚了，资料都别别人拿光了。”

原本济南的20多个加盟商已经签约，看到这情况，要求退出。吉浦钧什么话也没说，当即把钱退给了他们。

那段时间，吉浦钧能做的，只有口干舌燥一遍遍地解释，什么叫特许经营，这种模式出自何处，作为一种现代化的经营模式，它的优点在哪里……

晚上，人都走了，他就埋头看书。《长征》《圣经》《曾国藩家书》……书架上的书被他拨拉了一个遍，“毛泽东的《长征》我看了3遍。”

那是吉浦钧记忆里最重的一次打击。

○河南人的形象，应该是站着的

最难的2001终于过去了。

特许加盟这种来自西方的经营模式，渐渐被国人认知。也是在这一年，康洁在国内洗衣行业率先通过了ISO9002国际质量认证。

2002年，吉浦钧带着团队去开辟南京市场。一个加盟商在考察了康洁的公司业绩、发展前景等一系列情况之后，准备签合同的时候，问了一句：康洁是哪里的公司？

在得知康洁是一家河南的企业之后，这个加盟商突然变了卦：我们再考虑一下。

吉浦钧深深地被刺伤了。“那时候河南人在别人看来就是这种形象。”

加盟店签约之后必须交钱再发货，这几乎是行规，但在济南开加盟店时，吉浦钧改为了签约后货到付款。“河南人的形象，应该是站着的。我就想从自己做起，能影响一个是一个。”

除了对加盟商，对客户，康洁也是秉承勇于承担的理念。“属于我们责任的绝不推卸，全额赔偿。不属于我们的，我们也会帮着客户尽量解决。”

一位女士在康洁干洗一件德国名牌防寒服，衣服洗坏了，质检部门分析原因是专卖店在衣物上的标示不正确，认定康洁洗衣程序上没有失误，可以不负责任。但康洁的工作人员却陪着这位女士到专卖店、消协、质监部门来回跑了几趟，最终使专卖店赔偿了一件新衣服。

○打造品牌老店，在奢侈品市场分杯羹

前段时间，康洁在郑州开了第一家专门针对奢侈品保养维护的旗舰店。

朋友劝他：你现在已经是河南洗衣第一品牌了，在全国也占到了十强，可以了。何必再去冒那个

险？

但吉浦钧觉得，一个企业必须在当下看到未来的机会。“2009年中国的奢侈品消费超过美国，位居全球第二。名贵衣物和箱包需要更高级别的保养和维护，这是一块很大的蛋糕。”

而更高级别的洗涤专门店，在吉浦钧看来，硬件的提升占40%，技术的提升则须占到60%。为此康洁除了引进最先进的设备，还高薪聘来了国内顶尖的去渍大师齐大同和皮革专家贾润泽。“我们还成立了专门的康洁技术培训学校，用20多年积累的案例来培训员工。不论多名贵的包或衣服，不论什么样的难题，到他们手下几乎都可以迎刃而解。”

现在的康洁，已经在河南、北京、江苏、新疆、西藏等十几个省市拥有近500家连锁洗衣店。吉浦钧要在未来的奢侈品市场分一杯羹，他的最终目标，不是去中小企业趋之若鹜的创业板上市，而是做个品牌老店。

“就像欧洲的很多品牌老店，历经几百年，依然魅力不减，那才是最打动我的。”吉浦钧说。

B 吉浦钧如是说

我的最终目标，不是去中小企业趋之若鹜的创业板上市，而是做个品牌老店。就像欧洲的很多品牌老店，历经几百年，依然魅力不减，那才是最打动我的。

【人物名片】

曹　天

郑州您好置业有限公司原总经理、诗人、作家

【达人语录】

"做人要老实，盖房要结实。"

关于曹天这只"大象"

A 故事

套用一句今年的流行句式：曹天是神马东东？

他的身份太复杂。记者、律师、诗人、房地产商人、影视策划、收藏品鉴大师……除了官员，好像没有什么行当，他不感兴趣。

这一方面可以解释为精力充沛，生活欲旺盛。另一方面也不得不承认，此人脑瓜灵活，什么都能玩出个名堂。

他曾出现在太多人的笔下。他浪漫率真、侠骨柔肠，他文如利剑、笔如刀枪，善于喝着好酒开着好车骂娘，他是世俗化了的雅士、是文化了的流氓……总之，说什么的都有。

但也许就是那只大象。我们以为触摸到了它。但我们摸来摸去，也许摸到的不过是大象的那条腿。

真实的自己，只有他自己才知道。

○被旭日阳刚请上台的眼镜男

2010年12月15日，晚上7点。

位于市中心的紫荆山立交桥附近显得特别拥堵。除了交通高峰，我知道，这几

乎快成了一锅粥样的拥堵，还与河南省人民会堂里的一场演唱会有关。

演唱会的主角是“旭日阳刚”，一对农民工歌手，2010年人气最火爆的草根组合。其中，老大哥王旭就是河南民权人。

那天晚上，在演唱会现场气氛热到爆棚的那一刻，旭日阳刚把一个戴着眼镜的男人请上了舞台。他说这是自己的老乡。“他家在兰考，我家在民权。但我们两家的村子，离得很近。”

这个眼镜男就是曹天。

为了迎接旭日阳刚的到来，曹天专门为他们谱写了一首《回家》。演唱会上，原本要唱这首歌的王旭说，《回家》很符合他现在的心情。“但现在对词曲还不是很熟悉，要先进行试唱，待练得差不多了，再献给家乡的父老。”

王旭介绍的那一刻，曹天一直在微笑。此刻，在现场2 000多名观众的眼里，这个笑起来甚至有些腼腆的眼镜男，就是一个写词作诗的文人。

○看不上营销的地产商

但在郑州，更多的人都知道，曹天是一个颇有名气的地产开发商。

和王旭老家很近，曹天出生在河南兰考，那里曾是和焦裕禄一样闻名全国的风沙盐碱地。曹天说小时候最深的印象，除了盐碱地、泡桐树，就是饥饿和光着屁股背书包上学的童年。

初识曹天，除了热情爽朗，豪气干云，印象最深的是，这老兄真直。

做地产，没有不看重营销的。可如果谁给曹天介绍什么国内知名的营销大师，他准会捂嘴偷着乐。“前些年俺曹某落草汴梁城，每天一大早提着裤到房后的公厕方便，一拉溜蹲坑的好几个仁兄都是外界传得神乎的气功大师。这几年，他们都没神通了，该蹬三轮还是蹬三轮，该卖炒凉粉还是卖炒凉粉，天不黑，推车往鼓楼夜市跑得飞快！”

他信的只有《手机》里的那句话：做人要厚道。

具体到他自己，就是做人要老实，盖房要结实。“所谓市场营销，首先产品要好。拿块烂砖卖成金条，那叫骗！”

说起结实，有这么个故事。一个业主2006年的时候买了套曹天的房子，验收完毕，开始装空调，装空调的工人郁闷得直嘟囔：给你们装几个空调，钻头都坏了俩，这一趟下来，我还得赔几十块钱！

这个业主嘴里替工人感到惋惜，内心却不由窃喜：看来曹天这厮良心还没坏，房子住几十年不成问题！

从这时候开始，他就成了曹天的铁杆粉丝。曹天的房子盖到哪儿，他就买到哪里。“我只是其中之一，比我更铁杆的，身边就有十来个。”

在中国，做生意都讲究回头客，做开发商能有这么多回头客，且都是铁杆回头客的，还真不多。

从柳林温泉小区，柳林温泉公寓，到风雅颂，风铃居，再到国际城，一米阳光和田园牧歌……15年，置身地产这个行当，曹天盖的房子和他的名字一起，从北部的大半个城区，一直蔓延到黄河的那一边。

○一个文人

曹天的主业是地产商人，可很多时候，这个不务正业的人，认可的是却是诗人这个称呼。

实在令人费解。

这词搁在以前还好说，特别是20世纪80年代，即使成不了顾城、舒婷那样的精神领袖，但倘有人叫你一声诗人，也觉得无上荣光，灵魂和信仰仿佛都有了着落。但搁在现在，如果有人在街上喊谁一声诗人您好，必定会招人怒目而视：“你才诗人，你全家才都是诗人呢！”

曹天偏偏要做个诗人。不仅做了，还做得大张旗鼓。

《少女中国》《总理保重》《家在河南》《梵歌》……柔情婉转、壮怀激烈、寂静欢喜……各种各样的情绪在他的词里，那样妥帖安然。

不光是写，他还让人把这些词谱成了曲，唱成了歌。戴玉强、张也、吕薇、陈红……国内这些赫赫有名的大腕生生被他弄来，一时之间，曹天的歌四处传唱。

如果只是吟诗作赋，舞文弄墨，那曹天跟那些有了钱就开始附庸风雅的商人们没啥区别。

他跟这些人不同的是，还喜欢骂人。用手里的笔骂那些他看不惯的事儿。

官员裸官了，他骂。狱警说犯人藏猫猫了，他骂。市政掀老百姓摊子了，他骂。房地产老板是他的同行，按说他该噤声了吧？可是万达房地产的老板为一座庙捐资10亿元时，他还是忍不住手痒，写下四句话：地产首富王健林，不报苍生报鬼神。中国楼市真疯狂，纸醉金迷忘爹娘。

这举动引来叫好之声，也有骂声阵阵。你骂权利，不也是附会权势的狗腿子？你骂金钱，干的不也是追逐铜臭的勾当？开着宝马喝着茅台却痛恨有钱人，不说那句做了什么还要立牌坊的老话，但也逃不了装大尾巴狼的嫌疑吧？

○侠士的非明智之举

熟悉曹天的人，在文人、商人等等诸多的称呼之外，还会给他一个头衔：侠士。

曾经有这么一个故事。2001年，郑州水产市场一个摊贩被黑社会逼死了。这个从农村来城市做生意的小伙子，因为交不起市场里带头大哥的保护费，挨了一顿打。抱着惹不起躲得起的心态，他开着一辆破面包车上了高速。没想到不依不饶的带头大哥们开着车追了上来，慌乱之间，这个小伙子撞上前面的大车，车上的3个人无一幸存。

惹不起我躲，躲不起我退，当逼到墙角退无可退的时候，也许就只有反抗一条路。中国老百姓面对强势的时候，普遍的心态不过如此吧。

小伙子的家人把尸体抬到了市场。虽然有那么多商户的支持，但惨案的制造者迟迟未能落网。

在附近做生意的曹天来了。他给死者的家属拿了5万元钱，让死者的家人用这个钱去打公司。他联系了省会甚至南方周末的记者，来采访这个事情。半年后的结果是，公安部门出动，把盘踞这个市场的黑恶势力一网打尽。

非亲非故，素不相识，曹天没理由这样帮助一个弱者。更何况对一个生意人来说，和气生财是天道，愿意并敢于趟这样的浑水，实在不是明智之举。可他的理由只有淡淡的一句话：“这样欺负人没天理的事，看不惯！”

不惧怕恃强的人，对贫弱者有悲悯救助之心。这是曹天骨子里侠义的一面。他救助过背着父亲来上学的农村大学生，在南泥湾小学认领贫困的孩子……这么多年，这样的事，连他自己都不知道做了多少。

而对自己的朋友，他也是肝胆相照。凡是来他公司买房子的，他几乎都要优惠。一个跟他做了十多年朋友的哥们说，他来郑州的时候，几乎是没有一点积蓄，是曹哥帮他垫了首付，让他有了一个家。“骨子里他还是欣赏读书人。也许这些一腔抱负却很清贫的年轻人，让他想到的，就是当年的自己。”

○浪漫男儿的家

2007年，龙应台出了一本书《亲爱的安德烈》。人们读了这35封家书，才知道，刀笔如剑的龙应台，原来也有如此柔情的一面。

侠骨柔肠，这样不可分割的一个词，也可以用来形容曹天。

关于自己的妻子，曹天写过几句话：青梅竹马，萍水相逢，花前月下，茅屋草棚，凄风苦雨、刑场牢笼……一句话，一辈子，一生情！

曹天的好朋友曾讲过一个场面。有一年春节，他们去曹天家做客。“我们和曹哥在客厅里谈天说地，嫂子就在厨房里，一面看着菜谱，一面为我们做饭。”

那样的场面让他觉得，几十年的风雨过去，曹天和他的妻子，就像中国大多数普通的夫妻一样，也许没了那么多爱情，但这平淡里不离不弃的亲情，足以支撑他们岁月静好地走到白首的那一天。

让曹天骄傲的，是自己的女儿曹灿。

著名财经作家吴晓波曾说，女儿是父亲前世的情人，女儿是父亲的贴心小棉袄。可在曹天看来，他和曹灿之间，除了这些，还有上下级关系。“曹灿就是我的上司。”

曾经有一次，曹天受邀参加一个活动。早上，邀请方来接他。他去阳台上穿鞋袜。急着上学的曹灿就在这时候跑了过来。看着爸爸坐在阳台上那把唯一的椅子上，着急的她一下子把爸爸的屁股扛到一边，大声喊道：“别耽误我去上学！”

同样快迟到的曹天一手提着鞋袜一手跳着脚跑进客厅，一边笑着：“好好好，我让给你！”

从没有见过一个父亲，像他这样的爱女儿。不为孩子报任何补习班，只要有时间就领着女儿去疯玩……他要求的，只是女儿的知书达理，落落大方。从小时候开始，不管在公司还是家里，不管见到的是公司高管还是打扫厕所的阿姨，曹天都要求女儿大大方方地叫叔叔阿姨，跟人打招呼。

他觉得，总统选举，4年只有一次；国家主席，全国只有一个；奥运比赛，每场也只能有一个世界冠军，“世界上有多少龙又有多少虫？反正，我是想让我的孩子做条快乐的虫。”

B 印象派

认识曹天十多年，见过他豪情万丈激昂文字，也能体会到他内心的矛盾和孤独。

他在自己的博客中曾这样袒露心扉：“我个人没啥大的抱负和国际视野，如果来生让我选择，我还是选择到一个荒凉的地方，风清月朗，柴门犬吠，绿树红花，喝高了森林里尿一泡，喝麻了，浑身脱个净光，裸奔10公里，对着天空大地喊：日他娘，我日他娘，我日他亲娘……”

在曹天的随笔集《天下英雄》里，他曾经设想如果有来生，他最想做3种职业：农民，中医，和尚。

在他写的《梵歌》里，有“悲欢人生难思量，匆匆岁月为谁忙”“慈悲原本多情故，心有灵慧花有香”两句，我认为是当时曹天心境的真实独白。

有时候他会突然说：“赶紧把该尽的社会责任尽到，咱们去找个深山当和尚拉倒了。”但是爱情，亲情，余情未了，他终究没有做出惊世骇俗之举。

曹天真真是个矛盾体。他有文人的尖酸刻薄，清高信仰，却也逃不脱追名逐利的紧箍咒。他让我想起台湾的柏杨和龙应台。做着政府的教授，享受着政府的俸禄福利，却还骂着政府的种种弊端。

若干年前不理解柏杨和龙应台，但多少年后我明白了，这就是千百年来知识分子的劣根性，或者说知识分子的品性。

骂还是因为爱吧。那是因为更深的爱。

所以每当我看着这个以吴敬琏为榜样的商人的博客，看着那些嬉笑怒骂，我会觉得，这骂声真狠，可也真对。

【人物名片】

邓　龙

美国龙胜行集团公司、美国中国城超市集团公司、纽约国际影视制作公司董事长兼总裁、美国华商会会长

【达人语录】

“没事不找事，遇事不怕事。”

龙行天下

A 故事

○智利：带着印第安人去贩牛

每年农历三月初三，是全球华人拜祖先的日子。2010年4月16日，邓龙第4次受邀参加黄帝拜祖大典。大典的间隙，他抽空去了趟汝州。汝州是轩辕黄帝曾向广成子问道之地，不仅有中国十大名汤的汝州温泉，还有汉代、隋唐皇家狩猎场等多处历史名迹。邓龙很看好这里的投资环境。

从走出去闯荡世界，到回国内开发项目，这期间的时间是21年。

邓龙祖籍福建三明。他对自己的评价是，“从小就很调皮。”调皮的孩子往往想法多。高中毕业，从福建永安美术专科学校毕业的邓龙分到三明市工艺美术公司旅游产品供应部，专做路牌灯箱，还开始代理一些公司出版的录音带。“总经理要求我们推销录影带，我就在那时候开始涉足商海。”也许天生就有悟性，也许是运气好，总之没过几年邓龙就成了当地的万元户，那年他不过17岁。

1988年，不安分的邓龙想去国外闯荡。美国签证困难，只好先去了智利。“中介公司说在智利打工一个月就能挣几百美元，可到了那里，才知道上了当。”跟所有出国的人一样，邓龙的第一份工作是在餐馆打工。一个偶然的机

会，他得知秘鲁的牛肉与偏远山区利马相比，中间有三四倍的差价。胆大的邓龙决定去利马贩牛。他从香港亲戚那儿借了500美元去了利马，买了一批肉牛。为了省钱，他没有办理托运，而是雇了两个印第安土著帮他赶着牛回秘鲁。

长长的峡谷中，一个华人和两个印第安人赶着一群牛在烈日下行走。那怎么看都是电影中的镜头。然而现实远没有电影浪漫，十几天下来，因为饲料不足，牛全都掉了膘，“最后钱没挣着，白辛苦了一场。”

○美国，100美元开始自己做老板

1991年，学会了西班牙语的邓龙通过旅游签证到了美国。从船上看到自由女神和星条旗，邓龙说自己哭了。“以前在电影上看到这种镜头总觉得很夸张，但那一刻，摸着兜里仅剩的100美元，我真的是在心里发誓：一定要在这里实现自己的美国梦。”

邓龙在美国的住处是纽约的唐人街，“很简陋的一个地下旅馆，交10美元睡一晚，睡觉的时候老鼠会从身上爬过去，这就是美国。”不止是环境差，1990年代的唐人街治安也乱。邓龙印象最深的是在同一个餐馆打工的华人，一天晚上出来倒垃圾，中了流弹，“只是消了消毒，说有钱了再取出来。”

邓龙看了当地的报纸，数了数身上的钱，在皇后区找了房子赶紧搬家了。家安顿好了，邓龙也通过报纸找到了一份活儿。“老板是做装修的，我的工作是刷马桶，倒垃圾，每天50美元，其实就是在打杂。”

老板是个台湾人，做生意很是在行，也很抠门。有天借口天太晚了，煮了米饭给大家吃，连菜都没有。工友们很是气愤，却都敢怒不敢言。邓龙和另一个香港工友出去买了两个披萨给大家吃。为了讽刺老板，邓龙留下最后一块，请老板品尝。“因为这个事，第二天老板就请我们吃了鱿鱼饭，把我和那个香港工友给炒了。”

邓龙发誓不再替人打工， 他和那个香港工友开始自己做生意。他们第一次接到的活儿，是一个湖北人在山上买的别墅。五个月给台湾人打工的经历，已经让邓龙对这一行有了了解。“但我英文水平不行。主人问我，邓先生，你看我们的kitchen（厨房）需要多少预算？打算用哪种tile（瓷砖）？我一愣，kitchen和tile是什么？好在我还算机灵，就说，您能不能让我看看您原来的kitchen和tile？主人带我到了厨房，我才恍然大悟。”

这个工程让邓龙配齐了所有的工具，还有了自己的轿车，“虽然是二手的破车，可我已经很满意了。”

○从世纪大暴雪到龙胜行金字招牌

自己做生意，不用受老板的气，但要付出的艰辛，也要多好几倍。

1994年，美国天降大雪，史称世纪暴风雪。就在那时候，邓龙接到一个客户的电话，说自家的屋顶被掀翻了，让他赶紧去修。“我这个人很好讲话，就开着车去，结果车根本开不动，于是就坐地铁，出了地铁后趟着没膝的大雪，深一脚浅一脚走了很远才到了他住的地方。”零下20℃，邓龙站在高处，手里拿着工具，螺丝叼在嘴里修屋顶。“螺丝已经冻在嘴里，我根本不知道，从嘴里拿螺丝，连皮带肉就扯下来了，都是血。”

自己做生意虽然苦，但在帮一家食品企业做装修的时候，邓龙还是发现了新商机。“当时我看到中国中餐馆在美国的发展趋势很不错，而这些餐馆会需要大量的中国食品原材料。”邓龙从老家福建进口了几个香菇的集装箱，结果大获全胜。

1995年1月1日，邓龙注册了自己的公司龙胜行，专门经营中国食品进出口贸易。 一开始由于不了解美国进口食物的法律法规，龙胜行的货物经常会被美国海关检查扣押。最厉害的时候，竟被海关开启40多个集装箱检查。邓龙的个性里有一种不服输的天性。他参加了海关方面组织的培训班，系统地了解相关法律法规，公司进口的食品较快达到了规定标准，而他自己也成了这方面的专家。

还有一次，龙胜行进口的咸鸭蛋因集装箱倾覆大批破碎，公司面临重大经济损失，就在这时，附近居民因碎蛋发出的异味提出投诉。焦头烂额之中，似乎再无回转之术。邓龙却抽调员工迅速将鸭蛋黄取出，放入冰箱冷冻，然后销往饼屋作月饼。这样一来公司不但没有赔反而赚了一些钱。一场危机因为他的机智而迅速得到补救。

从营业额几万美元到100万美元，邓龙用了3年的时间。2000年之后，邓龙为了获得更快的现金流，又进驻商超和餐饮行业。又是几年过去，不仅龙胜行成为全美最大的以进出口中国食品为主要业务的大型食品公司之一，他创办的农场型生鲜超市蕃麦士也成为北美华人圈里家喻户晓的“金字招牌”。

○第一次干预了美国法律的华人

2005年，美国华商会成立。作为美国著名五大商会社团之一，邓龙成为全美华商会最年轻的商会会长。

他觉得这并不是因为他的生意做得最大，“做美国华商会会长，这并不是因为我的生意做得最大，而是我不怕事，关键的时候敢于据理力争。”

这是有例为证的。曾经有一次，邓龙从广东进了五大王牌的米粉。有一家美国公司看着销量不错，就在外包装上进行了注册。“他们反而去找美国海关，结果扣了我们龙胜行5个集装箱。”邓龙起诉到纽约法院，结果被判败诉。他又在华盛顿地区起诉，耗费了快一年的时间，终于胜诉。遇事不怕事，敢于依据法律争取权益，这也许就是华商会100多家会员企业看好他的一个理由。

2006年，纽约市议院准备出台一个699摊位法。“原来经营的商户可以自用门前的摊位，或者把门前的摊位租给卖小商品的。这个法令一出，将有十几万的人生活受到直接影响。而这些依赖摊位生存的人中，三分之二都是中国人和韩国人。”

邓龙联合华商会的成员印制了海报，五天之内集齐了万人签名，把建议书送到了市长案头。

纽约市长否定了699摊位法。但与共和党派市长相悖的市议员们又提出了一个反否决案。“按照这样的趋势，市长的否决将会被反否决，699摊位法就要实施了。”邓龙想起自己经常组织那些市议员到中国来访问，凭着这点交情，一个个击破他们，岂不更好？邓龙开始攻关的过程，一个个劝服他们，最后表决那天，699摊位法被成功否定。

一个华人影响了美国法律，这在历史上都是没有过的。也正因为如此，2006年的埃利斯岛移民荣誉奖，授予了年轻的企业家邓龙，他也因此成为迄今获得这一奖项的最年轻的华裔人士。始于1986年，每年都要在自由女神像旁埃利斯岛举行的埃利斯岛移民荣誉奖，只把这项荣誉给予来自世界不同种族的100多名最优秀的移民，这是要载入美国历史的。邓龙觉得，能和赵晓兰女士等这样优秀华人获得这样的荣誉，真是莫大的骄傲。“起码是对我们华人的肯定。”

现在的邓龙，已经把生意从美国做到了国内。不仅仅是商超和进出口贸易，他还把房地产业做到了厦门，武汉和河南等地。跟别人不一样的是，他经营的大多是商业地产或经营性的工业地产和物流。“政策调控和打压的商品房住宅我基本不做。”

前一段时间，他从冯仑的万通集团挖来了一位副总裁。“我们考察了国内的一些项目，今年就该有

B 邓龙如是说

能够被任命为美国华商会会长，我觉得这并不是因为我的生意做得最大，而是我不怕事，关键的时候敢于据理力争。

C 印象派

美国华商会会长邓龙的故事，总让人想起美国西部电影中的淘金者。

17岁成为家乡的万元户，20岁闯荡智利，21岁怀揣100美元来到美国。21年过去，他旗下的龙胜行成为全美最大的中国食品进出口公司，他本人也成为美国著名五大商会社团之一美国华商会里最年轻的创会会长。

闽人特有的机敏，吃苦耐劳让他在美国站稳了脚跟。现在在进出口贸易和商超成为金字招牌之后，他又嗅着国内的商机，要在国内大展拳脚。这个名字里有个龙字的男人，看起来胃口还大得很。

【人物名片】

李海峰

河南省禹州市金堂钧窑有限公司董事长

【达人语录】

“当断则断，有破方能有立。”

国礼钧瓷赤子情

A 故事

专注可能是李海峰身上最显著的符号了。

从小到大，他都是父母口中“最死筋”的那个孩子。

从22岁，在父亲的病榻前决定回到神垕开始，12年日月轮回，喧嚣浮躁的世界如万花筒般瞬息万变，但他的目光，从此再没离开过钧瓷。

他就像一座安静沉默的火山，在不为人知的地底积累着能量。不鸣则已，一鸣就惊动天下。

○归来神垕镇

2008年5月6日，中央电视台播出一则新闻，在中日友好和平条约缔结30周年之际，国家主席胡锦涛出访日本，随行的礼品是代表着中国人民深情厚谊、具有浓厚传统文化内涵的28件钧瓷“和樽”。

就是这样一则短短的新闻，让世界在一瞬间知道了李海峰，这个和樽的设计制作者。

李海峰的家在钧瓷故里神垕镇。这个拥有千百年历史的北方陶都，明清时期就曾流行一首民谣：“进入神垕山，七里长街观，七十二座窑，烟火遮住天，客商遍地走，日进斗金钱”，可见当时的繁华。

李海峰的父母都是镇上瓷器厂的工人。20世纪80年代末，国营瓷器厂衰落，父母开了家作坊式的瓷器厂，起名金堂钧窑。在帮父母做瓷器的耳濡目染里，李海峰对各道工序烂熟于心。“如果问我自己的瓷器工龄，连我自己也说不清楚，呵呵，因为实在不知道该从什么时候算起。”

1997年，神垕镇的孩子李海峰从郑州大学毕业分配到许昌建委。可就在这一年，家里出事了。

父亲在厂里干活时不小心碰着了锁骨。他没当回事，找了镇里的大夫弄贴膏药一贴，就又接着干活了。等觉得疼得厉害，到禹州市医院一检查，大夫提议得赶紧动手术。

接到家里的电话，李海峰带着女朋友回了家。赶到医院的时候，父亲刚下手术台。一个多小时后，父亲醒了过来，看到坐在床边的他，父亲拉住了他的手。“海峰，你回来吧。爸现在是干一天少一天，金堂钧窑你还得帮爸担起来。”

父亲眼巴巴地看着他，声音那么微弱。李海峰的眼泪刷地涌了出来。也就是在那一瞬之间，他决定不管别人怎么看，他要重回神垕。

李海峰找到女友，说了自己的决定。这个从小在市里长大的娇娇女，又在电业局有一份不错工作的女孩哭了。可是她最后的回答是：“海峰，你去哪儿我到哪儿。”

1998年，新婚后的李海峰回到了神垕。父亲投资50万在工业园帮他开了家新厂。他给父亲打了张欠条。“没人要求我这么做，我只是想给自己点压力。我说，爸，这钱我3年一定会挣回来。”

家离厂子有5公里，李海峰和新婚的妻子只得住在厂里。一间20平米的房子，是他们的卧室，厨房，办公室，甚至还是仓库。刚开始的创业，对李海峰而言，仅仅是身体上的累。“那时候钧瓷市场非常好，只要你生产出来，就有客商上门坐等来收。可以不夸张地讲，那几年，只要你肯吃苦，想赔钱都难。”

○两年，那亏掉的300万

这样一直到了2003年。李海峰突然发现，钧瓷的增长点忽然没了。“神垕镇信息非常闭塞，做完了就等着经销商上门来收，且年年都是那几个经销商，市场增长速度非常慢。”

李海峰开始想办法。那时候在神垕，除了钧瓷，还有专供日用出口的石瓷。当时政府也鼓励企业走出去，一时很多人热血沸腾，石瓷厂一哄而上。这样的氛围之下，李海峰也建起了石瓷厂。

不做不知道，一做就后悔。这是他最深刻的感受。石瓷主要出口南非、中东等国家，技术含量很低，几乎全是贴牌生产。“因为附加值低，没有一点核心竞争力。客户渠道也非常窄，客户来买东西都是不给钱，卖完了才付账。”

那两年，李海峰一直在挣扎。他知道其时正是钧瓷的转型期，他也知道做钧瓷，需要走出去开阔眼界，需要外界的信息流、知识和人脉。可是技术含量很低的石瓷恰恰是最拴人的，怎么办？

挣扎到2005年上半年，李海峰终于决定关停石瓷。这一次让他赔了300万。可是他不后悔。这个目标感很强的人明白，当断则断，有破方能有立。

李海峰下决心要把父亲一手创立的金堂钧窑品牌再树起来。他明白艺术是必须要彰显个性的，所以决定下大力气从产品研发开始。他对团队的要求是：“我不管你们怎么做，但一定要在器形、釉色和神韵上做出自己的特点。金堂钧窑的作品不管跟多少厂家的东西摆在一起，要一眼能让别人看出你与众不同。”

李海峰带着团队，从河南博物院、安阳殷墟，到西安兵马俑、北京博物院、潘家园古玩市场一直到台湾杨惠珊的琉璃工坊，开始了走万里路的过程。每一次出去，他都要带着自己的团队逛一次书店。

“每个人都可以挑选自己喜欢的书，挑完了放在一起，我全部买单。”

读万卷书，行万里路，这种千百年来古人所提倡的学习方式，在李海峰看来一点也不过时。正是这样的积累和潜移默化，3年的时间，金堂钧窑创作出“龙啸中华”“凤鸣九天”“包容天下”“至尊金鸡”等一系列好作品。其中至尊金鸡等60件珍品，在2005年拍卖47.34万元，全部捐给了时年发生海啸的印度尼西亚。

他的品牌店也开到了郑州、许昌和漯河等地。熟悉的顾客走进店里，几乎都会感叹：“原以为金堂钧窑销声匿迹了，没想到出了这么多好作品。”

○和樽的故事

2007年，国家开始提倡和谐社会的理念。李海峰在查了相关资料后发现，无论儒家道家还是佛教都对和谐做了不同的解释。比如道家侧重“人与自然”的“天人和谐”，儒家侧重“人与他者”的“社会和谐”，佛教侧重“人与自我”的“内在和谐”。他忽然有了一个想法，如果做一个以和谐为主题的钧瓷，岂不是既有历史底蕴又有现实意义?

在考证大量的出土文物，吸取陶瓷文化和青铜文化的一些经典后，李海峰确定了器物的造型。“这个器物取自易经泰卦象，上段为阔口圆形，代表上通四仪，为天；下达三合，为地；中间三条瑞龙，汲山川灵秀，为人。得天地人和，纳各方资源，这应该是中国文化普世永恒的价值。”

造型有了，但承载着如此深厚理念的这个器物如何命名？“当时颇费了一番周折。和谐樽？太直白，三和樽，有了古意，却缺了现实的味道，也不太好。和瓶？有了谐音，但非常局限。”讨论到最后，李海峰忽然醍醐灌顶，就叫和樽！他拍案而起：“既有天地人和的古意，又有和平之意，还顺应了现实的和谐社会之意，多好！”

大半年的时间，和樽烧制了300多次。“设计时追求唯美，但设计好的样品能否在1 300℃的高温下保持本色，有时候不能确定。每次出炉的时候，都想着要成功了，但总不满意。”2007年10月的一天，一大早李海峰就等在了窑口，当工人把成品从窑里捧出来时，他惊呆了。那瑰丽渐变的色泽，那些厚重神秘的纹饰，“无论形、意还是釉色，跟我想象中的一模一样，简直太惊喜了。”

2008年4月18日，《中日友好和平条约》缔结30周年前夕，日中友好协会会长平山郁夫与日本前首相村山富士来华访问。作为世界级的画坛巨匠，平山郁夫在北京做了一个画展。就在这个画展上，金堂钧窑的工作人员把和樽赠给了他和村山富士。“当我们讲了和樽的和平、和谐、和顺、和美的文化寓意之后，平山郁夫激动地说‘这件作品太好了，我一定好好珍藏。’”

几天以后，国家领导人接见了日中友好协会的客人们。就是在这次接见中，平山郁夫说道：“你们中国有件宝贝，是有个企业送我的和樽，它见证了日中友好缔结的30年。”

一个星期之后，金堂钧窑接到了中国外交部的电话。在经过相关领导的认可后，李海峰分两次把28件和樽送到了北京。5月6日，随着胡锦涛主席出访日本消息的播出，28件和樽，与和樽幕后的制作者李海峰一时间成为焦点人物。

○想发财，你就别做钧瓷

此后的一年，李海峰又创作了“坤德尊”“牛转乾坤”“金玉满堂”等重要作品。他的作品不仅获得“中国非物质文化遗产陶瓷艺术精品展”金奖等荣誉，还先后被中国驻日本和韩国大使馆，以及海协会收藏。

浮躁喧嚣，如万花筒般瞬息万变的世界，在李海峰看来，真正能打动他的，唯有钧瓷。“中国的企业家，很多都愿意把金钱投在有形的东西上，比如别墅、豪车，甚至飞机、游艇。我却觉得应该在品牌和文化底蕴上下工夫。”

他一直记得龙永图先生说的那段话：“做品牌，做一个企业，做一个背后有文化支撑的百年老店，没有耐心是不成的。”

李海峰的目标，是要把金堂钧窑打造成一个百年老店。“急功近利是不行的，因为钧瓷里面的文化底蕴不是一天两天可以得到的。所以我对周围的人说过，你要想发财，可以做别的行当，千万不要做钧瓷。”

2009年3月，李海峰报考了中国人民大学的EMBA，跟大师们学习国学。厚积薄发。不鸣则已，一鸣则动天下。这是他对自己的要求。这一年多，他一直在创作一个作品，问及什么内容，他腼腆地笑了：“这个还得保密。不过你放心，到时候会让众人大吃一惊的。”

B 印象派

李海峰很面善，也很爱笑。朗朗的笑声里，他细细的眼睛眯了起来，更显得憨厚。

这是一个情感专注的男人。妻子是自己的初恋，他记得当年妻子的那一句话“你到哪儿我就到哪儿”。所以这么多年来，他心里理解的最完美的快乐，一直是家人平平安安，团团圆圆。“在外面不管多忙，回到家里就觉得可安生自在。”这是他内心最真实的想法。

现在的他，要面对公司的琐事，要上课，还要思考和创作。但无论多忙，他都会抽出来一个上午，什么也不做，就是让自己安静下来。“思维不清晰，目标感不明确的时候，我不会盲动。”

浮世繁华，这个耐心而专注的男人，真的像一座沉默的火山，厚重而惊人。

【人物名片】

冯建云

郑州见云美容连锁机构董事长

【达人语录】

“给女人最安全的美丽。”

气场女人，粉红领袖

A 故事

她是个气场强大的女人。

她微胖，善谈。开怀大笑中，她显得那么好看自然，那么富有感染力。

和朋友在一起，她不是最漂亮的那个，但绝度是最有号召力的。同行当中，她未必是做得最棒的，但她引进的一系列最新美容产品，一直在引领着业内一个又一个潮流。

这个世界，有人天生是乐观者，有人天生是悲观者。有人注定影响别人，有人注定被别人影响。

冯建云无疑是前一种人。

○笑起来的感染力：18岁负责一个中外合资美容店

这几天，冯建云在帮朋友忙泰国美容饰品的事儿。

这个热心的女人，曾经在泰国看到了这种产品，回来就告诉朋友，拿下了中国区的总代理。“只要跟美丽有关的好事儿，我都会热心。”这是这个在美容行业摸爬滚打了整整20年的女人，见到我们说的第一句话。

20年的时光，足以改变许多东西。包括把一个农村来的小丫头，雕琢成一个魅力女人。

那是1989年，新郑来的小姑娘冯建云进入了一家中外合资美容机构。“当时参加面试的有300多人，最后录取了4个，有点过五关斩六将的意思。”

录取后没多久，公司派她们去香港培训。“那时候香港在我们眼里就是资本主义，很多坏人的。4个第一次出门的小姑娘紧张得不得了，大街上都手牵着手。”

那是冯建云第一次见识外面的世界。最让她震撼的，不是香港的繁华，而是培训老师。“她那么美，自然，落落大方。看起来不到30岁，可是后来一打听，她都40多岁了。”举手投足间，培训老师身上仿佛有一种看不见的气场，在吸引着冯建云。她暗下决心：总有一天，我也要成为这样的人。

农村来的孩子，总要比别人更勤快一些。“眼里有活儿，老师让怎么做就怎么做，一丝不苟。”当时冯建云有个外号“18岁的老大姐。”“照相的时候，别的女孩子都摆一些POSE，只有我规规矩矩地站着，姐妹们就打趣到：你看建云，连照相都是最规范的。”

3个月的培训结束，培训老师在冯建云的培训鉴定里写了两句话：做事认真，笑起来很有感染力。回来没多久她被任命为公司其中一家美容店的负责人。“18岁负责一个店，也许就是因为这感染力吧。”

○美丽影响力：有美容问题，找建云姐姐

那是上世纪80年代末，国内美容业刚刚起步。“很多女人爱美，可是并不知道什么是美，怎么变美。”冯建云举了个最典型的例子，“当时出了个焕肤三宝，其实就是洗面奶、去角质霜和滋养霜。但当时女人们为了购买，一大早就在商场门口排成了长队。”

在最前沿的香港，经过最规范培训的冯建云，这时候的优势就发挥了出来。“每天要面对顾客的很多咨询。哈哈，那会儿感觉自己都快成了十万个为什么了。”为了让更多的女人知道怎么变美，她在省会的媒体上开了一个专栏《建云谈美容》，普及正确的美容知识。

1994年，外资公司撤资，美容机构解散。冯建云开了自己的美容院。除了最常见的保养，她创新性地推出了化妆和盘头。“我的理解是，一个刚做完美容的女人，素面朝天未必会好看。所以我们推出了彩妆和盘头。”建云美容的日式包头和传统发髻很快声名鹊起。“盘头后来在美容院的销售收入中占了很大比例，以致很多同行业纷纷跟进。”

说起盘头，冯建云现在还能想起来几个顾客。“一个叫门红的姑娘，是个少数民族，头发很长，很多。当时她要结婚，去了好几家店都不满意，最后找到了我。”冯建云记得门红坐在凳子上，头发还是耷拉到了地上。怎样既要好看，又不能显头发多，冯建云思考了好久。“最后我想到了黑人的小辫。我把她的头发分区，三分之一做了处理，紧贴在头皮上。三分之一编成小辫，头顶的三分之一盘起来。”几个小时的忙碌，最后姑娘看着镜子里的自己笑了。她说：“我头发留了20多年了，不舍得剪，但结婚盘头盘出来又不好看，都快愁死了。建云姐，真的谢谢你啊。”

这样的例子还有许多。“包括留寸发，结婚要盘头的，还有要结婚脸上却长痘痘的，我们都处理得让顾客很满意。”因为这样的口碑，顾客中开始流传这样一句话，“有美容问题，找建云姐姐啊！”

○高科技号召力：给女人最安全的美丽

冯建云知道，自己是在做一个美丽的事业，“饮鸩止渴，坏良心的事绝对不能做。”

曾经有一段时间，换肤特别流行。冯建云去看了之后，决定无论多挣钱不上这种产品。“你见过老家干裂的土地吧？做过这种产品的女人，皮肤就是那样。红，肿，蜕皮。热一点，冷一点，都会满脸通

红。整个皮肤都破坏掉，太可怕了。”这样的产品，做一个顾客能挣3 000元，面对别人的建议，冯建云不是没动过心。“但我的原则是，害人的事不能做，否则会有报应。”

这种原则催生的，还有建云仿生眉的诞生。冯建云是个爱观察思考的女人，她发现街上有很多眉毛做坏了的女人，“因为眉毛淡，或者断眉、烂眉，就去纹眉，结果做成了蓝眉毛。还有的做成了一字眉或者刀把眉，看起来很凶，把整个女人的气质都破坏了。”冯建云想起来小时候的绣花，如果眉毛也能像绣花一样用仿真材料一针一针绣上去，岂不很好?

查阅了大量的资料，她终于发现了在美国有这样的设备。“需要70多万。我借了朋友的钱，加上几年的积蓄，终于在1997年引进了省内第一台仿生绣眉机。”

机器买来了，很多常见的问题可以迎刃而解了，但好学的冯建云仍旧在不停地摸索。有一年，她去香港参加亚太地区的一个美容交流会，会上一个法国专家的发言吸引了她。“他讲的是纹秀过程中色料与麻药的意外问题，我觉得太重要了。几个小时的时间，我边听边记，会后就通过深圳的朋友把资料传到了我的美容院。”

见云仿生眉就这样成了冯建云的招牌产品。“不管是颜色还是形状做坏了的，只要在我们这里，都可以修改得很完美，几乎难辨真假。”有个40多岁的女顾客，前几年跟风流行去文眉，却做成了蓝色的一字眉，又粗又黑。抱着试试看的态度，她来到见云美容。眼看着原来做坏的颜色一点点洗去，又黑又自然的眉毛一根根种了上去，她不停地感叹：建云妹妹，我本来以为要带着这坏眉毛痛苦一辈子了，没想到你这里还有这么神奇的东西，真像神笔马良的神来之笔啊！”

高科技给冯建云带来了甜头，还有越来越好的口碑。以后的几年，她率先引进了半导体脱毛仪，引进了彩光嫩肤，引进了以色列最先进的科伊人E光……越来越先进的仪器和完美服务，带给冯建云的，是一个拥有了六家高档会所、一家美容培训学校和多家加盟店在内的见云美容连锁机构。

这样的一路领先，有没有过木秀于林的危机感？冯建云爽朗地笑了：“同行里有好朋友曾经这么说我：建云，你什么都好，就是跑得太快了。你在前面不停地引进新设备，打广告，别人在后面跟着捡漏，你不觉得亏？我的回答是，没有高科技，我不可能发展这么快。先引进先尝到高科技的甜头，给自己也给别人最安全的美丽，多值啊！”

B 印象派

她有点像美国的脱口秀女王奥普拉。一样的善谈，一样的气场强大，却比她还要美。

她却觉得自己最打动别人的，关键是善。“一个内心善良的女人，才能散发出美。否则再精致的妆容也会拒人于千里之外。

她讲起自己要好的9个姐妹，她们在艰难时互相给予的帮助。“你所说的气场，在我看来，就是好人缘儿吧。一个有了善心的女人才有好人缘儿，尖酸刻薄的女人是不会吸引别人的。”

别人都说她有佛缘。她理解的佛缘就是要与人为善。“能让女人美，能让更多的女人不受罪就得到更安全的美，这也是行善。”

【人物名片】

成国富

成师傅大长垣美食餐饮管理有限公司总经理

【达人语录】

“人应该知道自己能做什么，擅做什么，想要什么。”

成师傅的成富之道

A 故事

成师傅，本名成国富，豫北长垣人。

但凡人称师傅，不说老态龙钟，肯定也是老持成重之辈。成国富成师傅却不过34岁，身材修长，面容俊美，笑语晏晏，实为视之可亲一标准帅哥。

这样一个年轻的小字辈，在烹饪的江湖里却已扑腾了21年。21年走南闯北的阅历和积淀，不仅让他拥有了成师傅大长垣美食和锦绣酒店两个品牌，品牌下的3家酒店也在他的调教里风生水起，势头正好。

如同那句歌词所唱：没有人能随随便便成功。之所以成功的是你，而不是他或者她，肯定自有其与众不同之道。

成国富不认为自己已经成功。但回顾自己之所以能一路走到现在，他总结的原因是：有主见。

“有主见的人知道自己能做什么，擅做什么，想要什么。因为直接和干脆，这样的人，往往比别人更容易接近成功。”

○13岁：好学生不声不响辍了学

按照成国富的理解，所谓的有主见，说好听点是自己掌握自个的命运，说难听点就是自作主张，凡事认准了就干。

他觉得自己就是这样一个喜欢自作主张的人。

1988年夏天的一个傍晚，长垣县的一个小村庄里，13岁的少年成国富搬着凳子回了家。走进家门的时候，正在院里忙着的父亲纳闷地问儿子："凳子坏了？"成国富答道："我退学了。"

父亲大惊失色："你学习成绩那么好，老师都说你是上北大清华的料，为啥要退学啊？！"儿子低下了头："家里20多亩地，只有你跟我妈在忙。我想回家帮你们。"

这样的话让父亲愣住了，他看着懂事的儿子，半晌才说："退学这样的大事，你好歹跟父母商量商量啊。地里的活再苦再累我跟你妈都能撑住，你不上学以后准备去做啥？"儿子的回答还是那样干脆："这你们就不用操心了，反正我肯定是要走出农村的。"

这年收完玉米，成国富进了县里的烹饪技校，开始学习做饭。"学个手艺什么时候都有用。做厨师风吹不着雨淋不着，起码能吃饱饭。"成国富笑着坦言，这是自己一开始选这个职业最主要的原因。

1989年过完春节，从烹饪技校毕业的成国富来到湖北，在一家小饭店打工半年后，他跟着两个伙伴来到了深圳。

天黑了，没找到工作的他们花4元钱租个凉席，在路边上睡了一个礼拜。"那时候白天一睁眼就出去找工作，饿了买个饼就着路边的自来水就是一顿饭。这样过了几天，终于有家中等规模的饭店录用了我。"

成国富最初的工作是刷碗打杂。在别的刷碗工偷懒磨洋工的时候，他总是赶紧把分内的活儿做完，然后走到老师傅们旁边偷学手艺。"南方师傅喜欢喝茶，我不吭不哈替他们泡好。师傅们忙活一会儿，喝一口茶，不冷不热刚刚好。一问是小成泡的，很自然对我印象可好。"

初次在南方打工的酸甜苦辣，成国富至今记忆犹新。"刚去南方，最大的困难是语言不通。那时候我普通话不标准，师傅大都讲粤语，很多时候我跟师傅们沟通，需要打手势才能明白。我记得一次有个师傅要我去拿虾子，我给人家递过去的是虾皮。正在灶上忙碌的师傅一勺子打在了灶台上："你学过烹饪没有！"

南方人口里的虾子就是北方人所说的海米。初来乍到的成国富怎会知道？虽然心里委屈得很，但他还是赶紧跟师傅道歉："对不起师傅，是我听错了。下次绝对不会了。"

因为这样的乖巧与勤奋，成国富很快从扫地刷碗的杂工里脱颖而出，跟着师傅们学切菜，配菜，一直到打合。"打合是配菜与炒菜之间最重要的一个环节。一道菜主材是啥，辅料是啥，包括调料，先加工什么，后做什么，都是打合的任务。我就在这打合的过程里学到了很多菜的做法。"

○19岁：星级大酒店里的四级跳

1990年，成国富应聘到广州花园酒店，在这一次，他是从打和做起。

作为国内第一批五星级的酒店，成国富在这里可谓大开眼界。"以前的饭店，根本没机会接触高档菜品。在这里，每天都要接触燕窝、鱼翅或者鲍鱼这样的主材，总算是开了眼界。"

成国富潜下心来，开始好好琢磨菜品。"主材发制需要经常换水，在师傅们看来，这是件很麻烦的事。我主动帮师傅们换水。在换水的过程中，我很自然就问起了水加热的温度，放多少碱面，发到什么程度刚刚好等问题。"因为这样的不失时机，成国富很快掌握了高档菜品的发制诀窍。

8个月后，因为总是无缘上灶炒菜，成国富离开花园酒店来到南京。1992年，在同为五星级的金陵酒店打合半年之后，他跳槽到四星级的南京中心大酒店，做了一名炒菜师傅。"改变是为了提高。我就在这不断选择的过程里一步步往上跳，终于可以一试身手了。"

走上灶台的成国富很快显露出他在这方面的天赋。一年多的时间，他竟创新出几十道新菜品。“当时我自己研究出一道椰盅鸡腰的新菜。大椰子一锯两半，其中的椰肉切成小块，和新鲜的鸡腰放入笼屉清蒸。蒸好盛入椰壳内趁热上桌，既有鸡肉的鲜美又有椰肉的清香，味道很独特。”

椰盅鸡腰很快成了中心酒店的招牌菜。“那时候给我打下手的人，一上班的活儿就是不停手地锯椰子，切椰肉。最火的时候，几乎每天都要卖掉200多盅。”

成国富在中心酒店从炒菜师傅一路做到厨师长。1991年，他带着40多个人承包了两个厨房。“包厨房的三年是我进步最快的时候。怎么跟人打交道，怎么管理员工和前厅后厨，都是在那三年学会的。”

从14岁离开家乡开始，五年的辗转流离，当年那个浑身是胆的少年已经蜕变成一个成熟的餐饮人。“无论是财富和经验，跟离开家时比，都已经实现了四级跳。”

○27岁：最有前途的副总经理一意孤行辞职了

1994年底，回到郑州的成国富成为西花园的一名大厨。1997年，一位新乡客人偶尔吃到成国富做的菜，惊艳之下，邀请他到新乡负责政府招待的九州大酒店。他为成国富开出的月薪是8 000元。

成国富就这样又回到了家乡。他带去了自己闯荡南方见识和创新的许多菜品，法式酱鸡，板栗烧猪肘……这些在当时显得那么时尚和新奇的菜品引起轰动，吃到九州一时成为新乡人口口相传的流行语。

2楼餐厅有20多桌，每天点名经成国富设计制作的最少达到15桌。一天下来，成国富胳膊都肿了。在酒店人的眼里，成国富不光菜烧的好吃，烧菜架势也很帅。1米8的帅小伙站在那里，手脚麻利地炒菜，装盘，他甚至能用炒勺旋转铁锅，极快地把铁锅刷干净。以致经常有领导和服务员站在他身后一边观摩一边感叹：“看成师傅烧菜，真的好像一种艺术享受！”

1998年，在酒店老总提议下，成国富转为酒店了正式员工，房子户口都得到解决，并享受正科级待遇。这年3月，成国富升为餐饮部经理。他开了家音乐餐厅。溜冰川菜，钢琴伴餐，歌舞表演。这些当时只在上海等大城市才有的新生事物被成国富引进了九州宾馆。一时开中原时尚之先。

2002年3月，成国富作为河南省餐饮界选拔出的唯一代表参加了中央电视台和中国烹饪协会举办的“满汉全席”。在上场才知道主材的情况下，他凭借黄金螺花等三道菜，成为比赛的冠军得主，比赛的场面后来在新乡电视台重播了半个月。“几乎有半年时间，只要来九州饭店吃饭的食客，必点这三个菜。要签名、合影的更是每天都有。”

2003年，25岁的成国富已经成为宾馆的副总经理。他却在这时感到了不适应。“我很善于反思自己。我知道自己的个性比较直，敢于直言，这样的性格不适合政府部门。”

2005年初，成国富不声不响地离开了九州宾馆。跟当年离开学校一样，这一次他也没有跟任何人商量。“我知道自己其实就是做技术的，我还是喜欢那种单纯做事的快乐。”

○34岁：自作主张者的成功之道

成国富应聘到一家快要倒闭的饭店做经理。他举办美食节，3天的时间，只要顾客上门，吃多少送多少。“别的饭店都是送便宜菜，可我送的却是特色菜菜。我其实也在自我挣扎，可我知道，要闯开市场，必须靠招牌菜的口碑。舍得舍得，有舍才能有得嘛。”

事实就是如此。4个月后，快要倒闭的酒店终于又活了。这给了成国富很大的信心，他知道自己可以做自己的酒店了。

2007年，成国富的锦华大酒店在新乡开门纳客。一年多的成功运营之后，2008年3月9日，农历2月2

龙抬头这一天，成师傅大长垣美食城在红专路亮相。

典型的豫菜口味，食材绿色健康。不用鸡精味精，全部用骨头汤添味，用久炖吊汤的鸡汤提鲜。成师傅大长垣与众不同的举措一面世就打动了省会人的眼睛和胃口。3个月后，大长垣美食城已经走上良好运营轨道。“上座率已经达到200%，每到饭点的时候，等着翻台的顾客比比皆是。”

2008年9月，成国富在经三路上开了自己的第二家店。几个月的运营后，酒店已突破盈亏平衡点。他的目标是3年内把成师傅美食做到20家。5年后建立自己的成师傅美食管理有限公司、成师傅红焖生产有限公司和成师傅美食策划公司。

他想起自己在九州饭店时研制的红焖羊肉火锅。“红焖羊肉作为中华名火锅，不该没落。我想重新开发，批量生产，真空包装，打进超市。让老百姓在家也可以吃到最正宗的小火锅。”

B 成国富如是说

你所理解的最完美的快乐？

研发菜品。

最后悔的事？

后悔出来做自己的酒店太晚了。

最敬佩的人？

侯瑞轩大师。他是我认识的人里面把人品和菜品结合得最完美的长辈。我后来提出的人品即菜品的企业理念就得益于他。

怎样评价自己？

我是个有主见、喜欢单纯做事、永不满足现状的人。自己认准目标就做，不喜欢来回商量，瞻前顾后。

【人物名片】

叶永明

兴和地产董事长、总经理

【达人语录】

“高人做势，中人做市，低人做事。”

顺势者，成大事

A 故事

6年的时间能做什么？

于一般人来说，那不过是两千多个日日夜夜。但对叶永明来讲，那是两个“地王”的诞生，是开封科技城等一系列商业地产的成功运作，是旧城改造和郑汴融城地标建筑的一幢幢拔地而起。

这是一个浙江人在古城开封闯荡的6年。

他的故事，要从2003年讲起。

○开封“地王”浙人造

2003年，湖州人叶永明来到了古城开封做房地产生意。他带来是自己10年从小生意磨砺的坚韧，还有3个同乡。“35岁以前是找感觉，学套路，等有了一定的积淀，就必须得做大。”

开封就是他在40岁时，深思熟虑之后，要做大事的地方。

但事情并不像他想的那么容易。

跟南方相比，开封当时的房地产市场还相对落后。在拿开封市区一块六百多亩的地时，叶永明以为不会有什么难题。但拍卖会上，另一家志在必得的房地产公司突然杀了出来。弩张剑拔之间，地价在频频举牌间不断上涨。“考虑到这是我们在开封的第一个项目，这么好的位置，我们无论如何得拿下。”最后的结果，是叶永明以每亩154万元拿下了这块地。开封地产史上第一个地王诞生。

地拿到了，但叶永明知道更大的压力还在后头。“我拿地时的钱是通过亲友融资得到的，我必须对老家的人负责。只许胜，不能败。”

充分论证，认真策划，最终叶永明决定把这块地定位为商业地产，主打IT，建造开封第一座电脑城。两年的建造过程，每一天对叶永明来说都是揪着心的，“可以说没踏实睡过一晚。”

2005年秋天，一座集IT卖场、购物，办公、商务写字楼于一体的兴和数码时代广场终于在开封亮相。整体经营，先租后买的营销模式让古城人大开眼界，热卖的铺面很快售罄，成为兴和房地产在开封画下的第一个叹号。

这样的惊叹号，不久叶永明又写下了第二个。得到浙江德清财团和智囊团的支持，叶永明又拿下了开封市最繁华商业区的一块地，这是开封地产的第二块地王。叶永明用他建造了开封面积最大、设备功能最全的兴和百货。现在，开封科技城成为河南省的十佳电脑城，兴和百货也成为开封销售额最多的商业成功地产典范。

一座座地标性的建筑，让开封人知道了兴和置业，也知道了叶永明这样一个浙江人。

○我不过是顺应了大趋势

叶永明最近可谓好事连连。

锦绣皇城第三期已经如期交付。就在前几天，8 000亩的汴西湖即将开挖。这对他紧挨着汴西湖的碧水蓝城来说，在郑汴融城地标建筑的标签之外，无疑又加分不少。

这样的好运气，用他的话来说，“不过是顺应了大趋势而已的。”

叶永明是深谙胡雪岩的成功之道的。胡雪岩13岁来到杭州，就是靠大势理念，完成了富可敌国的商业梦想。在叶永明看来，“所谓“做势”，就是要做足4种“势”：官场的势力、商场的势力、江湖的势力以及洋场的势力。官场的势力其实就是政府的势力。现在要想把事情做大做强，一是必须遵守国家相关法规政策，另一方面也要得到政府的支持。商场的势力，也就是商人、商家和商会的势力；洋场的势力就是国际市场；江湖的势力也即社会的力量。“高人做‘势’，中人做‘市’，低人做‘事’，胡雪岩的总结可谓一语中的。”

叶永明2003年之所以来开封，是看到了国家当年大力开发中西部的政策。他开着车一路考察了7个省市，“比较来比较去，开封地处中原，又是古城，旧城改造有需求。老城地方小，加上有的建筑要保护，新区会有成片开发的机会。”

在开封禹王台区的邀请下，叶永明终于选择在这里扎根。他给公司起名“兴和”，意为兴旺发达，和谐共生。开封有很多国有、集体的老企业，叶永明配合政府处理了开封空压机厂、鹏达印染厂等一批老企业的债权债务。“对企业的几千名职工我们进行了身份置换，还筹建新厂房，以腾笼换鸟的方式，实现了资产盘活。”

2008年，政府拍卖开封新区一块300多亩的土地。因为经济的整体大趋势，几次都以流派告终。叶永明以3亿多元拿下了这块地。“我如果再等等，地价还可以再便宜，条件还可以再优惠。但政府现在有难处，我不能袖手旁观。”虽然是为政府分担，但这块地的财务、设计、策划等很多细节，叶永明是经过反复核算的。“开封房地产的刚性需求比较大，前景我很乐观。这块地只要通过产品规划设计，产品配套等方法，还是可以在消费者和企业之间找到平衡点的。”

真正的成功者，很多时候是懂得谦让和成全别人的人。事实验证了这一点。现在，叶永明的很多地产，无论是老城区拥有江南风韵的锦绣皇城，还是作为郑汴融城地标建筑的碧水蓝城，都成为开封建筑物的代表，成为市民热捧的对象。

○生活里学到的智慧

叶永明坦承自己文化程度不高。1963年出生在湖州德清一个偏远小镇的他，初中未毕业就出去做生意。跟许多浙江人一样，他也是从最小的生意起步。做家具、搞建筑、开旅馆，“很多营生都尝试过。”

几十年的磨砺，他不仅完成了资本的原始积累，还从生活中学到了很多智慧。

比如他从不打牌。他觉得打牌会消磨人的意志。从打小牌开始，直至大赌，最后无心生意的商人，他见得多了。“我曾经有一个朋友，几年前就已经资产千万，但玩了几年，现在可以说一无所有。”“虽然有人说牌桌上可以交流信息，但我更赞成用别的方式，比如喝茶，比如聊天，一样可以交流信息，增进感情。”

不仅仅是打牌。绷紧自己创业的弦，不给自己松懈的机会。这是他对自己也是对团队的要求。对从浙江带来的高管们，他实行的几乎是封闭式管理。“下班后没有特别重要的事，一般就都待在宿舍里了。根本不允许花天酒地，甚至玩物丧志的情况出现。”

他喜欢简单的生活。晚上9点，和往常一样，叶永明会准时来到温泉游泳池边。下水，深呼吸，慢慢舒展开，开始蛙泳。泳池里十几个来回，“很多事情在脑子里就慢慢梳理清了。”

他喜欢看书，特别是那些成功房地产商人的书。“我觉得自己文化太低，公司从制度到管理，都还得跟别人好好学习。”他曾对万科的经营模式有过很透彻的研究，“有机会准备把王石的那套模式给拷贝过来。”

文化程度不高，却在生活里学到很多经营智慧的他，在内心其实一直对知识有种深深的膜拜。为此他把儿子送到了国外。他希望有一天儿子能学成回国，接下他肩头的担子。他更希望有一天，他的兴和已经是很大的企业，而他也退休了，孙子孙女能对着开封很多优秀的代表性建筑，自豪地说：“这些都是我爷爷建造的！”

B 印象派

笑容可掬的叶永明很随和，很中庸。

他确实是深谙中国的中庸之道。所以他可以顺应大势，让异乡变成了自己的福地。让一个商业帝国的梦想在40多岁的时候初现模型。

外表上或该行事温吞的他，出手敏捷得很。两度地王的诞生，是最好的佐证。“只要我认准的，一定是势在必得。”

叶永明复杂吗？他的生活其实很简单。他最大的快乐，莫过于每天晚上在泳池里，自己和自己的内心对话。“呵呵，现在比较忙碌，连这样的快乐都很少了。”

【人物名片】

户翠玲

户大姐土豆粉品牌总经理

【达人语录】

“人品不好的，坑蒙拐骗的，即使给再多的钱也不能加盟。”

一碗土豆粉的“三级跳”

A 故事

走在人堆里，户翠玲绝对是个不起眼的女人。

她胖，爱笑。慈眉善目，很家常的模样。

但就是这样一个家常的女人，用14年的时间，打造了一个闻名全国的小吃品牌“户大姐”。作为最早也是唯一在商务部备案的快餐小吃类连锁品牌，“户大姐”已经在全国20多个省市发展到300多家加盟店。现在，她正在与泰国的客商谈判，准备把连锁店开到国外，让世界都领略中华名小吃的魅力。

世人不屑一顾的小生意，就这样在她的坚持里，以顽强三级跳的姿态，变成了大品牌。

○一级跳：站稳脚根

清丰县里的流言飞语

走上小吃这一行，用户翠玲的话来讲，“纯粹是逼出来的”。

1995年，户翠玲下岗失业。那时候父亲已经去世，母亲没有工作，下面是4个正在上学的弟妹。作为家中的大姐，26岁的户翠玲就这样成了家里的顶梁柱。

要养活一家老小，就必须出去做生意。但世上生意千千万，做哪一行最保险？母亲的一句话提醒了她：人可以不比穿不比住，但不可以不吃饭。户翠玲就这样做起了本钱最小，最累人，但消费群体也最广的小吃。

她到街上跟汉中的师傅学做凉皮。古话说教会徒弟，饿死师傅。也许就是出于这样的心理，汉中师傅只给她说了几样调料。户翠玲回到家里，和母亲一起垒好大灶，就开始一遍遍做凉皮，自己琢磨每样调料的比例。她还把调好的凉皮端给附近的邻居品尝，听他们的意见。

这样试验了半个月。1995年夏天，户翠玲在清丰县最繁华的十字街口开了家4平方米的凉皮店。当时虽然街上卖凉皮的很多，但都是地摊，作为唯一一家以店面形式经营的凉皮店，户翠玲一开始就以干净的店面和与众不同的口味吸引了顾客。第一天她记得卖了40多元钱，3个月后每天已经可以卖到七八百元，生意瞬间火了起来。

就在生意最红火的时候，母亲突然病倒在床上。孝顺的户翠玲关了店门，在家伺候母亲。都说同行是冤家，风言风语就在这时候从竞争对手那里传了出来。“有人说我关门是因为调料里有大烟壳，被查封了。我这个人从来都是大大咧咧，只埋头做自己的事。但我没想到，自己不害人，嫉恨你的人反倒一直惦记着你。”

几个月后母亲去世。户翠玲重新开门迎客，生意却一落千张，一天只能卖几十元钱。“那时候我心情很低落。但是坚信我自己的东西是好的，没坑人害人，口味搭配也是最合理的。只要我坚持，生意肯定会再起来。”

戴着黑孝章的户翠玲每天忙碌在自己的小店里，周围的顾客逐渐了解了事情的真相。流言飞语在健康美味的小吃面前烟消云散，两个月后，生意又恢复到以前的火爆场面。

一年后，随着客流量的一天天增多，门口摆了9张桌子仍供不应求。户翠玲找了个70平方米的房子，去武汉和陕西引进米线、麻辣烫、肉夹馍和千层饼等，一时户翠玲小吃店成为清丰县最有名的小吃去处。

○二级跳：死店盘活
“户大姐”全国布点连锁

1999年，户翠玲的小吃生意在清丰已经成为响当当的品牌。这时候在上大学的小弟和她讲起新乡的一个小吃品牌苗老太，在全国搞加盟连锁，已经把店开到了国外。户翠玲不以为然：自己几个店的生意已经不错了，我为什么要把自己琢磨出来的好东西都告诉别人，跟别人分享？

2004年年底，已经上班的小弟又一次跟户翠玲提起连锁的事，他把网址给了姐姐，说了这样一句话：那家小吃我吃过，口味远不如咱的，但人家这几年已经做得相当不错了。户翠玲上网查了这家品牌的资料，越看越受刺激。关掉电脑她和弟弟通了电话：“弟啊，以前姐目光太短，后悔死了，这会儿都恨不得把电脑扔到窗外去。你来帮我，咱姐俩一块把这生意做大。”

2006年3月，户翠玲和弟弟在濮阳江汉路盘下一家200平方米的店。接店的时候也有人泼凉水，因为这家店的前身就是做小吃的。别人做死的店凭什么你就能做活？

户翠玲却很有信心。虽然这里地段不是最繁华，但有周围的居民，还有两所中学。最关键的是，她对自己的口味很自信，她相信好东西总会招来客人的。

开业的前3个月，每推出一个新品，户翠玲总要邀请附近的顾客品尝，她称这些人为口味监督员。“因为顾客一句话，我们马上调整口味。比如麻辣烫，有个老顾客说麻度不够，我们当即就做了调整，弄出几种口味，看哪种最受欢迎。”她是个爱琢磨的人，一个简单的土豆粉就研发出十几个品种，煮、炒、蒸或者凉拌，味道各不相同。为了引进新品种，她几次去武汉和成都。“不管有多少种口味都尝个遍，到最后嘴辣得跟着了火一样，肿得老高。”

开业头一周，店里只卖了四五百元。3个月后，收入就翻了几倍。别人预言做不活的店面，就这样在户翠玲的手下生机盎然。

2006年5月，户翠玲注册了自己的“户大姐”商标。这年10月，“户大姐”参加中国烹饪协会在河南人民会堂举办的中华名吃评比。“当时参加的有100多家，获得名小吃称号的不到30家，我们的土豆粉、米线和肉夹馍都被评为中华名小吃。”

2006年11月，户大姐快餐连锁有限公司成立。从这一年开始，户翠玲开始发展连锁加盟。“跟养孩子一样，一开始因为不熟悉模式，我们比那些加盟的人还紧张。”她请来专业人士整理了培训和考核制度，规范了加盟条例。小吃连锁就这样红红火火地搞起来了。

山东、安徽、黑龙江、江苏……随着户大姐名气的日渐增加，全国各地要求加盟的客户纷至沓来。“2007年冬天，到了大年28，在公司培训的加盟商还有好多。我记得我还专门让家里人包了一大锅盖饺子给学员送去了。”这年年底，户大姐品牌加盟店已经在全国10多个省市发展到100多家。

○三级跳：细做品牌 把中华小吃开到国外去

2007年4月，户翠玲和弟弟到了北京，参加由北京奥组委和中烹协举办的奥运美食推荐赛。“我们是拉着锅碗瓢盆和全部原料去的。现场表演之后，我和弟弟获得中国超厨称号，我们的米线、土豆粉和肉夹馍3个品种获得了奥运美食推荐奖。”

2008年5月，户翠玲带着自己的户大姐商标到商务部注册，成为全国首家快餐小吃类通过备案的连锁公司。这年7月，户翠玲把公司总部搬到了郑州。“在濮阳因为交通不便，发展总会受限。来郑州，就是想让连锁的步子迈得更快更稳一些。”

这年12月，户大姐推出了单锅料包，这在全国的小吃行业都属首创。“这标准化的料包，对户大姐品牌是一种保护。对加盟商而言，要保证口味的一致，就更容易做到位。”

现在的户大姐品牌，在全国已发展到300多家店面。2009年1月，一个在沈阳户大姐连锁店被一碗土豆粉打动的泰国客人，几经辗转找到了户翠玲，想在泰国也开家这样的小吃店。“这几天我们一直在谈。如果顺利的话，户大姐今年会走出国门，让更多的外国人感受到咱们中华小吃的魅力。”

B 户翠玲如是说

我对同行一直抱着尊重的态度。尊敬那些诚信的，靠自己努力向上的同行。发展连锁，但并非所有的人都可以加盟。人品不好的，坑蒙拐骗的，即使你给再多的钱也不能加盟。加盟店的存活是第一，公司利益是第二。在我心里，没有第一就永远不可能有第二。

【人物名片】

张东武

陈家沟太极拳馆副会长、河南省陈氏太极拳协会技术培训班主任

【达人语录】

“愈高山仰止，愈要懂得退让。”

太极真味

A 故事

○13岁少年编了一本拳谱

黄河路郑纺机俱乐部。沿着幽暗的大厅上楼，右转，前面豁然出现一个宽敞明亮的大厅。这就是陈家沟太极拳第12代传人，中国武术七段张东武的太极研修中心。

4月的阳光穿窗而过，已经很有些力度。面前的张东武就坐在阳光里，跟我们说那些有关练武的前尘旧事。敦厚、朴实，未语先笑。跟他武术总教练的身份相比，面前的张东武，更像一个随和的邻家兄长。

他换上黑色的练功服，为我们演示陈氏太极拳。身后整面墙的镜子映出他矫健敏锐的身影，恍惚中，那里面又出现了一个12岁的少年。

张东武开始练武的时间，就是12岁。那时候，《少林寺》《霍元甲》等电影电视风靡了整个华人世界，也席卷了温县张东武所在的小村庄。“老家以前就一直有习武之风，这时候因为有了电影电视的影响，做个匡扶正义身怀绝技的武林高手，就成了我们那儿很多孩子的梦想。“

但父母不支持张东武练武。“怕我心野了，更怕我学坏出去找事儿。”每天晚上，吃过晚饭，父母就早早锁了院门。住在二楼的张东武等父母睡着了，就蹑手蹑脚顺着窗外的那棵大桐树溜下去，走十几路跟人学武术。“天快亮的时候回到家，进不去院门，就嗵嗵地砸门，为此没少挨家里人骂。”

温县作为太极之乡，可以说到处都是老师。勤奋有悟性的张东武处在这样的氛围中，进步很快。13岁，他根据八卦莲花掌自己编了一套拳谱，起名燕青花拳二路拳。“到学校跟同学们一演示，伙伴们都羡慕得不得了。”

17岁那年，张东武到乡里参加比赛，高手如云的赛场上，张东武和成人过招，一路过关斩将，竟拿了个冠军。围观的人直感叹：“这个小孩儿现在就有这样的天分，将来可是不得了！”

○陈立夫给予的启示

1988年，在老师的推荐下，张东武进入河南大学体育系武术学院。原本他是要去进去上学的，但学校一看他的武术功底，直接发话：“来我们这里做教练吧。”

18岁的农家小伙儿张东武，就这样成了河南大学体育学院的武术教练。4年的教练生涯，张东武最大的收获是习武之外，还懂得了许多理论知识。“比如运动力学，人体解剖学等等，这些理论让我更清楚地明白了如何发力才能更凌厉，如何更好地保户自己，跟以前相比，可以说不光知其然，也知其所以然了。这是更深层次地进步。”

那一年，焦作市为全市中小学体育教师举行太极拳短期培训，张东武被邀请回去授课。跟许多名气很大的老师相比，张东武的优势很快显露出来。“因为有了理论知识，就不光是在比划，从人体力学的角度等一解释，学员就一清二楚了。”

1992年，温县投资数千多万元成立了温县太极武术馆，从河南大学毕业的张东武被邀请回去做了主教练。从这一年开始，培养学员，传播太极拳文化，就成了张东武心里最重的事儿。1993年，张东武在拳师考核中评为河南省首批国家一级拳师。第二年，他受邀带着50人的武术代表团去了台湾。来自中原的太极拳以原汁原味的招式让台湾观众大开眼界。他们第一次发觉，原来太极拳不只是舒缓绵软，也可以如此的凌厉刚健。台视、华视等电视台争相报道，一时间整个宝岛刮起了太极拳旋风。

“我们的表演不光吸引了台湾的民众，还有蒋纬国、陈立夫、吴伯雄、郝伯春等要员。”在陈立夫的家里，97岁的陈立夫看完张东武的表演，大为感叹：“这才是真正的太极功夫！”他从书架上取出自己翻译的《四书中的常理》，在扉页上一笔一笔认认真真地写道：东吴小弟惠存。陈立夫。

看着颤巍巍的陈立夫，张东武很是感动。他第一次意识到，武术的境界不也正是如此吗？心存高远，却谦逊低调。愈高山仰止，愈要懂得退让。这才是太极武术的真味。

法国拳师也集体投诚了

1996年，张东武迎来了生命里的贵人。“我正式拜在中国当代十大武术名师、陈氏太极拳第十一代嫡宗传人陈正雷大师门下，成为大师的入室弟子。”

所谓名师高徒，应该就是这样的情形吧。而张东武的技艺，也在老师一心一意的点化中，突飞猛进。这一年，在全国武术精英赛上，张东武获“武林精英”称号；2004年，中国举办首届世界传统武术节比赛，全世界2000多名选手参加的赛场上，张东武拿到了陈氏太极拳、陈氏太极剑的两枚金牌。而就在3月15日刚刚闭幕的香港国际武术大赛上，28个国家，6 800人参加的比赛，张东武率领的16人代表队，最后的成绩是13枚金牌，11枚银牌。

2005年的一天，一个在张东武法国太极拳馆研修的女士邀请张东武去家里做客。吃饭的时候，她开空手道馆的丈夫对中国功夫很不以为然。这个法国人扎好架势，动作凶猛，咬牙切齿地表演了几个招式。张东武什么也没说，只是在颔首微笑。

在法国人的一再要求下，张东武同意过招。他让这法国朋友抓住自己的肩膀，只见张东武双肩猛然一翻一抖，胳膊向下一松，一个肩靠结结实实打在空手道拳师胸上，人高马大的他还没回过神来，身子已不自主地踉跄着倒在地上。他扶着门框直愣愣地看着张东武，嘴里还在喃喃自语："怎么回事？怎么回事！太不可思议了！"

后来的结果是，这位法国拳师带着自己的学员集体来张东武的太极拳馆学习了，"哈哈，可以说算是集体投诚了吧。"

现在的张东武，是陈家沟、焦作、郑州、香港、法国等多家太极拳武术研修馆的总教练和馆长。还是中国武术协会考段位标准教材的编撰者。对这个27岁已达到中国武术7段的主教练来说，练武的目的，早就过了强身健体，自卫防身的阶段。提高技艺，修身养性，弘扬中国传统武术博大精深的魅力，才是最主要的目的。"还是那句话，心存高远，却要谦逊低调。愈高山仰止，愈要懂得退让。这才该是太极武术的真味。"

B 张东武如是说

心存高远，却谦逊低调。愈高山仰止，愈懂得退让。这是习武28年，我从太极中咂摸出的真味。

C 印象派

这个名字里有个武字的男人，也许命中注定要与武结缘。

12岁。因为怕练武把心练野了，父母晚上早早就锁了院门。每天半夜，他要等父母睡熟，从院里的那棵大桐树爬过院墙，走十几里路去学武术。

28年过去，那颗因为练武而变野了的心，早已走出了温县，走出了中国。太极武术博大精深的魅力，就在他刚柔相济的一招一式中，令世界爱武之人瞬间倾倒。

【人物名片】

李　明

河南华夏海纳创业投资发展有限公司董事长

【达人语录】

"成功的过程中是离不开钱的，与其晚跟市场接触，还不如早跟市场接触。"

欲望与动力

他在河南创立首家天使投资机构，并开创"天使投资+孵化器+创新大赛"的创投模式。累计投资企业30余家，被业界称为"河南天使投资第一人"。

他就是华夏海纳企业集团董事局主席李明。

A 故事

○创业：抓住每个行业的"黄金期"

李明是周口扶沟人，从传统创业者到天使投资人，他的创业经历代表了众多具备前瞻眼光创业者的典型路径。

1985年毕业后，他被分到河南省化工厅；1992年，他辞掉工作，去一家民营消防设备企业，担任工程部经理。

离开有编制、旱涝保收的政府机关，这在当年实在难以理解。李明凭借自己过硬的技术实力，很快在消防行业站稳了脚跟。

大学里学到的专业知识，在工作中也派上了大用场，"消防行业当时是新兴行业，很多员工都是半路出家，而我能看懂进口设备的使用说明，知道如何使用。"

1996年，他辞职创办了自己的消防工程公司。

7年后，他在郑州消防工程市场做到前3名，实现每年上千万元的工程量。

李明说，自己当年走的正是“先就业再创业”的路子，“如果没有打工时的历练，直接去创业，失败的概率是很大的。”

“企业做大后，日常施工、监理占用了大量的精力。”李明也发现，几年高速发展之后，消防行业遇到了瓶颈，他开始有意识地积累人脉、收集信息、进入不同的圈子。2003年，他果断转行，进入房地产业。

○转型：创立天使投资机构

当年，李明赶上了房地产业发展的黄金期。

高速发展之下，李明认为房地产业的拐点即将到来，在2008年金融危机爆发前，他把大部分资金从房地产业转出，公司转向资本运作和投资初创企业。

“我们对企业做了一个大的调整，专注于天使投资。”

李明随后创立河南华夏海纳创业投资发展有限公司，专注于高科技项目对接孵化，业务涵盖信托、银行、基金管理等诸多领域。

“如果你专注做一件事，有可能成为教授、专家，但不一定能成为企业家。”李明说，创业者的眼光不能仅关注自己的一亩三分地，还要放眼整个社会，只要是自己有可能涉足的行业，都可以提前准备，择机进入。

李明把天使投资做成一种机构行为，“我们独创了华夏海纳模式，就是天使投资+孵化器，并通过创新大赛征集项目。”“投资机构不光给他钱，还帮他注册公司，帮他配备生产团队、管理团队、营销团队，把所有正常公司需要的都给他配备好。然后根据他自身条件，如果他具备管理才能就做管理，不具备的话就给他配备管理人员，把公司按正常企业的形式发展运作起来，这就是华夏海纳模式。”

他说：“经过证明，这种模式是成功的，这也是我们这几年的一个收获。”

○支招：找到项目的亮点 选择合适的投资人

身为投资者，要接触大量创业者递交的商业计划书，李明站在投资方的角度为创业者“支招”，如何获得资金的青睐。

“想要吸引投资人，首先要知己知彼，了解你所投递计划的投资机构的倾向，论证一下自己的项目是不是对方所青睐的。”

在寻找风投之前先找到项目的亮点以及需要风投帮助的地方，获得风投的概率会大大增加。

“例如我们投资的重点，跟河南的区域性也有关系，因为天使投资毕竟是本土化，更便于管理，而且对当地的经济发展有推动作用。我们在选项目时基本会关注3个方面：一是精细化工，二是新材料，三是生物制药。当然还有其他的一些高科技项目，比如节能环保方面的。”李明介绍。“除了高科技、节能环保项目之外，目前我们也关注新的商业模式，比如最近接触的一个烘焙项目，这个年轻人就是采用一种新模式经营西点蛋糕。他在向我们寻求建议时，我们发现他的思路很好，于是有意合作，帮他迅速发展。”

在投资方看来，商业模式的创新、创业者自身的素质比计划书更重要，如果你对自己的项目信心满满，完全不用觉得投资机构“门槛高”，勇于交流，也许机会就在其中。“你完全可以找一个投资人当老师，把你的创业疑问提出来，他们会立足专业角度帮你解决问题。”

至于创业者如何吸引投资人，李明建议，首先要选择合适的投资人，要考察投资人的投资倾向，比如他们专门投资高科技项目，或有潜力上市的企业，创业者要事先了解投资人重点关注的领域与自己的项目是否契合。其次，使用风投指定的模板。在风投网站上一般都有商业计划书模板供下载，使用默认模板是最好的，因为不同的投资公司在考察项目时会有所侧重。最后，投资人最关心的还是项目的前景和潜力。“高科技产业要重点讲述产品的技术优势、销售市场和前景，而商业模式创新型项目，则首先要讲清楚原有商业模式的弊端，阐述新模式的创新点，对发展前景做出畅想。”

○“虚荣不是坏事，欲望可以转化为动力”

既是金融家，又是企业家，如何让李明来看自己，又该偏重于哪一个?

他的回答是：企业家。

因为天使投资的对象是高科技初创企业。只有企业家才能把脉这类企业的未来，做出更精准的判断。

作为河南天使投资人，李明创立了首家天使投资机构，并开创了“天使投资＋孵化器＋创新大赛”的创投模式。截至2013年初，李明共投资企业30余家，为他本人赢得了“河南天使投资第一人”的美誉。

“天使投资在国内都处于萌芽发育期，不同的天使投资人，或者天使投资基金都在以适合自己的方式探索着发展模式。河南推动产业结构转型，需要不同的社会资本助力，天使投资对助推河南高校科技创新成果产业化的价值，应当引起政府的关注。”他说。

在讲述自己的成长经历时，李明说到少年时的自己很虚荣，不愿被别人看不起，时刻都有一种想要超越别人的欲望。

“虽争强好胜，却为人诚实，所以只要是自己在别人面前许下什么话，就一定会实现给人看。大多数人年少时可能都会有这种率真的想法，与其说是虚荣，倒不如好强来得贴切。”

毕业工作几年后，有一次他说到自己想开一家公司创业，自己做老板，当时虽是随口一说，可说者无心听者有意，当朋友当真问到他时，为了顾全面子，更是为了激励自己前进，他下决心要开始自己创业。

直至今日，连他自己也没想到，当年的“虚荣”竟推动他走了如此之远。

“将欲望转化为动力，不断走出自己的舒适区；将虚荣化腐朽为神奇，善于运用内心的虚荣，将自己的想法说出来，通过别人来给自己施压，让别人来监督你，或者敞开自己，逼迫自己，为自己寻找必须去做到某一件事的理由。比如我喜欢豪车，我会去把它作为一种动力推动自己实现，不要压制自己的欲望，那也许恰恰是前进的原因。”

工作之余，李明最大的爱好就是旅行。从2001年到2009年，他曾徒步太白山，自驾穿越罗布泊，穿越库布齐大沙漠，自驾额济纳、甘南和川藏南北线。“旅行是一种对自我的挑战，勇于挑战会给生活带来很多的精彩，也会给心灵带来很多收获。一种挑战，两种准备，成功抑或失败。但你都经历过了，就是收获。”

B 李明如是说

创业者是中国最值得尊敬、最有价值的一群人。当你吸引天使投资的时候，本身项目需要具有说服力，但在更多的时候销售的是你本人。

第四部

职场CEO

“你一生中卖的唯一产品就是你自己。”

——乔·吉拉德

【人物名片】

蒋维刚

红星美凯龙河南区总经理

【达人语录】

“善弈者谋事，不善弈者谋子。”

沟通无极限

A 故事

2009年4月末。蒋维刚来河南已经快3个月了。

作为郑州红星美凯龙新来的总经理，他说自己这3个月只做了一件事，那就是沟通。

与供应沟通，与消费者沟通，甚至和自己的竞争对手沟通。

他说起自己曾看过的巴别塔的传说。诺亚方舟之后，说着同样的语言人们决定建一座可以通往天堂的高塔，此举引起了上帝的不满，于是变乱人们的口音，使他们彼此语言不通，沟通不畅，分歧和猜疑就此出现。

“所有的管理从根本上来讲就是服务。而要完美服务，最基本的途径和前提就是沟通。”

蒋维刚想做的，就是在商户、消费者与自己的竞争对手之间，建一座沟通无碍的“巴别之塔”。

○沟通商户：两个供应商的感叹

蒋维刚来河南应该算是临危受命。

2008年年底，在全球经济危机的大背景之下，因为沟通的一些障碍，焦虑的红星美凯龙商户与自己的房东发生摩擦。蒋维刚就是在这时候从石家庄红星美凯龙调到了河南。

面对商户的情绪，这个做了10年百货，又有着多年分公司管理经验的职业经理人意识到，要做好管理，必须从沟通入手。

"为了安抚供应商的情绪，我们开了很多次经销商沟通会，和大家一起分析当前经济形式。我们分析河南是内陆省份，受经济危机的冲击相对会小一些。一季度刚刚出来的经济数据也证明了这一点，咱们河南的GDP是6.6%，比国家的平均数还高0.5个百分点，这无疑给所有人很大信心。"

在蒋维刚看来，供应商是一座商场的核心，他们的情绪和姿态，无疑会直接影响到消费者。而这就要求商场必须从各个方面，更好地为供应商服务。为此蒋维刚在原有的基础上增加了人性化管理。比如开通绿色通道，随时为商户办理出入证。以前商户装修，晚上12点之后就必须停止。现在考虑到商户为了抢黄金假期，赶时间提前开业，商场允许在保证安全的前提下24小时施工。

圆方圆和阳光宝贝的家具商对此深有体会。为了赶五一这个黄金假期，他们想装修调整，但那么多产品放在哪里？为难之际，他们想到了自己的房东。红星美凯龙克服自己的困难，拿出场地，为他们安排了置放地点。两家老总感动地说："我们在其他店也有生意，但像你们这样能真正把商户装在心里的，我们还是第一次遇见。"

管理的真正内涵是什么？在蒋维刚的理解里，那就是一种服务。"说通俗点，商场与供应商就是一条线上的蚂蚱，是一个利益共同体。你真正为人家服务好了，他们活得好了，我们也才会活得更好。"

○沟通消费者：一抢而空的千万元消费券

蒋维刚曾在书上看过一个巴别塔的传说。诺亚方舟之后，说着同样的语言人们决定建一座可以通往天堂的高塔，此举引起了上帝的不满，于是变乱人们的口音，使他们彼此语言不通，沟通不畅，分歧和猜疑就此出现。

"完美服务的前提和基本途径就是沟通，一个人的成功，专业知识只占20%，80%的来自他与人的沟通。所有的管理从根本上来讲是服务。而要完美服务，最基本的途径和前提也是沟通。这样的沟通不光对供应商很重要，对消费者甚至同行之间也非常重要。"蒋维刚想做的，就是在商户、消费者与自己的竞争对手之间，建一座沟通无碍的"巴别之塔"。

2009年3月，蒋维刚在和自己的团队充分论证之后，决定拿出一千万元给中原的消费者发放家具消费券。决定发布之前，团队内部和一些供应商发出了不同的声音。因为按照正常的理解，千万元消费券的发放，无论怎么讲也是利润的流失。

蒋维刚给大家讲了这样一番话：善弈者谋事，不善弈者谋子。"无论一个企业还是一个品牌，要想走得长远，就不能只顾眼前一点一时的得失。我们应该在乎的是全国市场的布局，是大家怎么一起向前看，齐步走。普通消费者的信心和热情鼓起来了，我们将来的销售收入还会下降吗？"

3月18日，红星美凯龙发布了中原首张家具消费券。与以往的任何消费券都有所不同，这张500元面值的消费券没有任何门槛，只要你拿着它进入红星美凯龙，就可以拿到500元的商品。这样的消费券引起省会百姓的追捧热潮。短短3天之内，首批200万的消费券一抢而空。

"我们发放千万元的消费券，包括一直提出的30天无理由退货，售出商品包揽全责，以及3倍返差等规定，都是为了让消费者感受到，红星美凯龙是一个有责任感的企业。"

○沟通对手：请与你的“敌人”牵手

2009年4月18日，省会家具界又爆出一个大新闻：河南省首届家居文化节开幕。文化节的承办者，就是河南家具界的三大巨头：红星美凯龙、欧凯龙和中博。

3家巨头联手，这在河南家具历史上堪称史无前例。但在蒋维刚看来，这样的举动，本就是理所当然。

多年前他之所以放弃10年的百货生涯，转战家具行业，除了红星美凯龙是当地已经走向全国的明星企业，更因为董事长的个人魅力。“他自己虽然开始文化程度不高，可是特别善于学习。北京大学，哈佛大学，甚至国际学习型组织维也纳高峰论坛都曾出现过他的身影。他曾说过，他的梦想之一是做个绅士。那些中世纪的绅士，比剑的时候必定要深深向对手鞠上一躬，然才开始使出各自的本领。绅士是什么，就是那些堂堂正正竞争的人，是那些尊重别人的人，哪怕他是你的对手。”

与对手牵手，在红星美凯龙早已不是第一次。今年的年初，红星美凯龙就在北京与居然之家达成联盟。“现在与欧凯龙和中博的牵手，在我们看来也是一种双赢。因为每个成功的企业，都有他的长处。汲人之长，补己之短，共同把家具市场这个蛋糕发的更大，这对谁无疑都是一种利好。”

B 蒋维刚如是说

你所理解的最完美的快乐是什么？

强扭的瓜不甜。一个人，只要能做自己喜欢的事，那他就是快乐的。如同现在的我，就觉得很快乐。

有没有最害怕的事？

一个人最大的恐惧，应该是战胜不了自己的时候，那种巨大的无力感。（您有过这样的时刻吗？）哈哈，截止到目前，还没有。

有没有最佩服的偶像？

卡耐基。上学的时候，他的《成功学》就深深影响了我。我一直记得他说过的那句话：一个人的成功，专业知识只占20%，80%的来自他与人的沟通。所以我一直觉得，这个世界，不管你做什么，沟通其实最重要。

最后评价一下您自己？

3个词，简单，直率，诚实。

C 印象派

蒋维刚是这样温和的南方男子。

他戴着眼镜，有着浓重的苏南口音，未语先笑。

他说在自己的老家常州，茉莉花已经结了花苞，再过一段时间，那些清雅的香味，就会飘满大街小巷。

这个喜爱茉莉花的江苏男子，也正在郑州红星美凯龙推行自己的茉莉飘香计划。12名评选出的茉莉姑娘走进顾客家回访，去社区提供点对点服务，甚至走进周边城市，去宣传红星美凯龙的服务理念。“在商场，你渴了有茉莉姑娘为你送上现磨的咖啡，手受伤了，有人马上为你送上创可贴，走不动的老人可以使用公司免费提供的轮椅，不管你买不买东西，只要你有需求，茉莉小姐为你提供的都是超五星的服务。”

蒋维刚觉得，茉莉花最大的特点就是不张扬。“郑州红星美凯龙要像茉莉一样，不张扬，不艳丽，却那么香远益清，让每一个不经意路过的人都心旷神怡。”

【人物名片】

许燕美

豪享来餐饮有限公司总公司副总经理

【达人语录】

“做生意应和气生财，但有理的时候也要据理力争。”

一个福建女孩的“豪享来”生活

A 故事

许燕美坐在对面，美目盼兮，笑语嫣然。

如此温婉的一个南方女子。谁又能想到，她会是郑州最早的西餐品牌豪享来的掌门人？

从19岁来到郑州，成为河南区的总经理。十几年过去，她不仅把河南的豪享来做成了气候，还在西安、兰州发展了14家直营店。如今在她的麾下，54家豪享来店活得有声有色，风生水起。

她把自己的成功归结为好运气。然而，细细道来，这个外表柔弱内心倔强的女子，她11年的豪享来生活，竟也是苦辣酸甜，五味俱全。

○初来乍到：19岁的女孩在据理力争中哭了

19岁那年，福建姑娘许燕美来到郑州，做了河南片区的经理。这个年纪小，却勤快懂事的女孩做过财务，做过前厅经理，早已练就一套眼观六路，耳听八方的本领。“在餐厅，哪个客人有什么需要，起了什么争执，我都可以轻松化解。客人的餐具掉了，只凭落地的声音，远远地我都能听出来掉的是刀子还是叉子。”说起那一年的前厅经理生涯，许燕美很是自豪：“也许公司认为我是个可塑之材吧，让我来河南开拓市场，我真的又紧张又自豪。"

那是1997年的冬天。许燕美和5个同事从厦门来到郑州，一场大雪先给他们来了场下马威。白天她踩着雪去工商局、卫生局、消防队跑手续，晚上听同事汇报选址和招聘情况，同事离开了，她还要考虑第二天的活动和培训。"几乎每天只有3个小时的睡觉时间，加上气候干冷，饮食不习惯，语言沟通困难，一个月下来我瘦了10斤。"

第一家豪享来店终于开业了，可是没多久就遇上了麻烦。按照规定，酒店的餐具都要经过一洗二冲三消毒的程序。有一天豪享来的餐具处理刚进行到第2步，卫生部门的人来检查了，拿起一个湿淋淋的盘子说："怎么这么多水，得罚款！"许燕美一下子气哭了："我们还没进行到消毒那一步，你突然要罚款，太不公平了。"看着许燕美边哭边解释的模样，执法人员倒笑了："就算我们冤枉你，你解释清楚不就得了，哭什么嘛。"

后来每逢许燕美到卫生局去办事，一走进大厅就有人开玩笑："那个吵架的小姑娘又来了。"现在说起来，许燕美也觉得自己很好玩："当时可能太急了，又哭又吵，结果落了这么个外号。"

○非常时期：小姑娘成了几百个员工的"家长"

作为最早进入郑州的西餐店，豪享来的美味、洋派和平民化路线无疑成为最大的亮点，打动了省会各年龄段的人们。2002年经广路店开业的那天，长长的队伍竟排到了十字路口。

2003年，非典来了。正在武汉出差的许燕美听说了这个消息，一下火车，就通知员工去买白醋、板蓝根和消毒水，对所有餐厅的各个角落进行消毒。

那是许燕美自己最难熬的一段日子。郑州所有的豪享来店停止了禽类的销售，对牛肉从产地、屠宰和进货渠道上进行了更为严格的把关。员工上班严格消毒，喝板蓝根凉茶，餐厅每日里里外外严格消毒。为了吸引顾客，除了做打折活动，他们还在每一家的豪享来门口放上板蓝根凉茶，免费供应给过往的行人。

"形势最紧张的时候，生意很萧条。但那时候人员也不能随便乱流动了，员工都待在店里，每天我照常给他们开晨会。我说现在的大环境都是这样，有总部的大力支持，我们只要坚持、等待，难关肯定会过去的。"许燕美打趣道，"每天早上我叮嘱员工们消毒，晚上下班了叮嘱他们早点回家，跟个家长一样。"

那几个月的时间，不管生意怎样，豪享来还是跟往常一样，窗明几净，桌子上的鲜花娇嫩鲜艳，轻柔的音乐在每一处空间里流淌。就仿佛大街上非典的惊涛骇浪，对它不曾有过一点儿影响一样。

○竞争优势：中西合璧的牛排专家

在口味挑剔的省会郑州，有多少酒店上演着乱纷纷你方唱罢我登场的悲喜剧。而豪享来却在日复一日的稳健前行中，以牛排专家的身份发展到了15家直营店。

跟麦当劳一样，豪享来有一套完整运作管理模式，这也是它能快速连锁跳跃发展的最大原因。"但我们不仅仅是西餐，还有中式套餐、精美茶点，时令小菜和时尚饮品。对中原人口味和饮食习惯能准确把握，可以说各个年龄层段的人都能在我们这里找到自己喜欢吃的东西。"许燕美总结到，"中西合璧，土洋结合，是我们最与众不同的地方。"

为了适应都市人的节奏，豪享来还首次在郑州施行24小时营业。有一天凌晨，许燕美刚刚睡下，店里突然打来电话，说有一个醉酒的顾客在闹事，砸烂了店里的几把凳子。许燕美急忙打的过去，报警，在派出所跟醉酒的顾客理论。等理亏的顾客终于同意赔偿的时候，许燕美走到外面，才发现天都亮了。

有时候许燕美也真觉得苦。失眠的夜晚，她会想家。过节的时候，她会哭着给妈妈打电话。可是眼看着一家接一家连锁店在河南的各个城市，在西安，在兰州红红火火地铺开，许燕美觉得，那一切的苦，仿佛又都值了。

B 许燕美如是说

2002年的秋天，许燕美一直记得那个日子，一个郑州小伙儿闯进了她的生活。“我是先适应了这个城市，然后爱上了这个城市的人，最后成了郑州的媳妇。”

许燕美觉得很满足。“我曾抱怨因为工作，以前的爱好都放弃了。现在看来，豪享来给了我薪水，给了我成就感，还给了我爱人。嘿，我还是赚了。”

C 悟之道

2007年的春节，豪享来举行“慈善年夜饭”活动，把郑州市的几个困难家庭请进店里，热热闹闹一起过春节。许燕美没有回家。主持完活动回到宿舍，累得快要散架的她拨通家里的电话，叫了声妈，就哽咽了。

11年来，豪享来已经成了许燕美生活的全部。一个月的时间，她几乎有20天的时间是在出差的路上。每到一个地方，她要做的第一件事就是去附近转转。“主要是考察周围的环境，看看在那里开店有没有竞争力。”

54家店，每一家店址在哪里，营业额如何，因为什么原因，该怎么解决，她都了然在胸。十几个城市里的54家店，就像她手里的54颗棋子，怎样布局最合理，怎么样出招才最保险，她思前想后，沉湎其中，兴味盎然。

【人物名片】

朱赵霞

郑州百货大楼集团股份有限公司总经理

【达人语录】

"勤恒得进，有所坚守自有所成。"

双面女人
朱赵霞

A 故事

如果近距离聊天，你会发现，朱赵霞的身上有两个截然不同的她。

单从外表上看，她一点也不像已近知天命之年。灵秀的眼睛，苗条的身段，说起话来笑声朗朗。爽利干练、阳光自信的气息扑面而来。

这是个非常正统的女人。在她墙皮脱落的办公室里，最醒目的地方，摆放着毛泽东的塑像。诚实、正直，不贪不占。人心浮躁的都市，多少人忽视的品质在她这里成了最珍贵的字眼。

她又是个非常时尚的女人。她第一个在商场里搞毛衫节，用编织大赛的方式带动一个产业。她第一个把造型师请进商场，教顾客打丝巾，跟顾客互动。拥有55年历史的郑州百货大楼，因为这一系列的前卫时尚令同行刮目相看。

因了她的引领，强手林立的北二七路上，在夹缝中舞蹈的郑百，舞出了一片别人无法替代的好风景。

○摔门而去的小女人变身郑百掌门人

郑百今年已经55岁了，朱赵霞在其中浸淫的时间是30年。这30年，几乎是一个女人最好的时光。

1980年，21岁的朱赵霞来到郑百实习。出身文联干部家庭，从商校毕业的她一开始很不适应营业员的工作。“觉得很丢人，看见熟人就赶紧低下头，怕人认出来。”半年实习期满，别人都分到了好部门，拥有文凭的她却被分到了糕点组。“别人都是卖服装、文具等体面的工作，只有我到了糕点组。要掂秤杆，又脏又累。”上班的第一天，她去找书记理论。在听到书记说是组织的决定后，朱赵霞撂下一句话摔门而去：“是骡子是马走着看！”

倔强的朱赵霞就这样开始了她的营业员生涯。糕点组在大楼后面的一个小棚子里，冬天冷死人，夏天热死人。一天糕点卖下来，衣服都变得油腻腻的。朱赵霞坚持了下来，不光跟糕点组的师傅们关系很好，还成了顾客口里最热情的小妹妹。大楼内部请她去跟员工们培训她也高高兴兴去做。一年后朱赵霞参加全国珠算大赛，获得很好的名次，脱颖而出的她被调到了业务室。当初那个放言“是骡子是马走着看”的倔强女孩，就以这样的方式证实了自己。

1984年，郑百号召培养年轻化技术人才，25岁的朱赵霞被调到财务室。好学的她先是啃下了郑大财会专科的所有课程，又拿下了河南大学的本科文凭。1992年，郑百股份制改造。年轻又有知识的朱赵霞在这时候发挥了顶梁柱的作用。改制的预算、投资报告和回收频率几乎都出自她的手下。

因为这个最重的砝码，2004年12月，朱赵霞参加了郑百掌门人的竞聘。“原来一直是市委组织部直接任命，竞争上岗对郑百来说是第一次。”

50人报名的竞聘，经过笔试和政审之后，最后只剩下了6个人。朱赵霞有些紧张，因为她觉得跟其他人相比，自己虽然懂资本运作，但资历明显太浅。走上讲台的那一刻，她忽然放松了下来。她说了自己和郑百24年的感情，说了自己的3次飞跃，她说：“我一直记得上函授大学的时候，郑百给我报销100多元的学费，别的同学因此投来的羡慕的眼神。是百货楼培养了我，给了我成长的平台。我希望能有一次机会，让我回报郑百。”

在豪言壮语的许诺和花哨的恭维之中，朱赵霞朴素的言辞显得那样与众不同。2004年12月9日，朱赵霞以总分第一的成绩被任命为郑州百货大楼董事长兼总经理，成为郑百历史上第一个竞争上岗的女掌门。

○坚守自己的那片天

接手郑百的朱赵霞，面对的是一个50多年的老国企，还有周围方兴未艾的新卖场步步紧逼。上任的第一天，朱赵霞只提了一句话：自己照镜子，每天进步一点点。有人觉得不可思议：新官上任几乎都要烧几把火，朱总却只有这么简单的一句话，简直跟小学生说话一样。

朱赵霞的回答是：“我们是老国企，有历史留下来的债务和包袱，更有国企胎里带的积弊和惰性。我们跟周围的金博大、丹尼斯等新兴商场，起点根本不同，就没有可比性。如果我们跟人家相比，一点气势都没了。我们只跟自己比，今天比昨天进步一点，明天比今天进步一点，365天，就会是一个质的改变。”

朱赵霞在2005年春天把自己的团队拉出去拓展训练。在拓展训练已成为家常便饭的现在，2005年的拓展训练还是个新鲜事物。“那时候郑百可难，拓展的费用将近4万元，但还是咬着牙批了，因为我知道士气和凝聚力是当时的郑百最缺乏的。”

一个星期的训练，让一个原本暮气沉沉的队伍发生了很大改变。“几乎所有的人都在心里有所震撼：这个世界，你如果不调整老的观念，不适应新的发展，就肯定会被甩下。”

这年的春节过后，朱赵霞带着自己的中层去北京和上海考察。他们发现，在现代的京城，也有王府井和西单那样的平价商场。在奢华的上海，大众化的新世界依然活得有滋有味。朱赵霞和自己的团队在反复论证后定下了目标：郑百不去跟别人比奢华，就做大众时尚百货。

在大众时尚中，朱赵霞的理解是扬长避短，强化自己的优势。她调整了楼层的定位，砍掉利润低、资金流动慢的家电和文具等弱项，把原本就强势的羽绒服卖场扩展到两个楼面。郑百因此成为省会最大最全的羽绒服卖场，买羽绒服不到郑百看看不踏实成为省会人共有的心态。

○舞出时尚好风景

朱赵霞的办公室里，除了毛泽东的塑像，还有一个巨大的罗盘，上面有4个字：与时俱进。这句听来很标语化的口号，在认真的朱赵霞这里却变成一个又一个的真真切切的解放和突破。

有很长的时间，在人们的印象里，郑百就是一个中老年商场。朱赵霞想改变这种观念。她派人去跟名表厂家谈判，人家的回答是："你们的风格跟我们不一样，现在我们还没有开店计划。"倔强的朱赵霞没有气馁。一次次地谈判，从一般的业务人员到河南总代理一直到中南区老总。"我们谈了好多次。在接触的过程中，他们逐渐感觉郑百人没有吃拿卡要，很朴实，是干事的。如果说名表成功的最大原因，我觉得就是我们的人品打动了人家。"

2006年10月1日这天，郑百第一次引进了世界名表。半年后，厂家的人找到朱赵霞，说了3个没想："没想到你们服务这么好，这么诚信，更没想到业绩会这么好。"

梅花表郑百店成了河南的旗舰店，全省的售后维修服务也随之放到了这里。梅花表华中区老总来到河南，在郑百店感叹："这个销售业绩不光在河南，在整个华中区都应该是最好的。"

2008年，郑百在原来的毛衫文化节上搞了一个编织大赛的活动，一时间应者如云。在与顾客的互动中，郑百也培养了自己稳定的顾客群。

这年的圣诞，朱赵霞做了一个活动：郑百的40名员工在广场上热舞，与消费者互动。"当时广场上围的人里三层外三层。平均年龄40多岁的员工跳了三个小时，最后衣服湿透都粘在了身上。那是郑百50多年来最新潮，也最让我感动的一幕。"

这个正统又时尚的女子，身段苗条、笑声朗朗，唱歌跳舞都很棒。因为做了掌门人，原先的爱好只好统统靠边。然而郑百却在她的引领下，在强手林立的北二七路舞出了自己，舞出一片别人怎么也无法替代的好风景。

2012年，朱赵霞的目标是踏踏实实做好自己。"经济危机已经是不争的事实。好在郑百做的不是奢华百货，而是大众化的刚性消费，这一点也许应该庆幸。但我们不会盲目扩张，踏踏实实做好自己，这才是最重要的。"

B 朱赵霞如是说

作为商场，招商后，必须考虑双赢，尽可能地保护商户与消费者的利益，唯有如此，百货企业才能长久生存。

【人物名片】

陈　琳

联想集团河南分区总经理

【达人语录】

“处罚是最低级的，不战而屈人之兵，那才是管理的最高境界。”

那一场温柔的征服

A 故事

如果你是一个“空降兵”，被总部派到陌生的区域做总经理，面对属下的疲沓散漫，你会采取什么手段？是狂风骤雨般的高压惩罚，还是柔风细雨的无声感化？

联想集团河南区的总经理陈琳选择了后者。在他看来，人情入理中的潜移默化，往往比雷霆万钧的处罚更能从内心打动别人。“处罚是最低级的，不战而屈人之兵，才是管理的最高境界。”

○温柔的正装事件

陈琳是湖南人。不笑的时候有些严肃，一笑起来，右边的脸颊上一个酒窝，一下子令整个人显得生动轻松起来。

2008年2月17日，陈琳记得很清楚，那是个阳光很好的星期天，他从北京总部被派到了河南。从1996年进入联想集团，12年的时间，他做过维修，做过销售，做过总部的售后服务，现在一下子从一块业务转变为对一个区域的全局把握，要说没有压力，陈琳觉得那是假话。

在来河南之前，要好的朋友劝过他：“河南是个坑，你跳下去自己就牺牲了。”陈琳知道联想河南分公司基础相对薄弱，在联想集团里的排名比较靠后，但自己来了就会牺牲在这里，他还真有些不服。

要么成为勇士，要么成为烈士。倔强的陈琳就这样来到了河南。在观察了一个礼拜之后，陈琳发现，联想河南基础有些差，但还没有差到极致。最差的，是员工散漫的工作状态。

当时公司规定，员工上班必须打卡，必须穿西服、打领带。但陈琳发现，很多员工根本不打卡，迟到早退，穿着毛衣、牛仔裤，甚至穿着拖鞋就来上班了。陈琳是个严谨的人，他觉得在联想这样一个全球化的公司，穿正装是必需的。但陈琳没有拿出罚款的杀手锏，他只是决定从自己做起。“无论刮风下雨，每天早上8点我都是第一个到的人，到了就主动在门口打卡。每天上班，我始终是整洁的西装领带，黑皮鞋。”

有一天他看到一个员工没戴胸卡，就走到她面前：“我是刚来的陈琳，对员工不太熟悉。能不能告诉我你的名字，还有你的职务？”员工说了自己的名字和职务，陈琳微笑着举起自己佩戴的胸卡：“咱们这里这么多员工，还有来办事的顾客，如果不带胸卡，根本分不清外面还是公司的人。为了安全考虑也应该戴上胸卡，你说对不对？”员工看看陈琳的胸卡，忽然脸红了。

陈琳请来礼仪师为大家讲座，他还给每个员工发了一封电子邮件，他写道：我不相信，一个外表看起来疲疲沓沓的团队能打好硬仗。我要求大家穿正装，是因为正装里包含了一种对自己的尊重，对他人的尊重。那是一种健康向上的精神面貌的展示，也是一种凝聚力的最好提炼。正如士兵打仗前要换军装，我们也只有改掉散漫不良的习惯，才可以跟别人博弈。

这个世界就是一面镜子，你用怎样的方式对待被人，别人会以相同的方式来回报你。陈琳没有强势的手段，没有烧所谓的三把火，3个月后，联想河南的整个团队在他潜移默化的温柔攻势下发生了根本性变化，“那种精气神是原来根本没有的。”

○强势的强龙计划

有了这一场温柔的不战而屈人之兵，团队的凝聚力很快形成。陈琳开始带着管理人员，一家一家店地转悠，一个地区一个地区地研究，考察联想河南公司的市场形势。他发现，在竞争对手快速攻城略地的过程中，联想河南公司的市场出现了萎缩的苗头，相对优势在逐步降低。

陈琳决定加强终端管理。他在办公室里贴了一张很大的河南省地图，开始了他的“强龙”计划。全省108个县，他跑一个就在地图上标个点。他的目标是，全省的108个县都要有联想专卖店存在，经济发达的地区，要扩展到乡和镇。

那一段时间，陈琳几乎所有的时间都是在颠簸的车上度过。吃饭在凑合，睡觉在凑合。原来只习惯湖南菜的他，在那一段时间之后竟也渐渐习惯了河南饭菜。在他接手之前，全省108个县中有30个没有联想专卖，陈琳用3个月的时间就在这里全部布下了自己的点。

县乡的布点结束后，陈琳开始整理17个地市的布局。“那时候地市的布局存在许多不合理的现象。我举个郑州的例子，一个商场里竟有9个卖联想电脑的商家。这不仅是一种极大的浪费，商家之间的恶性竞争对品牌的美誉度也是一种伤害。”陈琳大刀阔斧地重新布局，查漏补缺，砍掉一些多余的卖点，增加一些空白的区域。一个整合之后的新市场很快以崭新的业绩回馈了他的做法。刚刚过去的一个周末，在目前的经济形式下，联想几个卖场的业绩逆势飘红，“可以说超过了十一黄金周5倍的销售量。”

○宽厚的用人理念

从2008年2月入主河南，执掌联想河南的帅印，不过10个月的时间，陈琳却赢得了员工的心。周末的时候，他会跟员工去打篮球，“在球场上我可是很凶的哦。”在家人还没来到郑州的那几个月，陈琳会带着员工来到自己家里，做几个湖南菜。看着大家你争我抢，吃的盘子光光，那是他最开心的时候。以至于联想总部在来河南考察之后，对陈琳说了这样一句话：你才来几个月，没想到你的员工把你说得那么好。

陈琳一直记得沃尔玛创始人山姆·沃尔顿那段话：真正的领导不是恶魔，不是一个否定一切的狂徒。他能看到部下的盲点，更能够捕捉闪光的东西，促使其发扬光大。

在他的用人理念里，就是把一个合适的人放到最适合他的地方。“我交给你一件事，你认真做了却没做好。我会批评你，但我不会否定你这个人，我会分析，是不是这件事不是你最拿手的，把你放到哪里才会发挥你的最大优势？”

短短的10个月，陈琳一直在观察自己的员工。他重新调整内部业务流程架构，让一个个有激情的年轻员工在最适合他的岗位上大展身手。联想河南公司的商用业务，因此很快在联想集团全国排名倒数的情况下，做到了全国第一。

B 陈琳如是说

我一直在看一本书，美国人盖洛普写的《现在发现你的优势》。管理上经常是上司老去抓下属的缺点，教育上家长老师老去抓孩子的缺点……然后叫对方弥补、完善。在我看来，世界上就不存在完美的人，人与人之间都是有个别差异的。应该鼓励和强化其优势，至于缺陷，只在犯错误的时候提醒他一下。我不喜欢所谓的短板理论，爱因斯坦、牛顿、陈景润等科学家，除了他擅长的领域，在别的方面简直就是弱智，你能因此说他们是最差劲的人吗？就像这5个手指头，都削平了反而不灵活了。在我看来，发展优势比弥补缺点重要得多。

【人物名片】

张晓霞

北京华联河南商厦总经理

【达人语录】

“一个企业要生存不能搞自杀式经营，必须理性，有利润才能生存。”

铿锵玫瑰的慢板柔情

A 故事

○危难之际：给“活动商场”戒掉“大烟瘾”

从外表上看，张晓霞根本不像我们惯见的女强人。圆圆的脸，善良的大眼睛，一笑之下，很有些珠圆玉润的感觉。然而就是这样一个没有女强人棱角的女人，在2004年的北京华联掀起了一场“革命”。

2004年，张晓霞被任命为北京华联营业部经理。当时的北京华联，因为水土不服步履维艰，来自北京的管理人员全部撤离。张晓霞在这时候任营业部经理，从原来负责一个楼层到现在负责整个商场，可谓临危受命。

张晓霞做了十几年业务，她知道商场的生命在于利润。然而北京华联从开业就天天在搞活动，“有人气，但毛利率极低，可以说是在赔钱赚吆喝。”张晓霞下了一剂猛药：压缩商场活动频率，有重点有节奏地营销。

此举一出，一片哗然。首先反对的是供应商，对他们来说，搞活动虽然利润低，但有销售额总比没有强。而对销售跟自己工资直接挂钩的营业员来说，这一举措对他们更是最大的不利。

张晓霞耐心地做大家的思想工作。她说：“做活动就跟吸大烟一样，刚开始停止肯定会冷场，会出现猛的滑坡。但一个企业，要生存就不能搞自杀式经营，必须理性，有利润才能生存。”对业务烂熟于心的张晓霞调整了活动的步骤，哪几个月要保毛利率，哪几月保销售额，哪几月保客流量，她都做了详细规划。除了分析月份，她还分析品种，哪些是返券的，哪些是创造销售额的，哪些是产生利润的，一清二楚。

张晓霞一直记得最难的几天，商场里冷冷清清。当时的李和平老总压力很大，他说：“晓霞，咱俩现在可是一条绳上的蚂蚱，这样做到底行不行啊？”张晓霞说：“一个企业要走好、走远，必须要有利润支撑，咱们走的路没错，只是时间问题。”

时间验证了张晓霞的话。半年过去，北京华联的客流量慢慢增加，不仅甩掉了亏损，业绩也在逐步攀升。

○烽烟四起：小女人圣诞夜“发飙”

2007年7月18日，一纸令下，张晓霞被推到北京华联河南区老总的位置。当时的北京华联，已经走上良性运转的轨道。然而在外部，大商与丹尼斯在花园路短兵相接，咫尺之遥的二七商圈，丹尼斯与沃尔玛的新店也在紧张筹备，一时间烽烟四起。

张晓霞内心压力很大。如果说原来她所掌握的还只是一盘棋中的半壁河山的话，那么现在整个棋盘都要进入她的视野，如何布局，如何出招，都要全局考虑。

张晓霞观察了一段时间。她发觉，在这个企业里，最关键的是心态。从外资企业出来的她认为竞争是一种很正常的现象，没有年龄、性别和先来后到之说，然而现在，她面临的却是一个老企业的惰性、排资论辈和墨守成规。

开会的时候，张晓霞说了这样几句话：“跑在最后的企业，只有死路一条。我们必须改变拖沓和惰性，保持思想一致，指哪儿打哪儿。我可以给大家时间等待，但过了这个时间段，不换思想就换人。”

这年的圣诞夜，北京华联搞了夜场活动。人流涌动的卖场，凌晨0点，因为顾客太多，网络突然瘫痪。公司规定大部经理圣诞夜必须加班，这时候却找不到一个人。只有现场经理面对着大批急躁顾客的谩骂和指责。一片混乱中，张晓霞一边赶紧让网络部修理网络，一边耐心地安抚拥堵的顾客。一遍遍地解释，直到嗓子嘶哑，说不出一句话。

凌晨两点，送走最后一个顾客，张晓霞现场开了一个会，等她回到家的时候，已经是凌晨3点。

第二天是星期六，张晓霞召集所有大部经理开了一个会，宣布了处理决定：通报批评圣诞夜所有没到场的大部经理，当月通讯费取消，每人交罚款300元钱，奖励给那些在场的现场经理。

话音一落，下面就像炸开了锅。这可以说是北京华联在河南开店以来最严厉的一个处罚决定。“通报批评太没面子了！”“不交罚款从工资里扣行不行？”张晓霞只说了一句话：“你们要求员工做到的，自己却没做到。一个人总得为自己的行为负责。”转身离去的张晓霞留给众人一个坚定的背影。这个处罚让所有人明白：她不是柔弱的小女人，她有丰盈的铁腕。她的管理是狠的，是有章有法的。

从来立竿才能见影。铁腕之后的北京华联，精神面貌发生了翻天覆地的变化，而它的战斗力，也在这变化中快速增长。

○柔情慢板：宝宝给我的生命画了一个圆

2008年，对张晓霞来说，有两件值得骄傲的事情。头一件是北京华联摘掉了“活动商场”的帽子，在北京华联全国店面里综合指标排名第一。

为了这个结果，张晓霞几乎把所有的品牌扒拉了一个遍。“我们一直在说定位，但在原先的北京华联，这里卖最高档的宝姿，对面可能就是来自批发市场的一个牌子。2层是18岁~30岁的衣服，到了3层一下子变成了40～60人穿的。可以说不光定位不准，还出现楼层与楼层之间品牌断裂。”

她把商场的风格总结为：青春活力、时尚激情，定位是中档偏高。一年的时间，她引进了400多个绩俏服装品牌，她制定出“首问负责制”的特色服务理念，她甚至把公交公司的服务车请过来，让顾客在购物的同时就可以办理公交月卡。这一系列的差异化经营，让北京华联的业务节节攀升。从开业到现在，北京华联的房租涨了8倍，但即使这样，2008年，它还是以收益300%的增速获得华联百货年度成长最快的企业。

这一年最值得记忆的第二件事，也是对张晓霞来说最值得骄傲的：她拥有了一个宝宝。“2008年对我来说，最大的收获除了企业的健康成长，还有就是孕育生命过程中的惊喜。”

B 悟之道

张晓霞一直记得李和平老总对自己的评价：男人中的女人，女人中的男人。她也记得爱人曾对自己说过的一段话：晓霞，你什么时候有孩子了，可能就更女性一些了。

而张晓霞对自己有最深的理解：“铿锵玫瑰也好，像男人也罢。其实我是一个徘徊于理性和感性之间的女人，我一开始并不喜欢商业，我曾经最大的梦想是成为作家。”张晓霞一脸的憧憬：“现在宝宝给我的生命画了一个圆，所有的缺憾都变成了圆满。”

【人物名片】

丁　宁

河南永乐电器的总经理

【达人语录】

“一个成功的企业，应该有一往无前的狼性，但又不是盲目地乱冲。”

“狼道”突击

A 故事

凌晨两点，山西太原。

一个眼镜男人带着一群人驱车赶往40公里外的另一个城市。在那里，有一个即将开业的电器大卖场。

整理展台，上样机，布置店面……早上6点，店外广场上乌压压的人群已排起了长队，这些人还在里面不停地忙碌。7点，店门大开，顾客潮水般蜂拥而入。疲累至极的眼镜男人和他的主管们回到办公室，一屁股坐在毛坯地上，再也起不来了。

这个眼镜男人就是2006年的丁宁。曾经的山西国美店采购总监，现在河南永乐电器的总经理，圈里人称“夺命书生”的丁宁。

○山西“夺命战”

丁宁，郑州土著。白白净净，典型一书生模样。可就是这样一个人，却在圈儿里落了个“夺命书生”的称号。

因为他狠。对自己狠，带出来的队伍更狠。

2005年春节，31岁的丁宁被总部派到山西做采购总监。“那时集团在山西只有一家门店，可以说弱得很。"

丁宁带着自己的主管们去拜见厂家老总，厂家有些爱答不理。丁宁很受刺激，他对主管们说："你们看到人家的态度了吧，因为什么？还不是我们太弱小！什么叫谈判，你没有实力，连跟人家对话的资格都没有，怎么跟人谈判？"丁宁发狠道，"一年后，我们要让他们主动来找我们！"

丁宁带着他的团队发狠了。重整店面，提升服务，不管有没有节日，每周都造出一个促销噱头来。时间很快到了4月，丁宁要带着团队备战五一，要应对网络系统的切换，还要筹备榆次店的开业。那是他最难的时候，几乎每天都忙到凌晨四五点，早上8点还要撑着起来去店里。"太困了，就天天抱着朋友捎来的苦咖啡，不加糖，一杯一杯地提神。"

2006年4月30日晚上，在太原店忙到凌晨两点多，丁宁带着自己的团队开车赶往榆次。布展台、挂样机、贴促销画、看准备的赠品、打扫场地、服务员各就各位……"早上六点，店外广场上早已是黑压压的人群，有些性急的顾客开始几次敲门，我们还在里面陀螺般地忙活，都快疯了。"

5月1日早上7点，国美榆次店正式开业。看着汹涌的顾客涌进店内，丁宁和他的主管们回到办公室，在还没有铺地板的毛地上一躺，就再也起不来了。

依靠这样的拼劲，山西国美店很快在同行业中脱颖而出。"那年年底，我们获得分部销售成绩全国第一。一直到现在，山西店的利润在集团中还一直属于最稳定的。"

○拉练大郑州

2007年7月，丁宁回到郑州，任永乐河南区总经理。当时的永乐，刚刚经历两次被转手的阵痛，人心惶惶，风雨飘摇。

丁宁知道，在这个时候，安抚、培训也许都有用，但最立竿见影的还是实际的拉练。"我对团队的主管们说，光说不练没有用。一个人如果不上几回战场，不死几次就不可以重生。我们就从现在开始，把全省的20多家门店全部重装一遍，而且还要不能耽误销售。"

郑州大练兵就这样开始了。每个周五晚上闭店之后，所有的员工各司其职，拆样机、装箱入库，新展台进场，装修开始。下个礼拜五，这样的程序要反过来重新忙活一遍，焕然一新的新店重新开业。"这不是哪一个部门在单独忙活，而是每一个部门的每一个员工，都在紧张地参与。"回忆起拉练的几个月，丁宁感触很多："我们基本上是一周重装一个店，几乎所有的员工在周五晚上都要忙个通宵。我记得金水店重装的时候，已经凌晨四五点了，别的店面的员工还在帮着打扫卫生，这让我很感动。我对我的主管们说，其实员工们怕的不是累，而是没结果。不是每个团队都这么有激情，所以我们一定要把这一仗打好。"

几个月的拉练，人还是那拨人，店还是那些店，但永乐的战斗力和凝聚力，跟几个月前相比，已经是天壤之别。在丁宁带领的这样一个团队的狼奔豕突下，河南永乐电器从2006年的亏损1 000万，变为2007年盈利1 500万。2008年，短短半年的时间，永乐电器就创造了盈利2 000万的奇迹。冷冰冰的数字也许枯燥，但这些枯燥的数字也许最能说明问题。

○狼性里的沉稳

在丁宁的理解中，一个成功的企业，应该有一往无前的狼性，但又不是盲目地乱冲。骨子里满是狼性的他在开新店的问题上，就很稳重。

2008年，永乐只新增了两家店。"年头在东风路开了一家，主要针对北区，岁尾在陇海路开了一家，主要是针对西南区域。”丁宁开店的宗旨是查漏补缺，有的放矢地布点。

“对家电零售业来说，早已不是跑马圈地的年代。现在缺的不是门店数量，而是门店质量。特别是在经济危机的影响下，我觉得永乐最好的做法还是守好自己的根据地，稳中求进。”

他把所有的精力都放在了门店的挖潜上。店面更新，服务升级，增加品牌丰富度，从28家门店中选出“四小龙”，他甚至把日本著名的电器公司小岛山田拉比店（音译）的模式拷贝了过来。“展台的设计，过道的布置，品牌的丰富度，以及购物的舒适度都让人眼前一亮。”事实证明，丁宁的举措是正确的，四小龙为永乐奉献了最好的业绩，就金水店一家，一年的销售就达到了5 000万。

2009年，对丁宁来说，最大的挑战就是永乐电器花园店。收获这个店，对丁宁来说，是深谋远虑的结果。“2007年回来时我就注意到那个地儿了。在新花园商圈里，那应该是最好的一个位置。我知道得下手快，不然慢了就没你的菜了。”

几十次第拜访，一点一点地谈判，历时一年，丁宁终于以诚意和实力打动房东，拿下了这块众人虎视眈眈的黄金宝地。“从一到四层都是我们的，有一万多平方米，很气派。”丁宁颇为自得，“我预计它能为永乐带来3个亿的年销售额。”

○内心柔软的感性男人

在熟悉丁宁朋友眼里，这个拼命三郎一样的男人，其实是个特别感性的人。

每一场的大战之后，他会和员工们一起去爬山，当他和大伙在山顶上欢呼的时候，那神情像极了一个可爱的孩子。周末的员工运动会上，他跟员工们一起打球。满身臭汗的他跟人抢球，理论，是最英姿飒爽也最活跃的一个。

而在丁宁心里，员工给他的感动才是更多的。他一直记得他当火炬手的时候，他从安阳回来，走到公司楼下，突然发现员工们都在等他。他记得生日那天，员工们把他一年中最有意思的照片收集起来，做了个易拉宝偷偷放在他的门口，他第一眼看见时的感动。“现在一想起来还是很激动，太让人难忘了。”

从2001年进入国美，丁宁已经在这个行当里摸爬滚打了7年。在他心里，这是一个让他热爱也让他备受折磨的行当。“从没有过节假日，每天晚上都要到十点以后。特别是在永乐，除了春节，即使生病我也没歇过一天。”

这样非正常的工作状态，还能坚持多久？丁宁给出的答案是6年。“我会在40岁选择退休，做个大学老师。在辉煌的时候抽身而退，过自己想过的另一种生活，这是我的最大梦想。”

B 丁宁如是说

我觉得自己是个完美主义者。

每次大战之前的那种累是可以忍受的，关键是大战即将开始前的那段等待期。即使做得很好了，我还是会不停地担心。还有时候，几件事堆在一起，我忙活了半天，却因为各种无法抗拒的原因，竟一件也处理不了，只能拖，等。那种无力和焦灼感才是最折磨人的。

所以我这样性格的人，只能在40岁前选择退休，不然我真把自己先弄疯了。

【人物名片】

潘永生

华日家具郑州区总经理

【达人语录】

“你能做到的我要做得更细。”

纯爷们潘永生

A 故事

什么是纯爷们?

按照字面上的理解，即为真男人。

他的内涵应该是敢想敢冲，能在关键时候咬断后路、直奔目标的人。

是有韧劲有毅力，遇到任何困难都永不言弃的人。

是有责任有道义，对家人和员工都敢于担当的人。

如此说来，东北汉子潘永生，他的铁骨铮铮，他的侠骨柔情，他两次在生死边徘徊，却对生命和事业永不言弃的毅力，真的是纯爷们的真实写照。

○1998：卖掉房子闯入家具行

潘永生很瘦。宽大的老板椅将一身深色恤衫的他衬得更加瘦削。但他的声音却很有底气，语速也很快，带着东北汉子的直爽与豪迈。

潘永生的老家在黑龙江鹤北市。1998年之前，他是鹤北林业局一名前途正好的干部。机关的生活是安逸的，却也是没有波澜和激情的。这对想做一番事业的潘永生来说无疑是一种折磨。1996年，他偶然接触到华日家具。私营企业的那种高效率、快节奏给潘永生留下了很深的印象。“在事业单位，一个指令的传达要十几天或者更长。但在华日，全集团几千人，老板的一个指示，一天之内就传达到了。华日给我的印象是有激情有潜力的一个企业，这很吸引我。”

1998年，潘永生卖掉了包括房子在内的全部家当，带着妻子和女儿加入了华日集团。一个月的培训后，从没做过财务的他被分派到集团财务部。这对做了13年统计的潘永生来说是一个极大的挑战。但潘永生是个适应能力很强的人，什么事要么不做，要做就做到底。他跟着公司的老财务人员，用半个月的时间熟悉公司业务，一遍遍揣摩那些发生过的业务凭证。半年之后，因为能力突出，他被任命为集团总公司审计监察部经理。

“有人说我们是老板手里的一把尖刀。我就对老板说，如果有弊端没查出来是我的能力问题，只要是查出来的就一定会处理。”4年的时间，潘永生几乎跑遍了集团的各个分公司，在对公司人财物等各部门的审计中，他对市场的了解和全面管理的水平也在一天天增加。

2002年，公司机制发生改变，允许地市直营变为代理。潘永生选择了郑州，成为华日家具的郑州总代理。

○2003：非典之年，郑州华日的成长年

2002年11月，距离潘永生做完一场大手术不过　的时间。他就在这时候来到了郑州。关于那场大病，他已经不想多说。他只是觉得，一个迈过了生死门槛的人，从此之后，什么样的波折都已不能称之为困难。

“在集团的分公司里，郑州华日排名比较靠后。当时老板问我想选哪个地方，我说你觉得哪个难就给我哪个。激将也好，喜欢啃硬骨头也罢，反正我就这么着来到了郑州。”

潘永生组建好自己的团队，头一件事就是哄人气。“正是年底，店里库存积压严重。那40多天，我们分批有步骤地处理完了库存，把人气哄了起来。”

潘永生的第2步打算是整治店容店貌。“我的计划是过完年就从万和店开始装修，提升店面形象，重新调整产品。”

人算不如天算。万和店的装修刚刚结束，非典就来了。“那时候我们给员工培训，吃住都在一起，晚上大家一起商量对策，很多员工提出了不少好点子。”

在华日，从顾客进店的那一刻起，销售人员就成了顾客的参谋。你需要什么样的家具，家里多大面积，放多大尺寸的家具合适，甚至挂什么样的窗帘，如何配饰，销售人员都会帮顾客设计，提出中肯的建议。

每个进店的顾客，不管买不买华日的家具，华日都会奉上小礼品，建立客户档案。“我们经常和顾客联络沟通，家具用的怎样，有什么问题，最近店里新来了什么商品，有什么活动等等。”对买过华日家具的顾客而言，这是一种亲情售后服务，对没买华日家具的顾客来说，这其实就是潜在消费的引导和培养。潘永生对销售人员的要求是：“你一定要让顾客感受到，来华日不仅仅是买家具，也是来享受一种生活方式的改变。”

因为这一系列努力，本是萧瑟非典之年的2003，反倒成了郑州华日进步最快的一年。“这一年年底，我们的销售收入跟2002年相比，足足增长了4倍。”

○2004：那一夜，东北汉子流了泪

2004年9月，郑州华日佳和店改造正急。就在这时候，因为身体排异，潘永生又做了第二次手术。9

月14日下的手术台，但9月28日他就匆忙赶回了郑州。“10月1日改造后的新店就要开门迎客，你说我怎么可能在病床上躺得住？”

到郑州的时候，已经是凌晨一点多钟。潘永生赶到店里，走进门的那一霎他突然呆住了。“6个员工累得跟鬼一样，浑身脏兮兮的，躺在地板上睡着了。”

潘永生的泪刷地涌了出来。他平静了20分钟，把员工叫起来，找了两辆出租把他们送到一个旅馆。他说：“你们都给我好好睡一觉，明天的事咱们明天再做。”

这一年的10月1日，华日佳和店顺利开业。凭借良好的服务和口碑，佳和很快成为当时西郊规模最大、品种最全，也是品质最优秀的实木家具店。

从这家店开始，潘永生又开始他与众不同的新营销。他改变以往那种守株待兔、坐等顾客上门的方式，成立专门的营销部门。营销人员走进社区，收集客户资料，宣传家具信息，留下华日家具的宣传材料。20个人的营销人员，跑遍了郑州100多个小区。

“除了走出去，我们还把顾客请进来。专门派车把顾客拉到店里，提供免费午餐，让顾客了解华日家具的质地和文化。走出去和请进来这两个模式，为我们带来了相当可观的客户，成交率达到了80%。”

潘永生最不喜欢那种自杀式的营销。“价格战其实是最没技术含量的营销了。我的宗旨是，永远从细节入手。你不做的我做，你能做到的我要做得更细。”

○2008：潘永生的梦想

2007年，郑州华日已经有了4家店。稳步运行的过程中，潘永生每天都在考虑以后的竞争之路。“营销上有个TOC模式，是说企业发展到一定规模，必定会有个瓶颈。对于郑州华日来说，无论与规模与市场都达到了饱和，加上店中店的模式是几百家店争抢一个顾客，这些弊端促使我考虑该怎么转型。”

这年6月，机会来了。中博家居广场要打造名店街。潘永生在和总部商量后，决定联合做个更大规模的单体店。

2008年正月13，春节的气息还未消散，华日郑州家具旗舰店已经开始动工。潘永生住在工地上，四面毛坯的办公室里，地板上的那个垫子就是他的床。“最忙的时候，一天只能睡3个多小时。”

6月28日，华日郑州旗舰店开业。那天郑州的气温达到了38℃，可是蜂拥而至的顾客还是把8 000平方米的卖场挤得水泄不通。“我们出动40个保安，又申请了10个交巡警来帮忙，就这样还是不行。最后怕出事，只好把住门，出来几个顾客再放进几个顾客。”

那是潘永生至今回忆起来都无法平静的一天。“华日的家具从来都不打折，但开业能这么火爆，只能说明华日的品质优秀，咱河南老百姓对我们太认可了。”

潘永生说起郑州的一对老夫妇。“销售人员在回访中发现，老两口14年前买的华日家具，到现在还一直在用。他的儿子和女儿也都在用华日实木家具。我们的家具能让顾客感觉是可以一生陪伴的，这是我最大的感动和满足。”

潘永生最喜欢的就是一个人在卖场里转，看看哪些细节还没做到位。看到等电梯的顾客很多，他投资100多万在主厅安装了26米长的自动滚梯。8 000平米的三层卖场里，他引进了美式、欧式、法式、意式等5种风格、几十种流派、各种价位的实木家具。看着熙来攘往的顾客挑选中意的家具，站在旁边不说话的他，心里充溢的却是满满的幸福。

“我的梦想是把中国最古老的文化内涵和最现代时尚的流派都移植到华日，让顾客体会到在华日买到的不仅仅是家具，还是一种思想和文化。是在享受一种生活，更是在品味一种生活方式。”

B 潘永生如是说

你所理解的最完美的快乐是什么?

是从痛苦到快乐这一过程中。当我躺在病床上的时候，我其实想明白了好多事，包括企业的规划等等。

有没有最害怕的事?

我最害怕的是在自己还没有达到设定的目标时，我已经没有精力了。

C 印象派

侠骨柔肠。

这是潘永生给人的第一印象。

这个穿越了死亡之门，又经历过事业磨难的东北汉子，不想再提起病床上的那些日子，他说："一个大老爷们老是提以前的那些磨难，也太没出息了。"

问及入行13年最让他难忘的一件事，他的回答是：刚入行培训的那一个月，特别想女儿，每天上完课就打车回家，连着跑了一个月，身上的几千块钱都花光了。

无情未必真豪杰，怜子如何不丈夫。这才是真正的纯爷们。

潘永生说，他最崇拜的是华日的老总。他刚进入华日的时候，那时候他已经60多岁了，可给人的感觉永远是雷厉风行，那种精力和激情是年轻人都无法比的。

2007年底，潘永生去风驰传媒听李健老师讲课。两个小时一场课下来，李健浑身湿透。真的是在用生命来讲课，他身上体现出的使命感和责任感，也让潘永生特别敬佩。

潘永生对自己的评价是：不喜欢默默无闻做事，敢想敢闯。一旦选定做什么，就会坚持下去。他说，对生命的毅力，做事的毅力是他对自己最满意的。

【人物名片】

刘 昆

河南国美电器总经理

【达人语录】

“跑在最前面的人，也许更累，更需要过人的胆识、创新的思路和一往无前的冲劲。可是不跑最前面，你就不会拥有开阔的眼界，体验不到前面最美最远风景的幸福。”

领跑出来的赢者

A 故事

在中原的家电连锁行业，有人说他是行业领跑者，有人则说他是价格“屠夫”。有人说他霸气，有人却称他胆识过人。

这褒贬不一的评价里也许暗含着不同的心态，但有一点无法否认，这个在家电行业里摸爬滚打了十几年的男人，一直在以过人的胆识，创新的思路和一往无前的冲劲吸引着来自四面八方的目光。

2008年12月3日，国美电器22周年庆典上，面对前来的嘉宾，他微笑着举起了酒杯。在他的身后，是国美飞扬的蓝色英文形象标识：GO ME。那样的张扬、恣肆，与沉稳大气的他相映成趣，浑然一体。

如同在竞技场上，人们记住的永远是跑得最快的刘翔一样。中原的家电连锁行业，人们记住了国美电器河南掌舵人刘昆，记住了他领跑的姿态。

○金中国贸第一战

见到刘昆那天，正是第一次寒流袭来的时候。暖意融融的国美德化街旗舰店，刘昆从宽大的办公桌后迎上来。洁白的衬衣，蓝色的马甲和领带，标准“国美式”装扮。年轻、帅气、干练的气息扑面而来。

没有传说中的霸气和傲气，只有微笑中流露的沉稳和大气。面对质疑，他哈哈笑了："你看我像强势的人么？大家都那么说，也许只是因为我做事敢于挑战极限罢了。"

2007年7月，刘昆被总部从唐山公司调回河南，任河南区总经理。刘昆是土生土长的郑州人，有过在国美总部和唐山分部做采销和总经理的经验，对于相对成熟的河南分公司，因为之前对市场的充分了解，他很有信心。但他唯一的感觉，是这个团队太温和了，"跟一杯温吞水一样，你说不出什么缺点，但总感觉缺乏一种高涨的激情。这对每天几乎都在打仗的家电连锁行业来说，是最可怕的。"

他决定用一种实战的模式把员工的积极性调动起来。在充分的市场调研之后，刘昆拿下了郑州金中国贸的楼盘，决定在那里开新店。一纸令下，所有的人员都动起来了。四只装修队同时进场，彻夜施工，毛墙毛地的工地5天后就变成了漂亮的大卖场。员工下班后就到新店，连夜布置展台、安装样机。那几天，员工每天都要加班到12点，刘昆每天也只能睡三四个小时的时间。"真的跟在打仗一样。"

从谈判到签合同，再从装修、布场到开业，前前后后，国美只用了20天的时间。"5 400平方米的大卖场，20天就开业，这在以前的家电行业根本没有先例，可以说我们不经意间创造了一个第一。"

2007年10月29日，金中国贸国美店如期开业，乌泱泱的人群很快遍布了整个环形卖场。这时候，站在楼上的刘昆接到了母亲的电话："昆啊，这几天不忙了能不能回家吃个饭，你爸想跟你说话呢。"

一向坚强的刘昆突然止不住地眼热心酸。那一刻他这才意识到：自己已经快一个月没见到父母了。

○刘昆的新官三把火

因为价格这把利器，金钟国贸店两天的营业额就达到了2 000万。这无意是一剂最好的强心针，激起了员工们的积极性。接下来的日子，除了开新店，刘昆又在店里烧起了几把火。

他在店里第一次创新引入了体验式购物。在国美的一些生活电器专柜前，只要顾客有兴趣，都可以自己体验一番。"可以用豆浆机打磨香浓的豆浆，可以用芝士机烤个面包，煎个鸡蛋。你甚至可以用我们的咖啡壶煮一杯香浓的咖啡品尝，跟在自己家里一样。"而对于一般电器卖场无法体验的数码产品，国美也实现了体验式销售。"我们就是想让更多顾客真正感受到产品的好，拉近与他们的距离。当顾客看着可爱的蛋糕从芝士机里吐出来的那一刻，那种惊喜之下的购买欲望自然而然就被激起了。"

刘昆的第二把火是对促销员的整合。原来的促销员受雇于厂家，哪个厂家给他开工资他就替哪家的产品说话。这样的情况下，很自然就会出现促销员只扫自家门前雪，甚至相互之间诋毁的现象。国美在充分论证之后，把原来由厂家负责的那部分工资承担了起来，这无疑极大地刺激了促销员的积极性，只要是国美的产品，只要有顾客上门，促销员们都会认真负责去介绍，"这对促销员、对卖场、对厂家和顾客都是好事，可以说小小的调整一下子实现了四赢。"

2008年年初，刘昆又对所有的卖场进行了升级。社区店升级为标准店，标准店选出最好的四家升级为旗舰店。对位置最好的德化街店，他投入100多万的大手笔，打造中原第一店的品牌形象。"不光是购物环境更舒服了，在每一个品牌的展示上，我们都下足了功夫。"刘昆说起其中的一个TCL电视专柜，"这个专柜电视的摆放采取45度斜角的方式悬挂，只要在大厅里，任何一个角度都可以看到。"升级之后的卖场很快就实现了利润的回馈，德化街店创造了年销售额3 000万的良好业绩。刘昆对它的期望更高，"明年争取实现6个亿。"

刘昆的这三把火，每一把都烧得很足。与众不同的是，他的这些火，每一把都不是把员工烧疼，而是把他们的士气给鼓了起来。

○ “价格屠夫”的利器

作为中国家电业的龙头老大，国美一直最为人称道的是它的价格利器。河南国美自然也不例外。河南国美在郑州有自己的物流配送基地，可以一站式直接从厂家到达门店。“一万多平方米的物流配送中心，在行业内都很少见，这样自然降低了成本。”

几乎每个黄金周，几乎每个销售旺季，河南国美都会打出比旁人更狠的折扣。在同行大跌眼镜却又无可奈何的同时，刘昆有了“价格屠夫”的外号。

对此刘昆很坦然。因为他觉得商家和商家之间的竞争最后其实就是实力和资源的竞争。当年他之所以从西门子公司加入国美，就是受国美“商者无域，相融共生”理念的吸引。在他的理解里，所谓“商者无域”，就是经商是没有边界的，如何能用自己的思维左右出击，找到谈判的点；所谓“相融共生”，就是要取得生意上的持续成功，就必须融合于整个价值链各方及社会的关系。

“在别人看来，供零关系一直是个问题。国美能发展到今天，最重要的是有供应商的支持。这么多年来，我们一直在致力于改善和供应商关系，用实力、诚意、服务及实实在在的效果来打动他们。在我的德化街店，很多厂家因为实现了利润的最快增长，在专柜自动打出了中原第一店的宣传语。我们和厂家甚至实现了电脑互联的信息共享，他们有什么最新型号的机器，我们这里哪种型号卖的最好，都可以很快得以沟通。”

每年一次，国美都要有一宗数亿元的大单采购，国美22周年庆典上，刘昆宣布了明年3.6亿的大单采购计划。“大单采购整合的是国内最优秀的厂家资源，有了供应商的支持，有了大单采购成本的降低，我们才得以频频举起‘低价’的王牌，吸引更多的消费者，占领了更多的市场。”

不跟在别人屁股后面瞎跑，永远把握跑在前面的那种幸福感和成就感，也许就是这种心态，才成就了刘昆最美丽的领跑者的姿态。

B 刘昆如是说

2008年，在所有的家电卖场大肆进攻二三级市场的时候，刘昆却在自己的商场里独辟蹊径地搞起了包销定制的模式。

刘昆引进的夏普65英寸的液晶电视。“标价12万，只在我们国美店才有，可以说非常高端，也非常排他。”

谈判的时候，厂家还很犹豫。因为在全国范围内，还没有哪一家卖场敢于这么做。但几个月后，看着河南国美的销售情况，厂家代表笑了：“没想到高端产品在河南也能卖这么好。”

“差异化是什么？就是不跟在别人后面跑。我用包销定制的手段引进高端不是为了推广某个产品，而是为了抓住高端客户。我要让他们知道，在我这里，有他们需要的在别的地方买不到的东西。”

【人物名片】

杨宏宇

新家居建材商场总经理

【达人语录】

“信心最重要。”

“败”笔生“花”

A 故事

一张白纸，可以做最新最美的图画。

如果这张纸上，一开始就被污染了斑驳的色彩，凌乱的线条。你又该如何下笔？

新家居建材商场总经理杨宏宇的手法出人意料。他审时度势，变所有的败笔为妙笔。1年零4个月的时间，一个原本混乱无序，士气低下的建材商场在他的手下渐入佳境。

他是个职业经理人。但如果行商的布局谋篇可以用作画来比喻，杨宏宇无疑是个成功的画者。

○门前冷落时：下班会上的“抗议条”

杨宏宇来新家居建材商场已经快一年半了。

他还记得第一次来新家居的那一幕。那是2008年5月，经济危机在内地的影响刚刚开始。杨宏宇走进新家居，偌大的商场顾客寥寥，只有几个没精打采的商户在聊天。“最让我受刺激的是，那么大的广场，竟连一辆车都没停。”

没有可做最新最美图画的崭新背景，杨宏宇面临的，就是这么一个摊子。

但他仔细分析了新家居的各种条件，“无论从地理位置，商圈环境以及商场的硬件设施来看，新家居都有一定优势。”

打蛇打七寸，擒贼先擒王。杨宏宇决定从最重要的管理部分入手。“当时商场的管理是总公司垂直管理。我跟公司领导沟通，变成了独立经营。”他又让在楼外办公的管理人员，全部挪到商场4楼，“跟现场严重脱节的管理积弊得到了解决。”

杨宏宇深知，管理其实就是沟通。那段时间他主要在开会，跟管理层的很多员工交流，“有好几次都是在下班后让部门负责人汇报工作。呵呵，结果有人写纸条，提醒我说‘下班了，开会时间是属于我们个人的’。”杨宏宇知道，松散惯了的员工一旦开始紧张起来，肯定会不适应，也会有抵触情绪。他没有正面回应，下次开会的时候，他说：“一个员工，如何辛苦并不重要，关键是你为自己的企业提供了什么价值。我来这里不过几天，我相信大家对新家居的感情要比我深，我相信你们也不愿意看着新家居就这么一盘散沙，最后甚至在竞争中被淘汰。”

人都是情感动物，这样从情感出发的话打动了员工。以后的下班会上，不管开到多晚，也没人再有怨言了。“大家都明白，一个企业要走出大坑，没有一点牺牲是不行的。”

○成功营销：最重要的是商户的信心找回来了

杨宏宇总结自己这一年做的事，不外乎两件，“除弊，出新。”

他花费了大量的时间来解决遗留问题。不好的品牌占了好位置，想办法清理走；该留通道的位置无路可走，要改造商场布局；原来的老商户进场没有签合同，现在要补签……

他在每个楼层都设了楼层专业管理人员，不光为客户提供服务，还要帮助他们提升形象。“商户销量不好了，楼层专职管理人员要为商户分析原因：是商品不行，还是理货摆放不当，或者是灯光环境的因素？责任到人，绝对为商户服务”。新家居与商户的关系，不是管理与被管理的关系，“而是合作伙伴，提着商户往上走。”

从2008年5月开始，新家居凭借几次专业手法操作的成功营销，令业界开始刮目相看。“那年国庆的促销，我们从8月份就开始准备了。”新家居到厂家沟通，拿到最低价位的直供专销品。“比如平时一百多元才能买来的立邦漆，我们只卖1元。类似这样的一大批特供品，无疑最有吸引力。”

10月1日，新家居终于迎来它历史上第一个火爆的场面。广场上停满了车辆；商场内人头攒动；收银台前排起长队。“当时我们内部提前约定，每销售10万，一个特殊的音乐将响起。果真，在那一天，商场员工之间传递着短信：‘10万了’‘20万了’‘又一个10万’……大家都因活动的成功而兴奋不已。”

那年的11月16日晚，新家居又在淡季策划大型促销，做了首场夜场促销。“从上午一开门，到晚上八点多，顾客还是蜂拥而至，简直太震撼了。”

一次次成功的营销无疑是最有力的“强心针”，把商户们的信心给鼓舞起来了。“以前规定统一装修标准的时候，阻力很大。因为那时候商户经营不好，可以说随时准备搬走。现在形势好了，商户们争抢着提出申请，觉得自己再不装修就落伍了。”

从挤干价格水分，到让价格重回1 999元，新家居的营销手法和口号，一直不停地推陈出新。“其实各种营销都不过是手段，最重要的，是把商户的信心给重塑起来了。这才是我最有成就感的地方。”

○巨头环绕：你卖燕窝鲍鱼，我就做最实惠的家常菜

评价现在的新家居，杨宏宇用了“渐入佳境”这个词。

他明白自己所处的环境。西面是红星美凯龙，对面是居然之家，东面是好百年。不远处还有名优家具市场和名优建材城。“巨头扎堆，宛若当年的二七广场，商战的压力可以说不仅有，而且还很大。”

但杨宏宇并不害怕。“商圈东移，客流量自然会增多。最关键的一点是，我们的土地和商场是自有而不是租赁，运营成本低，有先天优势。对商户来说，在我们这里，要付出的租金，比周围商场起码低50%左右。这样的吸引力，你说会小吗？”

巨头环绕，杨宏宇觉得对自己反倒是一个优势。“如果附近都是高档商场，我们的差异化平价商场反倒成了稀缺。对日渐成熟的消费者来说，只要能在舒适安全的前提下买到质量过硬的产品，估计他们也不会盲目花一万元买个坐便或水龙头了。”新家居一直在进行品类调整。“去年12月，已经开始大规模重新招商。全员参战，去年半年引进20余家知名品牌。今年郑州一个知名地板城的30多家商户整体搬迁了过来。现在新家居里老商户只占到一半左右，整体品位已得到很大提高。”

杨宏宇引进了在欧美国家流行的DIY理念，成立了新家居建材商场家装设计中心。“这种理念曾一度在建材家居行业热炒，并被很多人预言会逐步成为消费的主流。但根据目前国人的消费特点，或者说至少在郑州的建材家居消费市场，DIY还有很长的路要走。90%以上的顾客还离不开建材专家的消费指导，我们的设计中心就是要做顾客装修的好帮手，以专业的水准、优异的质量、负责的产品推荐及质量把关为顾客提供更超值的服务。”

在商海中打拼12年，杨宏宇知道无论规模多大，装潢多豪华的商场，最终竞争的，还是那几个最关键的核心：质量，价格，服务。“别人都卖燕窝鲍鱼的时候，也许你平和的家常菜就是最打动人的。新家居就是要做最亲和，最实惠，最有竞争力的家常菜。”

杨宏宇信心很足，“稳扎稳打，3年要在省内开到5家店。”

C 印象派

杨宏宇是北京人。

12年前，他已经开始在商海浸淫。在北京知名的家居店东方家园，他曾参与创造了家居超市的购物模式，把轻松打造一个新家的理念传递给消费者。但就是这么一个能干的人，面对记者的采访，却紧张不已。9月的天气，他的衬衫依然被汗水溻湿。

在他的神情里，你看不到我们惯见的首都人的健谈，矜持，甚至京腔京韵里偶尔掩不住的优越，油滑。他一直在说：不要写我，还是多写写我们的新家居吧。他说如果一开始新家居就像一张白纸，那么现在的结果会更好。一年多来，他耗费时间最多的，就是处理那些旧有的积弊。

如此看来，这个不善表达自己的职业经理人，其实更像一个成功的画者。他可以把一幅不小心被污染的画，在处心积虑的借力打力中，败笔生花。

【人物名片】

崔　涛

世纪联华河南区总经理

【达人语录】

“敬业、严谨、理性，应该是职业经理人血液里流淌的东西。”

起舞，在谨慎与大胆之间

A 故事

2009年的这个春节，崔涛是在越南的旅途中度过的。

一个人背个小包，他在亚热带的阳光下，行走，驻足，拍摄流离斑驳的行人和风景。时尚、率性、自由、自然。路边卖水果的小贩也许会把他看成一个艺术家，但没人想到，这个外表时尚而自由的男人，在中国中原城市的一家大卖场里，是那样一个严谨理性的职业经理人。

然而他是。8年的家乐福职场生涯，两年世纪联华河南区掌门人的经历，早已经把严谨、理性、稳重、老辣，这些职场元素融进了他的血液里。

如同一个硬币的两面。自由、率性、严谨、理性。这两种截然不同的气质，在崔涛的身上，竟然结合得如此完美，浑然天成。

○把自己吓了一跳

崔涛是世纪联华河南区的总经理。一个标准的上海男人。

黑框宽边眼镜，橘色套头毛衣，仔裤，波鞋。如果不是在世纪联华四楼的总经理办公室，面前的崔涛，更像安妮宝贝小说里的那些个性鲜明的上海白领。

崔涛和世纪联华河南店的故事，似乎应该从他来到郑州做总经理讲起。但在崔涛心里，这之前8年的家乐福生涯，以及世纪联华北京大兴店店长和世纪联华采购部经理的经历，对他来说，都是重要的转折点。“最关键的是，让我学会了思考问题和处理问题的方法。”

在家乐福培训的时候，每天都要写“一个主管的一天”，这样类似的工作总结。八年浸淫其中的结果，是让崔涛接到任务，首先就分析这件事的轻重缓急。“哪些重要而紧急，哪些紧急而不重要，又有哪些是重要而不紧急的。按照排列组合，可以有8种情况，把这些情况一一列出来，处理问题的时候就能分清轻重缓急，有的放矢了。”

2007年1月10日，空降大员崔涛来到河南。他发现，世纪联华河南店当时最重要而紧急的事不是扩张，而是敏感性民生商品的大量缺失。“世纪联华的定位是现代化的农贸市场，但当时经理们的大量经历都花费在了对商户的管理上。敏感性的民生商品因为利润低，商户不愿意经营而大量缺失。”崔涛举了个例子，雀巢公司的产品有130多种，但在当时的世纪联华，只能找到30多种。“卖场要吸引人气，必须从管人、管秩序，变为管商品，管价格，用无限丰富的商品类别来吸引顾客。”

崔涛主动联系，让厂家、商户和卖场坐到一起，三方协调出最优惠的政策，把大量商品引进了卖场。“我还是以雀巢的产品为例，这年年底，雀巢在世纪联华的产品达到120种，销售提升了94%，在整个郑州市场排到了第一。厂家、商户和卖场也在市场占有率和顾客满意度的提高里实现了三赢。”

崔涛喜欢把自己当做顾客来看。他经常模拟如果自己是顾客，会怎么想，会怎么做。“郑州的消费者喜欢逛，自然是希望商品越多越好。我们就采用清晰的货品陈列方式，商品的种类、颜色、形状甚至摆放都非常有讲究。我们要给顾客的第一印象就是琳琅满目，让大家逛得有趣、有滋味，忘了时间。”

一年的精耕细作之后，世纪联华平均每个单店的商品数量已达到10万个，这是其他大型超市都无法比拟的。第一次听到这个数字时，崔涛的反应是，“连我自己也吓了一大跳。”

○在谨慎和大胆之间

所有的卖场，从诞生的那天起，它要面对的就是竞争。在竞争里成长，厮杀，乃至死亡。

2007年，最让崔涛震撼的一件事是家世界的倒闭。“那么大一个企业，因为资金链的断裂，呼啦啦就全军覆没，根本没有东山再起的机会。给我的震撼太大了。”

这个惨烈的事件让崔涛思索良久，也受了很多启发。“企业要发展肯定得扩张，但盲目扩张，不计利润，赔钱赚吆喝的买卖我们不做。”崔涛给世纪联华的未来之路定了主调：苦练内功，稳中求胜。参与竞争但不参与厮杀。

崔涛带着团队开始苦练内功。他亲自上阵给员工讲商品知识，把可口可乐公司的河南区经理请来讲执行力，又从外资企业请来培训师为大家讲细节的重要。除了激励员工的士气，世纪联华还在超市中引进了进口食品，引进了百货业态。它甚至在考察了上海等城市的超市后，率先引进了大包装的促销理念。低调稳重的世纪联华，在“先把家门口做好再说”的竞争理念里站稳了脚跟。她的经三店方圆不到两公里，就有大大小小的7家卖场。但依然日日顾客盈门，活得滋润无比。

2008年，面对外资和本地巨头咄咄逼人的攻城略地，崔涛的梦依然显得那么谨慎，他的目标是：在郑州把世纪联华做到10家。

这年的4月，世纪联华长江路店开业。选址中就曾有人对崔涛断言：把店开在那里，你就准备亏损一两年吧。崔涛却是个爱让数据说话的人，他的手里，有关于长江路小区、人流、户数、消费能力等一系列的实际调研资料。十年的卖场经验，加上这些最具说服力的数字，让他有理由相信自己的判断。

开业的前夜，他把所有的中层召集在一起开了个协调会。“大家说说，咱们明天的营业额将达到多少？”崔涛看似漫不经心地抛出这样一个问题。70万？80万？在场的人纷纷小心翼翼地猜测。100万！角落里工程部经理喊了一嗓子。所有的人都笑了。长江店位置偏僻，这个被认为世纪联华最“穷”的一个店，怎么可能首日营业额突破100万！

崔涛就在这笑声里开口了。“如果一个最不懂行的工程部主任赌100万，那么我赌120万。” 一向谨慎的崔涛，如此大胆一赌让所有的人都愣住了。

事实很快验证了崔涛的预言。第二天的开业现场，人头涌动，到最后，连到场祝贺的政府部门人员都挤不进去了。因为奥运安全，当时不允许有大规模的集会。长江路店开业当天，因此没有做大的促销活动。“但当日的营业额仍达到了123万。两个多月后就实现了盈利，一直到现在，长江路店还是盈利最好的单店之一。”

○职业经理人的血液

在郑州的卖场老总之间，上海男人崔涛被别人贴上的标签是：时尚、自然，讲究生活质量。

只有他自己清楚，作为一个职业经理人，敬业、严谨、理性才是血液里应该流淌的元素。而那些自由、自然，有时候不过是工作之外的另一种人生。

来到郑州的那年秋天，外婆去世了。他是外婆一手带大的孩子，跟外婆的感情，那不是一个简单的好字可以概括的。可是外婆下葬那天，他却没能赶回去。那天在郑州有一个董事会，崔涛看着从外地赶过来的几个股东，犹豫了一下，还是正常主持了会议。“我不想因为我的原因，让几个月前就安排好的事搁浅。”

2008年9月，崔涛的父母装修住了20年的祖屋。作为独子的崔涛却因为店里的事无法抽身。“那段时间没人帮忙，所有的事都是我70多岁的父母在张罗。那种内疚，是我一辈子都忘不了的。”

在崔涛的心里，职业经理人最重要的品质就是职业道德。“你也可以抱怨，但抱怨完了之后还得干。你可以请假，但一定要加一天班，把属于自己分内的工作做好。一个职业人，一定得对得起自己拿的那份工资。”

所以在别人咄咄逼人的扩张之中，他选择了稳扎稳打。“世纪联华不想在年底的时候，面对股东说，今年亏损了，是因为我开了多少家新店。”

B 崔涛如是说

谈话结束的时候，我们拿出《名利场》那个著名的普鲁斯特问卷。崔涛的回答没有惯见的做作。自然，真实，一如别人给他贴上的那些标签。

你所理解的最完美的快乐是什么？

随心所欲。不像现在，做任何一件事都要考虑这样可行吗？会有什么后果？翻来覆去累死人。最完美的快乐应该就是想做什么就做什么。（笑）当然是在法律许可的范围之内。

你最痛恨什么样的人？

没有职业道德的人。

摄影是你的爱好么？

是。我的爱好还有很多，比如旅游，跟朋友喝茶，聊天。

它给你带来了什么？

它最大地好处就是让我消磨了时光。因为毕竟我不想依靠摄影来成名成家，就是一爱好罢了。

工作呢？算不算你的爱好之一？

不是。工作从来不是我的爱好。只是我谋生的手段。

你如何评价自己？

我应该是个好人吧。（笑）比如当我开车，看见一位老人带小孩过马路，会停车让人。后面的司

C 悟之道

在崔涛的心里，职业经理人最重要的品质就是职业道德。“你也可以抱怨，但抱怨完了之后还得干。你可以请假，但一定要加一天班，把属于自己分内的工作做好。一个职业人，一定得对得起自己拿的那份工资。”

【人物名片】

王　军

河南苏宁电器有限公司总经理

【达人语录】

“细节化服务决定成败。”

家电“型男”

A 故事

苏宁电器河南区来了新的掌门人。

20多天的时间，业内和业外的人都在猜测，这个叫王军的男人，到底何许人也？他有怎样的经历和行事风格？他的到来，将引起苏宁乃至河南家电行业怎样的变化？

所有的目光都在等待这个人的发牌。

○执著：影响他6年的那件事

王军是个40多岁的扬州人。中等身材，微胖，戴一副宽边眼镜。不说话的他温和而沉静，一旦对话开始，他的严谨、理性，还有言语中富含的逻辑，就清晰可见。

他说自己是个不擅长也不喜欢讲故事的人。他讲得最多的，是苏宁的企业理念，是他来河南后的感觉和判断，还有他对自己掌舵的这个区的计划和梦想。只言片语中，严谨，执著，理性，自信，乐观……这些性格的碎片不经意间洒满一地。我们能做的，就是把这些碎片拼接起来，希望可以窥见一个完整的王军。

王军是2002年加盟苏宁电器的。在此之前，他已经在一家啤酒厂工作了13年，也下海作过生意。加盟苏宁，对人过中年的他来说，早已不是一种冲动。他崇尚沃尔玛和微软那样的大企业，他坚信，在一个有着良好运转体制和快速发展规模的大型企业中，一个人的才智和潜力才能最大限度地被挖掘出来。而苏宁正是这样的企业。

王军在众人不解的目光中斩断自己的后路，来到了苏宁北京店。做了一名最普通的卖场营业员。

然而很多时候，喜欢归喜欢，你要接受它，融进它，成为它的一部分，那又是另外一回事。没多久发生的一件事给了王军沉重一击。“因为那件事，我差点被开除。”

那时候苏宁北京店刚开业没多久，一位老教授来买电视。“他挑中了一台索尼的背投电视后，要求安装底座。但当时仓库里没有，我答应跟厂家协商，底座一到就为他上门安装。”

几天后底座运到了，但因为王军把型号记错，原本应该银色的底座变成了黑色。老教授很是生气，一个投诉电话就打到了店里。

王军在跟顾客道歉的同时，赶紧和工厂沟通。在最短的时间内把匹配的底座送到了老教授家里，问题最终圆满解决。

这件事让王军意识到，除了质量和价格，服务才是一个企业不同于他人的唯一产品。从这天起，他开始像背单词一样背产品的价格、型号以及相关产品知识。“我就是想让每一个接受过我服务的人，会因我服务的细节记住我，记住苏宁。”

也许执著的人就是这样。一旦认准目标，不管经历怎样的打击和磨难，都会心无旁骛，一路走下去。因为这样的执著，王军从一个对家电行业一无所知的门外汉，终于蜕变成一个严谨理性充满职业精神的苏宁人。“6年的酸甜苦辣很多很多，但跟那件事给我的震撼相比，后来的苦累都可以忽略不计。

○严谨：多看多听少烧“火”

王军坦率承认，从北京市场的采购副总，到河南区掌舵人这个角色转变的过程里，自己的压力很大。

所以来郑州之前，他给自己的告诫是：要多看，多听，多想。起码头一个月，不过多过早地下定论，不烧所谓的三把火。

20多天的时间，他一直在观察，也在思索河南区的优势和劣势在哪里。河南市场人口多，消费频率自然要高于北京。苏宁在江苏的卖场已经开到了县级市场，但在河南，明显还有大片空白，所以扩张布点的机会还是存在。

但跟北京市场只有几家电器巨头逐鹿相比，中原电器行业的整合尚未结束，因此竞争也空前激烈。苏宁河南店去年一年的开店速度相当于前3年的总和，在高速扩张之下，人员产品知识和服务细节的培训自然成了当务之急。

所以2009年，王军把河南苏宁的主要任务定为“培训服务年”。“我们将从国内的一些公司请来管理人员为员工培训，强调服务，强化细节。我们甚至要组织管理人员去日本和美国实地学习，看看人家的服务细节做到了怎样的极致。”

“一个在外应酬的男人，他吃了火锅或者抽了烟，衣服并不脏，但有难闻的味道。他如果咨询一种尽快去除味道的洗衣机，我们能不能给人家推荐？还有随着世界一体化，有越来越多的人需要咖啡机、料理器，芝士机和酸奶机，我们能不能给他们介绍明白？如果你这些知识欠缺，给顾客提供最需要的服务就成了一句空话。”

与培训同时进行的是服务的细节。比如3C产品的出场方式，3米之内看到顾客要微笑，要打招呼问好，要提供服务、引导顾客等等。甚至在办公室，当员工起身时座椅的摆放方式，都做了详细的标准规定。

王军觉得在产品质量、价格之外，决定成败的往往是细节化的服务。“供大于求的年代，服务是我们区别于他人的唯一产品。这是我6年前的体会，现在我依然坚信这一点。”

○自信：苏宁就是要做第一

现在回想起自己与河南的渊源，王军觉得是在1993年。那年他路过郑州，登上二七纪念塔，俯瞰了一会儿这个中原的城市。

他不觉得这是命运的暗示。在苏宁这样一个有着良好运转机制的企业里，它会给每个努力向上的人一个平台，让他在这个平台上实现自己和企业的价值。

苏宁用6年的时间走完了别的电器巨头20年才走完的路。它在南京占到了80%的份额，在北京占到了40%。现在在河南，王军的目标是俯下身子，从内生增长做起，在几年内占到河南市场的40%。

为此他想推出一个“电脑教室”的计划。“不会电脑的老人、小孩，我们免费教会你用电脑。会用电脑的，我们免费教你一些专业的软件知识，让你得到提升。”在别人的服务都还局限于售后的时候，苏宁想把自己的服务超值到售前。“这样也许会花费比别人更多的财力物力，但肯定会赢得顾客的好感，培养一大批忠诚的顾客。”

在今年饱受经济危机影响的形势下，河南苏宁电器的目标是开8到10家新店。“苏宁电器在江苏全省已经扩张到了县级市场，但在河南还有许多空白区存在，所以即使在经济危机的情况下，我们也要抓住机会，稳步扩张。”

在王军的计划里，河南苏宁占领市场只是时间问题。“我们的3C＋概念最早是在北京提出来的，在那里进行的就特别好。还有苏宁的后台系统建设，在全国甚至全球的家电行业中都是最先进的。只要一开机，哪些机型滞销，哪些畅销，一目了然。”

有了这样的自身硬件和即将开始的内生增长，河南苏宁要达到什么样的目标？王军的回答干脆果断：第一。

不容置疑的回答里，一个男人的自信呼之欲出。

B 王军如是说

你所理解的最完美的快乐是什么？

把事情习惯化。如果我们做什么事情都有一种好的习惯，那无论是做的人，还是他周围的人，都会觉得是一件快乐的事。

有没有最害怕的事？

有的。我最害怕的事就是每天担心我的团队出现问题。

你最宝贵的财产是什么？

苏宁赋予我的这个平台。

你有座右铭么？

执著。为此我在我的婚戒上打上了这个单词。我是自己查的字典，呵呵，不知道对不对。这是以前在北京时从范总身上学到的，只要目标一确定，就无论如何也要达成。

你最喜欢什么样的人？

有目标，快乐工作的人。

你能否评价一下自己？

其实我从未真正审视过我自己。我周围的同事都叫我“铁人”。（为什么会这么叫？）呵呵，我也不清楚，可能是因为我长期的工作状态与习惯吧。

C 印象派

在所有的对话对象中，王军可能是最不善于或者说最不愿意讲故事的那个人了。虽然我们一再地刨根问底，他也只讲了刚入行时印象最深刻的那件事。他说得最多的一句话是：在一个集团里面，个人是很渺小的。还是多写写苏宁吧。

在回答我们的问卷时，说到座右铭，他拿出了自己的婚戒，上面铭刻着“执著”这个单词的英文写法，cleaving。他说这是他对婚姻的态度，也是他对事业的态度。

摄影专门为这个婚戒拍了特写。看着这个内敛的男人，突然觉得，虽然这个故事注定是支离破碎的，但婚戒上的这个细节，也许比太多的故事都更有说服力。

【人物名片】

张志刚

北京大鸭梨餐饮集团河南区总经理

【达人语录】

“人生该来的自然会来，该走的留也留不住，怕是没用的。”

随性的厨房“掘金者”

A 故事

随性。

是的。如果用一个词来概括一个人不同于他人的性格标志，大鸭梨餐饮集团河南区总经理张志刚的身上，最显著的符号就是随性了。

他说自己从来不曾对人生有过规划。14岁跟着父母来到北京上了餐饮学校，毕业后就到著名的和平饭庄做了厨师。在流行出国的20世纪80年代，17岁的他到了匈牙利，开始打洋工，自己做饭店。在偶然接触到大鸭梨餐饮集团后，他又带着13年打工的全部积蓄加入大鸭梨，在河南连开3家酒店。

顺其自然，不急不躁，总在合适的时候踏踏实实做合适的事情。也许就是因为这种随遇而安的天性，浸淫餐饮行业18年之后，他终于尝到了梨子最美的成熟的滋味。

○匈牙利的中国小老板

张志刚今年三十有五，生在河南，长在北京。健谈，随和，爱笑，一副心宽体胖乐呵呵的模样。

从事今天的餐饮行业，他说从来没有过计划。“14岁跟在部队的父亲把家迁到北京，初中毕业后就进了一家技校，学的厨师，毕业后很自然进了和平饭店。”

20世纪80年代，能在当时的和平做一名厨师也是个很体面的工作。可张志刚就在这时候想出国了。“那时候出去打洋工的很多，我想自己好歹还有一技之长，一狠心辞了工作就来到了匈牙利。”

那一年张志刚21岁，正是初生牛犊不怕虎的年纪。在异国他乡，靠着给人刷盘子，在地铁站卖铁板烧，5年后，他竟慢慢积累了开店的资金。

1996年张志刚在布达佩斯开了家小小的京都肉饼店，主营北京的面条、肉饼和其他面食，因为是纯中国口味，一时间大受欢迎。

有一天张志刚认识了一个以色列的咖啡店老板，他对张志刚说；“张，你知道明档吗？中国菜如果在这里可以作成带表演性质的明档，我保证你会发财。”张志刚想起自己在和平饭店时为老外做菜，在大厅里煎个鸡蛋，甚至应顾客要求现炒个米饭什么的，那不就是所谓的明档么？

张志刚经过多方考证，东拼西凑了18万美元，在市里最大的一家综合性超市租下了一个店面。“当时那里有来自世界各地26个国家的餐馆，我在一家泰餐店里租了40多个平方米，专卖中国菜。”

高高的白帽子戴起来，火红的火苗蹿起来。热油吱吱，香味四溢，五颜六色的菜肴和炒锅一起在厨师手里上下起舞，这新鲜又颇具异国风情的场景吸引了商场里来来往往的顾客，张志刚的明档前立刻围满了人群。

“那时候最受欢迎的是鸡肉炒面。我雇了8个厨师，从早上9点多到晚上12点多，厨师不停地在炒，最后手腕子都炒肿了。”

○大鸭梨的河南之旅

张志刚在匈牙利呆了13年，在那里他完成了最基本的原始积累。2004年，张志刚回到了北京。“没什么特别的原因，我不可能像别人那样在国外定居。毕竟家里人都在国内，在外面流浪了那么久，想家了就回来了。”

他就在这时候接触到了大鸭梨餐饮集团。集团的老总是他在1993年就认识的一个朋友，她介绍自己的集团时曾说了这样一句话：“毛主席说要想知道梨子的味道，最好亲自尝一口。我给酒店起这个名字，就是想让客人吃过我的菜后喜欢上我的酒店。”

张志刚觉得很受吸引。这个餐饮集团在北京是个口碑很好的酒店，有成熟的管理模式和经营方式，最让人惊奇的是它的发展速度，2001年就开了11家饭店，这让张志刚很是震动。

2005年，张志刚把自己全部的积蓄投入大鸭梨餐饮集团，进入了河南。9月20日，农历的8月15，张志刚在河南的第一家店开业。

“当时部队招餐饮合作伙伴，很多人都来看房子，但因为房子是2到6层，总共6 600平方米，很多人没敢拿。”张志刚凭借着集团背后雄厚的实力拿下了2到6层全部的房子，2到3层他做了餐饮，4到6层他根据部队的性质和周边市场的需要，开了梨花快捷酒店。“最后我全部拿下的时候，很多同行甚至预言，我一年后肯定关门。”

然而所有的预言最后都成了泡影。开业后的大鸭梨，中西合璧，有中式的花阁，有西式的卡座。座位与座位之间，珠帘掩映，纱幔朦胧，中餐馆里吃饭的时光在这样的环境里变得曼妙而富有情调。3楼的阳光生态大堂，绿意处处，不仅是婚宴的好地方，也是观光的好景点。

如果环境是吸引郑州人的第一个理由的话，大鸭梨的菜品更是让人一来再来的第二个理由。它的主打菜烤鸭，肥瘦适中，皮脆肉嫩，佐以六必居的甜面酱，几乎每天都供不应求。还有它专人专味的川菜、湘菜、杭帮菜，以及可爱的甜点和冰激凌，更是让女性和孩子爱不释口。“可以容纳1 100人的饭店，头三个月几乎天天爆满，天天有顾客排队等座位。”

○最甜美的梨子味道

头一家店的成功运营让张志刚加快了在河南的扩张步伐。2007年9月，他在登封开了第二家大鸭梨酒店。2008年1月28日，第三家大鸭梨在南阳路开门营业。

在酒店的主业之外，张志刚同时还经营着快捷酒店和火锅店。“建业路梨花快捷试验成功之后，集团在怀柔也开了快捷酒店，现在酒店之外还经营客房的在集团一惊发展到了8家。”

为了争夺冬季火锅市场，张志刚还经营了洋妞火锅。“不仅仅是单人单锅，更有外国烧烤等小吃，这成为吸引年轻人最好的一个手段。”

跟在国外单打独斗相比，张志刚觉得回到故乡开酒店还算顺利。“可能是因为经营环境好，也可能是我这人比较随和，朋友多。但最主要的我觉得还是集团的经营模式好。我开南阳路店的时候，去办营业执照和其他手续的时候，人家一听是北京大鸭梨集团的，一天就给办好了。主要还是大家认可大鸭梨的牌子。”

对于将来，张志刚不想做太多的设计。“先把手上的这3家店经营好了再说。如果有合适的机会，会在河南的二级市场开分店，但那都是走一步说一步的情况了。”

B 张志刚如是说

张志刚微胖，健谈，乐呵呵的模样，很是喜庆。

面对我们的刨根问底，他说的最多的一句话就是：别说我，多说说我的酒店吧。可在京城里长大的他，说到兴致处，亦是侃侃而谈。只是在说完了才猛然惊觉：“哎呀，说的太多了，一不小心就漏了底！”

吐舌大笑的模样，恰是一个顽童，煞是淳朴可爱。

你所理解的最完美的快乐是什么？

心情好。可能因为我胖吧，心就宽。心胸宽阔的人与人好交往，自己心情好，别人也快乐，这多好啊。

你最珍贵的财产是什么？

家人。因为酒店是个拴人的行当，我现在几乎整天在郑州待着，回北京跟家里人团聚的时间一年算起来也不会超过两个月。但只要是节日，不管是家人的生日，还是六一等等，我都会赶回去跟家人一起过。

你最大的爱好是什么？

去健身房，或者就是游泳。（为什么？）哈哈，为了减肥么！

能否评价一下自己？

我很少评价自己啊。家里人都说我是个不会拒绝朋友的人呢。在朋友眼里，我应该算是个随和实在的人吧，哈哈，用咱河南话说就是人物。

C 悟之道

张志刚说，他21岁就去国外闯荡，他说自己从来就没怕过什么事。因为他始终认为，在成长的过程中，未来都是看不见的，人生该来的自然会来，该走的留也留不住，怕是没用的。

【人物名片】

张淑云

郑州华联商厦有限公司董事长

【达人语录】

“身边的人都快乐，自己才快乐。”

泪水涅槃

A 故事

如果郑州华联是一个人，它一定会为一个女子动容。

因为这个女人为了它的诞生、生存和发展，4次失声痛哭。24年，一个女人最好的年华，她把所有的悲喜都留给了郑州华联。

这个女人就是郑州华联的董事长张淑云。

○第一次：最能干的女人被一纸任命吓哭

张淑云做郑州华联的掌门人已经24年。24年的磨炼，现在的她大大咧咧，什么事都扛得下。可是在当年，一听说被任命为总经理时，她第一反应竟是吓哭了。

那是1985年夏天，干活像个男人一样拼命的张淑云刚被提拔为副总经理没多久。她正在一所中专学校参加全国厂长经理的统一考前培训，就在这时候，公司派人找她回公司开会。“那年代很多事保密工作都做得很好。我觉得可烦，心里说我正在上课，还一直打扰我，这可是全国统一的考试啊，如果过不了关咋办？”在单位的会议室，张淑云看见了很多不认识的人，她有些纳闷，可也不以为意。当总公司领导宣布她为纺织品公司总经理（郑州华联前身）时，张淑云一下子呆了。“当时我只觉得喉咙眼憋得可粗。我说本来只能挑80斤的担子，现在却要我挑100斤，我干不了。”可这是已经过组织部批示的正式任命，领导没有理会张淑云的情绪。

张淑云从公司一出门，沿着二七塔一路往西走，一边走一边哭。在她的思想里，根深蒂固的思想就是干好活，做个好员工。本来做副总经理已经是赶鸭子上架。在商业系统，能做到老总的几乎都已50多岁，现在35岁的她却要担起一个企业几百人生死存亡，她真怕自己干不了。

哭也哭了，怕也怕了。一旦公布的任命还是要执行。张淑云在无奈之中接过了帅印，也由此结下了她这辈子和华联割也割不断的悲欢。

○第二次：下着雨的夜，她的泪也像雨

刚刚接手没多久，郑州市开始旧城改造，郑州华联位置效益最好的几家店不幸都在拆迁之列。看着那么多眼巴巴瞅着自己的员工，张淑云脚一跺，心一狠，去市政府找当时的刘源市长要地。刘市长问她要地做什么，她说要盖楼。“你有钱么？”“没有。”“那你指望什么盖楼？”“只要你给我地，我就是累死了也要把楼盖起来。”

地批下来了。可是盖楼的钱去哪里找？张淑云没有任何关系，她能做的，就是一次一次地去找人，找各种可能批给她钱来盖楼的领导。她自己几乎都算不清找了多少部门，找了人家多少趟。有些人被找烦了，可难听地反问她：“我欠你钱？”“不欠，咱不是想让您帮忙，让华联几百号职工有地儿吃饭么。”

有一天张淑云去找一个领导，找了一个星期，好不容易在单位门口遇见了，还没上前说话，人家一边走一边不耐烦地挥着手：“没时间，没时间！”张淑云当时眼泪都快下来了。

有人给张淑云出主意：去单位找不行，你最好去人家家里。张淑云拉着老公一起去，她是个要事业的女人，可她更要自己美满的家。老公跟着她一次次的奔波，他比任何人都更理解妻子的难和苦。“到人家家里，我给人家打扫卫生，擦地板抹桌子，想尽一切办法就是要感动别人。只要能拿到盖楼的钱，我不觉得丢人。”

有天天下着大雨，骑着自行车回去的路上，张淑云摔进了路边的水沟里，浑身衣服都湿透了。站在雨地里，看着摔坏的车子，这个忍受了多少白眼都没有掉泪的女人失声痛哭。

苦心人，天不负。张淑云的苦心终于感动了方方面面。1989年，寸土寸金的二七塔西北角，一座综合性的大型商厦终于建成。

○第三次：西藏 那个蒙头大哭的女子

楼盖好了，可是没装修好的大楼如何开业，装修的钱又在哪里？张淑云真发愁啊。就在这时候，她偶然听说到一个消息：国家每年拨给西藏一部分经费，当地用不了的部分可以拆借给别的省份。仿佛抓住了一根救命稻草，张淑云想去西藏借钱。丈夫不同意，因为他知道妻子身体不好，如果到了那儿，说不定命都会搭上。张淑云找到要好的同事说：“刘老师，我要是去了回不来，两个孩子就都交给你了。”

所谓的风萧萧兮易水寒也不过如此吧。张淑云就这样来到了西藏。“高原反应可厉害，我只好天天晚上抱着氧气袋。”一番交涉之后，西藏方面只答应借给150万。听到这个消息，张素云回到宾馆里蒙着被子失声痛哭。150万能做什么？如果借不来装修的钱钱，自己有什么脸回河南，面对眼巴巴盼着她的

七百多名员工?

最大的武器也许不是眼泪，而是泪水里的那份真诚。听了张淑云的叙述，被打动了的西藏财政厅厅长把地区所有的财务处长召集到一起，说了一句话：这么为别人拼命的女人，我还是第一次见到。我们无论如何得帮帮她。

日喀则财务系统答应把钱借给张淑云。从西藏到日喀则要翻过一座大雪山，张淑云不能吃不能喝，几次休克，到最后开始吐血。“差点把粮本交在西藏。”

○第四次：泪水中的涅槃

1990年9月1日，时尚气派的郑州华联商厦开业迎宾。盛大的场面不仅吸引了郑州的民众，二七塔四个方向的路口都堵得水泄不通。喜庆热闹的场面里，张淑云一扭脸哭了。旁边众多的华联员工也哭了。

开业第一天，郑州华联的销售收入达到了200万元。从这一年开始，一直到后来的1999年，郑州华联一直处于盈利状态，最好的时候，它的年销售额达到了4.2亿。

郑州华联在二七广场开业最晚，可它却是第一家开展军训的商场。“营业员就要站有站相，坐有坐态，不管老员工新员工都要先培训后上岗，有一个严格标准。”

1991年，商战最热的那一年，郑州华联提出了“不求降价一时风流，但愿为你服务天长地久”的口号，提出了贴心服务15条。“我们那时候提出的15条，比现在消协的条款还要详细。”

1999年之后，因为再一次的旧城改造，郑州华联11个网点陆续被撤掉了10个，“原来11个锅里吃饭，现在就剩一口锅，人还是那么多人，所以2002年以后，我们的日子开始变得困难。”

2003年郑州市确立了33家企业改制，郑州华联也在其中。得知这个消息，张淑云坦称自己挣扎过。“我不是没有过挣钱的机会。1992年就有做生意的朋友邀我去她公司帮忙，开的年薪是100万，还答应给房子、车和养老保险。1996年郑州华联正和一个外商谈项目，有个机会让我到商贸委做一把手，外商说你要走这项目就不谈了，结果我留了下来。可我没想到，到头来我得到的就是自己多年前看不上的，你说我能没有挫败感么？”

但张淑云还是很快从自己的情绪中走了出来。因为她明白一个人必须顺应历史的大趋势，先走一步总比到最后被动地让别人推着走好。她开始尽心处理改制过程中问题，各项文件张榜公布交职工讨论。牵扯到职工利益的就在规定的范围里尽可能就高不就低。“我对职工说，不走的就安心在华联做到最好，要走的我们会安置最好。因为程序规范，郑州华联成为几十家改制企业中完成最好，争议纠纷最少的企业之一。”

2007年6月7日，郑州华联股份有限公司正式挂牌成立。这年年底，郑州华联实现了4年来第一次扭亏为盈。现在的张淑云，开始把精力更多地放到调整经营上。“经常有人问我五年计划，10年计划是什么。我都60岁了，说难听点，今天晚上穿上鞋，可能明天就不一定能穿上了。我没有时间磨蹭。所以一天能做完的事情我绝不会拖到一天半。我的目标是尽快把华联的基础打好，路铺好，为华联尽快拉出一个大框架，这样我就心安了。”

B 张淑云如是说

您所理解的最完美的快乐是什么?

事业成功，家庭幸福。我总觉得一个女人事业再成功，没有一个幸福的家，人生就是不圆满的。在我们家，根本没有所谓的君君臣臣父父子子，儿子闺女都敢跟我开玩笑，一家老小其乐融融。

你最害怕的事是什么?

好像还没有。

有没有最后悔的事?

我选择了一件事，就不后悔。就像当年，朋友邀请我去她的企业打理生意，给我开了那么高的报酬。还有我后来放弃去商贸委做一把手的机会。现在想想，也没什么后悔的。

您的座右铭是什么?

身边的人都快乐，自己才快乐。如果我当年离开华联起做生意，哪怕后来挣再多钱，我估计自己也不会心安。

您觉得自己是个什么样的人?

儿女们经常说张淑云是个上面红旗飘飘，下面赤脚穿拖鞋的穷光蛋。同事和朋友则说她是个为别人活着的人。比如每次出差，别人问她吃啥，她总是先问司机吃啥。跟别人在一起，总是想着别人，这可能是张淑云这辈子也改不了的习惯，也可能是她这辈子能够成功的根本了。

【人物名片】

余宏飞

麦当劳河南区总经理

【达人语录】

“勤奋和坚持不一定走得最快，但可以走得最远。”

一个男人的“麦当劳”生活

A 故事

一个人，可不可以变成另一个人？

余宏飞的答案是可以。

8年前的他，是一家大型国企的团委干部，近乎封闭的圈子里，他的生活循规蹈矩。8年后的现在，他是一家世界500强企业的高级营运经理，两个省的38家店面在他的精耕细作里风生水起，活色生香。

他把这一切的脱胎换骨归功于他所在的企业麦当劳。

○走得最远的那个人

2000年前的余宏飞，是郑州西郊一家大型国企的团委干事。这年的5月，麦当劳在河南招兵买马。对世界500强企业早就心生向往的余宏飞放弃十年工龄，在亲朋好友的一片反对声中加入了麦当劳。

那时的他已经30岁了。在去武汉培训的18名见习经理中，他几乎可以算最大的。跟那些刚大学毕业的二十出头的小伙子相比，他在记忆力和反应灵敏度上自然稍逊一筹。

见习经理的培训要经过18个工作站。3个月的时间，他们要练习产品的操作，要背熟产品的特性，要符合规定的标准度与速度，甚至一个抹布要放的位置都有精细的规定。余宏飞清楚地记得，自己在第一个薯条工作站上就因为一点细节没有过关。可他是个不服输的人，他观察熟练员工的操作，在心里背诵相关的条款。零点餐厅打烊之后，他还在和训练员一遍遍地训练，“往往不知不觉就到了凌晨两点。”

2000年7月培训结束，余宏飞回到郑州，到二七餐厅做见习经理。没多久第一批升迁名单出来了，4个人里面却没有余宏飞。余宏飞觉得很难受。冲动之下，他甚至想去问问主管为什么。可他还是给家里打了个电话，父亲听了他的叙述，最后说：“当初你辞职的时候那么坚决，现在才3个月，你就打退堂鼓了。一个人既然选择了什么，就得为他的决定负责。”

父亲的话让余宏飞倏然冷静下来。在麦当劳的3个月，他已经知道，在这里，决定一个人升迁的是一套完整的考核绩效体系，自己肯定是因为有不如别人的地方，才没有升迁。他冷静地分析自己与其他4个人的差距，在专业知识和团队活动上下工夫，他12个小时地待在餐厅里进行楼面管理，虽然没有人要求他这么做。

都说天道酬勤，在第二批的升迁名单里，余宏飞排在了最前面。以后的几年，因为各种原因，当初的18个见习经理只剩下了6个。当初不是走得最快的余宏飞，因为勤奋和坚持，反而成了走得最远的一个。

○冰雪历练

2001年，麦当劳平顶山店即将开业。这是麦当劳在河南的第二家店。开业时间定在1月12日。开业前两天，突然天降大雪，高速路被封了。原本11日即可从武汉运到平顶山的货品被堵在了路上。

当时的余宏飞，是平顶山店第一副理，“全部货品从订货到运输一直到库房的货品架上，都是我的工作。现在出了这样的状况，我如果不能保证货品按时到达，第二家店就不能如期开业，这对麦当劳品牌肯定是一种损害，我简直快疯了。”

余宏飞在与河南区经理沟通后很快拿出了几种预案：一是直接从郑州，把二七店的货品运往平顶山。第二种是从武汉走107国道走许昌然后到平顶山。第三种，也是最无奈的一种，从武汉紧急包机，直送河南。

三种方案拿出来，又先后被否决了。“当时因为大雪，从郑州到平顶山的路也不好走。而最后一种包机的想法，因为平顶山没有飞机场也给否决了。”最后决定改走第二条路线，余宏飞赶紧和供货商夏晖公司联系。“当时电话都打到了夏晖在美国的总部，因为有了这家全球知名物流公司的支持，11日晚上凌晨，货品终于运到了平顶山。”

1月12日，河南平顶山店在风雪中如期开业。长长的队伍排在麦当劳门口。“当时下着雪，店里面坐满了人。外面是长长的等待的队伍，我们的员工撑着伞为顾客送热红茶。那场面实在太震撼了。”

这一次的经历，对与宏飞而言，是一次很好的历练。“我明白了沟通和坚持的重要，不到最后一刻，所有的事情都不能说已成定局。而面对困难时对所有资源的分析、利用和把握，则显得尤为关键。”

○麦当劳给予的新生活

因为前4年的历练，2005年余宏飞被派去广西，负责广西和云南两省的营运管理。南北文化的差异，让余宏飞对麦当劳管理要适应当地文化有了最深的理解。2007年1月，余宏飞调回河南，负责河南、陕西市场的营运管理。

7年对市场的了解，加上他4年来店面管理的丰富经验，河南、陕西市场很快脱颖而出。在哪里布局，每一步棋该怎么走，他都了然于胸。

郑州市提出夜经济思路没多久，余宏飞就在全省的26家店面中宣布实行24小时营业，中国麦当劳24小时营业的普及率是80%，河南的普及率就达到了97%。“这在河南的西式快餐行业还是头一家。”

受汽车餐厅简单、方便、快捷理念的吸引，在申请总部同意后，2007年8月河南第一家得来速餐厅在濮阳开业，2008年1月，第二家麦当劳汽车餐厅在开封高速服务区开业，这也是中西部高速公路上的第一家。

一年多的时间，余宏飞在河南和陕西布下了17个棋子。2009年，他要延续这样的速度，“在河南新开7家店，给更多的人提供实现自我价值的平台。”

B 悟之道

8年的时间，一个中规中矩的国企员工已经脱胎换骨为一个成熟、自信，非常职业化的经理人。“如果说八年前我的血管里流的是中庸的血，那么现在我可以夸张地说我的血管里流的都是番茄酱，还是那种很有激情的辣酱。”余宏飞很认真地总结自己：“这样的生活，全是麦当劳给予的。”

【人物名片】

赵一辉

河南阿格斯新能源有限公司CEO

【达人语录】

"最怕的不是累，而是慢，是等。"

一个海龟的中原光电梦

A 故事

2009年夏天，赵一辉回河南整整一年了。

从当初那个激情万丈把新能源带回家乡的专家，到现在河南一家新能源公司的CEO，一年的时间，他经历了怎样的心路曲折？

"没有我原来想象中的顺利，但总的来说还好。"

有点疲惫，可一直还在坚持。这就是现在的赵一辉。

○赵博士的困惑

2009年7月3日，郑州又一个酷热天。

赵一辉站在自己正在建的新厂房前。炽热的阳光，火一样倾泻在他花白的头发上。阴凉处的水泥地上，三三两两的工人在听着收音机打扑克。不知道因为热还是焦灼，赵一辉显得很疲惫。

他是2008年夏天回到郑州办公司的。作为国际上太阳能电池领域的著名专家，早在2006年，他就有了在国内开家新能源公司的想法。"薄膜发电是光伏发电技术的第二代，在国外已是一项成熟的技术。它发电效果优于晶硅电池，更重要的是减少了环境污染，是一种清洁环保，可以长远发展的健康能源。"

从研发到技术，从设备再到市场，一系列条件成熟后，赵一辉开始在国内选址。当时跟他洽谈的还有南方一些省份，有一个甚至已经到了签合同的阶段。就在这时候，在政府部门工作的老师找到了他。“我的老家就在咱们郑州的新郑，这个老师曾是我高中的班主任，当年对我很好。”老师说你再考虑一下，看能否把企业办在咱们这儿。此后，郑州市的各级政府领导先后跟赵一辉联络，希望他把企业安在河南。赵一辉很感动。他想：自己不就是多读了几天书吗？家乡人对一个读书人的尊重，那是多少钱都换不来的。

2008年最热的7月，赵一辉注册了河南阿格斯新能源有限公司。“按照原来的设想，这个一期投资6000万美元，产能为30兆瓦的薄膜电池生产线，产品一年后完全下线，主要出口欧美市场。”

然而一年后的现在，厂房尚未全部完工。关于其中的细节，赵一辉并不想多谈。“很多事情并不像我原来想象的那么顺利。许多事员工去本来就可以办好的，但往往需要我一再协调才能做到。这搞得我很疲惫。”

赵一辉一直在坚持。“比如说原来的技术人员都要从美国请。但人家来后看了条件，要求把家属安排到北京，每周坐飞机与家人团聚。我理解他们的不习惯，我也知道他们不会跟我一样对河南有故土情结，但创业阶段这根本不可能，我还是拒绝了这些条件。”

赵一辉后来想方设法，只从美国引进了4个技术人员。其他的3个，两个来自台湾，一个来自新加坡。

“我现在最怕的不是累，而是慢，是等。”这是赵一辉一再重复的一句话。

○险些掉了手指的留美博士

不怕累，只怕等。这绝不是一句矫情的话。因为赵一辉本来就是一个农家孩子，吃苦对他来说，从小都不是新鲜事。

赵一辉的老家在新郑。1961年出生的他，经历过挨饿的年月。印象里最深的是小学时穿的衣服，“因为长得太快，很多都是姐姐的衣服改的。”他就在这样的环境里，作为1978年第一批统招生考上河南大学，又一路读到了博士。“一个农家孩子能走出去，肯定不是比别人聪明。城市里聪明的孩子太多了。我能依靠的就是勤奋，比别人多吃苦。”

1990年夏天，赵一辉考取美国亚利桑那州立大学。带着两大箱行李下飞机的时候，箱子里除了妈妈做的一床棉被，其余的都是书。

赵一辉最开始选择的专业是物理。但读了一年之后，他突然觉得不妥。“我发现物理学就是在做学问。但在美国，做学问除了你最终做个教授，其他的就业机会很少。”赵一辉来美国，不是浮光掠影，是想深深融入这个社会的。他决定换专业。

赵一辉找到电子工程系的老师，说了自己的想法。老师指着一个坏了多年的光学测试仪说：“你能把这个修好，我就收下你。”

没有说明书，没有厂址。赵一辉在市场上转了一圈，也没发现这种仪器。苦思冥想之后，他钻进图书馆，查找用这种仪器发过论文的相关单位，终于在一所大学找到了它。“更凑巧的是，仪器还能用就淘汰了。听我说了其中的周折，他们把这个仪器送给了我。”拿着这个仪器，赵一辉顺利成为电子工程系的一名学生。

因为转系，赵一辉失去了原本拥有的奖学金。聪明的他注意到校园里风行的二手车。“汽修厂堆了很多报废车，但并不是所有零件都报废了。跟汽修厂的人商量好，我从这个车上卸个车座，那个车上卸个发动机，拼拼凑凑，一辆看起来很不错的二手车就装成了。”

有天换发动机。赵一辉把吊链绑到树上，正操作间感觉吊链往下一沉，手赶紧往外拉。即使反应如此之快，右手食指还是被夹住了，猛抽出来后，皮肉外翻，鲜血淋漓，骨头都露出来了。“医生检查后说得截掉，我说截了就成残废了，无论如何得帮我留住它。”手指在福尔马林水里泡了十几天，最后终于保住了。

“刚开始的生活就是那样，可我也没觉得多苦。”

○绿卡、科学家及中原光电梦

依靠二手车“生意”，赵一辉熬过最初的一个学期，得到了奖学金，开始专心做学问。也就在那一年，赵一辉接触到了光伏发电。“光伏发电是利用半导体界面的光生伏特效应将光能直接转变为电能的一种技术。理论上讲，光伏发电技术可以用于任何需要电源的场合，上至航天器，下至家用电源，大到电站，小到玩具，可以说无处不在。”

这样一种无污染、无噪声、无枯竭危险的新能源，肯定是世界未来的一种发展方向。赵一辉决定把光伏发电的第二代技术薄膜发电，作为自己的主攻方向。你年的研究之后，他拿出了自己的成果。“两块透明玻璃中间夹一层导电膜，薄膜呈玉米粒状，它由9层特殊材料组成，整个厚度只有0.5微米，每小时能发电45瓦。薄膜电池弱光性好，在早晚光线弱的情况下，发电效果优于晶硅电池，它与建筑外墙相结合，通过汇集太阳辐射的能量加热水或空气从而产生动力，配合蓄电池，构成墙体型发电系统。”这是赵一辉在自己的论文里叙述的超低温荧光发电技术，他也是世界上运用此种技术的第一人。

毕业后的几年，赵一辉做过摩托罗拉公司的微器件资深专家，做过中国华芯电子公司的首席顾问，还凭借着科学技术人员的身份拿到了美国绿卡，但在他心里，那个光伏发电的梦，一直在熠熠闪烁。

2008年夏天，在经过两年的准备后，他回到了郑州。一年多的努力之后，虽然没有想象中的顺利，但8月初，他的第一批太阳能电池产品也终于要下线。“出口欧美的产品都要长达9个月的认证，但我们的生产和销售一刻也不能停。所以最先能享受到世界最先进太阳能产品的，会是我们的家乡父老。”

赵一辉说起很多国家的太阳能屋顶。比如日本用“对初装用户补贴”的办法安装了近7万个太阳能屋顶，计划到2010年安装100万个。西班牙、意大利等国家出台的办法是“高价收购太阳能光伏电力”，就是用户发的电贵，用的电便宜。而我国公布的补贴办法和日本相同，也是对初装进行补贴。“每瓦补贴20元，也就是说用户每瓦只需出8元，也就是1.6万元，就能建一个太阳能屋顶。”

赵一辉唯一的希望，是这件利民好事的尽快促成。“不要让人等太久。”

B
赵一辉如是说

你所理解的最完美的快乐？

做自己想做的事，而且有能力把它做得完美。

有没有害怕的事？

没有。以前在美国，该有的东西都有了。来这里，就是要尝试一种不同的生活。这是我自己选择的，所以没什么害怕。

有没有最后悔的事？

有，1998年父亲去世，我没能回来。很多东西都可以挽回，只有这个永远无法弥补。

现在是一种什么样的生活状态?

很忙。因为事无巨细，很多事都得我经手。晚上回到家里，打开电脑看新闻，很多时候就在电脑前睡着了。

如何评价自己?

说到做到。我在意别人的尊重，所以答应别人的就会做到底。毕竟在这个世界上，做事情没有不受累的。

C 印象派

2008年夏天，出现在豫商大会上的他，神采奕奕，侃侃而谈。

那时候的他，刚刚舍下了大洋彼岸的生活。在那里，他有一幢带游泳池的别墅。周末的时候，他会开着自己3辆豪华车中的一辆，去和朋友们打球。

现在的他，却是那么疲惫。不过40多岁，头发却白了大半。

可他没有后悔。他最怕的，就是因为这样的拖沓，辜负别人。包括他的合伙人，包括请他来的政府，还有盯着他的家乡人。

他也没有埋怨。因为他的家在这里，他理解这里的一切。所以他会把要做的事坚持到底。“我不过就是比别人多读了几年书。我是这里的子民，如果在古代，让你去打仗，你能找理由不去？”

后　　记

无论情愿不情愿，人活在世上，总是要被人贴标签的。

成功的，失败的。善良的，奸诈的。豪爽的，自私的……这样的形容词被贴在每一个身上，林林总总，不一而足。

于我，如果要自己评定，可以拉过来微博上的那几句签名：黏人小心眼，胸无大志向。无色无财，写字为生。

如果要亲近的朋友来评价，他们会说，这个小女人有点傻，有点颓。年龄很神姨，阅历很萝莉。伪文青，假小资。特别能吃苦，只做到了前四个字……总之就是一幻想很多，毛病很多，但又特善良、特感性，一根筋走到黑的那种人。

而我笔下的这些人，他们是众人眼里的成功人士。他们身上，是闪闪发光的达人、成功者、社会中坚、主流等诸如此类的标签。

这样的标签，也许他们并不喜欢。但社会对成功的评判定义，就是这么约定俗成。

跟笔下的这些人见面，最密集的时间是在2008年和2010年间。那时的我是河南商报经济新闻部的一名记者。几年过去，留在我记忆里的不是他们显赫的头衔，而是那些交谈中的片段和画面。那些让人心有戚戚的只言片语，见面时的天气，光线，甚至那一刻的衣着和神情。

呵呵，原谅我总是忽略宏大的叙事，却总在细节里纠缠。

我记得福晶园的老板刘群立，一个小学徒在郑州把蛋糕做成家喻户晓品牌的农村小伙儿，那么腼腆朴实的一个人，他墙上挂着的那幅字：世长势短莫以势处世，人多仁少须择仁取人。

我记得虢国羊肉汤的老板王硕。在他热闹喧嚣的羊肉馆旁边，就是他安静的观味茶食楼。小轩窗，老木门。白棉纸灯笼映着暗绿洒花的旧屏风。大厅的角落里，笼子里的鹩哥时不时寂寂地叫上两声。他依着窗子慢慢喝茶的时候，你会觉得，这不仅仅是人们定义的那种成功的商人，也是个文人。他安静，富足，笃定。知道自己要什么，也知道该何去何从的那种文人。

我记得美巢的董事长冯琪雅。她优雅的旗袍，她的普洱茶，还有她坚强的微笑。她一定经历了许多吧。那些一般女人达不到的高度背后，也一定有我们忍受不了的坚忍和执著。但那些，只有她最亲的人才会了解。她干净空灵的文字，她理性清晰的思想，吸引着我经常去她的博客里看看，她的生活，感慨，她马上就要上市的公司，还有她一直执著的那个美巢梦。

还有好想你的董事长石聚彬。这个把一颗小小红枣做到极致，做成中国第一股的掌门人，他对红枣的眷恋与认真，一碗捞面条就是一顿午饭的简单，他坐在枣园里剥着花生跟乡邻唠嗑的朴实，这种种不经意间流露的品格之魅，让人回味。

这样的人和他们身上的细节，多到无法赘述。我只是想说，在交谈和对话之外，打动我的，是这些人举手投足间流露的细节。或者是认真，谦逊，或者是执著，坚韧，或者是无人企及的敏锐和洞察力……在机缘巧合和命运之外，他们之所以能成为今天的他们而不是别人，完全是因为这些与众不同的力量。

其实这样的一本书，在出书热早已过去的现在，真的有些不合时宜了。2009年，曾经有朋友运作过，但后来因为种种变故，无果。

2010年11月。在北京军区总医院，那个12岁的少年对我说："妈妈，我最大的3个愿望是我的病能好，妈妈的书可以出版，爸爸的生意可以恢复正常。"

天塌地陷。昨日种种已随昨日逝。但两年后的现在，那个少年的话，我还记得。

某晚失眠。看爱尔兰小说家塔娜·法兰奇的《带我回去》。这个2011年横扫全美九大畅销书排行榜的知名女作家，在开篇写下这么一段话：父亲曾经告诉过我，人生在世，最重要的就是知道自己愿意为何牺牲。他说，要是不晓得，活着还有什么意义？完全没有，人也根本不算人了。

我想，一个人一旦过了40岁，按照正常规律，他的人生，就该做减法了。名利，健康，你爱的，你有的，总有一天，都会消失。但我们该记住我们愿意为之牺牲的那一切。记住曾在我们生命里留下印记的那些人。

感谢曾经的老领导，感谢曾经陪我采访的同事们，感谢商报曾经赋予的那样一个平台，亦感谢那些与我对话的大佬们，茫茫人海，微尘般的你我得以相聚，这份不易，就当珍惜。你们留下的这些故事，感触和启示，也许就像四目相对的爱情，哪怕只是电光火石的刹那，但那样的片段，值得我感念，留存，并铭记。

焦素芳

2012年11月28日